CB140782

ENSAIOS EM EDUCAÇÃO FÍSICA

Blucher

Go Tani

ENSAIOS EM EDUCAÇÃO FÍSICA

Ensaios em Educação Física

Editora Edgard Blücher Ltda.

Publisher Edgard Blücher
Editores Eduardo Blücher e Jonatas Eliakim
Coordenação editorial Andressa Lira
Produção editorial Kedma Marques
Preparação de texto Ana Lúcia dos Santos
Diagramação Thaís Pereira
Revisão de texto Bruna Marques
Capa e Imagem Laércio Flenic

Blucher

Rua Pedroso Alvarenga, 1245, 4º andar
04531-934 - São Paulo - SP - Brasil
Tel.: 55 11 3078-5366
contato@blucher.com.br
www.blucher.com.br

Segundo o Novo Acordo Ortográfico, conforme 6. ed. do *Vocabulário Ortográfico da Língua Portuguesa*, Academia Brasileira de Letras, julho de 2021.

Dados Internacionais de Catalogação na Publicação (CIP)
Angélica Ilacqua CRB-8/7057

Ensaios em Educação Física / Go Tani. - São Paulo : Blucher, 2023.
348 p. : il.

Bibliografia
ISBN 978-65-5506-775-0

1. Educação física I. Título

23-2135 CDD 796

Índices para catálogo sistemático:
1. Educação física

Aos meus pais, Sobei Tani e Mineco Tani, in memoriam.

Aos meus netos, Aline Namie, Rafael Daisuke, Sofia Airi e Liam Kei.

APRESENTAÇÃO

O isolamento social imposto pela pandemia do Coronavírus exigiu das pessoas uma reorganização de suas vidas pessoais, familiares e profissionais. Certamente, tratou-se de uma complicada providência, cercada de forte estresse mental e emocional, em virtude do desconhecimento da real dimensão do malefício que o vírus poderia causar. Não seria exagerado afirmar que, em muitos casos, chegou-se ao ponto de as pessoas pensarem na morte certa caso fossem infectadas. As atemorizantes imagens veiculadas pela imprensa a respeito do que de fato estava acontecendo nos hospitais em todo o país contribuíram para esse tenebroso prognóstico.

Os textos que compõem este livro foram escritos durante o isolamento social. Os leitores poderão indagar: "como isso foi possível num momento de tamanha tensão emocional?" Resumidamente, foi uma estratégia, talvez adotada por muitos pesquisadores, que se traduz em mentalmente refugiar-se no seu mundo acadêmico e procurar manter-se ativo, ou seja, continuar a pensar, a ler e a escrever. Num certo sentido, uma espécie de alienação consciente ou fuga do mundo real, que se configurava brutalmente dramático. Pode parecer estranho, mas, quando se está imerso nesse domínio específico, tem-se a sensação de que a vida transcorre normalmente ao menos durante aquele período de "blindagem". Evidentemente, não tenho intenção alguma de generalizar uma experiência de foro pessoal; trata-se apenas de um relato do que de concreto comigo aconteceu, mas penso que o contexto em que o livro foi escrito merece registro – um período fatídico da história da humanidade que ficará marcado para sempre.

Tenho manifestado que a carreira universitária, no que concerne à produção intelectual, não se restringe a escrever artigos da especialidade, por uma razão muito simples: as exigências da carreira são diversificadas e multifacetadas, de modo que requerem do docente, conhecimentos amplos que transcendem aqueles que pertencem ao universo das suas investigações científicas específicas. Assim, é razoável especular que, se esses conhecimentos tivessem sido organizados mediante estudos e reflexões mais aprofundados e oxalá resultado em publicações, isso possibilitaria ao docente ações e atitudes mais coerentes e consistentes no desempenho de outras funções que não a pesquisa na sua área particular de investigação. Por exemplo, ao participar da comissão de pós-graduação de uma instituição em que decisões importantes são tomadas, afetando a vida de muitos estudantes, penso que, se o docente já tivesse escrito a respeito da pós-graduação – o que exige leituras, análises, reflexões e posicionamentos –, explicitando a sua visão sobre o assunto, a sua contribuição seria mais efetiva e consequente.

Procurando ser fiel a essa concepção de carreira universitária, tenho, ao longo dos anos, escrito textos ensaísticos que abordam temas como a relação entre a universidade e a sociedade, a identidade acadêmica e profissional da Educação Física, os rumos da pesquisa e da pós-graduação, os desafios da preparação e intervenção profissionais, as reflexões sobre a relação entre o esporte, a educação e a saúde, além de artigos da minha área de investigação, que é o Comportamento Motor, especialmente a Aprendizagem Motora. Esse esforço tem resultado em algumas publicações, e os textos que são apresentados neste livro dão continuidade a esse processo. Eles constituem o output dos estudos e reflexões realizados ao longo dos últimos anos que o isolamento social me possibilitou colocar no papel mediante um empenho mais concentrado. Na realidade, são conteúdos que já estavam, no meu entender, em fase final de processamento, esperando o melhor *timing* para serem transformados em *output*.

Ler, pensar com as próprias palavras e expressar o que se pensa em forma de escrita é um grande desafio e, ao mesmo tempo, um certo alívio. Se tudo o que fazemos pode ser sinteticamente representado como o resultado de um processo de input, processamento e *output* e, no caso de publicações, de leitura, pensamento/reflexão e escrita, é somente por meio do *output* que se consegue ter a noção da eventual eficácia do processo e da consistência do produto. É por esse motivo que escrever um texto se constitui um grande desafio. E o alívio? Ele advém do fato de escrever se constituir a melhor maneira de se organizar o pensamento. Apenas aumentar a leitura não resulta nessa organização, diferentemente do que muitos pensam. Isso pode muito bem elevar a entropia do sistema, resultando num repositório de informações dispersas e desconexas. Que se saiba, ninguém se sente confortável em manter-se num estado de alta entropia cognitiva. Assim, o sentimento de alívio é experimentado quando se concretiza a escrita, ou seja, a desordem é reduzida, ganhando-se, como consequência, a organização. Resta reconhecer que a avaliação fidedigna e válida da eficácia do processo, do nível de organização do pensamento e da consistência do produto é de natureza social, isto é, feita pelos leitores, de maneira que acrescentaria ao desafio e ao alívio que a publicação proporciona, o inevitável risco. Ciente de tudo isso, passo a apresentar de forma sucinta as cinco partes que compõem o livro. Antes, porém, algumas breves palavras sobre o pano de fundo que tem orientado as minhas produções acadêmico-científicas até o presente.

Trata-se do pensamento sistêmico. Como se sabe, ele veio a substituir o pensamento analítico, mecanicista e reducionista que era o pilar da ciência clássica. Comecei a ter contato com as obras que tratam desse pensamento quando estava começando os meus estudos de mestrado. Dentro do pensamento sistêmico, alguns conceitos são fundamentais. Destacam-se, das fases iniciais do seu desenvolvimento, os de interação, *feedback*, hierarquia, entropia e sistemas abertos. Foram cruciais para a sua compreensão algumas obras, como as de Norbert Wiener, Ludwig von Bertalanffy, Arthur Koestler, Paul Weiss, Ervin Laszlo, Conrad Waddington, Herbert Simon, Jacques Monod, Erwin Schrödinger e Howard Pattee. Com o avançar das teorias, vieram os conceitos de dinâmica, emergência, caos, complexidade, ordem, desordem, auto-organização, sistemas dinâmicos, sistemas adaptativos complexos, e assim por diante, apresentados e discutidos nas obras de Ilya Prigogine, James Gleick, Edgar Morin, Henri Atlan, Francisco Varela, Brian Goodwin, Eugene Yates, Erich Jantsch, Hermann Haken, Stuart Kauffman, Murray Gell-Mann, John Holland, Roger Lewin e Mitchell Waldrop, entre outros pesquisadores e cientistas de sistemas. É com esse instrumental do pensamento – nas palavras de Conrad Waddington – ou categoria básica de pensamento – nas palavras de Ludwig von Bertalanffy – que tenho pensado a Educação Física.

A primeira parte do livro se refere às questões epistemológicas da Educação Física, ou seja, a natureza e a estrutura de conhecimentos que ela produz, dissemina e aplica. Essas reflexões têm se mostrado cada vez mais necessárias, visto que uma melhor definição da identidade acadêmica e profissional da área tem se tornado imperativa. Historicamente, a Educação Física buscou elevar o seu status acadêmico-científico sem a necessária preocupação com a pertinência dos conhecimentos produzidos à especificidade da área ou com a sua vinculação aos problemas que emanam da intervenção profissional. A manutenção desse estado tem se revelado impraticável, visto que os grandes problemas que a área enfrenta, por exemplo, a definição do tipo de pesquisa a ser realizado, a escolha dos critérios de avaliação dos programas de pós-graduação, da produção intelectual individual e institucional e a definição do perfil profissional a ser perseguido nos cursos de preparação profissional, têm nessa falta de definição a sua origem.

A segunda parte discute a preparação profissional em Educação Física. Como se sabe, a preparação profissional é um sistema complexo e dinâmico, constituído de vários componentes em interação, que mudam no e com o tempo. Ademais, essas mudanças têm sido cada vez mais rápidas e intensas. As três revoluções – do conhecimento, da comunicação e a digital – têm demandado da universidade uma reflexão profunda sobre a sua função social, particularmente no domínio do ensino. Os cursos de preparação profissional que ela oferece têm reclamado por mudanças radicais, a fim de fazer frente a outras instituições (como a internet) que têm se mostrado muito mais eficientes na disseminação do conhecimento. A utilização de tecnologias digitais cada vez mais sofisticadas tem se tornado imprescindível, mas, ao mesmo tempo, tem colocado em discussão e questão a relevância e o sentido do ensino presencial. A pandemia veio apenas a acelerar, à força, esse processo.

A terceira parte aborda os problemas e desafios da pesquisa e da pós-graduação em Educação Física. Os problemas da pesquisa anteriormente mencionados têm sido causados, em grande medida, por uma corrida desenfreada pela produtividade em termos de publicação de artigos em periódicos. Está em curso um processo de reconhecimento, recompensa e premiação, especialmente por parte dos órgãos de fomento à pesquisa, que estimula o olhar exclusivo à produtividade sem levar em consideração se o conhecimento produzido contribui, de fato, para o avanço acadêmico-científico e profissional da área, isto é, sem preocupação quanto a sua pertinência à especificidade da área – uma reflexão importante para áreas de conhecimento ainda em consolidação. A pós-graduação tem sido um sistema que alimenta, estimula e fortalece essa competição exacerbada por publicações, formando muito mais técnicos em pesquisa do que recursos humanos qualificados para a carreira acadêmica.

A quarta parte diz respeito à relação entre o estudo em Comportamento Motor e o esporte. A mudança de paradigma representada pelo surgimento do pensamento sistêmico teve profundas implicações na compreensão do movimento humano. Provavelmente, a mais impactante tenha sido a mudança de uma concepção centrada na energia para uma centrada na informação e no controle. No entanto, o ensino do esporte não acompanhou essa transformação, tornando urgente a necessidade de repensar as suas práticas didático-pedagógicas. Ainda, a introdução de ideias como a de complexidade e organização hierárquica no entendimento da estrutura das técnicas que compõem as suas diferentes modalidades está longe de ser realidade, implicando, muitas vezes, a manutenção de uma visão tradicional e simplista, que contempla apenas os fundamentos e o jogo.

Finalmente, a última parte relaciona-se com a reflexão sobre a educação física escolar, que ainda carece de uma identidade como uma disciplina curricular da educação escolarizada. Em virtude da ausência dessa identidade, ela vem encontrando dificuldades em reconhecer o papel que lhe cabe desempenhar na escola. Apesar de a educação física escolar ter observado nas últimas décadas a proposição de diferentes abordagens para o seu desenvolvimento, as discussões têm ocorrido basicamente no universo acadêmico da Educação Física, não alcançando o âmbito da prática pedagógica concreta nas escolas. Ademais, prevalece uma discussão mais de cunho ideológico e político-partidário do que propriamente pedagógico. O desafio é enorme, porque uma das consequências desse processo é a carência de estudos e pesquisas sobre seu significado e objetivo, conteúdos de ensino devidamente estruturados por séries de escolarização, métodos e estratégias de ensino e critérios de progressão para balizar o processo de avaliação. Isso coloca em xeque a sua presença e sobrevivência no contexto da educação escolarizada.

Este livro não teria sido possível sem a contribuição de muitas pessoas e instituições. Agradeço, inicialmente, à Universidade de Hiroshima, no Japão, que, durante os meus estudos de mestrado e doutorado, estimulou-me a dar os primeiros passos no universo do pensamento sistêmico a fim de construir o pano de fundo para pensar a Educação Física. Minha gratidão à Escola de Educação Física e Esporte da Universidade de São Paulo, que tem me assegurado irrestrita liberdade para construir uma carreira de acordo com as minhas visões e convicções. Meus agradecimentos ao Conselho Nacional de Desenvolvimento Científico e Tecnológico (CNPq), que, ao longo de quase três décadas, tem me dado apoio às atividades acadêmico-científicas por meio da bolsa de produtividade em pesquisa. Estendo meus agradecimentos também à Faculdade de Desporto da Universidade do Porto, que tem me concedido a distinção de ser um professor convidado dos seus programas de pós-graduação desde 1996, possibilitando-me discutir ideias e propostas como as que são apresentadas neste livro. A Umberto Cesar Corrêa, Carlos Ugrinowitsch, Ricardo Drews, Fernando Garbeloto dos Santos e Maria Teresa da Silva Pinto Marques, companheiros de jornada, o meu muito obrigado pela revisão dos textos. Aos meus netos, Aline Namie, Rafael Daisuke, Sofia Airi e Liam Kei; aos meus filhos, Fernando Keisuke e Alberto Satoshi; às minhas noras, Daniela e Mariana Yumi; e especialmente à minha esposa, Satiko, que, durante o período angustiante do isolamento social, a distância e no "silêncio", deram-me o suporte afetivo, mental e emocional de que eu necessitava para, no refúgio do meu mundo acadêmico, escrever o presente volume, a minha profunda gratidão. Por fim, os agradecimentos especiais à Editora Blucher, que, mesmo num momento reconhecidamente difícil no que concerne ao mercado editorial, confiou mais uma vez no meu trabalho e proporcionou-me o enorme privilégio profissional de ter mais um livro por ela publicado.

Os ensaios acadêmicos são textos em que o autor expõe suas ideias e seus pontos de vista, nem sempre por meio de uma análise neutra do assunto. Ele se posiciona com base em argumentações. O objetivo dos ensaios é gerar debates e fomentar discussões. Peço aos leitores desculpas antecipadas por um certo "egocentrismo" que isso possa representar.

PREFÁCIO

Caríssimos leitores,

É a segunda vez que o Professor Go Tani me desafia a escrever o prefácio de uma das suas obras. Agradeço, e muito, o voto generoso de sua confiança, mas confesso que não sei muito bem o que é que ele espera que eu escreva ou qual a expectativa dos leitores. Mas uma coisa sei: o texto que me confiou é muito confidente, extenso, profundo e extremamente atual. Muito obrigado, Professor pela sua imensa generosidade, pelo seu magnífico exemplo de serviço desinteressado, e também pelo modo como nos interpela. Seriamente.

Aviso já que o texto é muito desafiador para quem imagina saber dos ofícios e alcances da sua profissão. À cautela, tomei para mim mesmo uma advertência muito séria, à medida que a leitura avançava - ninguém é marinheiro se só navegar em águas serenas.

De fato, o Professor Go Tani agita muitas águas. Revolve-as, obrigando os companheiros de viagem a segurarem-se firmemente às muitas cordas que, com generosidade, coloca nas suas mãos. Não obstante, confesso que nem sempre é fácil navegar neste mar revolto. E..., talvez seja melhor voltar ao princípio da viagem. O Professor Go Tani confessa em que circunstâncias "deu à luz" a esta belíssima obra. Tenho para mim que, mesmo não revelando a verdadeira essência do que também o ajudou a viver esses momentos difíceis, nunca antes imaginados, percebi-o do modo que referirei em seguida:

1. Muito provavelmente enfrentou as *Seasons of the Mind*, tal como sugeridas por Daniel Ladinsky (2002) num dos seus *renderings* de palavras colocadas na boca de Kabir (1398-1518):

> There are seasons in the mind
> Great currents and winds move there,
>
> the true yogi ties a rein to them; a power plant
> he becomes.
>
> Winter, spring, summer, fall: these are pages
> in a book the advanced can turn to,
> and impart.
>
> Order is a great benefit to the seeker,
> otherwise living in one's own house can become as
> walking through a marketplace
>
> where all merchants keep shouting,
> "You owe me."
>
> That does not sound like
> much fun,
>
> And who could accomplish anything
> in all that
> noise.

2. Imaginei-o a ler o poeta Horácio (65 a.C. – 8 a.C.), sobretudo uma das suas odes mais famosas, e reviu-se no lugar de Leuconoe:

> Não interrogues, não é lícito saber a mim ou a ti que fim os deuses darão, Leucônoe. Nem tentes os cálculos babilónicos. Antes aceitar o que for, quer muitos invernos nos conceda Júpiter, quer este último apenas, que ora despedaça o mar Tirreno contra as pedras vulcânicas. Sábia, decanta os vinhos, e para um breve espaço de tempo poda a esperança longa. Enquanto conversamos terá fugido despeitada a hora: colhe o dia, minimamente crédula no porvir.

3. Essa atitude sábia de viver o presente de modo intenso, sentido e generoso foi também leitura do Professor Go Tani, especialmente a 1ª carta a Lucílio, de Séneca (4 a.C – 65):

> Acredita em mim, Lucílio, reserva-te para ti próprio, agarra e aproveita o tempo que até hoje te têm tomado, roubado ou que te fugiu.
>
> ...
>
> A perda mais vergonhosa é, sem dúvida, a que aconteceu por negligência.
>
> ...
>
> Assegura bem o conteúdo deste dia que, assim, dependerás menos do amanhã.
>
> ...

Não posso dizer que não perco nada, pois com verdade diria que perco e porquê e de que maneira; e longamente te exporia as causas das minhas necessidades. Mas acontece-me como à maioria dos homens que, sem culpa, caíram na pobreza: todo o mundo me perdoa, mas ninguém me socorre.

...

Imaginei-o também a meditar a belíssima obra de Séneca (2022) – *Sobre a brevidade da vida*. Não duvido da sua "paragem" logo nas primeiras páginas:

...

Não é que tenhamos pouco tempo para viver, a verdade é que dele desperdiçamos muito. A vida é longa que baste, e foi-nos dada uma quantidade generosa para que possamos realizar todas as nossas conquistas, caso todo este tempo seja devidamente investido. Mas quando desperdiçamos o tempo em ostentações imprudentes e em atividades descuidadas, somos forçados, por fim, a perceber, perante o horizonte da nossa morte, que ele nos fugiu sem que déssemos conta de que se estava a esgotar. Assim é: não nos é dada uma via curta, nós fazemo-la curta. Não estamos mal abastecidos, lançamo-nos é ao desperdício.

4. O Professor Go Tani provém de uma família samurai. Não consigo imaginar que, nos momentos de crise, não tenha relido as belas passagens do *Hagakure*, ou o pensamento do Mestre Zen *Takuan* (1573-1645). Com certeza se inspirou na sua curta mensagem a um *Daimyo* (Reps & Senzaki, 1985):

A Lord (Daimyo) asked Takuan, a Zen teacher, to suggest how he might pass the time. He felt his days very long attending his office and sitting stiffly to receive homage of others. Takuan wrote eight Chinese characters and gave them to the man:

Not twice this day
Inch time foot gem.

This day will not come again.
Each minute is worth a priceless gem.

5. Há mais de 20 anos que o Professor Go Tani visita Portugal, mais concretamente, a cidade do Porto, da qual é cidadão honorário. Com ele, percorri muitos locais deste belíssimo país onde se misturam história, gesta heróica e religiosidade, mas também uma rica gastronomia, fruto de um modo muito português de estar na vida.

Com frequência, levo-o a visitar belas igrejas e mosteiros, que marcam, de modo indelével, a história de Portugal. Dirigimos sempre a conversa para aspectos arquitetônicos e religiosos do local em conversas com sacristães e padres que porventura se atravessem na nossa visita. Imagino o Professor Go Tani a recordar estas belíssimas palavras da Bíblia Sagrada (Lucas 10: 1-9): "A seara é grande, mas os trabalhadores são poucos".

De fato, os assuntos tratados na obra que o leitor tem em mãos remetem para uma grande seara. Ninguém duvida de que o Professor Go Tani, pelo seu percurso acadêmico e universitário, é uma das vozes mais autorizadas para "lavrar os muitos terrenos da seara".

Imagino, também, que, ao escrever esta obra, inspirou-se nas palavras de Sêneca (2022): "Nenhuma coisa boa é agradável de possuir sem amigos para compartilhá-la".

6. O Professor Go Tani convida o leitor para um belíssimo "banquete". O mais interessante, desafiador, mas também aprazível é que não há uma ordem precisa "nos pratos" – cada um pode provar e deliciar-se com o que mais o "impressionar". Eventualmente, bastará uma simples peça de comida. Recorro, uma vez mais, a Daniel Ladinsky (2002) e a um dos seus *renderings* de palavras que o *Meister Eckhart* (1260-1328) teria proferido:

> All day long a little burro labors, sometimes
> with heavy loads on her back and sometimes just with worries
> about things that bother only
> burros.
>
> And worries, as we know, can be more exhausting
> than physical labor.
>
> Once in a while a kind monk comes
> to her stable and brings
> a pear, but more
> that that,
> He looks into the burro's eyes and touches her ears
> and for a few seconds the burro is free
> and even seems to laugh,
> because loves does
> that.
>
> Love frees.

7. Ao chegar ao "banquete", coloquei esta pergunta: "Como é que esta obra deve ser lida e 'digerida'?" A minha sugestão funda-se nesta bela passagem de um encontro entre um Mestre Zen e um filósofo (Reps & Senzaki, 1985):

> Nan-In, a Japanese master during the Meiji era (1868-1912), received a university professor who came to inquiry about Zen.
> Na-In served tea. He poured his visitor's cup full, and then kept on pouring.
> The professor watched the overflow until he no longer could restrain himself. "It is overfull. No more will go in!".
> "Like this cup," Nan-In said, "you are full of your own opinions and speculations. How can I show you Zen unless you first empty your cup?".

E nesta sugestão de Daniel Ladinsky:

A man
Born blind can easily
Deny the magnificence of a vast landscape.
He can deny all the wonders that he cannot touch
Smell, taste, or hear.
But one day the wind shows its kindness
And remove the tiny patches that
Cover his eyes.

Agora é o tempo da descoberta. Caro leitor, mergulhe na leitura. Não fique pela espuma. Vá fundo. Contudo, se o mar o perturbar, ainda assim o livro que tem em mãos convida-o a uma belíssima dança. Mas permita um conselho (retirado de um *rendering* de Daniel Ladinsky, atribuído a São João da Cruz):

The weight of arrogance is such
that no bird can fly
carrying it.
And the man who feels superior
to others, that man
cannot dance. (...)

José Maia[1]

REFERÊNCIAS

Bíblia Sagrada (1995). *Evangelho de Lucas* (18a ed.). Difusora Bíblica.

Horácio. Odes, Livro 1, 11. https://viciodapoesia.com/2013/02/03/carpe-diem-odes-livro-1-11-de-horacio-no-500o-artigo-do-blog/.

Ladinsky, D. (2002). *Love poems from God. Twelve sacred voices from the east and west.* Penguin Compass.

Reps, P. & Senzaki, N. (1985). *Zen flesh, Zen bones. A collection of zen and pre-zen writings.* Turtle Publishing.

Séneca (2008). *Vida, pensamento e obra.* (Coleção grandes pensadores). Planeta de Agostini.

Séneca (2022). *Sobre a brevidade da vida. A obra-prima da sabedoria estóica.* Talento.

1 Professor da Faculdade de Desporto da Universidade do Porto – Porto, Portugal.

CONTEÚDO

PARTE I
REFLEXÕES EPISTEMOLÓGICAS DA EDUCAÇÃO FÍSICA

CAPÍTULO 1

Passado, presente e futuro da cinesiologia nos Estados Unidos: o que podemos aprender com eles?

1.1 CONSIDERAÇÕES INICIAIS

A identidade acadêmica, um assunto por muito tempo ignorado pela Educação Física no nosso país, pelo menos por uma boa parte dos pesquisadores e docentes universitários – apesar de não terem faltado insistentes chamamentos para a discussão e a apresentação de propostas (por exemplo, Tani, 1996, 2008, 2016) –, tem começado a receber, finalmente, maior atenção da comunidade acadêmica. Contudo, essa mudança de atitude está acontecendo não porque a Educação Física entendeu repentinamente que o assunto é relevante do ponto de vista acadêmico-científico. Os motivos e as motivações são de caráter mais pragmático, estreitamente vinculados à avaliação institucional da pós-graduação e à avaliação individual da produção científica. No primeiro caso porque a Coordenação de Aperfeiçoamento de Pessoal de Nível Superior (CAPES) introduziu no Qualis o critério "pertinência à especificidade acadêmica da área" para a classificação dos periódicos, afetando diretamente a avaliação dos programas. Cogita-se, inclusive, a possibilidade de glosa dos artigos, utilizando-se do mesmo critério. No segundo caso, porque esse procedimento poderá vir a ser utilizado pelo Conselho Nacional de Desenvolvimento Científico e Tecnológico (CNPq) na avaliação da produção individual do pesquisador para efeito de concessão da bolsa de produtividade em pesquisa e de financiamento de projetos de pesquisa.

Não é difícil imaginar que, se essas Instituições – CAPES e CNPq – já estão adotando ou vão adotar tal critério nas avaliações da produção intelectual, o mesmo procedimento poderá ser empregado por outras organizações, como as Fundações Estaduais de Apoio à Pesquisa (FAPs) e as próprias Instituições de Ensino Superior, para se avaliarem generalizadamente todos os processos, sejam eles individuais ou institucionais. Esse possível cenário começa a tirar o sono de muitos pesquisadores e docentes que, até o momento, acreditavam que o importante era publicar artigos em periódicos com fator de impacto cada vez mais elevado sem levar em conta se eles pertenciam ou não à área de Educação Física. O mesmo acontecia no que diz respeito ao tema de investigação, cuja escolha era feita sem maiores preocupações no tocante à sua relação com a especificidade acadêmica da área. O foco era o fator de impacto, um indicador que atribui aos artigos nele publicados um "selo" de qualidade concernente ao mérito científico, o que procede, apesar de existirem críticas quanto a ele ser o único critério para se avaliar a qualidade da publicação (Tani, 2007, 2014).

Tudo indica que, doravante, essa especificidade, ou seja, a identidade acadêmica da área, começará a ser levada muito a sério. Todavia, existe um problema fulcral a ser resolvido: a Educação Física é uma área de conhecimento que ainda não possui uma identidade acadêmica claramente definida. Certamente, tanto a CAPES como o CNPq devem estar enfrentando um certo dilema: de um lado, a necessidade de utilização do critério de especificidade da área na avaliação da produção científica; do outro, a ausência de uma identidade que defina claramente essa especificidade. De todas as maneiras, como um incansável e resiliente "denunciante" da importância de se aprofundar a discussão acerca do tema, diria: "Ótimo, até que enfim vamos começar a pensar seriamente sobre o assunto! Antes tarde do que nunca".

De fato, trata-se de uma matéria com indiscutíveis implicações, não apenas na pesquisa e na pós-graduação, mas também no próprio destino da Educação Física, afetando os cursos de preparação profissional e, em última análise, a atuação dos profissionais no oferecimento de serviços à sociedade. Afinal, a definição de identidade delineia o corpo de conhecimentos a ser produzido, disseminado e aplicado pela área (Tani, 1996, 1998, 2016), constituindo-se, portanto, em um conteúdo merecedor de profundas reflexões epistemológicas.

O desafio é enorme e deveras complexo, de modo que a busca por uma melhor definição de identidade acadêmica muito necessita de um norte e de balizamentos capazes de orientar a reflexão para que resultados concretos e efetivos possam ser alcançados. No entanto, a questão é: onde encontrá-los? Não existem tantas alternativas, visto que as experiências vividas por outras áreas de conhecimento, já consolidadas, pouco ajudam porque estiveram vinculadas às suas particularidades acadêmicas, com pouca possibilidade de generalização.

Diante desse cenário, entendeu-se que a fonte mais rica de subsídios para reflexões seria a experiência de países em que a própria Educação Física já tenha enfrentado o mesmo desafio. Assim, a opção foi aprender da experiência de países em que o problema se encontra, se não mais equacionado, ao menos mais discutido e amadurecido. É o que se pretende neste texto. O seu objetivo é debruçar-se sobre o processo de mudança por que passou e passa a área nos Estados Unidos – da Educação Física para a Cinesiologia (*Kinesiology*) e as suas consequências –, com o intuito de extrair lições para que a Educação Física no Brasil possa dar um salto qualitativo, evitando repetir eventuais embates, disputas e percalços lá enfrentados.

1.2 ORIGEM E DESDOBRAMENTOS DA CINESIOLOGIA

A Cinesiologia é uma área de conhecimento relativamente nova na academia. Ela se originou nos Estados Unidos e projetou-se para o Canadá (Elliott, 2007) e para países da Comunidade Europeia, como Bélgica, Croácia, França, Holanda, Noruega e Portugal, além de Austrália e África do Sul (Bardy, 2008). Em alguns países, a denominação *Kinesiology* foi traduzida como "estudo do movimento humano", "ciência do movimento humano" ou "motricidade humana". De acordo com a Associação Americana de Cinesiologia (*American Kinesiology Association* – AKA), a Cinesiologia é definida como uma disciplina acadêmica que envolve o estudo da atividade física e seus impactos na saúde, desempenho humano, sociedade e qualidade de vida (www.americankinesiology.org).

1.2.1 DA SUA ORIGEM: O "MOVIMENTO DISCIPLINAR" DA EDUCAÇÃO FÍSICA

A origem da Cinesiologia está no chamado "movimento disciplinar" da Educação Física, que se deflagrou no início da década de 1960 como uma resposta da área ao relatório de uma comissão designada para analisar a situação do sistema universitário americano, avaliando todas as áreas de conhecimento. Esse relatório questionou a presença da Educação Física no Ensino Superior, afirmando que o status acadêmico demonstrado não justificava a sua presença nas universidades americanas, visto que mais caracterizava o de um curso técnico de Ensino Médio (Conant, 1963).

O pontapé inicial desse movimento foi dado por uma fala de Franklin Henry – um pesquisador da Universidade da Califórnia em Berkeley – na reunião anual da Associação Americana para Saúde, Educação Física, Recreação e Dança (*American Alliance for Health, Physical Education, Recreation and Dance* – AAHPERD), em 1963, cujo conteúdo foi publicado em forma de artigo na revista *JOHPER*, no ano seguinte (Henry, 1964). Nessa fala, Henry afirmou que, se a Educação Física, porventura, ainda não reunia os requisitos de uma disciplina acadêmica, tinha todas as condições para sê-la, e delineou os passos a se seguir para esse status ser logrado. Henry definiu a disciplina acadêmica como um corpo organizado de conhecimentos coletivamente adotado num curso formal de aprendizagem (no caso, curso de preparação profissional; ensino de graduação). Além disso, assumiu que a aquisição de tais conhecimentos constituía um objetivo adequado e relevante por si só, sem nenhuma demonstração ou exigência de aplicação prática. Em razão dessas definições, ele propôs que a disciplina acadêmica de Educação

Física não consistia na aplicação das áreas de Antropologia, Fisiologia, Psicologia, entre outras, no estudo da atividade física. Ao contrário, ela estaria relacionada com o estudo de um objeto próprio, que poderia, até então, estar sendo parcialmente estudado por essas áreas de conhecimento. O foco seria o ser humano como um indivíduo engajado em performances motoras requisitadas na vida diária e em outras performances motoras que produzissem valores estéticos, ou que servissem como expressões da natureza física e competitiva de uma pessoa, aceitando desafios da capacidade para dominar um ambiente hostil e participando em atividades de tempo livre, que assume importância cada vez maior na cultura americana (Henry, 1964).

O que se observou nos anos subsequentes a essa fala seminal de Henry foi uma reação rápida, vigorosa e efetiva da Educação Física em direção à sua estruturação como uma disciplina acadêmica, que se traduziu em montagem de laboratórios, realização de pesquisas, publicação de periódicos, organização de associações científicas por subáreas de investigação, realização de eventos científicos e criação de programas de pós-graduação em torno de um objeto de estudo denominado *movimento humano*. A meta era buscar o status acadêmico-científico o mais rápido possível, visto que, se isso não fosse logrado, haveria o risco de a Educação Física ser excluída do Ensino Superior, acarretando o fechamento de departamentos e cursos de preparação profissional em várias universidades. Estava em jogo, portanto, a sobrevivência da área de conhecimento.

Existe um consenso de que esse "movimento disciplinar" foi muito bem-sucedido (Newell, 2017; Sage, 2013; Silverman, 2009); mais do que isso, há um reconhecimento de que ele elevou o status acadêmico-científico da Educação Física, salvando-a da sua extinção no Ensino Superior (Rikli, 2006). De fato, em pouco tempo multiplicaram-se o volume de artigos publicados e o número de periódicos, de associações científicas e de eventos científicos, de maneira que, num período aproximado de duas décadas, a Educação Física já demonstrava um amadurecimento científico que não deixava dúvidas quanto ao mérito de sua presença no seio do Ensino Superior americano. Muitos pesquisadores começaram a publicar artigos não somente em periódicos específicos da área, que não parava de aumentar, mas também em periódicos de áreas correlatas, muitas vezes das chamadas ciências-mães. Pesquisadores da Fisiologia do Exercício começaram a publicar, por exemplo, no *Journal of Applied Physiology*; da Aprendizagem Motora, no *Journal of Experimental Psychology*, e assim por diante. Esses pesquisadores sabiam que uma estratégia eficaz para se mostrar maturidade científica era publicar em periódicos de elevado impacto, o que justificava o seu esforço, visto que periódicos de áreas de conhecimento mais antigas e consolidadas tinham fator de impacto mais elevado. Destarte, a busca do status acadêmico-científico representava uma meta não apenas individual como também institucional da própria área de conhecimento. Em síntese, tudo indicava que o "movimento disciplinar" tinha colocado a Educação Física na trilha acadêmica, bastando, agora, avançar nas pesquisas em direção à sua consolidação como uma área de conhecimento.

1.2.2 DOS DESDOBRAMENTOS DO "MOVIMENTO DISCIPLINAR"DA EDUCAÇÃO FÍSICA

Entretanto, contrariando as expectativas, esse movimento começou a pagar, de certa forma, pelo próprio sucesso. A busca pelo status acadêmico-científico, até então entendida como meta prioritária, resultou na escolha do tipo de pesquisa que proporcionasse mais eficiência no alcance desse objetivo específico: pesquisas básicas que utilizavam paradigmas e métodos das chamadas *ciências duras*, ou seja, exatas e naturais. Essa escolha acarretou o abandono de pesquisas para se responder a perguntas que emanavam da intervenção profissional, deixando-se de produzir conhecimentos de natureza aplicada e tecnológica (Tani, 1996). Todos sabem que, mesmo na atualidade, existe uma visão distorcida – para não dizer um preconceito, sem fundamento – de se considerarem as pesquisas aplicadas menos científicas do que as básicas. E, também, é bem conhecido que pesquisas aplicadas demandam mais tempo para serem realizadas, envolvem mais variáveis intervenientes, implicando muitas vezes um "sacrifício" da fidedignidade dos resultados – elemento fundamental e mais caro para a pesquisa básica – a fim de ganhar em validade ecológica (Tani, 1996; Tani et al., 2005).

Essa busca pelo status acadêmico-científico, pela priorização de pesquisas básicas, afetou a estrutura, a organização e a política institucional, provocando no interior da área uma divisão entre pesquisadores que defendiam a continuidade dos estudos que estavam resultando na sua elevação e aqueles que defendiam a realização de pesquisas de natureza profissionalizante que produzissem conhecimentos para responder às questões que surgiam na intervenção profissional. Não faltaram manifestações de preocupação quanto ao futuro da área com essa divisão (Harris, 1981; Park, 1991; 1998). Harris descreveu a Educação Física como uma casa dividida (*house divided*), que apresentava as seguintes características: uma organização inadequada de ensino e pesquisa; uma falha de interpretação de um corpo de conhecimentos apropriado; uma disputa interna de poder; uma redundância de foco; e um bando de organizações e sociedades representando áreas especializadas que falharam em solucionar os problemas da área (Harris, 1981). Essa divisão deu origem a um embate aguerrido sobre a natureza da área traduzida na pergunta "Educação Física: disciplina acadêmica ou profissão?", que começou no final da década de 1970 e dominou a agenda das discussões nas décadas seguintes. Por incrível que pareça, essa questão se encontra sem resposta ainda hoje, apesar do reconhecido avanço nas reflexões (Lawson & Kretchmar, 2017; Newell, 2007; 2017; Park, 2017; Rikli, 2006; 2007).

Além disso, o "movimento disciplinar", influenciado pelo paradigma científico vigente à época (Tani, 1996), mais conhecido como reducionista ou mecanicista, centrado no procedimento analítico (Bertalanffy, 1968), deu origem à criação de subáreas de pesquisa cada vez mais específicas. As que emergiram inicialmente foram a Fisiologia do Exercício, a Biomecânica, a Aprendizagem Motora/Psicologia do Esporte, a Sociologia e Educação do Esporte, a História e Filosofia da Educação Física e a Teoria Administrativa em Esporte e Educação Física (Park, 1989). Essas subáreas, crescentemente centradas e fechadas nas questões internas de investigação, não se abriram à comunicação entre si e produziram um fenômeno conhecido como fragmentação do conhecimento (Bressan, 1982; Greendorfer, 1987; Hoffman, 1985; Lawson, 1991; Thomas, 1987).

Esse fenômeno acabou virando uma bandeira dos pesquisadores defensores da Educação Física como profissão (como Bressan, 1979; 1982; Broekhoff, 1979; 1982; Ellis, 1988; 1990; Locke, 1977; 1990; Siedentop, 1990), para criticar pesquisas realizadas por pesquisadores que concebiam a Educação Física como disciplina acadêmica (como Arnold, 1993; Estes, 1994; Newell, 1990a; 1990b; 1990c; Wade, 1990; 1991; Wade & Baker, 1990). Recentemente, essa especialização das subáreas e a consequente fragmentação do conhecimento foram apontadas como o grande problema da área, que coloca em risco a sua sobrevivência, acusada de falta de foco e de clareza de missão (Rikli, 2006).

Não existe dúvida de que a especialização crescente das subáreas e a consequente fragmentação do conhecimento constituem um problema extremamente relevante. Todavia, no meu entender, esse problema não se restringe à questão específica de produção do conhecimento, isto é, à sua dinâmica. Ele abarca um assunto muito mais profundo, que diz respeito à identidade acadêmica da área. Na realidade, a fragmentação do conhecimento foi um subproduto da ausência de uma identidade clara da Educação Física, que, por sua vez, contribuiu para aprofundar ainda mais essa indefinição acadêmica.

De fato, a fragmentação do conhecimento teve grande impacto na disputa sobre a Educação Física ser uma disciplina acadêmica ou uma profissão. Para pesquisadores que concebiam a Educação Física como uma profissão, os conhecimentos básicos produzidos pela Educação Física como disciplina acadêmica, de maneira fragmentada, não poderiam constituir a base de conhecimentos capaz de dar sustentação teórica tanto à preparação como à prática profissional. Para estes, as necessidades da profissão deveriam orientar as pesquisas (aplicadas) a serem realizadas na área (Ellis, 1990), e não o recorte de um objeto de estudo (movimento humano) e sua investigação em diferentes níveis de análise (básicas), como é defendido por aqueles que concebiam a Educação Física como uma disciplina acadêmica.

Importa lembrar que, historicamente, a Educação Física ficou por muito tempo sem se preocupar em estruturar o seu próprio corpo de conhecimentos (pesquisa), limitando-se a oferecer cursos de preparação profissional, apesar de fazer parte do Ensino Superior. Acreditava-se que os conhecimentos necessários para tal fim estavam disponíveis em outras áreas de conhecimento, particularmente nas chamadas ciências-mães (Biologia, Psicologia, Sociologia, Antropologia etc.). Em outras palavras, a Educação Física apoiou-se por longo tempo numa verdadeira muleta falsa (Tani, 1996), visto que essas áreas não tinham essa preocupação. É possível deduzir, portanto, que, nesse contexto, refletir a respeito da identidade acadêmica passava ao largo, por motivos óbvios, de modo que a preocupação com essa questão começou, de fato, com o problema da fragmentação do conhecimento.

Em síntese, esse embate provocou uma profunda ruptura entre os pesquisadores da área, resultando numa divisão interna (Harris, 1981; Park, 1998). Essa divisão deu origem a uma nova área, denominada de Cinesiologia (Newell, 1989; 1990c), em substituição à Educação Física. Essa mudança ocorreu em virtude da compreensão de que uma área de conhecimento que tem como objeto de estudo um fenômeno complexo como o movimento humano, a ser investigado de forma ampla e profunda, não deveria ser chamada de Educação Física (Renson, 1989), já que essa denominação se mostra restritiva e deixa de ser adequada para expressar toda a abrangência da área de conhecimento para dar suporte à intervenção profissional, não mais circunscrita à educação física ensinada nas escolas. Além disso, essa mudança de nomenclatura foi defendida para separar os aspectos disciplinares e acadêmicos dos aspectos práticos, numa tentativa de se obter respeitabilidade acadêmico-científica, isto é, uma forma de os acadêmicos evitarem o estigma de serem vistos como professores práticos (Wade & Baker, 1990) – o complexo de inferioridade a que se refere Newell (2017).

Evidentemente, os pesquisadores que defendiam a Educação Física como profissão pretendiam manter a tradição da área com foco nas pesquisas pedagógicas e na preparação de professores para o ensino formal. Argumentavam que, antes do "movimento disciplinar", a Educação Física no Ensino Superior tinha uma identidade mais clara de preparar professores para ensinar a disciplina curricular de educação física na escola, ou seja, o foco estava na preparação profissional. Para eles, a criação da Cinesiologia introduziu desordem no sistema, resultando, nas palavras de Bressan (1982), em um *fine mess*. Se essa desordem consistiria em fonte de nova ordem ou levaria o sistema ao colapso, só o tempo poderia dizer.

1.2.3 DA CRIAÇÃO DA CINESIOLOGIA E SEUS DESDOBRAMENTOS

Uma das consequências mais marcantes do "movimento disciplinar" foi a criação da Cinesiologia. Naturalmente, a sua constituição e os desenvolvimentos subsequentes seguiram a lógica dos pesquisadores que concebiam a Educação Física como disciplina acadêmica. Na realidade, diversas nomenclaturas foram adotadas para substituir a Educação Física como denominação de instituições, departamentos, cursos de preparação profissional e programas de pós-graduação, como Ciência do Exercício (Katch, 1989; 1990), Ciência do Esporte (Thomas, 1987), Cineantropologia (Renson, 1989) e várias outras, mais de uma centena, segundo Razor e Brassie (1990). Contudo, a grande maioria optou por "Cinesiologia" (Newell, 1989).

Antes de prosseguir com a descrição e a discussão acerca dos desdobramentos da Cinesiologia, faz-se necessário esclarecer que o termo *cinesiologia* utilizado no presente texto não pode ser confundido com o utilizado, desde longa data, na Educação Física e na Fisioterapia neste país, para identificar uma disciplina nos cursos de preparação profissional, cujo conteúdo se limita basicamente à mecânica corporal e à anatomia aplicada (às vezes utilizado como sinônimo de Biomecânica).

A manutenção da Educação Física ou a sua mudança para Cinesiologia aconteceu de acordo com as características das instituições. Houve diferentes interpretações sobre a natureza do empreendimento acadêmico a ser tocado doravante, o que possibilitou aos departamentos tomar decisões de acordo com as suas características, necessidades e demandas particulares, como corpo docente, necessidades sociais, mercado de trabalho, entre outras. Em termos gerais, em algumas universidades de menor porte, mais focadas no ensino de graduação, o departamento continuou sendo de Educação Física, com foco principal no curso de preparação profissional. Em outras universidades de médio porte e nos chamados *colleges*, a Educação Física se tornou apenas uma opção entre outros cursos de preparação profissional, e não mais o principal, como era antes da mudança. Agora, em muitas universidades de grande porte, em que existiam programas de pós-graduação fortes em atividades de pesquisa (denominadas de R1), a Educação Física foi sumariamente eliminada como curso de preparação profissional, não justificando mais a manutenção do departamento com esse nome. Essas mudanças fizeram com que a disciplina entrasse, inevitavelmente, numa fase de declínio. Além disso, o fato de a Educação Física ter se tornado uma disciplina curricular não compulsória no sistema educacional formal (conhecido como K-12) em muitos estados americanos acentuou ainda mais essa tendência.

No que se refere à pesquisa, com a criação da Cinesiologia, houve uma estratificação/divisão quanto ao foco dos estudos e investigações. Na Cinesiologia, o movimento humano e a atividade física; na Educação Física, as necessidades pedagógicas do componente curricular no sistema educacional. O declínio da Educação Física evidenciou ainda mais o crescimento da Cinesiologia, seguindo as metas de pesquisa estabelecidas pelo "movimento disciplinar". De fato, observou-se uma elevação substancial do status acadêmico-científico. No entanto, ela "herdou" também o *modus operandi* do empreendimento científico do "movimento disciplinar", caracterizado pela crescente especialização em subáreas de investigação, cada qual buscando o status acadêmico sem se preocupar com a integração dos conhecimentos. Isso fez com que o crescimento resultasse no inevitável aprofundamento das suas ambiguidades acadêmicas como uma área de conhecimento. Claro está que esse processo de crescimento sem demonstrar uma unidade acadêmica inequívoca foi sendo criticamente observado, acompanhado e avaliado pelos dirigentes universitários. Ao fim e ao cabo, o que resultou foi o fechamento de departamentos de Cinesiologia, ou a sua fusão com outros departamentos já existentes na universidade. Observou-se um verdadeiro paradoxo: crescimento acadêmico e perda de espaço institucional na estrutura universitária.

1.2.4 CINESIOLOGIA: PROBLEMAS ACADÊMICOS E INSTITUCIONAIS

Rikli (2006) argumenta que, em razão dessa "herança", a Cinesiologia perdeu o foco, tornando a sua missão ambígua. Nas suas palavras, converteu-se em uma área de conhecimento desabrigada (*homeless field*). Como consequência, ela não logrou o reconhecimento e o respeito da sociedade como área de conhecimento responsável por dar resposta a grandes problemas e necessidades da população. De acordo com a sua avaliação (Rikli, 2006), a pressão para a área se tornar mais científica resultou em: a) crescente descentralização em subdisciplinas (subáreas); e b) perda da sua unificada missão e de seu foco como uma área integrada de estudo. Essa fragmentação, relacionada à ausência de uma associação profissional representativa, resultou em dificuldades para essa disciplina: a) obter reconhecimento nacional como uma área de estudo; b) mostrar força como voz política; c) realizar tipos de estudos transdisciplinares necessários para atacar importantes questões e temas da área.

Em decorrência, a Cinesiologia continuou com as mesmas perguntas que a Educação Física tinha: a) quem somos nós? b) qual é o nosso foco? c) somos uma disciplina, uma profissão ou um campo? d) qual é o nosso objeto de estudo: exercício, esporte, *fitness*, atividade física, movimento humano? e) como devemos chamar a área? Ademais, segundo Rikli (2006), essa dificuldade em relação à definição da própria identidade colocou em dúvida a capacidade da área de responder a importantes questões/temas/desafios/metas, como: a) aumentar a performance de atletas de elite; b) melhorar a mobilidade de idosos; c) reduzir a inatividade e a obesidade infantil; d) reduzir o sedentarismo de adultos e o consequente risco de doenças crônico-degenerativas.

De fato, a falta de foco causada pela crescente especialização em subáreas, a falta de clareza relativamente a sua missão, a ausência de um guarda-chuva capaz de abrigar a associação profissional ou a área de estudo e a ausência de um nome comum contribuíram para que muitas universidades extinguissem departamentos, cursos de preparação profissional e programas de pós-graduação em Cinesiologia (Ellis, 1998; Scanlan, 1998; Wilmore, 1998) no final da década de 1980 e na década seguinte, a começar pela Costa Oeste Americana, espalhando-se posteriormente pelos Estados Unidos.

Os dois primeiros departamentos de Cinesiologia a serem criados nas universidades americanas foram, respectivamente, na Universidade de Califórnia em Los Angeles (UCLA) e na Universidade de Washington. Ironicamente, os dois tiveram vida curta. Em um artigo publicado em 1998 na revista *Quest*, Scanlan aponta as causas do fechamento do Departamento de Cinesiologia da UCLA, que foi transformado em Departamento de Ciências Fisiológicas. Entre vários fatores que podem ter contribuído para tanto, ela destacou os seguintes: a) a clara missão inicial do departamento, com o tempo, foi sendo gradativamente obscurecida, tornando-se crescentemente estreita em termos de foco, e isso resultou na falta de equilíbrio entre as subáreas de investigação (*content areas*); b) a contratação de excelentes fisiologistas e neurocientistas, mas sem nenhum vínculo ou interesse referente ao estudo do movimento humano; isso fez o departamento perder cada vez mais a confiança no que estava fazendo, levando muitos pesquisadores a começara a identificar-se mais com as suas ciências-mães. Em suma, a busca do status acadêmico sem se importar com a especificidade da área fez com que a preocupação e o engajamento com a missão do departamento fossem deixados para um segundo plano. Com a transformação para Departamento de Ciências Fisiológicas, muitos dos acadêmicos do então Departamento de Cinesiologia foram demitidos (Scanlan, 1998).

O Departamento de Cinesiologia da Universidade de Washington era outro fortemente orientado à pesquisa, de reconhecida reputação, que encerrou suas atividades.

Comparativamente ao Departamento de Cinesiologia da UCLA, ele tinha um escopo de pesquisa mais amplo, contemplando maior número de subáreas de investigação (Scanlan, 1998). Seguindo a mesma tendência, o Departamento de Educação Física e de Estudos do Movimento Humano da Universidade de Oregon também deixou de existir (Ellis, 1998). Era considerado um dos departamentos mais fortes do país em referência à pesquisa. Tinha sido bem-sucedido em administrar internamente a tensão entre a nova orientação academicamente centrada que se originara do "movimento disciplinar" da Educação Física e a orientação profissional tradicional da área. Tinha uma forte vocação para a pesquisa e fazia prever um futuro promissor. Entretanto, em razão de problemas internos e externos ao departamento, ele deixou de existir. Como problemas externos, contribuíram a redução orçamentária e os conflitos administrativos em outros departamentos da mesma unidade, que respingaram sobre o Departamento de Cinesiologia; como internos, a insuficiência de ser forte apenas no domínio acadêmico/pesquisa, ou seja, sem atender à necessidade de equilibrar os esforços entre ensino, pesquisa e extensão, e a diversidade de nomenclatura que dificultava a compreensão da natureza da área (necessidade de um rótulo conceitual comum) por parte dos membros da comunidade universitária (Ellis, 1998). Interessante observar que esses fatores identificados como causas internas do fechamento foram os mesmos apontados como causas do fechamento de departamentos de Cinesiologia ou de denominações correlatas em outras universidades americanas.

O fechamento de departamentos de Cinesiologia nas universidades, iniciado na Costa Oeste dos Estados Unidos, disseminou-se (Rikli, 2006). Isso aconteceu na Universidade do Sul da Califórnia, na Universidade Estadual de Washington, na Universidade de Califórnia em Davis, na Universidade de Califórnia em Berkeley, na Universidade de Califórnia em Santa Barbara e na Universidade do Arizona. Muitos programas de doutorado em Cinesiologia tiveram o mesmo destino, como a sua eliminação na Universidade de Nevada em Reno, a sua redução na Universidade Estadual de São Francisco, e a sua redução também na Universidade de Nevada em Las Vegas, em que as partes mais importantes do programa foram fundidas em outros departamentos. Semelhantemente ao que aconteceu na UCLA, na Universidade de Colorado, ele foi transformado em Departamento de Fisiologia Integrada; e, na Universidade de Nebraska-Lincoln, foi simplesmente eliminado.

Quando reflito acerca desses fechamentos de departamentos de Cinesiologia nas universidades americanas, a começar pela Costa Oeste e estendendo-se posteriormente por todo o país, algumas indagações me inquietam: o fechamento de um departamento de Cinesiologia causa pouco prejuízo ou incômodo institucional (administrativo, político) à universidade? É fácil assim? Isso também poderia acontecer com áreas de conhecimento mais consolidadas? Ao pensar que a forte orientação à pesquisa foi uma necessidade de a Cinesiologia justificar a sua permanência na universidade, pode-se entender que esses departamentos estavam sendo punidos por serem bem-sucedidos em dar resposta positiva a essa necessidade imperiosa? Estavam pagando pelo próprio sucesso? Qual foi, afinal, o equívoco?

1.2.5 CINESIOLOGIA: AVANÇOS E NOVOS DESAFIOS

Nos departamentos em que houve a transição da Educação Física para Cinesiologia e que sobreviveram à extinção, cada um fez a sua particular interpretação da natureza acadêmica da área e começou a oferecer cursos de graduação com diferentes focos de conteúdo, atendendo às demandas sociais diversificadas. De fato, a Cinesiologia mostrou um crescimento acentuado nesse domínio (ensino de graduação), transformando-se num curso de preparação profissional de conteúdo acadêmico direcionado para atuação em diferentes frentes, como aquelas relacionadas à saúde (por exemplo, Fisioterapia e Terapia Ocupacional), ao *fitness*, ao treinamento, e assim por diante (Morrow & Thomas, 2010; Newell, 2017; Rikli, 2006; Thomas, 2014). Outro avanço foi em relação à pós-graduação, sendo a Cinesiologia incluída na avaliação dos programas nas Ciências da Vida (*Life Sciences*), feita pelo Conselho Nacional de Pesquisa (*National Research Council*) (Thomas et al., 2007).

Newell (2007), diferentemente de Rikli (2006), aponta que a Cinesiologia logrou importantes avanços acadêmicos nos últimos 50 anos, que a colocaram em situação vantajosa relativamente a outras áreas do conhecimento, especialmente no que se refere à possibilidade de dar resposta a importantes necessidades sociais contemporâneas relacionadas com a inatividade física e seu efeito na saúde e no bem-estar das pessoas.

Destarte, de acordo com o andar da carruagem, isto é, a sociedade tornando-se cada vez mais sedentária em virtude das transformações sociais, culturais, ambientais, econômicas, científicas e tecnológicas, as possibilidades e oportunidades de uma área de conhecimento que tem como objeto de estudo e aplicação a atividade física/exercício físico/movimento assumir o protagonismo na academia e na sociedade é reconhecidamente enorme.

No entanto, se esse avanço a que se refere Newell (2017) se traduzirá em conquistas efetivas no campo da intervenção profissional, ou seja, no oferecimento de serviços de qualidade à sociedade, isso vai depender da natureza do conhecimento produzido. E, nesse domínio, importantes movimentos na academia têm sido observados. Por exemplo, na medida em que cresceu o reconhecimento da atividade física/exercício físico/movimento para o bem-estar e a qualidade de vida, também cresceu o interesse de outras áreas de conhecimento em transformá-los em objeto de estudo próprio (Spirduso, 2009). Quais seriam as implicações dessa tendência na academia para a Cinesiologia? Que resposta a área teria de dar para não perder a chance do protagonismo?

Tudo indica que a Cinesiologia continuou a sua trajetória sem se preocupar com essa questão. Por exemplo, pesquisadores da Fisiologia do Exercício, da Bioquímica do Exercício, da Biomecânica, entre outros, de tanto se preocuparem com o status acadêmico-científico de sua produção intelectual, começaram a identificar-se mais com as respectivas ciências-mães do que com a própria área. Nesse esforço, o objeto de estudo perdeu o seu foco, visto que, em muitas pesquisas, a atividade física/exercício físico/movimento foi transformado em variável independente, e não mais constituía variável dependente do estudo. Em outras palavras, a atividade física foi convertida em meios para testar efeitos de variáveis de interesse muitas vezes de outras áreas de conhecimento, como Medicina, Nutrição, Psicologia etc. A preocupação prioritária das pesquisas deixou de repousar sobre os efeitos que as variáveis independentes (por exemplo, tipo de prática, tipo de instrução, estrutura e tipo de treino) causam na atividade física/exercício físico/movimento. Spirduso chamou a atenção para esse problema, afirmando que essa tendência poderia ser um elemento a contribuir para a Cinesiologia perder a sua identidade acadêmica (Spirduso, 2009).

De acordo com Newell (2017), mais recentemente, os departamentos de Cinesiologia têm enfrentado outro desafio, que é a sua relação ampliada com programas profissionais orientados à saúde, como Fisioterapia, Fisiatria e Terapia Ocupacional. Como se sabe, a ampliação demasiada pode resultar em perda de foco. Entendo que, se essa ampliação consiste no uso da atividade física/exercício físico/movimento como variável independente para estudar seus efeitos numa multiplicidade de variáveis dependentes de outras áreas do conhecimento, certamente corre-se o risco da perda de foco. Cabe neste momento a seguinte reflexão: se considerássemos a atividade física/exercício físico/movimento uma variável dependente nos estudos da Cinesiologia e uma variável independente em outras áreas do conhecimento, o problema estaria resolvido sem conflito de interesses?

Enquanto essa questão continua em aberto, mais um desafio tem surgido para a Cinesiologia: em algumas universidades, a área tem desempenhado a função de cobrir as falhas deixadas pelos departamentos de Biologia e Ciências Comportamentais, tornando-se uma espécie de coadjuvante (Newell, 2017). Nesse contexto, a pergunta inevitável é: será que, no afã de buscar status e reconhecimento acadêmicos, a Cinesiologia perdeu a clareza da sua missão e ingenuamente tem focado seus esforços em problemas de investigação que têm enriquecido outras áreas de conhecimento? Importante ressaltar que o que está em discussão é a possibilidade de a Cinesiologia tornar-se protagonista em dar resposta a problemas sociais prementes (intervenção). Caso a discussão fosse o enriquecimento cultural da humanidade por meio da ciência, essas reflexões perderiam sentido e substância.

Parece contraditório, mas, conforme aponta Newell (2017), ao mesmo tempo que a Cinesiologia enfrenta desafios contemporâneos importantíssimos como dar respostas no combate ao sedentarismo, à obesidade entre tantos outros que têm fortes implicações na saúde e qualidade de vida das pessoas, a área se defronta com problemas tradicionais persistentes, como a crescente especialização das subáreas, a fragmentação do conhecimento e o embate "disciplina acadêmica x profissão". Entendo que, tendo ele sido um dos protagonistas nas discussões, nos debates e, sobretudo, nas proposições acerca da estrutura e da organização acadêmicas da Cinesiologia (Newell, 1990a; 1990b; 1990c), a percepção de que esses problemas persistem ressalta a ausência ainda de uma clara identidade acadêmica da área e a consequente necessidade de profundas reflexões epistemológicas. Contudo, entendo perfeitamente que esse reconhecimento é, para ele, demasiadamente caro de se admitir.

1.2.6 O STATUS QUO DAS DISCUSSÕES

Uma das maneiras de tomar conhecimento da dinâmica histórica das discussões numa determinada área de conhecimento é acompanhar o comportamento dos periódicos representativos. Eles são muito sensíveis em captar o *momentum* da área no que tange a questões fulcrais e acabam marcando o destino das discussões com a publicação periódica de números especiais. São amplamente conhecidos, por exemplo, alguns números que marcaram a história da área, como os da revista *Quest* publicados em 1967, 1990 e 1998.

A publicação de números especiais continua reunindo manifestações de representantes prestigiados e visionários da academia. Isso pode ser entendido como uma evidência de que permanecem incertezas sobre o futuro da área, o que tem dado prosseguimento a amplas, intensas e profundas discussões (por exemplo, Block, 2016; Kretchmar, 2014; Lawson & Kretchmar, 2017; Newell, 2007; 2017; Park, 2017; Rikli, 2006; Thomas, 2014; Twietmeyer, 2012).

De fato, muitos eventos (encontros, seminários, conferências) têm sido realizados para se discutirem a questão da natureza da área, seu objeto de estudo, objetivo e missão, que têm resultado na publicação de números especiais de modo recorrente. Em 2007, a revista *Quest* lançou um número composto por artigos que foram apresentados na Reunião Anual da Academia Americana de Cinesiologia e Educação Física, realizada em 2006 em Tucson, no Arizona. O evento teve como tema central a definição do âmago (*core*) acadêmico da Cinesiologia, ou seja, a essência do seu conteúdo em relação ao conhecimento. Naturalmente, a escolha dessa temática possibilita deduzir que ainda havia indefinições a respeito desse âmago.

De acordo com Reeve (2007), autor de um dos artigos nesse número, a área tinha de discutir essa questão, provavelmente, em razão de a meta central da área ter mudado de uma orientação profissional na Educação Física para uma orientação centrada na ciência em Cinesiologia. Em outro artigo que compõe esse número especial, Newell argumenta sobre o mérito e a dificuldade da área em lidar com uma agenda acadêmica múltipla que, dependendo da maneira como for tratada, pode trazer vantagens e desvantagens referentes à construção do âmago acadêmico da área. Agenda múltipla, interpretada positivamente, pode significar diversidade temática, evidenciando riqueza de problemas de investigação; negativamente interpretada, pode indicar falta de foco temático.

Entendo que o que define e garante a coerência temática relativamente à abrangência das atividades investigativas no interior da área é a sua identidade acadêmica. Sem tê-la claramente definida, a perseguição de agenda múltipla corre o risco de resultar na ampliação das ambiguidades epistemológicas da área.

Em 2012, foi lançado o número inaugural de um novo periódico da Cinesiologia denominado *Kinesiology Review*, composto por textos relacionados às conferências de renomados acadêmicos de diferentes subáreas feitas no 81º Encontro Anual da Academia Nacional de Cinesiologia, realizado em 2011, em Mineápolis, Minnesota. O tema central das conferências foi "Pesquisa em Cinesiologia: seu impacto na sociedade", tendo como meta elevar a consciência quanto à relevância social da pesquisa em Cinesiologia e estimular reflexões concernentes às maneiras adicionais de os acadêmicos de diferentes subáreas trabalharem em conjunto para tratar de importantes temas (Rikli, 2012).

Interessante observar que, quase 50 anos depois do artigo seminal de Henry (Henry, 1964), a Cinesiologia ainda escolhia como tema central para discussão a relevância social de suas pesquisas, e os conferencistas que a discutiriam eram especialistas de subáreas. Essa escolha temática permite interpretar que a relevância social fora posta em questão, e cabe, então, perguntar: será que a relevância foi questionada em virtude da tão propalada e debatida fragmentação do conhecimento provocada pela crescente divisão da área em subáreas específicas? Nesse caso, não soa estranho convidar especialistas por subárea de investigação para discutirem a relevância da pesquisa em Cinesiologia, cada um apresentando implicações do avanço em seu particular domínio, se o problema está exatamente na fragmentação do conhecimento? Não seria como colocar um cabrito para tomar conta de uma horta? De todas as maneiras, o tema escolhido revela que a Cinesiologia ainda não tinha comprovado a sua relevância social como área de conhecimento. Desconheço o fato de áreas de conhecimento já consolidadas colocarem em questão a relevância social de suas pesquisas, fazendo dessa discussão o tema central do seu encontro anual.

Curioso também o fato de o mesmo periódico (*Kinesiology Review*) ter lançado, cinco anos depois (2017), um número especial para abordar a história da Cinesiologia, refletindo sobre importantes questões filosóficas discutidas ao longo do tempo, com o objetivo de obter uma visão mais clara acerca do futuro da área (Wiggins et al., 2017). Dos sete artigos que compõem esse número especial, um me chamou atenção de modo especial: o de Roberta Park (2017), que, ao responder à pergunta feita no título "É a Educação Física de hoje o legado que Franklin Henry desejou?", toca num ponto central nas proposições de Henry (1964; 1978) – a dúvida que deixou relativamente a área ser de natureza acadêmica ou profissionalizante. Como é amplamente conhecida, essa dúvida constitui um dos pilares da ambiguidade epistemológica da área que ainda persiste. Park argumenta que o fato de Henry ter proposto ser a Educação Física uma disciplina acadêmica, não significou que ele tenha diminuído a importância da aplicação dos conhecimentos, uma marca que a Cinesiologia alimentou até chegar aos dias atuais. Em outras palavras, Henry apenas desejou enfatizar a necessidade de a Educação Física se firmar e consolidar como área de conhecimento, e, para tanto, apontou que a pesquisa acadêmico-científica era fundamental. Importante lembrar que estava em jogo, naquela época, a sobrevivência da área no contexto universitário. Park conclui que o que ocorreu com o desdobramento do "movimento disciplinar" que resultou na criação da Cinesiologia e provocou a divisão na área que persiste até os dias de hoje não é o legado que Henry desejou (Park, 2017).

Paralelamente às publicações, outro aspecto interessante para avaliar a trajetória histórica é observar as mudanças ocorridas com as associações acadêmicas representativas, particularmente em referência às suas denominações. Por exemplo, a Academia Americana de Educação Física (AAPE), fundada em 1923, mudou a sua denominação em 1993 para Academia Americana de Cinesiologia e Educação Física (AAKPE), e, novamente, em 2010, para Academia Nacional de Cinesiologia (NAK), evidenciando o surgimento e a gradativa supremacia da Cinesiologia em relação à Educação Física. A Educação Física continua a ser representada pela Associação Americana para Saúde, Educação Física, Recreação e Dança (AAHPERD), agora Sociedade para Saúde e Educação Física América (*Society for Health and Physical Education America – SHAPE America*).

1.3 SÍNTESE DOS DESDOBRAMENTOS DA CINESIOLOGIA

A Cinesiologia se dividiu em subáreas de investigação cada vez mais especializadas e fechadas em si mesmas (Fisiologia do Exercício, Biomecânica, Aprendizagem Motora, Psicologia do Esporte, Sociologia do Esporte, por exemplo), o que a fez perder o foco e a missão como uma área integrada de conhecimento (Park, 1998; Rikli, 2006; Scanlan, 1998), ou seja, a "*big picture*" (Rikli, 2006) da área foi perdida. Mais um exemplo concreto a dar suporte à velha máxima de que a soma das partes não faz o todo.

Sob a óptica institucional, a pressão para ser mais científica e obter reconhecimento como uma área de conhecimento merecedora de um lugar no Ensino Superior levou muitos departamentos de Educação Física a mudarem para Cinesiologia, especialmente nas universidades em que havia pós-graduação com fortes atividades de pesquisa. No entanto, a busca por essa meta implicou uma crescente divisão na área, resultando numa ruptura (Rikli, 2006) que nunca mais foi resolvida. Em termos de pesquisa, resultou na divisão em duas áreas: uma que busca avanço acadêmico-científico (Cinesiologia) e outra que se preocupa com aspectos profissionalizantes (Educação Física). Não obstante, essa ruptura não resultou numa clara separação das áreas quando se lida com dados estatísticos sobre o estado da arte (veja, por exemplo, Thomas, 2014; Morrow & Thomas, 2010), persistindo uma relação dúbia, em que as duas se confundem. De todas as maneiras, conviver com essa divisão não tem sido nada construtivo. Alguns ressaltam a necessidade de integração (Gill, 2007); outros, a busca por um propósito comum via diálogo orientado por uma agenda oficial (*stewardship-oriented*) (Lawson & Kretchmar, 2017), ou, ainda, a criação de uma sociedade científica unificada (Wade, 2007) ou uma associação guarda-chuva (Rikli, 2006). No entanto, juntar as peças não tem sido nada fácil. Esforços de integração têm resultado em propostas e sugestões que acrescentam mais entropia no sistema – por exemplo, criar dúvida se a Cinesiologia tem característica de uma disciplina acadêmica, profissional ou ambas (veja, por exemplo, Gill, 2007) nessa altura do campeonato.

A questão é reunificar em torno de que propósito e identificar qual será o fator que vai desempenhar o papel de amalgama. Isso remete à necessidade de uma profunda reflexão epistemológica a respeito da identidade da área, que, no meu entender, ainda não aconteceu, e, se ocorreu, o foco estava equivocado. Num artigo publicado há mais de 20 anos (Tani, 1996), tinha alertado que, se nos Estados Unidos a Cinesiologia estava sendo proposta para simplesmente substituir a Educação Física, abarcando tanto dimensões acadêmicas como profissionalizantes, o problema de identidade não seria solucionado. Isso poderia resultar em soluções paliativas de considerar a "tradicional" Educação Física como um ramo (*subset*) da "moderna" Cinesiologia, como propõe Newell (2017), sem resolver a questão de fundo. Evidentemente, não tinha nenhuma bola de cristal em mãos, mas tudo indica que a previsão se confirmou.

Oportuno ressaltar que a clareza da missão de uma área depende da identidade acadêmica também claramente definida. Essa identidade possibilita visualizar e reconhecer a singularidade da área, o que é fundamental no contexto de uma universidade. Sem essa singularidade, corre-se o risco de ser incorporada ou fundida a outras unidades, ou até mesmo fechada. A definição de identidade é fundamental também para definir o escopo das atividades de pesquisa que precisa ser delimitado, mas suficientemente amplo para justificar uma unidade no contexto da universidade. De fato, em algumas universidades americanas, os departamentos de Cinesiologia têm sido fundidos a outros departamentos relacionados à saúde, como Ciências da Saúde e Saúde Pública. De acordo com Rikli (2006), no estado da Califórnia, não existe mais nas universidades Cinesiologia com doutorado. As pesquisas no que se refere a atividade física/exercício físico/movimento continuam a ser realizadas, contudo, em departamentos como Biologia, Fisiologia, Psicologia, Saúde Pública e assim por diante.

Para se resgatarem o foco e a missão como uma área integrada de conhecimento, muitos defendem que a solução dos problemas se encontra na pesquisa interdisciplinar, multidisciplinar ou transdisciplinar. No meu entender, propor essas abordagens de pesquisa não resolve o problema. Basta se perguntar: essas abordagens são eficazes independentemente da natureza da área – acadêmica ou profissionalizante? A busca de solução pede antes uma definição epistemológica referente a essa questão fulcral, para depois se discutirem as características e as dinâmicas das pesquisas.

Na realidade, muita confusão se faz na utilização dos conceitos de interdisciplinaridade, multidisciplinaridade e transdisciplinaridade quando se discute a identidade acadêmica da área. Considerando que a Cinesiologia tem como objeto de estudo a atividade física/o exercício físico/o movimento humano e investiga-os em diferentes níveis de análise, do mais micro ao mais macro, em certo sentido pode-se concebê-los como de natureza "internamente" multidisciplinar ou, de acordo com Scanlan (1998), inerentemente inter e multidisciplinar. Isso difere dos conceitos tradicionais de interdisciplinaridade e multidisciplinaridade que se referem à relação entre as disciplinas (diferentes áreas de conhecimento). Fazendo-se um paralelo, a Biologia seria disciplinar, visto que investiga apenas em um nível de análise, assim como a Psicologia e a Antropologia. Ademais, note-se que essa questão faz sentido quando se tem como premissa que a Cinesiologia é uma área de conhecimento de natureza básica. A reflexão muda de figura se ela é considerada de natureza profissionalizante. As pesquisas numa área de conhecimento de natureza profissionalizante são, por necessidade, integrativas, uma vez que pretendem dar resposta a problemas relevantes e prementes da sociedade (procedimentos e não explicações) que são complexos e reclamam por conhecimentos aplicados e tecnológicos na sua solução. Por exemplo, programas de atividades físicas para combater o sedentarismo e a obesidade infantil, melhorar a mobilidade dos idosos e pessoas com deficiência, potencializar o desempenho de atletas de elite, promover a "alfabetização" motora de crianças na sociedade digital, entre outros, necessitam integrar conhecimentos da Bioquímica do Exercício, Fisiologia do Exercício, Nutrição, Desenvolvimento Motor, Aprendizagem Motora, Psicologia do Esporte, e assim por diante, num projeto de pesquisa e testá-lo empiricamente. A integração de subáreas é para as áreas de conhecimento de natureza acadêmica uma meta, uma necessidade, um desafio, mas, para as áreas de conhecimento de natureza profissionalizante, uma premissa.

Como se nota, as grandes questões que a área enfrenta, como as anteriormente mencionadas, são todas de natureza profissionalizante. A resposta a essas questões reclama por pesquisas aplicadas e tecnológicas. Naturalmente, na ausência de conhecimentos básicos a partir dos quais realizar essas pesquisas aplicadas, pode se considerar que essas questões também reclamam por pesquisas básicas. Entretanto, são necessidades de natureza processual, inerentes às etapas na produção do conhecimento, do básico para o aplicado e tecnológico.

É extremamente irônico observar que, para se salvar, a Cinesiologia teve de esforçar-se para tornar-se mais científica, mas isso resultou na sua divisão em forma de subáreas cada vez mais específicas e independentes. Como já discutido, hoje, a fragmentação do conhecimento decorrente dessa divisão tem sido apontada como o grande problema que coloca em risco a sobrevivência da área, pois ela tem sido acusada de falta de foco, como bem destaca Rikli (2006).

Rikli (2006) e Newell (2007; 2017) apontam vários problemas que compartilho. Entretanto, não atacam o principal problema: a natureza da área – uma reflexão epistemológica para definir se somos uma área acadêmica (disciplinar, básica) ou profissionalizante (de intervenção, aplicada). Ambos ressaltam que importantes questões/temas/desafios/metas da área requerem pesquisas transdisciplinares, quais sejam, pesquisas colaborativas entre as várias subdisciplinas. Todavia, se essas subdisciplinas forem de natureza básica (Bioquímica do Exercício, Fisiologia do Exercício, Biomecânica etc.), o problema não se resolve, visto que essas questões são temáticas de cariz profissionalizante. O problema não se resume a foco (objeto de estudo); refere-se, principalmente, à natureza do estudo.

Não existe dúvida de que a fragmentação do conhecimento, como resultado da crescente subdivisão da área em subáreas cada vez mais específicas e fechadas em si mesmas, tem sido um problema para a Cinesiologia. Ela fez com que a área perdesse o foco e obscurecesse a sua missão. No entanto, o problema maior é não aprofundar a discussão para elucidar as causas desse fenômeno, isto é, discutir por que ele aconteceu. Claro está que o paradigma científico vigente, de natureza analítica, contribuiu; a pressão para a busca do status acadêmico para manter-se na estrutura universitária, também (salvação). A característica pragmática das universidades americanas relacionada à organização de cursos e departamentos, muito centrada nas demandas do mercado de trabalho, é outro fator a ser considerado. Tudo isso pode ter contribuído, mas, a meu ver, a principal causa está na falta de uma reflexão epistemológica sobre a natureza da área para deixar clara a sua identidade.

Essa reflexão epistemológica tem sido uma de minhas preocupações acadêmicas ao longo da carreira, tendo resultado em algumas publicações (Tani, 1988; 1989; 1996; 1998; 1999; 2000; 2006; 2007; 2008; 2011a; 2011b; 2014; 2016; Tani & Corrêa, 2019). Sucintamente, na minha proposta, Cinesiologia, Educação Física e Esporte são áreas de conhecimento relacionadas, porém, distintas. A primeira é uma área de natureza acadêmica que tem como meta o estudo do movimento humano, mediante pesquisa básica em diferentes níveis de análise, desde o mais micro ao mais macroscópico. As duas últimas são áreas de conhecimento de natureza profissionalizante que, mediante pesquisas aplicadas, procuram produzir conhecimentos que deem sustentação a programas, propostas e procedimentos de intervenção profissional nos seus respectivos domínios de intervenção. Portanto, essa proposta não segue a mesma lógica que resultou na criação da Cinesiologia nos Estados Unidos: não substitui a Educação Física com o objetivo de elevar o status acadêmico, não transforma a Educação Física em seu ramo profissionalizante, não consiste na simples mudança de denominação, tampouco uma mudança para acomodar as disputas e rupturas internas nas instituições universitárias.

Essas três áreas (Cinesiologia, Educação Física e Esporte) poderiam ser acomodadas no seio de uma universidade em forma de departamentos, numa unidade independente. Tenho proposto a denominação de Faculdade de Cinesiologia, Educação Física e Esporte, constituída de três departamentos, cada qual representando uma área de conhecimento anteriormente mencionada (Tani, 1996). Exemplos de unidades com esse tipo de estrutura e organização acadêmica são comuns na nossa estrutura universitária. Por exemplo, na Universidade de São Paulo, temos a Faculdade de Economia, Administração e Contabilidade, com três departamentos, cada um representando uma área de conhecimento. Aos interessados para maiores detalhes da proposta, sugiro a leitura dos originais acima citados.

1.4 CONSIDERAÇÕES FINAIS

A Educação Física brasileira tem muito a aprender com o que ocorreu e está ocorrendo com a Cinesiologia nos Estados Unidos. Lamentavelmente, tudo indica que a área está seguindo o mesmo percurso, com décadas de atraso. A continuar assim, repetiremos os mesmos embates, disputas, divisões, rupturas e percalços que marcaram as últimas décadas da Educação Física no território americano.

Como já apontado (Tani, 2011a), a busca de solução para os problemas complexos e básicos que a Educação Física brasileira atualmente enfrenta, como o tipo de pesquisa a ser realizado e estimulado (básica, aplicada, tecnológica), a avaliação dos programas de pós-graduação (critérios adequados às especificidades das pesquisas biológicas, socioculturais, pedagógicas), a avaliação da produção docente e institucional (ensino, pesquisa e extensão, e não apenas pesquisa), a natureza e estrutura do curso de preparação profissional (bacharelado e licenciatura), a qualidade do serviço e responsabilidade social na atuação profissional (ética profissional), a regulamentação da profissão (o papel dos Conselhos Federal e Regional), a estrutura dos departamentos nas instituições, a definição da função como disciplina curricular no processo de escolarização, entre outros, esbarra, invariavelmente, na definição da sua identidade acadêmica.

Mas temos, ainda que tarde, uma escolha: continuarmos sem discutir seriamente as bases epistemológicas da área para definir a sua identidade ou optarmos por um salto qualitativo, o que implicaria, entre outras coisas: a) evitar o aprofundamento da disputa em torno de sua caracterização como área acadêmica ou profissionalizante; b) cessar a discussão sobre a questão de a área pertencer ao domínio das ciências biológicas ou das humanas e sociais; c) orientar as pesquisas para se evitar a fragmentação do conhecimento; d) buscar consenso em relação à nomenclatura da área; e) criar uma associação científica representativa; f) publicar o seu periódico representativo (Tani, 1996; 1998; 2007; 2014; 2016).

REFERÊNCIAS

Arnold, P. J. (1993). Kinesiology and the professional preparation of the movement teacher. *Journal of Human Movement Studies*, *25*, 203-231.

Bardy, B. G. (2008). A European perspective on kinesiology in the 21st century. *Quest*, *60*(1), 139-153.

Bertalanffy, L. von. (1968). *General systems theory*. George Braziller.

Block, B. A. (2016). The professoriate and the future of higher education kinesiology. *Quest*, *68*(3), 229-239.

Bressan, E. S. (1979). 2001: the profession is dead - was it murder or suicide? *Quest*, *31*(1), 77-82.

Bressan, E. S. (1982). An academic discipline for physical education: what a fine mess! In L. L. Gedvilas (Ed.), *Proceedings of the National Association for Physical Education in Higher Education* (Vol. III). Human Kinetics.

Broekhoff, J. (1979). Physical education as a profession. *Quest*, *31*(2), 244-254.

Broekhoff, J. (1982). A discipline - who needs it? In L. L. Gedvilas (Ed.), *Proceedings of the National Association for Physical Education in Higher Education* (Vol. III). Human Kinetics.

Conant, J. B. (1963). *The education of American teachers*. McGraw-Hill.

Elliott, D. (2007). Forty years of kinesiology: a Canadian perspective. *Quest*, *59*(1), 154-162.

Ellis, M. J. (1988). Warning: the pendulum has swung far enough. *JOPERD*, *59*(3), 75-78.

Ellis, M. J. (1990). Reactions to "The body of knowledge: a common core". In The American Academy of Physical Education (Ed.), *The Academy Papers*, (23). Human Kinetics.

Ellis, M. J. (1998). Disasters on the west coast: personal observations. *Quest*, *50*(2), 121-125.

Estes, S. (1994). Knowledge and kinesiology. *Quest, 46*(4), 392-409.

Gill, D. L. (2007). Integration: the key to sustaining kinesiology in higher education. *Quest*, 59(3), 270-286.

Greendorfer, S. L. (1987). Specialization, fragmentation, integration, discipline, profession: what is the real issue? *Quest, 39*(1), 56-64.

Harris, D. V. (1981). Physical education: a house divided. In The American Academy of Physical Education (Ed.), *The Academy Papers*, (15). Human Kinetics.

Henry, F. M. (1964). Physical education - an academic discipline. *JOHPER, 35*(7), 32-38; 69.

Henry, F. M. (1978). The academic discipline of physical education. *Quest, 29*(1), 13-29.

Hoffman, S. J. (1985). Specialization + fragmentation = extermination: a formula for the demise of graduate education. *JOPERD, 56*(6), 19-22.

Katch, F. I. (1989). Exercise science - It's more than just a name change. *JOPERD, 60*(8), 71-72.

Katch, F. I. (1990). Commentary: reascending the mountain. *Quest, 42*(3), 305-314.

Kretchmar, R. S. (2014). Complementary kinesiology: why it is not wise to choose sides or work alone. *Quest, 66*, 249-262.

Lawson, H. A. (1991). Specialization and fragmentation among faculty as endemic features of academic life. *Quest, 43*(3), 280-295.

Lawson, H. A., & Kretchmar, R. S. (2017). A generative synthesis for kinesiology: lessons from history and visions for the future. *Kinesiology Review, 6*(2), 195-210.

Locke, L. F. (1977). From research and the discipline to practice and the profession: one more time. *Proceedings of the NCPEAM/NAPECW National Conference*, 34-45.

Locke, L. F. (1990). Commentary: conjuring kinesiology and other political parlor tricks. *Quest, 42*(3), 323-329.

Morrow, J. R., & Thomas, J. R. (2010). American Kinesiology Association: a national effort to promote kinesiology. *Quest, 62*(1), 106-110.

Newell, K. M. (1989). Kinesiology. *JOPERD, 60*(8), 69-70.

Newell, K. M. (1990a). Kinesiology: the label for the study of physical activity in higher education. *Quest, 42*(3) 269-278.

Newell, K. M. (1990b). Physical activity, knowledge types, and degree programs. *Quest, 42*(3), 243-268.

Newell, K. M. (1990c). Physical education in higher education: chaos out of order. *Quest, 42*(3), 227-242.

Newell, K. M. (2007). Kinesiology: challenges of multiple agendas. *Quest, 59*(1), 5-24.

Newell, K. M. (2017). Reflections on kinesiology: persistent issues and contemporary challenges. *Kinesiology Review*, *6*(2), 211-216.

Park, R. J. (1989). The second 100 years: or can physical education become the renaissance field of the 21th century? *Quest*, *41*(1), 1-27.

Park, R. J. (1991). On tilting at windmills while facing Armageddon. *Quest*, *43*(3), 247-259.

Park, R. J. (1998). A house divided. *Quest*, *50*(2), 213-224.

Park, R. J. (2017). Is today's physical education the legacy that Franklin Henry had hoped for? *Kinesiology Review*, *6*(2), 187-194.

Razor, J. E., & Brassie, P. S. (1990). Trends in the changing titles of physical education departments in the United States. In American Academy of Physical Education (Ed.), *The Academy Papers*, (23). Human Kinetics.

Reeve, T. G. (2007). Kinesiology: defining the academic core of our discipline. *Quest*, *59*(1), 1-4.

Renson, R. (1989). From physical education to kinanthropology: a quest for academic and professional identity. *Quest*, *41*(3), 235-256.

Rikli, R. (2006). Kinesiology – a "homeless" field: addressing organization and leadership needs. *Quest*, *58*(3), 288-309.

Rikli, R. (2012). Kinesiology research: its impact on society. *Kinesiology Review*, *1*(1), 1-2.

Rink, J. (2007). What knowledge is of most worth? Perspectives on kinesiology from pedagogy. *Quest*, *59*(1), 100-110.

Sage, G. H. (2013). Resurrecting thirty years of historical insight about kinesiology: a supplement to "What is kinesiology? Historical and philosophical insights". *Quest*, *65*(2), 133-138.

Scanlan, T. K. (1998). Thriving versus surviving. *Quest*, *50*(2), 126-133.

Siedentop, D. (1990). Commentary: the world according to Newell. *Quest*, *42*(3), 315-322.

Silverman, S. (2009). Advancing research in kinesiology: introduction. *Quest*, *61*(1), 1-4.

Spirduso, W. W. (2009). Staying afloat in an information-age sea change. *Quest*, *61*(1), 5-18.

Tani, G. (1988). Pesquisa e pós-graduação em educação física. In S. C. E. Passos (Org.), *Educação física e esportes na universidade* (pp.381-394). SEED–MEC/UnB.

Tani, G. (1989). Perspectivas da educação física como disciplina acadêmica. In *Anais do II Simpósio Paulista de Educação Física* (Vol. II, pp. 2-12). Universidade Estadual Paulista.

Tani, G. (1996). Cinesiologia, educação física e esporte: ordem emanente do caos na estrutura acadêmica. *Motus Corporis*, *3*(2), 9-50.

Tani, G. (1998). 20 anos de ciências do esporte: um transatlântico sem rumo? *Revista Brasileira de Ciências do Esporte*, (Número Especial comemorativo dos 20 anos de fundação), 19-31.

Tani, G. (1999). Atividade de pesquisa na Escola de Educação Física e Esporte da Universidade de São Paulo: passado, presente e futuro. *Revista Paulista de Educação Física, 13*(Número Especial comemorativo dos 30 anos de incorporação pela Universidade de São Paulo), 20-35.

Tani, G. (2000). Os desafios da pós-graduação em educação física. *Revista Brasileira de Ciências do Esporte, 22*, 79-90.

Tani, G. (2006). Comportamento motor e sua relação com a educação física. *Brazilian Journal of Motor Behavior, 1*, 21-30.

Tani, G. (2007). Educação física: por uma política de publicação visando à qualidade dos periódicos. *Revista Brasileira de Ciências do Esporte, 29*(1), 9-22.

Tani, G. (2008). Área de conhecimento e intervenção profissional. In U. C. Corrêa (Org.), *Pesquisa em comportamento motor: a intervenção profissional em perspectiva* (pp. 14-25). Escola de Educação Física e Esporte da Universidade de São Paulo.

Tani, G. (2011a). A educação física e o esporte no contexto da universidade. *Revista Brasileira de Educação Física e Esporte, 25*, 117-126.

Tani, G. (2011b). *Leituras em educação física: retratos de uma jornada*. Phorte.

Tani, G. (2014). Editoração de periódicos em educação física/ciências do esporte: dificuldades e desafios. *Revista Brasileira de Ciências do Esporte, 36*(4), 714-721.

Tani, G. (2016). Pós-graduação em educação física: crescimento e correção da rota. In W. W. Moreira & V. L. Nista-Piccolo (Orgs.), *Educação física e esporte no século XXI* (pp. 153-171). Papirus Editora.

Tani, G., Dantas, L.E.P.B.T., & Manoel, E. J. (2005). Ensino-aprendizagem de habilidades motoras: um campo de pesquisa de síntese e integração de conhecimentos. In G. Tani (Ed.), *Comportamento motor: aprendizagem e desenvolvimento* (pp.106-116). Guanabara Koogan.

Thomas, J. R. (1987). Are we already in peaces, or just falling apart? *Quest, 39*(2), 114-121.

Thomas, J. R. (2014). The public face of kinesiology in the 21st century. *Quest, 66*(3), 313-321.

Thomas, J. R., Clark, J. E., Feltz, D. L., Kretchmar, R. S., Morrow, J. R. Jr., Reeve, T. G., & Wade, M. G. (2007). The academy promotes, unifies, and evaluates doctoral education in kinesiology. *Quest, 59*(1), 174-194.

Twietmeyer, G. (2012). What is kinesiology? Historical and philosophical insights. *Quest, 64*(1), 4-23.

Wade, M. G. (1990). Recent developments concerning the term kinesiology. In The American Academy of Physical Education (Ed.), *The Academy Papers*, (23). Human Kinetics.

Wade, M. G. (1991). Further reactions to Newell: unravelling the Larry and Darryl magical mystery tour. *Quest*, *43*, 207-213.

Wade, M. G. (2007). Quo vadis kinesiology. *Quest*, *59*(1), 170-173.

Wade, M. G., & Baker, J. A. W. (1990). The changing framework of physical education: new name, new responsibilities. *Physical Education Review*, *13*, 138-145.

Wiggins, D. K., Weiss, M. R., & Kretchmar, R. S. (2017). Reflections on kinesiology: past, present, and future. *Kinesiology Review*, *6*(2), 137-139.

Wilmore, J. H. (1998). Building strong academic programs for our future. *Quest*, *50*(2), 103-107.

CAPÍTULO 2

Reflexões sobre o emprego dos conceitos de interdisciplinaridade, multidisciplinaridade e transdisciplinaridade na Educação Física

2.1 CONSIDERAÇÕES INICIAIS

Os conceitos de interdisciplinaridade, multidisciplinaridade e transdisciplinaridade, ou de estudos interdisciplinares, multidisciplinares e transdisciplinares, têm sido utilizados de maneira mal definida e indiscriminada na Educação Física, muitas vezes até como sinônimos. Sabidamente, são conceitos de elevado impacto na ciência e na educação. Todavia, o conteúdo, o alcance e a profundidade do impacto são ainda objeto de intensas análise, reflexão e discussão na academia (Klein, 1990; 1996), em virtude da complexidade que o assunto encerra.

Essa complexidade não tem sido devidamente considerada na Educação Física. De fato, a utilização pouco refletida desses conceitos, sem levar em conta seus desdobramentos, origens, avanços e implicações, tem influenciado negativamente a Educação Física, confundindo e dificultando, sobretudo, as discussões epistemológicas a respeito da sua identidade acadêmica. Como se sabe, a questão de identidade é ainda um problema não resolvido na área, gerando ambiguidades particularmente na pesquisa e na pós-graduação, com reflexos inevitáveis na preparação profissional e, consequentemente, na intervenção profissional (Tani, 1996; 1998; 2016).

Destarte, quando esses conceitos são utilizados na Educação Física, não fica claro se isso está acontecendo para se referir: a) à estrutura e à organização do conhecimento na ciência; b) às tendências de pesquisa científica na busca de soluções para os problemas complexos da humanidade; c) à estrutura organizacional da universidade; d) à identidade acadêmica da área; e) às características dos seus cursos de preparação profissional; e f) ao trabalho em equipes na intervenção profissional. Mas são largamente usados e, por serem conceitos de amplo apelo acadêmico-científico, não raro colocados no pedestal da sofisticação e tratados como um culto, visto que passam, supostamente, uma imagem de atualidade e sofisticação científica a quem os utiliza. É disseminada uma enganosa percepção de que a simples e superficial utilização desses conceitos poderiam solucionar problemas epistemológicos complexos da área.

Diante desse cenário, o objetivo deste texto é trazer à tona a origem desses conceitos, as suas justificativas, as suas proposições e as discussões geradas na sua aplicação, visando a contribuir para as reflexões epistemológicas da Educação Física na sua busca por uma melhor definição de sua identidade acadêmica.

2.2 OS CONCEITOS DE INTERDISCIPLINARIDADE, MULTIDISCIPLINARIDADE E TRANSDISCIPLINARIDADE

A interdisciplinaridade, a multidisciplinaridade e a transdisciplinaridade têm como premissa a existência de disciplinas. Portanto, para qualquer análise e discussão da origem e do desenvolvimento desses conceitos, é necessário começar por abordar a natureza e a estrutura da disciplina.

Disciplina, também conhecida como área de conhecimento, refere-se a um particular corpo de conhecimentos desenvolvido por uma comunidade de acadêmicos, que segue normas e regras para se organizar e produzir, a fim de ser reconhecida como tal. Ela tem, portanto, um patrimônio intelectual próprio, historicamente construído por meio de estudos e pesquisas envolvendo concordâncias e divergências, acordos e disputas acerca do seu objeto e método de estudo, dos seus conceitos e teorias e dos seus posicionamentos epistemológicos, ou seja, um corpo de conhecimentos com *boundaries* bem demarcados. E esse corpo de conhecimentos é disseminado num curso formal de educação.

Como amplamente conhecido, as disciplinas ditas clássicas (por exemplo, Física, Química, Biologia, Psicologia, Sociologia e Antropologia) foram inicialmente agrupadas em três grandes categorias: ciências naturais, ciências sociais e humanidades. Entretanto, esse agrupamento foi desafiado por dois acontecimentos: a reivindicação do status de disciplina por parte da área de artes (como arte, música, dança e teatro) e o crescimento e o fortalecimento das ciências aplicadas ou profissionalizantes (como Medicina, Educação, Engenharia, Agronomia e Administração), que também reclamaram por esse status. Isso levou à elaboração de taxonomias contemporâneas de ciência que englobam todas essas especialidades. A CAPES (Coordenação de Aperfeiçoamento de Pessoal de Nível Superior do Ministério da Educação do Brasil), por exemplo, utiliza atualmente, para efeito de avaliação dos programas de pós-graduação, uma taxonomia constituída de três grandes colégios: ciências da vida, humanidades e ciências exatas, e tecnológicas e multidisciplinar. O CNPq (Conselho Nacional de Desenvolvimento Científico e Tecnológico do Ministério da Ciência, Tecnologia, Inovações e Comunicações do Brasil), por sua vez, adota uma taxonomia composta de ciências agrárias, ciências biológicas, ciências da saúde, ciências exatas e da terra, engenharias, ciências humanas, ciências sociais aplicadas, linguística, letras e artes, taxonomia essa que é seguida, com poucas alterações, também pelas diferentes fundações estaduais de amparo à pesquisa.

A interdisciplinaridade, a multidisciplinaridade e a transdisciplinaridade estão centradas no problema da especialização e fragmentação do conhecimento, isto é, na perda de unidade da ciência, causada pelo movimento de crescente "disciplinarização" ocorrido a partir do século XIX (Klein, 1990). A ciência se dividiu em inúmeras disciplinas, as quais geraram continuamente novas subdisciplinas. Como consequência, cada disciplina se encapsulou em seu universo privado, de modo que a comunicação e a interação entre elas foram perdidas (Bertalanffy, 1968), dando origem à fragmentação do conhecimento. Essa "disciplinarização" crescente teve efeito na construção de currículos nas universidades, resultando num processo educacional de formação profissional em áreas cada vez mais especializadas, para atender às demandas sociais específicas.

Paralelamente à crescente "disciplinarização" da ciência, a sociedade experimentou transformações econômicas, sociais, educacionais e culturais cada vez mais rápidas e intensas, promovidas especialmente pelos avanços na tecnologia e pela revolução industrial. Com isso, os seus problemas se tornaram crescentemente complexos, demandando novas abordagens científicas para a sua solução. Os problemas ambientais (aquecimento, desmatamento, poluição, água potável, lixo etc.), de saúde pública (epidemia, pandemia, obesidade, desnutrição, sedentarismo, saneamento etc.), de urbanização (concentração, mobilidade, espaços comuns etc.), de emprego (desemprego, emprego informal, robotização etc.), de educação (analfabetismo, *bullying*, ensino a distância, mercantilização etc.), entre outros, que preocupam e desafiam a sociedade contemporânea, são exemplos de problemas complexos que demandam uma abordagem integrada de conhecimentos na busca de soluções.

Com base na premissa de que as disciplinas, individualmente, têm limitações em compreender, responder e solucionar problemas cada vez mais complexos, três alternativas de organização do sistema de conhecimentos foram pensadas, propostas e implementadas: a interdisciplinaridade, a multidisciplinaridade e a transdisciplinaridade.

O foco principal da interdisciplinaridade, ou estudos interdisciplinares, é a integração de ideias, conhecimentos, métodos, instrumentos, conceitos e teorias de duas ou mais disciplinas. Mas isso se traduz num grande desafio, pois integrar implica compreender, relacionar, conectar e sintetizar todos esses ingredientes. Portanto, a interdisciplinaridade não significa simplesmente diálogo e interação entre disciplinas como é genericamente pensado. Lidar com e desafiar problemas complexos é o que ela tem como meta. A integração é a palavra-chave.

O conceito de interdisciplinaridade foi formado seguindo quatro caminhos principais (Klein, 1990): por meio da tentativa de manter e muitas vezes reinstalar a ideia de unidade e síntese do conhecimento; pela emergência de programas organizados na pesquisa e educação; pelo alargamento de disciplinas tradicionais; e pela emergência de movimentos interdisciplinares identificáveis. Nesse percurso, um dos mais marcantes foi o movimento acontecido na educação, como contrapartida à educação cada vez mais especializada, com base em disciplinas específicas, para uma educação generalizada que visa a formar a pessoa como um todo, ou seja, um generalista.

No entanto, apesar desses caminhos percorridos, o termo interdisciplinar continuou a ser ambíguo, incorporando duas ideias principais de mudança, muitas vezes em disputa ou conflito: uma ampla integração de disciplinas, que resulta na grande unidade do conhecimento, implicando a criação de novas categorias conceituais; e uma integração mais restrita de conceitos e teorias de disciplinas existentes, envolvendo basicamente o empréstimo instrumental entre elas (Klein, 1990).

A diferença fundamental dessas duas ideias foi explicitada pela distinção dos conceitos de integração e interdisciplinaridade: a integração, envolvendo reflexões epistemológicas para resultar na construção de novos conceitos e teorias, visando à unidade do conhecimento; e a interdisciplinaridade, sem envolver essa reflexão, implicando apenas a utilização de conhecimentos e instrumentos entre as disciplinas.

De um ponto de vista diferente, essa mesma distinção foi também manifestada no tocante a duas formas dominantes de interdisciplinaridade: a instrumental e a crítica. A primeira, orientada ao problema, e a segunda orientada à sociedade (Repko & Szostak, 2011). A instrumental é pragmática, que se vale dos conhecimentos disciplinares integrando-os na busca de soluções para os problemas complexos. A crítica, por sua vez, questiona a estrutura do conhecimento disciplinar com o objetivo de transformá-la, levantando questões epistemológicas e políticas no que se refere a valores e propósitos.

Diferentes metáforas foram utilizadas para ajudar a melhor definir a interdisciplinaridade (Klein, 1990; Repko & Szostak, 2011), sendo duas as mais frequentes: a) a da reestruturação, que implica atravessar os *boundaries* das disciplinas para construir compreensões abrangentes de problemas complexos, impossíveis de serem logradas por disciplinas individualmente; mais ainda, envolvendo não apenas mudanças parciais em diferentes disciplinas, mas também uma crítica à estrutura do conhecimento prevalecente; b) a da construção de pontes, que envolve duas disciplinas bem estabelecidas sem alteração das suas respectivas identidades, ou seja, aproveitando-se dos insights e expertise das disciplinas em solucionar problemas complexos, não se atendo a reflexões críticas e discussões de natureza epistemológica sobre o que é realizado nas disciplinas.

De todas as maneiras, a emergência da interdisciplinaridade implicou atravessar os *boundaries* das disciplinas tradicionais. Ela pôde se iniciar de forma oculta entre grupos de estudo ou comunidades mais alargadas de acadêmicos, seguindo um padrão de desenvolvimento que se inicia com os pesquisadores separando matéria ou objeto de estudo de uma disciplina, preenchendo as brechas de conhecimento deixadas pela falta de atenção das disciplinas tradicionais, e quando as pesquisas alcançassem massa crítica, redesenhando novos *boundaries* e construindo um novo espaço para conhecimento e papéis profissionais (Klein, 1996).

Uma vez constituída, a interdisciplinaridade começou a atacar terrenos contestados pelas disciplinas tradicionais, isto é, problemas, assuntos ou questões que eram foco de interesse de diversas disciplinas (Repko & Szostak, 2011). Nesse terreno de disputas, como a interdisciplinaridade se utilizava de insights e expertise de outras disciplinas, a expectativa era de que o produto final do empreendimento fosse uma compreensão mais abrangente do objeto de estudo. Assim, esse conhecimento de caráter interdisciplinar seria mais efetivo para solucionar problemas complexos.

No processo histórico da interdisciplinaridade, outra distinção, agora feita para a sua justificação, foi a conceitual e a pragmática. A primeira consistia em argumentos para a unidade e síntese do conhecimento; a segunda referia-se à necessidade de solução de problemas. Contudo, ambas tinham uma justificação em comum: a complexidade dos problemas e a necessidade de solucioná-los (Klein, 1990). Essas distinções correspondem, respectivamente, à ideia de integração e interdisciplinaridade, de orientação crítica e instrumental, e à metáfora de reestruturação e construção de pontes, anteriormente discutidas.

Importante o entendimento de que a interdisciplinaridade se vale dos conhecimentos das disciplinas existentes, mas procura transcendê-los por meio da integração. Nesse sentido, não se trata de uma disputa em ver quem é a melhor, a disciplinaridade ou a interdisciplinaridade; elas têm propósitos diferentes, e as duas são necessárias para atacar os problemas crescentemente complexos da sociedade (Klein, 1996; Repko & Szostak, 2011). São, portanto, complementares. Isso fica mais evidenciado quando se considera que a interdisciplinaridade tem mais presença no domínio das ciências aplicadas. Como se sabe, as ciências aplicadas se valem dos conhecimentos das ciências puras ou básicas, o que ratifica a complementaridade. No entanto, esse entendimento é frequentemente desconsiderado, especialmente pelos arautos da interdisciplinaridade, que a defendem e propagam sem levar em conta as complexas engrenagens envolvidas na integração das disciplinas, não raro negando a disciplinaridade ou considerando-a obsoleta.

Outra tendência foi a multidisciplinaridade para tentar atacar as limitações das disciplinas tradicionais em lidar com problemas complexos. Ela envolve a participação de especialistas de várias disciplinas, cada qual contribuindo com a sua expertise específica. A principal diferença entre interdisciplinaridade e multidisciplinaridade é que a segunda não se engaja na integração de conhecimentos, ou seja, cada uma vê o problema de uma perspectiva disciplinar. A contribuição é, portanto, separada de cada disciplina. A multidisciplinaridade não questiona o status quo das disciplinas, de modo que cada uma mantém a sua identidade original tanto teórica como metodológica. Evidentemente, essa diferença é com relação à interdisciplinaridade na sua vertente integrativa, crítica e conceitual, visto que no que concerne à vertente instrumental e pragmática, a distinção não é tão clara. Entretanto, é importante reconhecer que tanto a interdisciplinaridade como a multidisciplinaridade têm uma meta em comum: suplantar as limitações da disciplinaridade em atacar e solucionar problemas complexos, porém, o fazem de maneiras diferentes (Repko & Szostak, 2011).

Por fim, a transdisciplinaridade tem como meta criar um sistema de conhecimentos que seja completamente além das disciplinas – buscar a unidade do conhecimento e, com isso transcender, a interdisciplinaridade. Trata-se de uma mudança radical na estrutura do conhecimento que envolve questões epistemológicas de fundo, pois implica uma perspectiva comum que vai além da perspectiva padrão de cada disciplina (Klein, 1990). Se a interdisciplinaridade contempla duas correntes – a primeira identificada por ser integrativa, crítica e conceitual, e a segunda, por ser interdisciplinar, instrumental e pragmática, representadas, respectivamente, pela metáfora da reestruturação e construção de pontes –, a transdisciplinaridade pode ser entendida como um avanço mais radical da primeira corrente da interdisciplinaridade em direção à unidade do conhecimento. A unidade é a palavra-chave.

Em suma, retomando as duas vertentes da interdisciplinaridade, a primeira, de característica instrumental e pragmática (construção de pontes), situa-se mais próxima da multidisciplinaridade, e a segunda, de característica integrativa, crítica e conceitual (reestruturação), coloca-se mais próxima da transdisciplinaridade. Isso remete à necessidade de uma visão mais integrada que não trate esses conceitos como se fossem estanques e dissociados.

De fato, Choi e Pak (2006) apontam que esses conceitos, na realidade, referem-se ao envolvimento de distintas disciplinas em graus variados, ao longo de um mesmo contínuo. De acordo com esses autores, a multidisciplinaridade, a interdisciplinaridade e a transdisciplinaridade têm, respectivamente, característica aditiva, interativa e holística, na mesma linha de raciocínio adotado por Klein (1990).

Klein (1990) define multidisciplinaridade como um processo que estabelece uma justaposição de disciplinas que é aditiva e não integrativa, em que as perspectivas disciplinares não são alteradas, apenas contrastadas. A interdisciplinaridade, por sua vez, é definida como uma síntese de duas ou mais disciplinas para estabelecer um novo nível de discurso e integração do conhecimento. Por fim, Klein (1990) define transdisciplinaridade como o estabelecimento de esquemas holísticos que subordinam disciplinas, olhando para a dinâmica de todo o sistema; requer uma perspectiva comum que transcende a perspectiva padrão de cada disciplina.

Essas características peculiares de cada conceito podem ser graficamente ilustradas e visualizadas da seguinte forma (Figura 2.1): a disciplinaridade, por um círculo; a multidisciplinaridade, por dois círculos separados; a interdisciplinaridade, por dois círculos que se sobrepõem parcialmente; e a transdisciplinaridade, por um terceiro círculo que cobre esses dois círculos que se sobrepõem parcialmente (Holistic Education Network, *apud* Choi & Pak, 2006).

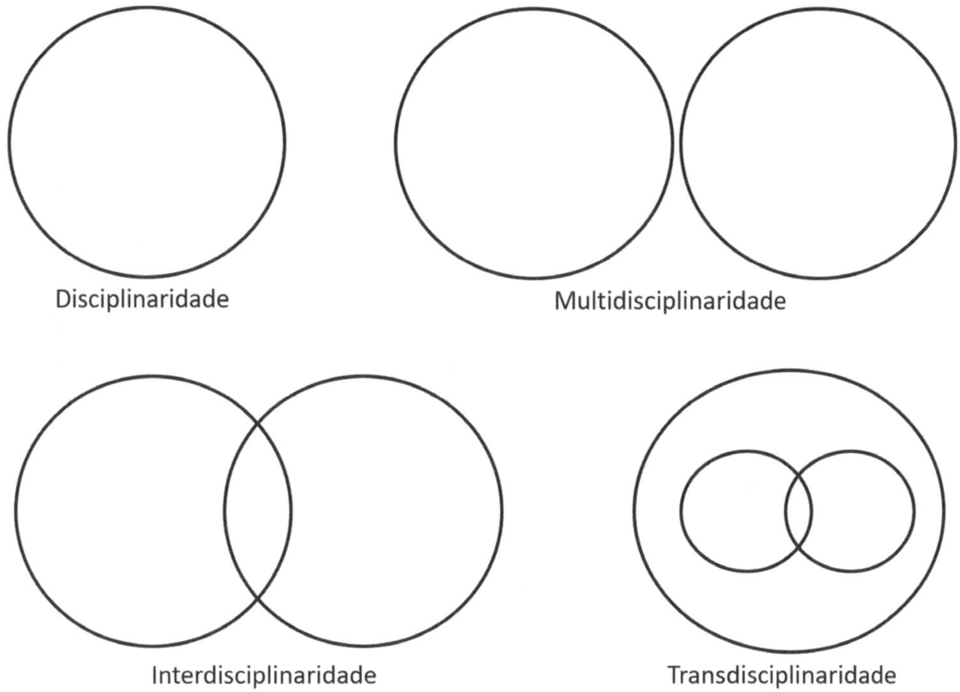

Figura 2.1 – Representação gráfica dos conceitos de disciplinaridade, multidisciplinaridade, interdisciplinaridade e transdisciplinaridade, baseados na proposição da Holistic Education Network (*apud* Choi & Pak, 2006).

Outra possibilidade de ilustrar as características de cada conceito seria a metáfora do suco de frutas: a disciplinaridade, representada por cada uma das frutas; a multidisciplinaridade, por frutas colocadas num liquidificador, em que cada uma se mantém intacta e claramente identificável; a interdisciplinaridade, pelas frutas apenas parcialmente identificáveis depois de o liquidificador ter sido ligado por algum tempo; e a transdisciplinaridade, pelo suco resultante, em que as frutas não mais são identificáveis, e o produto final é algo diferente dos seus ingredientes iniciais.

Em síntese, existe um crescente reconhecimento de que, para se compreender de maneira abrangente e profunda assuntos complexos, responder a questões complexas e solucionar problemas complexos, uma disciplina particular não é mais capaz de dar conta desse enorme desafio. O cenário científico se apresenta muito dinâmico e multifacetado, com a disciplinaridade prosseguindo a sua caminhada, a multidisciplinaridade se fazendo presente em vários domínios científicos, a interdisciplinaridade avançando, apesar de muitos obstáculos ainda a transpor, e a transdisciplinaridade encontrando muitas dificuldades na sua implementação, em que a distância entre o real e o ideal é mais acentuada.

2.3 O EMPREGO DOS CONCEITOS MULTIDISCIPLINARIDADE, INTERDISCIPLINARIDADE E TRANSDISCIPLINARIDADE NA EDUCAÇÃO FÍSICA

As reflexões e discussões sobre a interdisciplinaridade, a multidisciplinaridade e a transdisciplinaridade feitas até aqui, no que tange à natureza e à estrutura do conhecimento, assim como em relação às pesquisas científicas na busca de soluções para problemas complexos, servem de pano de fundo para abordar situações específicas de qualquer disciplina, dadas as suas características genéricas. Possibilita, portanto, discuti-las no que concerne aos problemas específicos da Educação Física.

Nas discussões relativas à base epistemológica da Educação Física, é muito comum se apontar o "movimento disciplinar" (MD) ocorrido nos Estados Unidos como o mais significativo esforço da área em direção à sua construção (Henry, 1964; 1978). Esse movimento foi uma reação da Educação Física à crítica de que, como ela se encontrava sem um corpo de conhecimentos acadêmico-científicos próprio, construído e em construção por meio de pesquisas, não justificava a sua presença no contexto da universidade. Essa crítica constou de um relatório de uma comissão que realizou uma varredura da situação em que se encontravam todas as áreas que compunham o sistema americano de ensino superior no início da década de 1960 (Conant, 1963).

No desdobramento do MD, duas possibilidades de estruturação acadêmica foram propostas, discutidas e implantadas: a interdisciplinar e a transdisciplinar (*crossdisciplinar*, em inglês, uma das possibilidades de transdisciplinaridade do atual *transdisciplinarity*, em inglês). A estrutura interdisciplinar significava que a Educação Física, como disciplina, estava baseada nos conhecimentos fornecidos por outras disciplinas, muitas vezes denominadas de ciências-mães (Brooks, 1981). Isso implicava uma certa dependência da Educação Física em relação a elas, possibilitando, inclusive, a cooptação, que, se efetivasse, implicaria o seu desligamento da universidade. Uma evidência de estruturação interdisciplinar foi a associação do nome de uma "ciência-mãe" a um objeto de estudo da Educação Física na criação de suas subdisciplinas de investigação, o que originou, por exemplo, a Fisiologia do Exercício, a Psicologia do Esporte e a Sociologia do Esporte.

Na estrutura transdisciplinar, por sua vez, a Educação Física buscava autonomia como uma disciplina, com foco de atenção centrado num objeto próprio de estudo, denominado *movimento humano*. Sua meta era investigá-lo por meio de uma série de estudos organizados horizontalmente (abrangência), como também verticalmente (profundidade). Partia do reconhecimento de que esse objeto (movimento) já era estudado em outras disciplinas, mas de forma muito parcial e isolada, de maneira que cabia à Educação Física integrar e ampliar esses estudos para estruturar-se como uma disciplina autônoma (Brooks, 1981; Henry, 1964; 1978; Lawson & Morford, 1979).

Para uma disciplina que começava a estruturar-se necessitando buscar o status acadêmico-científico que justificasse a sua presença no meio acadêmico, cada uma dessas alternativas tinha vantagens e desvantagens. Na estrutura interdisciplinar, a vantagem era o método de estudo e o paradigma já estarem prontos e disponíveis nas disciplinas tradicionais. Bastava à Educação Física emprestá-los e aplicá-los ao seu objeto de estudo. Consequentemente, a busca do status seria facilitada. A desvantagem estaria relacionada à possibilidade de dependência e cooptação em relação a essas disciplinas. Na estrutura transdisciplinar, por sua vez, a vantagem seria a autonomia como uma disciplina, e a desvantagem, a necessidade de criar o método de pesquisa e construir o paradigma por si. Isso retardaria o alcance do status.

Apesar de essas duas estruturas terem sido implantadas, ao fim e ao cabo, a Educação Física não seguiu, a rigor, nem a estruturação interdisciplinar nem a transdisciplinar, mantendo a sua identidade indefinida. Em virtude disso, a Educação Física permanece sem uma identidade acadêmica bem definida, visto que as ambiguidades epistemológicas continuam (Tani, 1996; 1998; 2016; Tani & Corrêa, 2019).

Vale ressaltar um importante esclarecimento para evitar a confusão entre a utilização dos conceitos de estrutura interdisciplinar e transdisciplinar no MD da Educação Física com o uso dos conceitos de interdisciplinaridade e transdisciplinaridade no presente texto. De fato, à época em que a Educação Física começava a estruturar-se como uma disciplina acadêmica - no início da década de 1960 -, os conceitos de interdisciplinaridade, multidisciplinaridade e transdisciplinaridade já estavam influenciando a ciência e a educação, evidentemente não na abrangência e na profundidade, como na atualidade. Desse modo, a utilização desses conceitos nas duas situações não pode ser vista como tendo sido feita com o mesmo significado. De maneira geral, pode-se dizer que, em termos de conteúdo, a estruturação interdisciplinar no MD da Educação Física corresponde à multidisciplinaridade no presente texto.

A necessidade desse ajuste conceitual baseia-se no fato de a Educação Física ter emprestado conceitos e métodos de pesquisa de outras disciplinas consolidadas, especialmente das chamadas ciências-mães, para criar as suas subdisciplinas de investigação. Por exemplo, a Bioquímica do Exercício emprestou conceitos e métodos da Bioquímica; a Fisiologia do Exercício, da Fisiologia; a Biomecânica, da Física; a Psicologia do Esporte, da Psicologia; a Sociologia do Esporte, da Sociologia, e assim por diante. No entanto, essas subdisciplinas cresceram sem dialogar umas com as outras, sem se preocupar com a integração de conhecimentos, como se espera na interdisciplinaridade. Assim, o desfecho foi uma estruturação em conformidade com o conceito de multidisciplinaridade no presente texto.

No que se refere à alternativa transdisciplinar do MD da Educação Física, ela correspondeu a uma forma de estruturação condizente com o conceito de interdisciplinaridade adotado no presente texto. A meta era a busca da autonomia como uma disciplina por meio da síntese de conhecimentos. Todavia, em virtude das dificuldades em se lograr essa condição de autonomia, que implicava ter objeto de estudo, método de investigação e paradigma próprios - demandas difíceis de serem atendidas por uma disciplina em formação -, pode-se dizer que os desdobramentos caminharam no sentido da interdisciplinaridade na sua vertente instrumental e pragmática, isto é, muito distante da transdisciplinaridade, que implica uma mudança radical na estrutura do conhecimento, envolvendo questões epistemológicas de fundo para transcender a interdisciplinaridade em direção à síntese do conhecimento.

Outro esclarecimento que se faz necessário é que os conceitos de interdisciplinaridade, multidisciplinaridade e transdisciplinaridade são normalmente utilizados para expressar as diferentes maneiras de relacionamento entre as disciplinas já existentes. No caso do MD da Educação Física, esses conceitos foram aplicados no processo de sua estruturação como uma disciplina particular, de maneira que a discussão sobre como a Educação Física vai eventualmente se relacionar com outras disciplinas nesse movimento de interdisciplinaridade, multidisciplinaridade e transdisciplinaridade que se desencadeia na ciência, após essa estruturação concluída, é assunto para futuras reflexões. Por ora, para além das considerações no tocante ao processo de estruturação da Educação Física como uma disciplina, é importante analisar com mais detalhes os desdobramentos desse MD.

Existe um reconhecimento geral de que o MD foi, de fato, muito bem-sucedido no seu objetivo específico de elevar o status acadêmico-científico da Educação Física (Newell, 2017; Sage, 2013; Silverman, 2009). Contudo, ele começou a ser alvo de críticas internas porque, no afã de buscar o status acadêmico-científico, abandonou as pesquisas relacionadas aos problemas que emanam da intervenção profissional. Ela procurou desenvolver de modo prioritário um tipo de pesquisa mais apropriado para o alcance desse status, ou seja, pesquisa básica, nomeadamente no domínio biológico. Isso originou um embate interno muito forte, resumido numa questão: a Educação Física é, afinal, uma disciplina acadêmica ou uma profissão (profissionalizante ou de intervenção)? Esse embate foi tão intenso que acabou dividindo a área (Harris, 1981; Park, 1998), dando origem a uma área de conhecimento chamada de *Cinesiologia* (Newell, 1989; 1990c), para abrigar aqueles que consideravam a Educação Física uma disciplina acadêmica (por exemplo, Arnold, 1993; Estes, 1994; Newell, 1990a; 1990b; 1990c; Wade, 1990; 1991; Wade & Baker, 1990). A Educação Física continuou sendo a área para aqueles que a entendiam como profissão (por exemplo, Bressan, 1979; 1982; Broekhoff, 1979; 1982; Ellis, 1988; 1990; Locke, 1977; 1990; Siedentop, 1990).

Portanto, para dar prosseguimento à reflexão e à discussão sobre a interdisciplinaridade, a multidisciplinaridade e a transdisciplinaridade na Educação Física, é imprescindível, antes, uma definição no que diz respeito à natureza da área: se acadêmica (pesquisa básica) ou profissionalizante (pesquisa aplicada). Como esse assunto já foi objeto de reflexão em textos anteriores, tomo a liberdade de posicionar-me e propor que a ambiguidade quanto a essa questão pode ser solucionada identificando-se três disciplinas relacionadas, porém distintas: a Cinesiologia, a Educação Física e o Esporte (para mais detalhes, Tani, 1996; 1998; 2011; 2016).

Resumidamente, a Cinesiologia, na nossa proposta, é uma disciplina que se caracteriza por pesquisas básicas, tendo como objeto de estudo o movimento humano. Entretanto, ela não segue a mesma lógica que resultou na criação da Cinesiologia nos Estados Unidos, visto que não consiste em uma proposta para substituir a Educação Física visando a elevar o status acadêmico, não transforma a Educação Física em seu braço profissionalizante, não se trata de mudança terminológica senão de essência epistemológica, e muito menos uma mudança para acomodar as disputas e rupturas grupais internas. O foco de investigação da Cinesiologia são os movimentos genéricos (postura, locomoção, manipulação) e específicos do esporte, do exercício, da ginástica, do jogo e da dança. A Educação Física, por sua vez, é uma disciplina caracterizada por pesquisas aplicadas, que busca produzir conhecimentos que sirvam de base para a elaboração e o desenvolvimento de projetos e programas de educação física escolar e não escolar. Ela é, portanto, de natureza profissionalizante. Por fim, o Esporte é também uma disciplina caracterizada por pesquisas aplicadas que busca produzir conhecimentos que sirvam de base para a elaboração e o desenvolvimento de projetos e programas de esporte, sendo, portanto, de natureza profissionalizante.

Essa distinção quanto a ser uma disciplina acadêmica ou profissão é importante para a presente discussão porque, como anteriormente mencionado, a interdisciplinaridade se faz mais presente nas disciplinas de natureza aplicada ou profissionalizante. Nessas disciplinas, as pesquisas são, por necessidade, integrativas, na medida em que buscam soluções para os problemas prementes e complexos da sociedade.

A Cinesiologia abarca estudos referentes ao movimento humano em diferentes níveis de análise, desde o mais micro (bioquímico) ao mais macroscópico (antropológico). Desse modo, contempla estudos que buscam descrever e explicar os seus mecanismos e processos subjacentes (pesquisas baseadas em conceitos e métodos das ciências naturais, experimentais, quantitativas) e também estudos que buscam desvendar o seu significado (pesquisas baseadas em conceitos e métodos das ciências humanas e sociais, interpretativas, qualitativas). As subdisciplinas de investigação assim formadas vão desde a Bioquímica do Exercício à Antropologia do Jogo, passando pela Fisiologia do Exercício, Biomecânica, Comportamento Motor, Psicologia do Esporte, Sociologia do Esporte, entre outras.

Uma característica da Cinesiologia que a torna difícil de ser enquadrada como uma disciplina de natureza interdisciplinar, multidisciplinar ou transdisciplinar é exatamente o fato de ela englobar estudos relacionados ao movimento humano em vários níveis de análise, diferentemente das disciplinas que realizam estudos acerca de um objeto num nível específico de análise. Por exemplo, a Biologia, a Psicologia, a Sociologia e a Antropologia realizam estudos, respectivamente, em nível biológico, psicológico, sociológico e antropológico de análise. Seria muito estranho pensar que existe a possibilidade de a Biologia realizar estudos em nível sociológico de análise e vice-versa.

Essa abrangência da Cinesiologia traz dificuldades no tocante à sua identidade acadêmica (Lawson & Kretchmar, 2017; Newell, 2007; 2017; Park, 2017; Rikli, 2006; Rink, 2007), pois a pluralidade se apresenta como uma característica inerente e como uma condição indispensável para o empreendimento. Por outro lado, ela tem o privilégio de ser uma das poucas disciplinas em que há uma perspectiva concreta de integrar conhecimentos e descobertas de várias disciplinas em torno de um mesmo objeto de estudo (Park, 1991). Essa característica peculiar da Cinesiologia, de transcender os limites das disciplinas tradicionais, poderia fazer dela, em tese, uma disciplina intrínseca e potencialmente interdisciplinar, ou mesmo transdisciplinar.

Esse fato de a Cinesiologia envolver estudos em diferentes níveis de análise, em torno de um objeto de estudo, tem levado muitos acadêmicos a assumirem que ela é interdisciplinar por natureza (Scanlan, 1998). Contudo, como anteriormente discutido, essa definição depende do *modus operandi* das pesquisas realizadas no seu interior. O que se presenciou nos desdobramentos do MD foi, em conformidade com o próprio paradigma científico vigente, a especialização crescente de subdisciplinas de investigação, que resultou na fragmentação do conhecimento (Bressan, 1982; Greendorfer, 1987; Hoffman, 1985; Lawson, 1991; Thomas, 1987). Em outras palavras, o que estava acontecendo na ciência de forma geral estava também se sucedendo na Educação Física. As subdisciplinas começaram a subdividir cada vez mais o objeto de estudo, e, como consequência, a comunicação e a interação entre elas foram se reduzindo até não mais existirem. E essa tendência continua até os dias de hoje, de modo que a Cinesiologia demonstra uma característica multidisciplinar em vez de interdisciplinar. Ela contempla uma relação aditiva, não integrativa e muito menos holística (Choi & Pak, 2006) de subdisciplinas.

Uma classificação de ciência proposta por Haag (1979) contribui para uma melhor compreensão dessa natureza multidisciplinar da Cinesiologia. De acordo com esse pesquisador, dois tipos de campos científicos podem ser distinguidos: um denominado de ciências orientadas às disciplinas e outro de ciências orientadas aos temas. A Cinesiologia pertenceria ao segundo tipo. Como ela tem a meta de estudar o movimento humano (tema) em diferentes níveis de análise e não num nível específico, demonstra essa característica multidisciplinar.

Pensando a Cinesiologia com a proposição de Choi e Pak (2006) de que a multidisciplinaridade, a interdisciplinaridade e a transdisciplinaridade se referem ao envolvimento de distintas disciplinas em graus variados, ao longo de um mesmo contínuo, ela teria o potencial de avançar para a interdisciplinaridade e, quiçá, para a transdisciplinaridade, como Park (1991), em certo sentido, já tinha prognosticado. Se a Cinesiologia lograsse esse avanço, seria indubitavelmente um grande exemplo para a ciência.

A Educação Física e o Esporte, na nossa proposta, pelo fato de caracterizarem-se como disciplinas profissionalizantes, portanto, de natureza aplicada ou de intervenção, abarcariam pesquisas vinculadas a seus problemas específicos que podem ser solucionados internamente, mas teriam também problemas mais complexos que demandariam a participação de outras disciplinas. No tocante à pesquisa de problemas específicos, julga-se desnecessário descrevê-la, pois já é amplamente conhecida. No que tange à participação em empreendimentos integrados com outras disciplinas na produção de conhecimentos, cabe um exemplo ilustrativo para melhor esclarecimento. Relativamente à Educação Física, por exemplo, visualizam-se atualmente três problemas prementes da sociedade que demandam uma abordagem integrada na produção de conhecimentos: a obesidade e o sedentarismo infantil, relacionados às doenças crônico-degenerativas; a falta de "alfabetização motora", relacionada à crescente perda da capacidade de movimentar-se das crianças nesse mundo digital, comprometendo-se o seu crescimento e o seu desenvolvimento; e a mobilidade dos idosos, relacionada com a perda de sua autonomia quanto à locomoção. São problemas que envolvem aspectos sanitários, econômicos, educacionais, urbanísticos, sociológicos, antropológicos, culturais, políticos, entre outros, de modo que uma disciplina individualmente não seria capaz de solucionar.

Neste cenário, duas questões importantes merecem cuidados e reflexões adicionais. A primeira é não confundir a dinâmica da pesquisa científica na busca de soluções para problemas complexos, muitas vezes de maneira multidisciplinar ou interdisciplinar, com a identidade acadêmica das disciplinas que dela participam. É sempre oportuno lembrar que a interdisciplinaridade, a multidisciplinaridade e a transdisciplinaridade pressupõem a existência de disciplinas, pois se valem delas. Portanto, a negação da disciplinaridade fere os pressupostos da interdisciplinaridade, multidisciplinaridade e transdisciplinaridade. A segunda é não confundir a integração necessária de disciplinas na produção de conhecimentos com a participação integrada de profissionais formados em diferentes disciplinas num trabalho em equipe, para solucionar problemas na intervenção. Por exemplo, na intervenção no esporte de alto rendimento, atualmente, faz-se necessário trabalho de uma equipe multidisciplinar, envolvendo bacharéis do esporte, psicólogos, nutricionistas, fisioterapeutas, médicos, advogados, administradores de empresa, entre outros. Cada um dando contribuição dentro da sua especialidade.

Aliás, no domínio da intervenção profissional, os problemas crescentemente complexos exigem cada vez mais trabalho de equipes de características multidisciplinares para a sua solução, associado à utilização de tecnologias avançadas em que a interação homem-máquina assume contornos inimagináveis antes do surgimento dos computadores. Essa nova realidade do mercado de trabalho tem demandado uma verdadeira revolução na educação para viabilizar a formação de profissionais capazes de interagir multidisciplinarmente.

Por fim, é necessário discutir sobre os conceitos de multidisciplinaridade, interdisciplinaridade e transdisciplinaridade no curso de preparação profissional em Educação Física. Nesse domínio, não existe nada de específico em relação à Educação Física. Todos os cursos de preparação profissional, nas disciplinas profissionalizantes, são multidisciplinares por excelência. Cada curso tem como base os conhecimentos da própria disciplina (disciplinaridade), mas os seus currículos contemplam também conhecimentos de outras disciplinas (multidisciplinaridade). Por exemplo, o curso de Engenharia tem na sua grade curricular matérias que tratam dos conhecimentos de Física, Química e Matemática, por exemplo. Da mesma maneira, no curso de Medicina, a grade curricular inclui matérias que tratam dos conhecimentos de Anatomia, Fisiologia, Psicologia, Sociologia, entre outras disciplinas.

Na preparação profissional, existe, muitas vezes, a intenção de se aumentar a multidisciplinaridade dos cursos, a fim de se fortalecer uma formação mais generalista. Todavia, nesse caso, o tempo do curso necessitaria ser proporcionalmente aumentado, o que claramente tem limites. O mesmo pode ser dito em relação à interdisciplinaridade, porém, nesse caso, existe a limitação dos conhecimentos disponíveis, que, como foi discutido, implicam maiores dificuldades na sua produção.

Na Escola de Educação Física e Esporte da Universidade de São Paulo, a grade curricular do curso de bacharelado em Educação Física se compõe majoritariamente de disciplinas curriculares vinculadas às diferentes subdisciplinas da Cinesiologia (por exemplo, Bioquímica do Exercício, Fisiologia do Exercício, Biomecânica, Aprendizagem Motora, entre outras) e da Educação Física (Educação Física na Infância, Educação Física na Adolescência, Educação Física para os Idosos, Educação Física Adaptada, entre outras), complementada com conhecimentos de outras disciplinas de natureza básica (por exemplo, Anatomia, Fisiologia, Bioquímica, Psicologia, Sociologia, Antropologia, Economia, entre outras). É, portanto, um curso de preparação profissional multidisciplinar, talvez mais multidisciplinar do que a Engenharia e a Medicina, em virtude de a Cinesiologia ter a peculiaridade de ser "intrinsecamente" multidisciplinar. No curso de bacharelado em Esporte, na mesma Instituição, a mesma lógica curricular prevalece, com a única diferença de haver conhecimentos de Esporte no lugar de conhecimentos da Educação Física.

Muito se discute acerca das limitações da especialização cada vez mais intensa na formação profissional. Para contrapô-la, existe a expectativa de se oferecerem cursos de característica mais interdisciplinar, transcendendo a multidisciplinaridade atualmente praticada. Mas essa possibilidade está claramente na dependência do avanço nas pesquisas interdisciplinares. Muito fácil pregar a interdisciplinaridade na preparação profissional, mas a coisa não é simples assim. Mais do que nunca, é preciso ter a noção do real, do possível e do ideal, particularmente no tocante às dificuldades inerentes na integração entre as disciplinas.

2.4 CONSIDERAÇÕES FINAIS

Cabe uma reflexão final referente ao porquê de a Educação Física necessitar pensar a respeito da interdisciplinaridade, da multidisciplinaridade e da transdisciplinaridade para melhor definir a sua identidade acadêmica. Uma comparação com outras disciplinas pode ajudar. Comecemos com uma pergunta: a Física, a Química, a Biologia, a Psicologia, a Sociologia ou a Antropologia necessitam fazer o mesmo? Penso que não. Isso porque todas elas são disciplinas tradicionais, consolidadas, com identidade claramente definida e ponto. No entanto, podemos continuar com as perguntas, não propriamente relacionadas com a definição de identidade, mas com a dinâmica da ciência e os desafios que ela coloca. Se perguntássemos se nessas disciplinas existem movimentos internos "ocultos" para atravessar os seus *boundaries* (Klein, 1996), provavelmente a resposta seria positiva, mas com ressalvas, para distinguir intenções de ações concretas. Agora, se indagássemos se existem estudos interdisciplinares, multidisciplinares ou transdisciplinares no seu interior, provavelmente a resposta seria negativa, visto a sua característica disciplinar. Por outro lado, se perguntássemos se essas disciplinas participam de estudos e projetos interdisciplinares, multidisciplinares e transdisciplinares para resolver problemas da sociedade, provavelmente a resposta seria, categoricamente, sim. Por fim, se indagássemos se essas disciplinas estão prontas para responder aos desafios de característica interdisciplinar ou transdisciplinar que a ciência coloca de maneira crescente, conjeturo que respostas positivas seriam ainda relativamente escassas.

E o que aconteceria se fizéssemos as mesmas perguntas à Medicina, à Engenharia, à Agronomia e à Administração de Empresas? Quanto à primeira pergunta, a resposta seria provavelmente a mesma, ou seja, de que são disciplinas tradicionais, consolidadas, com identidade claramente definida. Continuando, se perguntássemos se nessas disciplinas existem movimentos internos para atravessar os seus *boundaries*, provavelmente a resposta seria positiva, mas nada "oculto". E se indagássemos se existem estudos interdisciplinares, multidisciplinares ou transdisciplinares no seu interior, provavelmente a resposta seria também positiva, pelo menos para estudos multidisciplinares e talvez interdisciplinares. Quem sabe, teríamos respostas afirmando que seria desejável mais estudos dessa natureza. Se perguntássemos se essas disciplinas participam de estudos e projetos multidisciplinares para resolver problemas da sociedade, certamente a resposta seria sim. Agora, se perguntássemos se essas disciplinas estão prontas para responder aos desafios de característica interdisciplinar ou transdisciplinar que a ciência coloca de maneira crescente, provavelmente teríamos poucas respostas afirmativas, porém, mais do que no primeiro grupo de disciplinas.

Claro está que foi utilizado um critério na formação dos dois grupos de disciplinas aos quais as perguntas foram direcionadas. O primeiro grupo foi constituído de disciplinas chamadas de básicas ou puras, e o segundo grupo, de disciplinas aplicadas ou profissionalizantes. Como foi apontado reiteradamente, a interdisciplinaridade, a multidisciplinaridade e a transdisciplinaridade estão mais presentes nas ciências aplicadas. Isso tem uma justificativa: elas têm como meta precípua a solução de problemas da sociedade. Como os problemas estão se tornando crescentemente mais complexos, essas disciplinas são mais sensíveis e suscetíveis a empreendimentos com essas características.

Desse modo, discutir e refletir a interdisciplinaridade, a multidisciplinaridade e a transdisciplinaridade na ciência é um exercício intelectual fascinante, mas também extremamente complexo e desafiador. Trazer essa discussão para o interior da Educação Física para refletir sobre a sua base epistemológica é um desafio intelectual ainda maior, que evoca muitas vezes a sensação de estar pisando em ovos. A reflexão está longe de terminar, pela complexidade que encerra. Todavia, é preciso continuar e avançar. A natureza dinâmica da ciência está exigindo que assim seja. Ou está convidando, como a cadeira convida a nela sentar-se. Depende da percepção de cada um, se direta ou indireta (Gibson, 1979).

REFERÊNCIAS

Arnold, P. J. (1993). Kinesiology and the professional preparation of the movement Teacher. *Journal of Human Movement Studies, 25*, 203-231.

Bertalanffy, L. von. (1968). *General systems theory.* George Braziller.

Bressan, E. S. (1979). 2001: the profession is dead - was it murder or suicide? *Quest, 31*(1), 77-82.

Bressan, E. S. (1982). An academic discipline for physical education: what a fine mess! In L. L. Gedvilas (Ed.), *Proceedings of the National Association for Physical Education in Higher Education* (Vol. III). Human Kinetics.

Broekhoff, J. (1979). Physical education as a profession. *Quest, 31*(2), 244-254.

Broekhoff, J. (1982). A discipline - who needs it? In L. L. Gedvilas (Ed.), *Proceedings of the National Association for Physical Education in Higher Education*,(Vol. III). Human Kinetics.

Brooks, G.A. (1981). What is the discipline of physical education? In G. A. Brooks (Ed.), *Perspectives on the academic discipline of physical education*. Human Kinetics.

Choi, B. C. K., & Pak, A. W. P. (2006). Multidisciplinarity, interdisciplinarity and transdisciplinarity in health research, services, education and policy: 1. Definitions, objectives, and evidence of effectiveness. *Clinical Investigation in Medicine, 29*(6), 351-364.

Conant, J. B. (1963). *The education of American teachers*. McGraw-Hill.

Ellis, M. J. (1988). Warning: the pendulum has swung far enough. *JOPERD, 59*(3), 75-78.

Ellis, M. J. (1990). Reactions to "The body of knowledge: a common core". In The American Academy of Physical Education (Ed.), *The Academy Papers*, (23). Human Kinetics.

Estes, S. (1994). Knowledge and kinesiology. *Quest, 46*(4), 392-409.

Gibson, J. J. (1979). *The ecological approach to visual perception*. Houghton Mifflin.

Greendorfer, S. L. (1987). Specialization, fragmentation, integration, discipline, profession: what is the real issue? *Quest, 39*(1), 56-64.

Haag, H. (1979). Development and structure of a theoretical framework for sport science (sportwissenschaft). *Quest, 31*(1), 25-35.

Harris, D. V. (1981). Physical education: a house divided. In The American Academy of Physical Education (Ed.), *The Academy Papers*, (15). Human Kinetics.

Henry, F. M. (1964). Physical education – an academic discipline. *JOHPER, 35*(7), 32-38; 69.

Henry, F. M. (1978). The academic discipline of physical education. *Quest, 29*(1), 13-29.

Hoffman, S. J. (1985). Specialization + fragmentation = extermination: a formula for the demise of graduate education. *JOPERD, 56*(6), 19-22.

Klein, J. T. (1990). *Interdisciplinarity: history, theory, and practice*. Wayne State University Press.

Klein, J. T. (1996). *Crossing boundaries: knowledge, disciplinarities, and interdisciplinarities*. University Press of Virginia.

Lawson, H. A. (1991). Specialization and fragmentation among faculty as endemic features of academic life. *Quest, 43*(3), 280-295.

Lawson, H. A., & Kretchmar, R. S. (2017). A generative synthesis for kinesiology: lessons from history and visions for the future. *Kinesiology Review, 6*(2), 195-210.

Lawson, H. A., & Morford, W. (1979). The cross-disciplinary structure of kinesiology and sport studies: distinctions, implications, and advantages. *Quest, 31*, 222-230.

Locke, L. F. (1977). From research and the discipline to practice and the profession: one more time. *Proceedings of the NCPEAM/NAPECW National Conference, 34*(4).

Locke, L. F. (1990). Commentary: conjuring kinesiology and other political parlor tricks. *Quest, 42*(3), 323-329.

Newell, K. M. (1989). Kinesiology. *JOPERD, 60*(8), 69-70.

Newell, K. M. (1990a). Kinesiology: the label for the study of physical activity in higher education. *Quest, 42*(3), 269-278.

Newell, K. M. (1990b). Physical activity, knowledge types, and degree programs. *Quest, 42*(3), 243-268.

Newell, K. M. (1990c). Physical education in higher education: chaos out of order. *Quest, 42*(3), 227-242.

Newell, K. M. (2007). Kinesiology: challenges of multiple agendas. *Quest, 59*(1), 5-24.

Newell, K. M. (2017). Reflections on kinesiology: persistent issues and contemporary challenges. *Kinesiology Review, 6*, 211-216.

Park, R. J. (1998). A house divided. *Quest, 50*, 213-224.

Park, R. J. (2017). Is today's physical education the legacy that Franklin Henry had hoped for? *Kinesiology Review, 6*, 187-194.

Repko, A. F., & Szostak, R. (2011). *Interdisciplinary research: process and theory*. Sage Publishing.

Rikli, R. (2006). Kinesiology – a "homeless" field: addressing organization and leadership needs. *Quest, 58*, 288-309.

Rink, J. (2007). What knowledge is of most worth? Perspectives on kinesiology from pedagogy. *Quest, 59*, 100-110.

Sage, G. H. (2013). Ressurecting thirty years of historical insight about kinesiology: a supplement to "What is kinesiology? Historical and philosophical insights". *Quest, 65*, 133-138.

Scanlan, T. K. (1998). Thriving versus surviving. *Quest, 50*, 126-133.

Siedentop, D. (1990). Commentary: the world according to Newell. *Quest, 42*, 315-322.

Silverman, S. (2009). Advancing research in kinesiology: introduction. *Quest, 61*, 1-4.

Tani, G. (1996). Cinesiologia, educação física e esporte: ordem emanente do caos na estrutura acadêmica. *Motus Corporis, 3*(2), 9-50.

Tani, G. (1998). 20 anos de ciências do esporte: um transatlântico sem rumo? *Revista Brasileira de Ciências do Esporte*, (Número Especial comemorativo dos 20 anos de fundação), 19-31.

Tani, G. (2011). *Leituras em educação física: retratos de uma jornada*. Phorte.

Tani, G. (2016). Pós-graduação em educação física: crescimento e correção da rota. In W. W. Moreira & V. L. Nista-Piccolo (Orgs.), *Educação física e esporte no século XXI*. (pp. 153-171). Papirus.

Tani, G. (2017). Preparação profissional em educação física: reflexões sobre a "festa" no convés do Titanic. In W. C. Correia (Org.), *Formação profissional em educação física: ensaios e proposições* (pp. 17-35). Fontoura.

Tani, G., & Corrêa, U. C. (2019). Ciência e comunicação científica na educação física/ciências do esporte. In F. F. B. Carneiro, A. Ferreira Neto & W. A. Santos (Orgs.), *Comunicação científica em periódicos* (pp. 237-259). Appris.

Thomas, J. R. (1987). Are we already in peaces, or just falling apart? *Quest, 39*, 114-121.

Wade, M. G. (1990). Recent developments concerning the term kinesiology. In The American Academy of Physical Education (Ed.), *The Academy Papers*, (23). Human Kinetics.

Wade, M. G. (1991). Further reactions to Newell: unravelling the Larry and Darryl magical mystery tour. *Quest, 43*, 207-213.

Wade, M. G., & Baker, J. A. W. (1990). The changing framework of physical education: new name, new responsibilities. *Physical Education Review, 13*, 138-145.

CAPÍTULO 3

Algumas reflexões pontuais sobre o resiliente embate "biológico *versus* sociocultural" na Educação Física

3.1 CONSIDERAÇÕES INICIAIS

Após a observação, o acompanhamento e a participação do embate "biológico *versus* sociocultural" na Educação Física nas últimas décadas, percebo que as discussões têm se intensificado mais recentemente, mas estamos ainda muito distantes de chegarmos a um bom termo. Quando discussões sobre um determinado problema persistem por longo tempo, sem solução, pode-se pensar basicamente em duas possibilidades: a primeira é de que ele é, de fato, muito complexo; a segunda é de que ele é irrelevante. Não me parece que o embate em apreço pertença à segunda alternativa; muito pelo contrário. A meu ver, o problema chegou a um ponto extremamente delicado, visto que tem atingido a vida dos pesquisadores no que se refere a melhor direcionamento e condução de suas carreiras acadêmicas. Isto é, deixou de ser um problema genérico da área para tornar-se pessoal, com importantes implicações práticas. Especialmente para aqueles que desejam ingressar na carreira acadêmica, nas atuais circunstâncias, dependendo da escolha que se realiza, pode-se ter maior facilidade ou dificuldade – por exemplo, no credenciamento como orientador nos programas de pós-graduação, na obtenção de bolsa de produtividade em pesquisa ou no acesso ao financiamento para os seus projetos de pesquisa.

O assunto é complexo e com um agravante. O embate foi sendo "contaminado" ao longo do tempo por fatores de natureza extra-acadêmica (Souza, 2021), a tal ponto de ser transformado em bandeira de luta política no interior da área, por exemplo, para se conquistar e manter o poder em entidades acadêmicas, organizações estudantis e em órgãos governamentais. Por todos esses motivos, há a necessidade de um esforço coletivo a fim de se buscarem soluções acadêmicas para o problema. Se o embate continuar sem solução, poderá se tornar um fator de cisão da área, estimulando movimentos separatistas, como já acontece nos programas de pós-graduação (Tani et al., 2020), ainda de forma tácita, todavia crescente.

O presente texto parte da premissa de que o primeiro passo para a busca de solução é entender bem qual é o problema. Assim, por meio de reflexões referentes a alguns aspectos selecionados que se julgam centrais do embate, pretende-se identificar onde se encontra o problema, qual a sua natureza, os pontos de discórdia e os possíveis encaminhamentos para a busca de solução. Não se trata, portanto, de uma análise neutra do assunto. A sua finalidade é apresentar o ponto de vista do autor, pelo que peço desculpas antecipadamente por eventuais vieses que possam existir quando um pesquisador da área comportamental (Aprendizagem Motora) analisa problemas das áreas sociocultural e pedagógica. Talvez com um atenuante: que, como a área comportamental fica entre as áreas biológica e sociocultural, essa posição intermediária a partir da qual se analisa o problema possibilite um olhar mais equilibrado dos pontos em disputa. Ademais, esclareço que não se tem nenhuma intenção, muito menos pretensão, de se esgotar o assunto.

3.2 DAS REFLEXÕES

3.2.1 REFLEXÃO 1 – DA AVALIAÇÃO DA PRODUÇÃO CIENTÍFICA

Existe uma tensão na Educação Física relativamente à avaliação da produção científica. Ela tem origem no fato de os pesquisadores das áreas sociocultural (como Sociologia, Antropologia e História da Educação Física) e pedagógica (como Educação Física Escolar, Educação Física Adaptada) denunciarem que as diferenças na produção do conhecimento, decorrentes do tipo de pesquisa, que é distinto relativamente ao realizado nas áreas biológica (por exemplo, Bioquímica do Exercício, Fisiologia do Exercício, Biomecânica) e comportamental (por exemplo, Aprendizagem Motora, Controle Motor, Desenvolvimento Motor), não são levadas em devida consideração na avaliação da produção científica, tanto individual como institucional (Corrêa & Rigo, 2019; Rigo et al., 2011). Essa diferença no tipo de pesquisa acaba refletindo no tipo de publicação. Como é largamente disseminado, os pesquisadores das áreas sociocultural e pedagógica publicam boa parte de seus estudos como livros e capítulos de livros, e os das áreas biológica e comportamental o fazem em forma de artigos. O principal argumento por eles apresentado é o fato de que não tem sentido utilizar a mesma métrica para avaliar produtos diferentes e que, assim se procedendo, os pesquisadores das áreas biológica e comportamental levam ampla vantagem, em virtude de terem a seu favor vários aspectos.

Primeiro, estudos e pesquisas socioculturais e pedagógicas utilizam metodologias qualitativas que requerem mais tempo para a sua realização, tanto no que concerne ao recolhimento de dados e documentos como à sua análise e à sua interpretação. Pesquisas pedagógicas têm, além disso, outra dificuldade, que diz respeito à sua realização numa situação real de prática profissional, o que implica maiores dificuldades operacionais e logísticas para a coleta de dados, necessitando-se, portanto, de mais tempo para a sua conclusão. As pesquisas biológicas e comportamentais usam, por sua vez, metodologias quantitativas, e seus dados são coletados em ambientes de laboratório em que as variáveis intervenientes são mais facilmente controladas. De maneira geral, pesquisas biológicas e comportamentais demandam menos tempo para serem realizadas, tanto no que toca à coleta como à análise de dados. Essas características distintas resultam em diferenças no volume de publicações, favorecendo as áreas biológica e comportamental.

O segundo argumento relaciona-se com os critérios utilizados na avaliação. Como foi mencionado, as pesquisas nas áreas biológica e comportamental utilizam o método experimental, em que cuidados são tomados para se garantirem os pressupostos da objetividade e fidedignidade dos resultados. São pesquisas que buscam relações causa-efeito que possibilitem dar explicações, desvendar mecanismos, descobrir leis e construir teorias. Os estudos das áreas sociocultural e pedagógica, por sua vez, utilizam o método interpretativo e estão em busca de significados. Desse modo, como, via de regra, os pressupostos da objetividade e fidedignidade são adotados como critério de cientificidade na avaliação da produção científica, independentemente do tipo de pesquisa, um mesmo critério acaba sendo utilizado para avaliar produções científicas de natureza distinta, de maneira que as áreas biológica e comportamental são privilegiadas.

O terceiro argumento está relacionado ao número de autores por publicação. Eles apontam que os estudos socioculturais, particularmente, implicam publicações com poucos autores, na maioria das vezes de um só autor, em virtude de a natureza dos estudos ser interpretativa, tendo como *background* pensamentos de intelectuais de reputação, prestigiados e consagrados das ciências-mães, o que acaba atribuindo ao estudo uma característica doutrinária, do ponto de vista teórico, doutrina entendida como conjunto de princípios ou ideias básicas em que se fundamenta uma teoria. Isso dificulta compartilhar a autoria com outros pesquisadores, mesmo porque a individualidade da interpretação deixa de ser respeitada. Nas áreas biológica e comportamental, por outro lado, as publicações são comumente com múltiplos autores. As pesquisas experimentais envolvem, frequentemente, vários colaboradores com participações específicas em diferentes fases da pesquisa, como coleta de dados, análise de dados e tratamento estatístico. E cada um desses colaboradores se torna coautor das publicações. Ademais, os experimentos são realizados para se testarem hipóteses, cujos resultados são interpretados de acordo com o que os tratamentos estatísticos utilizados permitem, não sendo, nesse sentido, de interpretação pessoal. A interpretação depende da confirmação ou não das hipóteses. Espera-se, inclusive, que as pesquisas sejam replicadas por outros pesquisadores para se testarem a confiabilidade dos resultados e a pertinência da interpretação.

O quarto argumento é que, quando a produção é em forma de artigos, as áreas biológica e comportamental têm, comparativamente, maior número de periódicos à disposição para submetê-los. Logo, é de se esperar que os pesquisadores dessas áreas tenham maior número de publicações. Destarte, não se nega o maior volume de periódicos nas áreas biológica e comportamental, mas, ultimamente, esse argumento tem se enfraquecido, porque ficou evidenciado que as áreas sociocultural e pedagógica têm muito mais periódicos do que os pesquisadores pensavam existir. O problema é que eram simplesmente desconhecidos, visto que os pesquisadores não os procuravam para submeter seus artigos, particularmente os internacionais, provavelmente por causa da escassez e da autoavaliação de sua produção. Todos sabem que os critérios de rigor são mais elevados nos periódicos internacionais e aumentam à medida que sobe o seu fator de impacto.

Finalmente, argumentam que os estudos e pesquisas socioculturais e pedagógicas focam temas mais locais porque a especificidade do contexto é fundamental nas suas investigações. Dessa forma, seria mais interessante a publicação de seus artigos em periódicos nacionais do que em internacionais. No entanto, apontam que, na avaliação da produção científica, apenas os internacionais são valorizados. Está implícita nesse argumento a diferença entre os impactos científico e social das publicações. De acordo com essa distinção, os artigos publicados em periódicos nacionais teriam, em tese, maior impacto social porque seriam lidos por brasileiros, sobre temas do seu nicho ecológico. Todavia, é preciso considerar que o fato de o tema ser de interesse local ou regional não garante a qualidade do estudo e pesquisa realizados. Se o rigor do método se fez presente, mesmo temas com essas características podem atrair o interesse inclusive de periódicos internacionais (Tani, 2007a). Não devemos esquecer que artigos sem qualidade não têm impacto social, independentemente da área a que pertençam.

Todos esses argumentos, com as suas limitações devidamente consideradas, são válidos e devem ser levados em conta na avaliação da produção científica. Ademais, é sólido o argumento de que não se pode buscar equivalência entre artigos e livros e capítulos de livros, visto que são produções de natureza distinta. Dessa maneira, somente como exemplo ilustrativo, qualquer tentativa de se equiparar um artigo publicado em periódicos internacionais de quartil superior em termos de fator de impacto a um capítulo de livro publicado no exterior por uma editora de reconhecida reputação acadêmico-científica está fadada ao fracasso.

Entretanto, esses argumentos poderiam cair por terra caso os pesquisadores das áreas biológica e comportamental publicassem tanto quanto ou até mais livros e capítulos de livros do que os das áreas sociocultural e pedagógica. Se isso acontecesse, possibilitaria colocar em suspeição a premissa de que os pesquisadores das áreas sociocultural e pedagógica produzem mais livros e capítulos de livros porque eles são mais apropriados à divulgação do tipo de pesquisa que realizam. Nesse cenário, para efeito de avaliação justa da produção científica, não restaria outra alternativa aos pesquisadores das áreas sociocultural e pedagógica senão a de publicar tantos artigos quanto os das áreas biológica e comportamental. Mesmo porque esperar que os pesquisadores das áreas biológica e comportamental reduzam suas publicações em forma de livros e capítulos de livros não faz sentido.

3.2.2 REFLEXÃO 2 – DO *MODUS FACIENDI* DA PESQUISA

Como mencionado, estudos socioculturais têm uma característica doutrinária do ponto de vista teórico. Eles demonstram um forte apego a uma doutrina com a consequente aplicação rigorosa de seus postulados. Essas doutrinas são, normalmente, pensamentos de intelectuais de reputação das ciências-mães, como a Psicologia, a Sociologia, a Antropologia e a História. Até aqui, nenhum problema ou limitação de natureza acadêmico-científica se visualiza. Muito pelo contrário: é esse o *modus faciendi* que assegura a consistência teórica do estudo.

Contudo, o problema começa a emergir quando se analisa mais detalhadamente até onde se avança com esses pensamentos de intelectuais das ciências-mães. Tomando apenas como exemplo as obras de Jean Piaget, Norbert Elias, Pierre Bourdieu, Clifford Geertz e Michel Foucault, que são algumas das mais citadas nas pesquisas, uma coisa é limitar-se a introduzir os seus pensamentos na Educação Física apresentando e discutindo os seus conceitos básicos e proposições teóricas. Outra, muito diferente, é ir além para discutir as suas possíveis aplicações e implicações na Educação Física. O mais relevante, impactante e esperado seria fazer uma leitura aprofundada das suas obras e, com elas, pensar a Educação Física. E a razão é muito simples: nenhum desses intelectuais estudou ou refletiu sobre a Educação Física quando elaborou seus pensamentos e teorias.

Como os estudos socioculturais começaram mais tarde na Educação Física, comparativamente às pesquisas biológicas, só o fato de se introduzirem os pensamentos dos intelectuais de prestígio já se constituía uma interessante contribuição, por causa da novidade que representava. Entretanto, talvez o protagonismo propiciado pela novidade, além do poder de autoridade conferido por esses intelectuais, fez com que muitos pesquisadores socioculturais e pedagógicos da Educação Física se empolgassem com as repercussões e descuidassem-se de aprofundar os estudos. Em muitas situações, faz-se até pensar que teria sido mais eficaz a simples orientação dos interessados para a leitura dos originais (fonte primária) por conta própria.

Além disso, falar do pensamento de intelectuais de reputação criava uma atmosfera de sofisticação acadêmica, mesmo porque o estilo de expressão, tanto na escrita como na fala, nas áreas sociocultural e pedagógica é mais rebuscado, prolixo, com uso de conceitos abstratos que contrastam com as expressões das áreas biológica e comportamental, que são objetivas, concisas e diretas, procurando não dar margem a diferentes interpretações. Isso provocou uma certa embriaguez de erudição nos pesquisadores que, não fosse um problema de ordem pessoal, não teria grandes repercussões, mas tudo indica que os seus discípulos acabaram gostando da ideia e foram pelo mesmo caminho. Analisando as publicações que foram por um bom tempo aceitas nos nossos periódicos, evidentemente com as exceções de sempre, a superficialidade teórica se evidencia, com uma abundante repetição de frases prontas expressando mais do mesmo. Parece que fazem mais advocacia (defesa de uma causa) do que propriamente ciência.

Nas áreas biológica e comportamental, por sua vez, observa-se uma carência de leituras e reflexões mais aprofundadas, exatamente em relação ao pano de fundo teórico do qual emanam as proposições e hipóteses a serem testadas. Pega-se carona nas linhas de pesquisa já estruturadas e, sem se conhecerem-nas a fundo, embrenha-se no mundo da pesquisa experimental para se investigar algo que porventura ninguém ainda investigou. Com as exceções de sempre, o importante é a suposta originalidade, sem muita preocupação com a sua relevância. Caso ninguém tenha ainda investigado, existe um entendimento tácito de que a novidade assegura automaticamente a relevância do estudo, e a sua significância não necessita ser questionada. Se a leitura rasa das teorias é um problema nos estudos e pesquisas das áreas sociocultural e pedagógica, a pobreza de leituras e reflexões teóricas o é nas pesquisas das áreas biológica e comportamental. A primeira resulta na superficialidade teórica do estudo, e a segunda leva ao acúmulo de dados desconexos, sem um fio condutor capaz de integrá-los num todo coerente e consistente.

Dessa forma, apesar de as áreas sociocultural e pedagógica, assim como biológica e comportamental, mostrarem uma relação diferente no tocante às teorias subjacentes aos seus estudos e pesquisas – superficialidade e carência, respectivamente – quanto ao *modus faciendi*, o embate não se configura. Pelo contrário, exibe uma convergência: ambas revelam fragilidades que merecem profundas reflexões.

3.2.3 REFLEXÃO 3 – DOS ARTISTAS E CRÍTICOS DE ARTE

Por muito tempo, pesquisadores das áreas sociocultural e pedagógica da Educação Física fizeram das críticas às pesquisas das áreas biológica e comportamental as suas principais preocupações de estudo (Tani, 1996). Com isso, a estruturação de linhas de pesquisa que focassem o objeto de estudo em si – o movimento humano ou a cultura corporal de movimento, como preferem, nas suas diferentes manifestações – ficou para um segundo plano.

Abandonar a crítica às pesquisas das áreas biológica e comportamental para focar nos próprios estudos e pesquisas a fim de definir linhas de investigação bem delineadas com metodologias consistentes não tem sido uma mudança de atitude trivial. Penso que muitos pesquisadores foram envolvidos nessas críticas sem a necessária compreensão do empreendimento científico. Teceram-se críticas baseadas em posicionamentos ideológicos e político-partidários, muitas vezes atraídos e influenciados pelos discursos eloquentes de seus mentores intelectuais, que foram estimulados pelo momento político favorável, ou seja, o período pós-ditadura, em que discursos críticos denunciando a necessidade de reestruturação radical das organizações social, educacional, econômica e política da sociedade brasileira ecoavam fortemente na Educação Física.

Sensibilizados por esses discursos críticos, muitos pesquisadores das áreas sociocultural e pedagógica não fizeram a devida e necessária distinção entre a crítica aos sistemas social, educacional, econômico e político vigentes no país, plenamente justificada, e a crítica que se fazia no interior da ciência, que apontava as limitações do paradigma reducionista e passava a adotar um paradigma sistêmico ou evolucionista (Laszlo, 1994; Prigogine, 1996). O resultado foi uma confusão generalizada em que muitos pensaram que poderiam ser "artistas" simplesmente criticando a arte, quando a Educação Física estava carente de verdadeiros artistas, e não de críticos de arte mal formados – metaforicamente, aqueles que, por desconhecimento, criticavam, por exemplo, a arte impressionista mediante critérios da arte moderna (Tani, 1996; 1998). Definitivamente, produzir arte é muito mais trabalhoso do que fazer crítica à arte já produzida, particularmente quando ela é feita de maneira superficial, pouco qualificada, quando não arbitrária, sem critérios. O crítico de arte, na verdadeira acepção da palavra, é muito importante e absolutamente necessário para o avanço da área, porém, poucos conseguem sê-lo, porque isso demanda profundo conhecimento e reconhecida expertise. Criticar tudo e todos como reducionista, mecanicista, positivista, biologista, politicamente neutro e assim por diante, sem a compreensão necessária do empreendimento científico, deixou, em várias gerações, marcas que, infelizmente, têm resistido ao tempo, repercutindo negativamente nas suas produções científicas até os dias de hoje.

Essa mudança de atitude exige uma mudança de entendimento e posicionamento acerca da ciência, incorporando uma concepção mais aberta e plural no lugar de uma visão dogmática e singular. Em virtude de o objeto de estudo da Educação Física ser um fenômeno complexo, existe a necessidade de investigá-lo em diferentes níveis de análise, em que os modos de descrição, embora irredutíveis, são vistos como complementares (Pattee, 1978); em outras palavras, de uma abordagem sistêmica (Laszlo, 1972). Isso implica o entendimento de que existem diferentes epistemologias e abordagens metodológicas na condução dos estudos e pesquisas. Nesse contexto, é fundamental a visão de que para cada nível de análise existem uma epistemologia e uma abordagem metodológica mais apropriada. Desse modo, se a pesquisa analítica, experimental e quantitativa é mais adequada para os níveis mais microscópicos de análise (por exemplo, bioquímico e fisiológico), a pesquisa sintética, interpretativa e qualitativa o é para os níveis mais macroscópicos de análise (por exemplo, sociológico e antropológico) (Tani, 1996). Certamente, a abordagem sistêmica contribuiria para reduzir o calor das disputas entre as áreas, projetando mais luzes para a busca de soluções ao duradouro embate, sem perder de vista que ciência é um empreendimento extremamente dinâmico, que muda no e com o tempo.

3.2.4 REFLEXÃO 4 – DO RIGOR DO MÉTODO DE PESQUISA

Nos estudos e pesquisas socioculturais e pedagógicos, a base teórica é, muitas vezes, doutrinária, como já foi visto, de maneira que a definição dos objetivos do estudo é frequentemente facilitada. Contudo, todos sabem que isso se constitui apenas uma parte do empreendimento. O desafio maior está na escolha do método de estudo a ser utilizado. Não basta se afirmar, simplesmente, que o método é qualitativo, como costumeiramente acontece. Aliás, vale ressaltar uma observação: para muitos pesquisadores que gostam de enaltecer a relevância do seu estudo, fazendo da pesquisa quantitativa e experimental o foco da sua crítica, parece que só o fato de afirmar que a sua pesquisa é qualitativa, a qualidade do estudo já está automaticamente assegurada.

Na pesquisa qualitativa, diferentemente da quantitativa, em que o método é basicamente o mesmo (experimental), é preciso justificar o método de estudo selecionado, dentre as alternativas existentes, e especificar em detalhes os procedimentos que serão seguidos para que a interpretação dos resultados não perca em coerência e consistência. É preciso conhecer bem as suas limitações, não apenas os seus méritos. Em outras palavras, o rigor do método deve ser observado. Mesmo porque, como aponta Harris (1981), o problema da avaliação da veracidade de uma particular interpretação constitui-se em uma das grandes dificuldades nos estudos socioculturais. Por exemplo, na análise de conteúdo ou de discurso, é muito comum o pesquisador selecionar, dentre as várias manifestações do participante na entrevista ou nas respostas a um questionário estruturado ou semiestruturado, somente aquelas que são convenientes para o objetivo do estudo. O restante, em que afirmações ambíguas e até contraditórias são muitas vezes encontradas, é simplesmente descartado. Assim se procedendo, é óbvio que todos os estudos darão certo, e até um nome já têm: pesquisas de conclusão encomendada. Definitivamente, esse tipo de procedimento não se coaduna com aquilo que se denomina rigor do método.

Outro desafio é a questão da especificidade do contexto, que é considerada fundamental na pesquisa qualitativa. Como todos os contextos são específicos, nunca se repetem, é possível deduzir que são necessários tantos estudos quantos forem os contextos, ou seja, infinitos estudos. Ademais, considerando-se essa natureza ideográfica, qualquer teoria selecionada, a priori, não seria capaz de dar conta dessa especificidade. Nesse caso, como fica a "história" do conhecimento? A ciência começa e termina a cada pesquisa? Como é possível formular um problema sem examinar o que foi feito antes? A ideia de que a ciência avança em relação ao que já existe é falsa, seja na fase de ciência normal como na revolucionária, quando a mudança de paradigma ocorre (Kuhn, 1970)?

Mais um desafio proposto é a questão da generalização. Parece razoável pensar que, em pesquisa qualitativa, se o pesquisador permanece na sua prática investigativa específica e nos seus interesses individuais, sem uma tentativa de teorização que permita estender suas reflexões e interpretações a outras situações, pouco contribuirá para a construção do conhecimento. No entanto, se a pesquisa qualitativa é específica ao contexto, como lidar com essa contradição? Ainda no que tange à generalização, desta vez no que diz respeito ao universo dos significados, se ela é descartada a priori porque existem múltiplos significados na interpretação de um determinado fenômeno, todos eles válidos, pergunta-se: afinal, o pesquisador está em busca do quê? No fundo, não está ele à espera de que a sua interpretação prevaleça sobre as demais ou sirva, no mínimo, de referência? Claramente, ter respostas a essas perguntas, mesmo considerando-se a provisoriedade do conhecimento científico, é fundamental para se poderem realizar pesquisas qualitativas com propriedade.

Quando se fala em método de pesquisa, existe uma tendência de se achar que nas áreas biológica e comportamental isso é um problema resolvido porque o método utilizado é comumente experimental, cujos procedimentos estão há muito tempo padronizados. Ledo engano. A partir do momento que a busca da relação linear simples causa-efeito de variáveis, proposição básica do reducionismo, foi questionada, uma verdadeira metamorfose foi observada no domínio da metodologia de pesquisa. Uma das mudanças pensadas foi a investigação dos efeitos do padrão de interação de variáveis independentes no conjunto de variáveis dependentes. Entretanto, apreender o caráter não linear, incerto, aleatório do fenômeno decorrente da interação de vários elementos não tem sido nada fácil.

Partindo-se da premissa de que a ciência pretende, ao fim e ao cabo, esclarecer como padrões se formam e transformam-se, investigar fenômenos constituídos de vários elementos em interação, cada qual com múltiplas variações, a seguinte indagação emerge: esse método de investigação não inviabilizaria a descoberta de padrões? A interação de todos esses fatores, com as respectivas variações, não resultaria num número gigantesco de variáveis, de modo que a tecnologia e os métodos de análise e de estatística disponíveis não seriam capazes de detectar a presença de padrões, muito menos a sua transformação no tempo? Não possibilitaria inferir que os estudos não chegariam à elaboração de leis nem à construção de teorias? Pesquisadores das áreas biológica e comportamental necessitam ter respostas a essas perguntas se pretendem investigar fenômenos não lineares por meio de pesquisas quantitativas.

Como se percebe, o desafio do método de estudo existe em ambas as áreas. Entretanto, qualquer que seja o método escolhido, a necessidade do rigor tanto na escolha – pertinência e adequação no que concerne à natureza do estudo – quanto na aplicação – procedimentos a serem seguidos – permanece inalterada. Com um esclarecimento: isso não significa, como muitas vezes se ouve, que se deva "agregar" o rigor próprio das pesquisas experimentais e quantitativas às pesquisas interpretativas e qualitativas.

3.2.5 REFLEXÃO 5 – DAS QUESTÕES EPISTEMOLÓGICAS

Até aqui, as pesquisas socioculturais e pedagógicas foram agrupadas numa mesma área de investigação. Esse procedimento foi adotado para fazer um contraponto a uma outra área de investigação em que as pesquisas biológicas e comportamentais foram incluídas. Esse agrupamento foi necessário porque o embate ocorre exatamente nessa configuração - socioculturais e pedagógicas *versus* biológicas e comportamentais. Trata-se de um agrupamento que teve como critério o tipo de pesquisa: experimental e quantitativa de um lado, e interpretativa e qualitativa, do outro.

Contudo, para fins de análise e reflexão epistemológica da área de conhecimento em que o embate se realiza - Educação Física - é importante deixar claro que as pesquisas socioculturais são de natureza básica, e as pedagógicas, de natureza aplicada. Portanto, quando se pensa nas questões epistemológicas da área de conhecimento, as pesquisas socioculturais e as pesquisas pedagógicas necessitam ser diferenciadas. Também é importante se levar em consideração que o agrupamento das pesquisas socioculturais e pedagógicas foi realizado porque a maioria das pesquisas pedagógicas adota como pano de fundo as teorias da área sociocultural. Aliás, pesquisas pedagógicas que adotam como pano de fundo teorias da área biológica ou comportamental são rotuladas e criticadas como reducionistas, biologistas, neutras, e assim por diante.

Feito esse esclarecimento, um primeiro aspecto do debate epistemológico diz respeito aos pesquisadores das áreas socioculturais e pedagógicas se alinharem na visão de que a Educação Física, como área de conhecimento, é de natureza pedagógica, ou seja, aplicada, de intervenção ou profissionalizante. Essa visão descarta a possibilidade de a Educação Física ser uma área de conhecimento de natureza acadêmica ou básica. Fica, desse modo, evidenciada uma confusão de cariz epistemológica nesse posicionamento dos pesquisadores socioculturais. Reiterando, pesquisas socioculturais são de natureza acadêmica, pura ou básica. Portanto, cuidado é necessário para não se autoexcluir.

Essa confusão tem importantes desdobramentos. Em primeiro lugar, ela torna sem sentido a própria disputa de a Educação Física ser uma área de conhecimento que pertencente às ciências biológicas ou às humanas e sociais. Essa discussão só faz sentido se a Educação Física for identificada como uma área de conhecimento de natureza acadêmica, e não profissionalizante. Uma área de conhecimento profissionalizante é, ao mesmo tempo, biológica, humana e social, e de forma integrada. A intervenção da Educação Física se faz na sociedade com seres humanos, de maneira que não tem sentido indagar se ela pertence às ciências biológicas ou às humanas e sociais. A disputa se configura como uma pseudoquestão. Ela se torna uma questão legítima se a Educação Física for entendida como uma área de conhecimento de natureza acadêmica ou básica. Em suma, antes de entrar no mérito da disputa, existe uma pergunta que necessita ser respondida, concernente à identidade da área.

O segundo desdobramento da confusão acontece em relação à preparação profissional. Muitos pesquisadores das áreas sociocultural e pedagógica defendem que o curso de preparação profissional em Educação Física deve ser apenas de licenciatura, descartando-se o bacharelado. O argumento é de que, independentemente de onde se dá a intervenção - escola, clube, academia, condomínio, entre tantos outros -, a atuação do profissional da Educação Física será sempre de natureza educativa. Nota-se aqui outra confusão, agora entre a educação escolarizada e a educação no sentido lato. A licenciatura tem como objetivo precípuo a formação de profissionais para atuarem especificamente na educação escolarizada (Tani, 2007b; 2013; 2017). Como ficaria a formação de profissionais para atuação fora da educação escolarizada, que demanda conhecimentos, habilidades e competências reconhecidamente diferenciados?

3.3 CONSIDERAÇÕES FINAIS

O embate "biológica *versus* sociocultural" na Educação Física foi encarado, durante muito tempo, como uma disputa meramente acadêmica, que não despertava nos pesquisadores em geral muita motivação para tratá-lo como um tema de relevância indiscutível, com consequências práticas concretas. Esse quadro tem mudado, de maneira substancial, mais recentemente, muito atrelado à pós-graduação, com implicações no futuro dos programas e na sobrevivência de muitos pesquisadores como orientadores credenciados.

As diferenças no tipo de pesquisa e na produção científica são evidentes. Na realidade, trata-se de uma premissa, e não de uma constatação ou conclusão; portanto, merecedora de devida consideração na avaliação da produção individual e institucional. Todavia, de tanto olharem apenas para as diferenças, mutuamente, e, assim, enaltecerem as suas virtudes acadêmico-científicas, ambas as áreas se esqueceram de refletir com a profundidade e a humildade necessárias quanto às suas limitações, fraquezas e questões não resolvidas.

O presente texto procurou identificar e discutir essas limitações com o intuito de encontrar saídas para o embate que começa a corroer de forma mais visível a harmonia interna na Educação Física. Quatro necessidades podem ser apontadas como as principais conclusões do estudo: a) aprofundar as discussões epistemológicas da área na busca de melhor definição da sua identidade acadêmica e profissional; b) introduzir discussões de temas mais abrangentes, com uma maior inserção da filosofia da ciência, história da ciência e de epistemologia na formação dos pesquisadores; c) promover e cultivar uma visão plural e sistêmica do empreendimento científico; d) continuar a busca de critérios mais justos e coerentes para a avaliação tanto de artigos como de livros e capítulos de livros.

REFERÊNCIAS

Corrêa, M. R. D., Corrêa, L. Q., & Rigo, L. C. (2019). A pós-graduação na educação física brasileira: condições e possibilidades das subáreas sociocultural e pedagógica. *Revista Brasileira de Ciências do Esporte, 41*(4), 359-366.

Harris, J. C. (1981). Hermeneutics, interpretive cultural research, and the study of sports. *Quest, 33*, 72-86.

Kuhn, T. S. (1970). *The structure of scientific revolutions* (2nd. ed.). University of Chicago Press.

Laszlo, E. (1972). *The systems view of the world*. George Braziller.

Laszlo, E. (1994). *Evolução: a grande síntese*. Instituto Piaget.

Pattee, H. H. (1978). The complementarity principle in biological and social structures. *Journal of Social and Biological Structures, 1*, 191-200.

Prigogine, I. (1996). *O fim das certezas: tempo, caos e as leis da natureza*. Gradiva.

Rigo, L. C., Ribeiro, G. M., & Hallal, P. C. (2011). Unidade na diversidade: desafios para a educação física no século XXI. *Revista Brasileira de Atividade Física & Saúde, 16*(4), 339-345.

Souza, J. (2021). *Do homo movens ao homo academicus: rumo a uma teoria reflexiva da educação física.* Liber Arts.

Tani, G. (1996). Cinesiologia, educação física e esporte: ordem emanente do caos na estrutura acadêmica. *Motus Corporis, 3*(2), 9-49.

Tani, G. (1998). 20 anos de ciência e esporte: um transatlântico sem rumo? *Revista Brasileira de Ciências do Esporte,* (Número Especial), 19-31.

Tani, G. (2007a). Educação física: por uma política de publicação visando à qualidade dos periódicos. *Revista Brasileira de Ciências do Esporte, 29,* 9-22.

Tani, G. (2007b). Avaliação das condições do ensino de graduação em educação física: garantia de uma formação de qualidade. *Revista Mackenzie de Educação Física e Esporte, 6*(2) 55-70.

Tani, G. (2013). Professional preparation in physical education: changing labor market and competence. Motriz. *Journal of Physical Education, 19*(3), 552-557.

Tani, G. (2017). Preparação profissional em educação física: reflexões sobre a "festa" no convés do Titanic. In W. R. Correia (Org.), *Formação profissional em educação física: ensaios e proposições* (pp. 17-35). Fontoura.

Tani, G., Drews, R., & Corrêa, U. C. (2020). Tendências da produção científica dos bolsistas de produtividade em pesquisa do CNPq da educação física. *Revista Movimento, 26*(e26088). https://doi.org/10.22456/1982-8918.105434.

CAPÍTULO 4

A obesidade infantil como objeto de estudo da Educação Física: reflexões epistemológicas

4.1 CONSIDERAÇÕES INICIAIS

O fenômeno da obesidade infantil é objeto de investigação em várias áreas de conhecimento, como a Medicina, a Epidemiologia, a Nutrição, a Fisiologia, a Psicologia, a Sociologia, o Urbanismo, a Economia, entre outras. A Educação Física está também envolvida com o estudo desse fenômeno. Afinal, trata-se de um dos maiores problemas de saúde pública da modernidade (WHO – World Health Organization, 2017), e a saúde tem sido historicamente uma das principais preocupações acadêmicas e profissionais da Educação Física.

Problemas dessa envergadura demandam abordagens multidisciplinares de investigação, na busca de soluções. Eles são de natureza multifatorial e requerem soluções multifatoriais, com contribuições de diferentes áreas de conhecimento. É muito difícil pensar numa solução unifatorial para um problema multifatorial. Seria, por exemplo, tentar resolver o problema da obesidade infantil apenas aumentando-se o gasto energético das crianças, fazendo-as participar de programas de atividades físicas vigorosas.

Para se buscar solução de um problema, qualquer que seja, é necessário, primeiramente, conhecer qual é, de fato, o problema: sua natureza, dimensão e possíveis causas. Buscar solução para um problema mal definido pode ser um esforço em vão. O que é obesidade infantil? Quais são os mecanismos envolvidos? Quais são as suas causas e consequências? Qual é o seu histórico? Quais são as suas tendências? A disponibilidade de respostas a essas perguntas constitui um importante requisito para a busca de soluções.

Portanto, a questão central é se esses conhecimentos estão ou não disponíveis. Se sim, em que áreas de conhecimento foram eles produzidos? Será que na sua produção demandou-se também uma abordagem multidisciplinar? Ou o que se tem é um conjunto de conhecimentos produzidos por disciplinas específicas? Como se nota, o conceito de multidisciplinaridade é diferente quando se refere a conhecer o fenômeno e quando se trata de intervir no mesmo fenômeno.

Destarte, temos aqui dois desafios relacionados, porém, distintos: conhecer o fenômeno e intervir no fenômeno. E a pergunta que surge é: esses dois desafios podem ser abordados paralelamente ou o segundo depende do primeiro, de modo que necessitam ser enfrentados de maneira sequencial? Certamente, existem problemas de saúde pública que não podem ser atacados antes que todos os procedimentos relativos ao teste do conhecimento tenham sido observados. Por exemplo, não se pode produzir uma vacina sem que a natureza e a constituição do vírus tenham sido devidamente mapeadas (identificação do material genético) e os possíveis fármacos para eliminá-lo tenham sido sucessivamente testados primeiro em não humanos e, depois, em humanos. No entanto, existem problemas para os quais a busca de soluções tem de ser diferente. Melhor enfrentá-los com os recursos disponíveis e buscar a solução definitiva por aproximações sucessivas. Por certo, essa estratégia demanda cuidados, pois é como trocar o pneu do carro com ele andando.

Tudo indica que intervir no fenômeno da obesidade infantil só depois de o mesmo ter sido bem esclarecido parece ser uma estratégia inadequada, mesmo porque o problema está em franco crescimento (Monasta et al., 2010; Snethen et al., 2007). Assumindo-se que já existem conhecimentos acumulados sobre o fenômeno, o suficiente para nele intervir (LeBlanc et al., 2012; Tremblay et al., 2011), o próximo desafio é verificar se os conhecimentos para a intervenção também estão disponíveis. É aqui que se encontra o grande problema. O que se espera é que essa intervenção seja baseada em evidências, evidências essas obtidas por meio de pesquisas de natureza aplicada. Resultados de pesquisas básicas não podem servir de evidências para intervenções, apesar de muitos fazerem essa confusão, provavelmente, por influência do status que as pesquisas básicas têm na ciência, relativamente às pesquisas aplicadas. Na realidade, configura um grande engano achar que, conhecendo-se o fenômeno, a solução está dada.

Desse modo, no tocante à pesquisa, a obesidade infantil é um problema a ser abordado, concomitantemente, em duas direções: esclarecimento do fenômeno (pesquisa básica) e intervenção no fenômeno (pesquisa aplicada). Como se sabe, o conhecimento é o ponto de chegada para pesquisas básicas, mas o mesmo conhecimento é o ponto de partida para pesquisas aplicadas. O conhecimento resultante desses dois tipos de pesquisa, realizados de maneira integrada, é que possibilita intervenções baseadas em evidências.

A questão seguinte é como a ciência conduz esse empreendimento de duplo desafio. Todas as áreas de conhecimento anteriormente mencionadas deveriam dedicar esforços em ambos? Teriam elas disponibilidade e competência para tanto? Seria essa uma estratégia eficiente? Ou seria melhor cada área usar a sua expertise para investigar apenas um dos desafios, em consonância com a sua identidade epistemológica?

Caso o fenômeno a ser conhecido tenha surgido há pouco tempo e não exista informação prévia a seu respeito, como no caso das epidemias e pandemias mais recentes que a humanidade enfrentou e ainda enfrenta - HIV, Ebola, SARS, MERS, Covid-19 - é absolutamente compreensível que pesquisadores de todas as áreas de conhecimento, independentemente de sua formação e atuação acadêmicas - sejam elas na área básica, aplicada ou tecnológica -, envolvam-se com pesquisas básicas para analisar, mapear e compreender a natureza e a estrutura do vírus responsável, desde que tenham conhecimentos e competências científicos para tanto. Trata-se de uma necessidade premente para viabilizar as pesquisas aplicadas e tecnológicas que consigam chegar ao remédio e à vacina. Portanto, a urgência na busca de soluções justifica plenamente esse comportamento coletivo.

No entanto, em circunstâncias normais, em que o fenômeno já é mais duradouro e está em estudo há mais tempo, seria razoável o mesmo comportamento? A obesidade infantil se enquadra nessa condição, com um rastro de investigações realizadas em várias áreas de conhecimento (LeBlanc et al., 2012; Monasta et al., 2010; Robinson & Yardy, 2012; Snethen et al. 2007; Tremblay et al., 2010; 2011). Em casos como esse, deveria cada pesquisador debruçar-se sobre assuntos pertinentes somente à sua área de conhecimento?

Como a Educação Física poderia se posicionar quanto a essa dinâmica de produção do conhecimento no que se refere à obesidade infantil? Qual seria a sua contribuição? Esclarecer os condicionantes de diferentes naturezas que concorrem para a ocorrência do fenômeno? Descobrir as suas causas? Desvendar o seu mecanismo? Reduzir a sua ocorrência? Evitar a sua proliferação? Tratar das suas consequências? O objetivo deste texto é refletir sobre essas questões, procurando contribuir para uma melhor definição da base epistemológica da Educação Física.

4.2 DA RELEVÂNCIA DA DISCUSSÃO

Para que as questões anteriormente formuladas sejam reconhecidas como importantes e merecedoras de uma reflexão profunda, julga-se oportuno abordar inicialmente o contexto em que a reflexão será realizada. Isso porque muitos podem pensar que a contribuição da Educação Física deve se dar em relação a todas as questões mencionadas, indistintamente, visto serem, sem exceção, relevantes. Ponto.

A Educação Física é uma área de conhecimento ainda nova, comparativamente às outras áreas mais tradicionais e consolidadas. Não é de todo estranho, portanto, que ambiguidades no tocante à sua identidade acadêmica ainda persistam (Tani, 1996;

1998; Tani & Corrêa, 2019). O que é definitivamente estranho é que os seus pesquisadores e pensadores não demonstraram, historicamente, interesse em participar e contribuir para avançar nessa questão. Os motivos são variados: desinteresse, desprezo ou até mesmo despreparo. Apesar de insistentes chamamentos, o problema ainda espera por contribuições mais efetivas para a sua solução (Tani, 1996; 2008; 2011a; 2011b; 2016; Tani & Corrêa, 2019). De fato, a Educação Física carece de uma melhor definição da sua identidade acadêmica (Tani, 1996).

Em áreas de conhecimento com essas características, era de esperar contribuições efetivas que mostrassem o caminho a trilhar, isto é, uma estrutura – base epistemológica – que oriente a produção, a organização, a sistematização, a transmissão e a aplicação do conhecimento e que seja capaz de evidenciar a identidade da área de conhecimento. Se esse caminho estivesse claramente traçado, a Educação Física não teria nenhuma dificuldade em responder às questões em pauta, e a presente reflexão seria desnecessária. Todavia, infelizmente, não é essa a realidade.

Talvez uma característica da ciência no nosso país, no que tange ao modo de funcionamento, contribua para a manutenção desse status quo relativamente à identidade acadêmica. Refiro-me ao fato de a ciência no Brasil ser realizada majoritariamente nas universidades, sobretudo nas públicas. Como é amplamente conhecido, as universidades privadas, de forma geral, não têm interesse em envolver-se com esse empreendimento. As universidades públicas brasileiras são instituições estáveis, do ponto de vista da sua estrutura organizacional interna, ou seja, não é comum, por exemplo, a reestruturação e a fusão de unidades ou departamentos, muito menos o seu fechamento. Não é o que acontece nas universidades americanas, por exemplo, em que mudanças na estrutura organizacional interna acontecem com frequência (Ellis, 1998; Rikli, 2006; Scanlan, 1998; Wilmore, 1998). E o que teriam a ver essas mudanças com a reflexão concernente às bases epistemológicas? Muito: elas demandam das áreas de conhecimento argumentos fortes, dos pontos de vista científico e epistemológico, para justificarem a sua presença como uma unidade autônoma no seio da universidade e não serem "engolidas" nesses processos de reorganização interna.

A estabilidade é, portanto, uma faca de dois gumes: de um lado, possibilita aos docentes e pesquisadores trabalharem sem preocupação quanto às questões empregatícias, elaborando e executando projetos individuais de longo prazo nas questões de interesse; por outro lado, permite-lhes se acomodarem e não se interessarem por questões macroscópicas envolvidas na carreira universitária – por exemplo, uma melhor definição da base epistemológica da sua área de conhecimento. A estabilidade acaba favorecendo a alienação do pesquisador relativamente a assuntos macroscópicos da ciência e da universidade. Claro está que esse problema é também complexo, multifatorial. Existem outros fatores que fazem os pesquisadores se comportarem assim. Como esse assunto já foi objeto de reflexão em textos anteriores, não é necessária a repetição. Aos interessados, tomo a liberdade de sugerir a leitura dos originais (Tani, 2016; Tani & Corrêa, 2019).

Mas imaginem se um dia a Universidade de São Paulo (USP) decidir levar a cabo uma grande reforma da sua estrutura organizacional interna, com fusões e fechamentos de unidades e departamentos. E a Escola de Educação Física e Esporte (EEFE) for uma das unidades em foco. Como a EEFE poderia contra-argumentar em defesa da sua autonomia as afirmações de que pesquisas feitas na Bioquímica do Exercício, Fisiologia do Exercício e Nutrição Esportiva poderiam muito bem ser realizadas, respectivamente, no Instituto de Ciências Biomédicas, na Faculdade de Medicina e na Faculdade de Saúde Pública? Da mesma forma, as pesquisas em Comportamento Motor, no Instituto de Psicologia; as pesquisas em Biomecânica e Treinamento Esportivo, na Faculdade de Medicina, no Instituto de Física e na Escola Politécnica; as pesquisas em Pedagogia do Movimento e Educação Física Escolar, na Faculdade de Educação; as pesquisas em Administração e Gestão Esportiva, na Faculdade de Economia e Administração; e as pesquisas socioculturais da Educação Física e Esporte, na Faculdade de Filosofia, Letras e Ciências Humanas? Teria a EEFE argumentos epistemológicos suficientemente robustos para justificar a sua manutenção como uma unidade autônoma no seio da Universidade?

Para bem se posicionar em discussões dessa natureza, é evidente que não basta apenas conhecer a especificidade da sua área de conhecimento (Educação Física), muito menos as particularidades do seu campo de investigação (por exemplo, Fisiologia do Exercício). É necessário se ter, ao menos, uma noção das áreas que compõem a universidade, isto é, a estrutura acadêmica como um todo, estrutura essa que mantém estreita relação com a forma como a ciência se organiza. Veja, por exemplo, as várias taxonomias, muitas delas utilizadas para a organização interna de órgãos de fomento à pesquisa, como o Conselho Nacional de Desenvolvimento Científico e Tecnológico (CNPq), a Coordenação de Aperfeiçoamento de Pessoal de Nível Superior (CAPES) e as Fundações Estaduais de Apoio à Pesquisa (FAPs), que nada mais representam do que formas de organização da ciência. Em outras palavras, é preciso conhecer não somente a árvore, como também a floresta em que essa árvore se insere (Tani, 2008; Tani & Corrêa, 2019). Claro está que o argumento aqui apresentado não quer significar que a Educação Física tenha de estar preparada para não ser mandada embora da universidade, mas, sim, que é necessário conhecer-se a si mesma, o que faz, que conhecimento produz, que contribuição dá à universidade, à ciência e à sociedade.

Abrindo um parêntesis para uma reflexão mais abrangente, isso me faz pensar em como a leitura do livro *O fantasma da máquina*, de Arthur Koestler poderia contribuir para um melhor posicionamento do pesquisador a respeito dessa matéria (Koestler, 1967). O livro trata, em alguns de seus capítulos, de aprofundar a ideia de hierarquia que fora anteriormente elaborada por Simon (1962). Com base na premissa de que a complexidade frequentemente toma a forma de hierarquia, Simon definiu a hierarquia como um sistema que é composto de subsistemas inter-relacionados, cada um desses sendo, por sua vez, hierárquico em estrutura até atingir um determinado nível inferior de subsistemas elementares (Simon, 1962). Koestler contribuiu para um melhor entendimento dessa ideia de hierarquia por meio de uma elegante e esclarecedora analogia: uma estrutura de um sistema, semelhante a uma árvore, que se ramifica em subsistemas sucessivamente (Koestler, 1967).

Entretanto, o mais interessante nessa visão hierárquica de Koestler, que ajuda o pesquisador a melhor se situar no que concerne ao seu universo particular de investigação, à área de conhecimento em que está inserido e à ciência, é a relatividade entre o todo e a parte numa hierarquia. Um sistema é um todo em relação aos subsistemas constituintes e, ao mesmo tempo, uma parte com referência ao sistema imediatamente superior da hierarquia, ou seja, uma parte e também um todo (Koestler, 1967). Koestler denominou de *hólons* essas entidades intermediárias que funcionam como todos completos em si mesmos, no que diz respeito aos seus subordinados na hierarquia (autonomia); e como partes dependentes, no tocante aos que se encontram em níveis superiores (dependência). Nessa ambiguidade em ser todo e parte ao mesmo tempo, uma característica interessante dos hólons é que eles apresentam tendência integrativa (condição de parte) no que se refere ao nível superior da hierarquia e tendência autoafirmativa (condição de todo) quanto ao nível inferior da hierarquia.

Os pesquisadores centrados apenas no seu campo de investigação – oxalá apenas na sua linha de pesquisa – e que não demonstram nenhum interesse acerca dos assuntos mais macroscópicos da sua área de conhecimento definitivamente não se comportam como hólons no sistema de produção do conhecimento. Ao contrário, agem como se fossem um todo autônomo, com forte tendência autoafirmativa. Comportam-se como se fossem autossuficientes, permitindo-se olhar para o seu próprio umbigo, e nada mais. Tomo a liberdade para associar a tendência integrativa à humildade, e a tendência autoafirmativa, à arrogância. Conscientemente ou não, assumem a atitude de quem não faz parte de nenhuma hierarquia, ou lhes escapa a visão de que a ciência é complexa, e a complexidade frequentemente toma a forma de hierarquia (Simon, 1962).

Ademais, existe uma evidente contradição entre esse tipo de atitude e comportamento e a dinâmica de funcionamento da própria ciência. Ninguém faz ciência sozinho. Ela é um empreendimento eminentemente coletivo, de grupo. E esse *modus operandi* da ciência se acentua cada vez mais com formação crescente de parcerias e redes de investigação. Como pode, então, esse tipo de comportamento individualista e autossuficiente se manter na academia? Que lugar ocupariam os seus companheiros de investigação, visto que, ao menos em termos operacionais, eles são indispensáveis? São tratados como os populares carregadores de piano, ou, no jargão científico, lavadores de pipeta? Na sua tendência autoafirmativa, são os alunos de iniciação científica e os orientandos de pós-graduação vistos como partes, e ele, como todo, no sentido absoluto? E os seus orientadores e mentores acadêmicos, onde caberiam? Será que esse tipo de comportamento explica desavenças, rixas e rompimentos entre pesquisadores, tão frequentes no universo acadêmico?

Voltemos à questão da árvore e da floresta. Em áreas de conhecimento tradicionais e consolidadas, não faz diferença se um determinado pesquisador ou um grupo de pesquisadores está envolvido com temas de investigação alheios à especificidade da área. Isso não coloca em xeque a coerência epistemológica da área nem compromete o seu desenvolvimento. Contudo, em áreas de conhecimento ainda não consolidadas ou em busca de uma melhor definição de sua identidade acadêmica pode não ser assim. A ausência dessa definição carece de ser interpretada pelos pesquisadores como uma espécie de permissão para fazer o que bem entender, sem se preocupar com a especificidade da área. Para os pesquisadores que assim se comportam, estar contribuindo para o avanço da ciência é o que basta. No caso do fenômeno de obesidade infantil, procurar responder a todas as questões anteriormente mencionadas, sem distinção. Todavia, certamente esse tipo de comportamento estará contribuindo para que uma melhor definição de identidade seja ainda mais postergada, pois entendida como algo supérfluo ou irrelevante.

Estranhamente, para não dizer ironicamente, é muito comum aos pesquisadores que assim pensam e comportam-se uma atitude oportunista quando se trata de competir por financiamentos para projetos de pesquisa, auxílios financeiros para viagens a congressos ou bolsas de diferentes naturezas (Tani, 2016). Tomemos como exemplo ilustrativo um hipotético pesquisador em Bioquímica do Exercício, docente de uma Faculdade de Educação Física. Um pesquisador de competência reconhecida, mas que não liga para essas questões epistemológicas. Indaga-se: concordaria esse pesquisador em disputar recursos financeiros para os objetivos acima mencionados com pesquisadores da Bioquímica? Ou prefere competir com pesquisadores da Educação Física em que a concorrência e a competição são mais brandas? Será que nessa hora a especificidade da área se torna importante, fazendo com que o seu ímpeto autoafirmativo se retraia? Evidentemente, não se trata aqui de cercear a liberdade de pensamento do pesquisador nem estabelecer *boundaries* rígidos para isolar as áreas de conhecimento, e, sim, zelar pela coerência interna do que se produz em cada área, até mesmo para justificar a sua existência como uma especialidade.

A ciência é dinâmica por natureza, e isso implica mudanças na sua forma de organização. Por exemplo, já vimos o nascimento da Bioquímica, uma integração de Biologia e Química. Num nível mais baixo da hierarquia acadêmica, dentro da Engenharia, já vimos o nascimento da Mecatrônica, uma integração da Mecânica e Eletrônica. Existe claramente uma tendência de integração de diferentes áreas do conhecimento. Todavia, por enquanto, a ciência está organizada por especialidades acadêmico-científicas, sejam elas por áreas separadas ou por áreas mais integradas. A Biologia, a Química e a Bioquímica convivem muito bem dentro desse sistema organizado por especialidades, assim como a Engenharia, a Biologia e a Bioengenharia. Exemplos não faltam.

A tendência de integração de áreas de conhecimento na ciência é uma reação ao fato de ter-se ido longe demais nesse processo de organização por especialidades, resultando na tão criticada fragmentação do conhecimento. Cada área se enclausurou na sua especialidade, de modo que a comunicação entre elas praticamente desapareceu. A crítica a essa crescente especialização na ciência foi inclusive a bandeira para a criação da teoria geral dos sistemas (Bertalanffy, 1968).

O surgimento de termos como multidisciplinaridade, interdisciplinaridade e transdisciplinaridade, tão em voga nos dias atuais, procura de certa maneira reduzir ou mesmo suprimir os efeitos negativos dessa divisão em subdisciplinas cada vez mais específicas, ocorrida na chamada *ciência clássica* (Klein, 1990; 1996). No entanto, esse esforço não pode ser confundido com a negação da disciplinaridade. Por lógica, multidisciplinaridade, interdisciplinaridade e transdisciplinaridade têm como premissa a existência de disciplinas.

Assim, com o contexto da discussão estabelecido, o próximo passo é buscar respostas às questões levantadas e, com isso, mais uma vez, aprofundar a reflexão sobre a base epistemológica da Educação Física.

4.3 A OBESIDADE INFANTIL COMO OBJETO DE ESTUDO DA EDUCAÇÃO FÍSICA

Seria razoável pensar que, para a Educação Física, a obesidade infantil se torna um objeto legítimo de investigação científica apenas quando ela é abordada na sua relação com o sedentarismo, ou seja, precariedade da atividade física? Por conseguinte, quando ela é abordada, por exemplo, na sua relação com a nutrição, com o planejamento urbano e com a mobilidade urbana, não se configuraria como objeto de estudo próprio? Caso a resposta seja afirmativa, seria preocupação da Educação Física investigar o sedentarismo como causa da obesidade e vice-versa (mecanismo), ou como algo a ser combatido para diminuir ou prevenir a obesidade (intervenção)?

Qualquer que seja a resposta a essa indagação, como os pesquisadores da área de Educação Física deveriam se posicionar quando as pesquisas referentes à obesidade infantil em outras áreas de conhecimento identificam a atividade física como uma variável indispensável para a sua compreensão? Ficariam contentes e orgulhosos em saber que a atividade física está sendo investigada como uma variável de protagonismo também em outras áreas de conhecimento? Ou, ao contrário, interpretariam como "invasão" de seara alheia?

Se a Educação Física pretende reivindicar para si a atividade física como seu objeto de estudo, é preciso ter argumentos sólidos para defender esse posicionamento. É oportuno lembrar que a Educação Física envolve atividade física, mas que nem toda atividade física é da Educação Física (Tani, 1996). Que argumentos ela teria para embasar essa reivindicação? Seria preciso questionar primeiro se a atividade física está sendo considerada, nos estudos, uma variável dependente ou independente? Assim, se for variável dependente, seria da Educação Física, caso contrário, de outras áreas de conhecimento? Penso ser importante a Educação Física refletir com profundidade a respeito dessa questão. Mas, infelizmente, parece que ela passa ao largo das preocupações dos pesquisadores da área.

Seria outra possibilidade o argumento de que pesquisas concernentes ao conhecimento do fenômeno da obesidade são de responsabilidade de outras áreas de conhecimento, e as pesquisas que dizem respeito à intervenção no fenômeno para se reduzir/evitar a sua ocorrência e também tratar dela depois de consumada são de responsabilidade única da Educação Física? Em outras palavras, a Educação Física realizaria pesquisas para combater o sedentarismo (programas de atividade física) e, assim, contribuir para a prevenção/redução da obesidade? Ficaria claro que a investigação em relação à intervenção no fenômeno por meio de educação alimentar, mudanças no planejamento urbano ou melhora na mobilidade urbana não seria da Educação Física?

Se a resposta fosse positiva, caberia à Educação Física realizar apenas pesquisas de intervenção, ou seja, pesquisas aplicadas, para testar a efetividade de diferentes programas de atividade física, visando ao combate da obesidade, mediante redução do sedentarismo. Entretanto, nesse caso, como justificar e contextualizar as pesquisas básicas realizadas na Educação Física que procuram desvendar os mecanismos e as causas da obesidade? Que fique absolutamente claro: não está em questão o mérito científico das pesquisas realizadas com esse objetivo; o que está sendo colocado à prova é a pertinência do estudo à especificidade da área de conhecimento.

O problema continua. Poder-se-ia perguntar: é possível testar a efetividade de um programa de atividade física na Educação Física sem levar em consideração, por exemplo, o aspecto nutricional? Esse é mais um tópico em que se faz muita confusão. Muitos pensam que não, pois o estudo perderia em qualidade, quando não em validade. Para contornar esse problema, pensam que a saída seria colocar um nutricionista como parceiro na elaboração e execução do projeto de pesquisa. Da mesma forma, se outros aspectos necessitam ser levados em consideração, por exemplo, planejamento urbano e mobilidade urbana, convidam-se especialistas das áreas correspondentes para participarem do projeto. Assim, o projeto disciplinar se tornaria interdisciplinar, passando a incorporar a participação de especialistas de outras áreas do conhecimento.

Contudo, se cada um desses participantes quisesse inserir no projeto uma variável pertinente à sua área, como uma variável independente, o estudo deixaria de ser interdisciplinar para assumir uma característica multidisciplinar. Um estudo com essas características pode ser considerado ainda como pertencente a uma determinada disciplina, no caso a Educação Física? Como se percebe, nesse enquadramento, é importante não se confundir a dinâmica do empreendimento científico (muitas vezes interdisciplinar e/ou multidisciplinar) com a identidade acadêmica das áreas que dele participam (Tani & Corrêa, 2019).

Seria mais uma possibilidade de argumentação para a Educação Física reivindicar para si a atividade física como objeto de estudo, diferenciar entre uma variável independente e uma variável a ser controlada nas suas pesquisas de natureza aplicada? Em outras palavras, verificar se o aspecto nutricional, neste caso, está sendo uma variável a ser controlada ou manipulada? Se fosse controlada (variável interveniente), não teria nenhuma implicação acadêmica quanto à pertinência do estudo à Educação Física, mas, se essa variável é manipulada (variável independente), tornaria a pesquisa pertencente à área de Nutrição? Parece ser fundamental a Educação Física ter um posicionamento a respeito dessa questão, porém, tudo indica que o assunto também passa ao largo das reflexões dos pesquisadores da área.

4.4 CONSIDERAÇÕES FINAIS

É comum na Educação Física o entendimento de que o conceito "atividade física" é muito genérico, a começar pela definição clássica de Caspersen, Powell e Christensen (1985): "qualquer forma de movimento humano que eleve o gasto energético acima dos níveis de repouso". Como esse conceito é largamente utilizado por outras áreas de conhecimento, quando o assunto é saúde, a Educação Física procurou solucionar a ambiguidade usando o conceito "exercício físico" em seu lugar, que é uma forma específica de atividade física que se caracteriza pela sequência planejada de movimentos repetida sistematicamente, com o objetivo de elevar o rendimento.

A partir dessa providência, quando alguma dúvida é colocada em relação à pertinência de um determinado estudo à área de Educação Física, a presença do conceito "exercício físico" no título é vista como algo que confere garantia de pertencimento. Todavia, as discussões trazidas neste texto colocam em xeque essa eventual garantia na medida em que, sem resposta às inúmeras questões colocadas, a simples troca de conceitos não resolve o problema. O assunto requer uma reflexão epistemológica profunda. Que o digam os ratos usados em pesquisas de laboratório, que "voluntariamente" praticam o exercício físico do nado (não da natação) quando colocados num tubo de PVC com nível de água que não lhes permite apoiar as patas no fundo, ao mesmo tempo que não lhes possibilita sequer apoiá-las na parede por ser lisa. Obviamente com frequência, duração e intensidade muito bem controladas, a fim de se aferir o seu rendimento.

Para outras áreas de conhecimento, esse exame epistemológico aprofundado parece ser desnecessário, visto que, em sendo a atividade física passível de quantificação relativamente a intensidade, frequência e duração, atendem-se perfeitamente os requisitos para ser um instrumento de combate ao sedentarismo e, consequentemente, à obesidade infantil. Não entram na equação variáveis como a qualidade dessa atividade, o seu significado social e cultural, o nível de motivação e ludicidade que proporciona, entre tantas outras que fazem as crianças participarem da atividade e manterem-se nela por longo período, evitando-se, assim, a sua obesidade.

REFERÊNCIAS

Bertalanffy, L. von. (1968). *General systems theory*. George Braziller.

Caspersen, C. J., Powell, K. E., & Christensen, G. M. (1985). Physical activity, exercise, and physical fitness: definitions and distinctions for health-related research. *Public Health Reports, 100*, 172-179.

Ellis, M. J. (1998). Disasters on the west coast: personal observations. *Quest, 50*, 121-125.

Klein, J. T. (1990). *Interdisciplinarity: history, theory, and practice*. Wayne State University Press.

Klein, J. T. (1996). *Crossing boundaries: knowledge, disciplinarities, and interdisciplinarities*. University Press of Virginia.

Koestler, A. (1967). *The ghost in the machine*. Hutchinson.

LeBlanc, A. G., Spence, J. C., Carson, V., Gorber, S. C., Dillman, C., Janssen, I., Kho, M. E., Stearns, J. A., Timmons, B. W., & Tremblay, M. S. (2012). Systematic review of sedentary behaviour and health indicators in the early years (aged 0–4 years). *Applied Physiology, Nutrition, and Metabolism, 37*, 753-772.

Monasta, L., Batty, G. D., Cattaneo, A., Lutje, V., Ronfani, L., Van Lenthe, F. J., & Brug, J. (2010). Early-life determinants of overweight and obesity: a review of systematic reviews. *Obesity Reviews, 11*, 695-708.

Rikli, R. (2006). Kinesiology – a "homeless" field: addressing organization and leadership needs. *Quest, 58*, 288-309.

Robinson, S., & Yardy, K. (2012). A narrative literature review of the development of obesity in infancy and childhood. *Journal of Child Health Care, 16*(4), 339-354.

Scanlan, T. K. (1998). Thriving versus surviving. *Quest, 50*, 126-133.

Simon H. A. (1962). The architecture of complexity. *Proceedings of the American Philosophical Society, 106*, 467-482.

Snethen, J. A., Hewitt, J. B., & Goretzke, M. (2007). Childhood obesity: the infancy connection. *The Association of Women's Health, Obstetric and Neonatal Nurses, 36*(5), 501-510.

Tani, G. (1996). Cinesiologia, educação física e esporte: ordem emanente do caos na estrutura acadêmica. *Motus Corporis, 3*(2), 9-49.

Tani, G. (1998). 20 anos de ciências do esporte: um transatlântico sem rumo? *Revista Brasileira de Ciências do Esporte* – Número Especial comemorativo dos 20 anos de fundação, 19-31.

Tani, G. (2008). Área de conhecimento e intervenção profissional. In U. C. Corrêa (Org.), *Pesquisa em comportamento motor: a intervenção profissional em perspectiva* (pp. 14-25). Escola de Educação Física e Esporte da Universidade de São Paulo.

Tani, G. (2011a). *Leituras em educação física: retratos de uma jornada*. Phorte.

Tani, G. (2011b). A educação física e o esporte no contexto da universidade. *Revista Brasileira de Educação Física e Esporte, 25*(Número Especial), 117-126.

Tani, G. (2016). Pós-graduação em educação física: crescimento e correção da rota. In W. W. Moreira & V. L. Nista-Piccolo (Orgs.), *Educação física e esporte no século XXI* (pp. 153-171). Papirus.

Tani, G., & Corrêa, U. C. (2019). Ciência e comunicação científica na educação física/ciências do esporte. In F. F. B. Carneiro, A. Ferreira Neto & W. Santos (Orgs.), *Comunicação científica em periódicos* (pp. 237-259). Appris.

Tremblay, M. S., Colley, R., Saunders, T. J., Healy, G. N., & Owen, N. (2010). Physiological and health implications of a sedentary lifestyle. *Applied Physiology, Nutrition, and Metabolism, 35*(6), 725-740.

Tremblay, M. S., LeBlanc, A. G., Kho, M. E., Saunders, T. J., Larouche, R., Colley, R. C., Goldfield, G. & Gorber, S. C. (2011). Systematic review of sedentary behaviour and health indicators in school-aged children and youth. *International Journal of Behavioral Nutrition and Physical Activity, 8,* 98. http://doi.org/10.1186/1479-5868-8-98.

WHO – World Health Organization (2017/2020, 29 April). *Global strategy on diet, physical activity and health. Childhood overweight and obesity.* https://www.who.int/dietphysicalactivity/childhood/en/.

Wilmore, J. H. (1998). Building strong academic programs for our future. *Quest, 50,* 103-107.

PARTE II
PREPARAÇÃO PROFISSIONAL EM EDUCAÇÃO FÍSICA

CAPÍTULO 5

O ensino de graduação na Educação Física: como conciliar unidade e diversidade?

5.1 CONSIDERAÇÕES INICIAIS

Em todas as instituições de ensino superior existe um colegiado, normalmente denominado de comissão de graduação ou coordenação de curso (doravante comissão de graduação, CG), que é responsável por traçar as diretrizes curriculares do ensino de graduação, seguindo as orientações dos órgãos superiores (por exemplo, Ministério da Educação – Diretrizes Curriculares Nacionais). Cabe a ela elaborar a estrutura curricular e submetê-la à aprovação de órgãos competentes da instituição, além de tomar a iniciativa de propor mudanças quando necessárias. Por fim, é também da sua alçada zelar pela execução dos programas definidos pela estrutura curricular e coordenar as atividades didático-pedagógicas pertinentes. Assim, fica claro que é da CG a grande responsabilidade de assegurar a unidade no ensino de graduação.

A estrutura curricular é constituída de um conjunto articulado de disciplinas que possibilita a obtenção de uma determinada qualificação universitária (no caso da Educação Física, de bacharel ou de licenciado). Nela, as disciplinas são frequentemente organizadas hierárquica e sequencialmente, contemplando as obrigatórias, as eletivas e as opcionais, muitas vezes envolvendo pré-requisitos entre elas. É por meio da aplicação desses princípios de organização que a CG procura garantir a consistência interna da estrutura curricular, sem a qual a unidade no ensino de graduação torna-se inviável.

Fica evidenciado, portanto, que a palavra "articulação" representa a essência da estrutura curricular e que o grande desafio da CG é cuidar para que ela se materialize, de fato, nas atividades didático-pedagógicas dos docentes. No entanto, para desempenhar essa importante função de assegurar a unidade no ensino, a CG tem encontrado muitas dificuldades em delimitar a esfera de sua atuação e definir os limites do seu poder de intervenção no processo. Por exemplo, ela dificilmente intervém na elaboração do programa de uma disciplina, muito menos no método de ensino ou na avaliação. Entretanto, isso possibilita aos docentes ampla liberdade no desempenho de sua função (diversidade), de modo que, se eles agirem livres de quaisquer *constraints* (restrições), pode-se comprometer a articulação entre as disciplinas, dificultando a unidade pretendida pela CG.

Diante desse quadro, o objetivo do presente ensaio é discutir até onde vai a liberdade dos docentes (diversidade) em relação à estrutura curricular elaborada pela CG (unidade), isto é, o alcance da autonomia do docente relativamente às restrições estabelecidas pela estrutura curricular. A pergunta que norteia o texto é: afinal, será possível conciliar esses dois aspectos aparentemente contraditórios no ensino de graduação em Educação Física? Para tentar respondê-la, será buscado no pensamento sistêmico o pano de fundo para as análises, reflexões e proposições.

5.2 O PENSAMENTO SISTÊMICO E A ESTRUTURA CURRICULAR: A UNIDADE EM PERSPECTIVA

O pensamento sistêmico tem suas origens nos filósofos da Grécia Antiga, mas ganhou corpo especialmente na primeira metade do século XX com o surgimento da cibernética (Wiener, 1948), da teoria da comunicação (Shannon & Weaver, 1949) e da teoria geral de sistemas (Bertalanffy, 1968). Expresso de uma maneira simples, o pensamento sistêmico, ou a visão sistêmica (Laszlo, 1972), surge da necessidade de se superarem as limitações do pensamento analítico, reducionista e mecanicista da ciência clássica, ou newtoniana. Ele nasce desafiando três importantes pressupostos do pensamento reducionista: simplicidade, estabilidade e objetividade. Em linhas gerais, o pressuposto da simplicidade refere-se à crença de que o todo pode ser compreendido separando-o em partes. O da estabilidade está relacionado com a visão de que o mundo é estável, o que leva à crença na determinação e à consequente previsibilidade dos fenômenos. Por fim, o pressuposto da objetividade se refere à possibilidade de conhecer o mundo como ele é na realidade, ou seja, de o observador posicionar-se fora do objeto em observação, implicando a sua adoção como critério de cientificidade.

Para se entender o pensamento sistêmico, é necessário, primeiro, definir o que é sistema. Bertalanffy (1968) propõe uma definição simples e concisa: um complexo de componentes em interação. Percebe-se, de imediato, que a interação é a palavra-chave na definição de sistema. Por causa dela, o todo não pode ser visto como a soma das partes (Weiss, 1967; 1969), descartando-se a possibilidade de o todo ser reconstruído a partir delas. Mas é também por causa da interação que o sistema se torna complexo. Assim, na perspectiva do pensamento sistêmico, a estrutura curricular não pode ser vista como uma simples soma de disciplinas. Se fosse, mais caracterizaria uma colcha de retalhos do que uma peça de tapeçaria devidamente tecida.

Um conceito importante no pensamento sistêmico é o de hierarquia. Simon (1962) define hierarquia como um sistema que é composto de subsistemas inter-relacionados, cada um desses sendo, por sua vez, hierárquico em estrutura, até atingir um determinado nível inferior de subsistemas elementares. De acordo com a ideia de que os sistemas são organizados hierarquicamente (Koestler, 1967; 1969; Pattee, 1973; Salthe, 1985; Simon, 1962; Weiss, 1967; 1969), a estrutura curricular se constitui um dos componentes de um sistema hierarquicamente superior, que é a preparação profissional. O corpo de conhecimentos, o corpo docente, o corpo discente, o mercado de trabalho e as necessidades sociais podem ser considerados outros componentes desse sistema (Tani, 2007; 2013; 2017). Esses componentes, além de interagirem entre si, mudam no e com o tempo, fazendo com que a preparação profissional seja um sistema altamente complexo (Tani et al., 2020). Da mesma forma, a estrutura curricular, antes apenas um componente de um sistema, pode ser vista como um sistema constituído de vários componentes em interação – as disciplinas curriculares. E as disciplinas curriculares são, por sua vez, sistemas compostos por vários temas, assuntos ou tópicos estudados por um campo específico de investigação.

Como anteriormente mencionado, a interação de disciplinas numa estrutura curricular segue algumas regras de organização. Uma delas é a de sequenciamento, em que uma ordem é estabelecida de acordo com alguns critérios – por exemplo, primeiro as disciplinas de natureza básica, e, depois, as aplicadas; primeiro as disciplinas de conteúdo analítico, e, depois, as de síntese; primeiro os estágios de observação, seguidos dos de acompanhamento e de intervenção, e assim por diante. Outra é a de hierarquia, em que uma determinada disciplina se constitui pré-requisito de outra disciplina – por exemplo, a fisiologia geral ser pré-requisito de fisiologia do exercício, o controle motor ser pré-requisito de aprendizagem motora, e assim por diante. É seguindo-se essas regras de organização que nasce a estrutura curricular – um conjunto articulado de disciplinas.

Para se elaborar uma estrutura curricular, é necessário, inicialmente, um perfil do profissional que se quer formar. Esse perfil muda também com o tempo, adequando-se às necessidades sociais e ao mercado de trabalho em constante transformação. No passado, quando o mercado de trabalho era restrito à escola, o perfil profissional era o de alguém capaz de exercer a docência no ensino formal, isto é, de um licenciado. Com a expansão e diversificação do mercado de trabalho, o perfil esperado mudou para um profissional com uma base sólida de conhecimentos gerais, porém, com especialização para atuar numa determinada área de intervenção (Tani, 2007).

Ora, se a estrutura curricular necessita refletir as mudanças nas necessidades sociais e no mercado de trabalho, ela precisa demonstrar, ao mesmo tempo, consistência e flexibilidade. Sem consistência, a estrutura não se estabelece, e sem flexibilidade perde-se a capacidade de responder às mudanças. Antes do surgimento do pensamento sistêmico, prevalecia uma visão dicotômica em que consistência e flexibilidade eram características antônimas, que não podiam coexistir numa mesma estrutura.

No entanto, com a aplicação da visão sistêmica, em que características aparentemente contraditórias como ordem e desordem, informação e incerteza, sinal e ruído, precisão e erro, forma e caos, organização e desorganização não são vistas como mutuamente excludentes, mas complementares, coexistindo numa mesma estrutura, como mostra a Figura 5.1, elaborada por Miller (1978), tornou-se possível pensar numa estrutura curricular com tais características – consistente e, ao mesmo tempo, flexível.

H	=	-S
Informação		Incerteza
Entropia negativa		Entropia
Sinal		Ruído
Precisão		Erro
Forma		Caos
Regularidade		Aleatoriedade
Padrão ou forma		Falta de padrão ou forma
Ordem		Desordem
Organização		Desorganização
Complexidade regular		Simplicidade irregular
Heterogeneidade		Homogeneidade
Improbabilidade		Probabilidade
Previsibilidade		Imprevisibilidade
(H = informação)		**(S = entropia)**

Figura 5.1 – Informação *versus* entropia (Miller, 1978).

Por longo período, os fatores relacionados à desordem, que aparecem à direita na Figura, foram considerados elementos entrópicos que necessitavam ser eliminados para que a ordem fosse possível. Essa visão negativa de fatores relacionados com a entropia faz parte do pensamento reducionista e mecanicista da ciência clássica, sustentada em pressupostos como determinismo e linearidade. De acordo com Miller (1978), a organização do sistema implica um movimento dos fatores colocados à direita em direção aos fatores presentes à esquerda da Figura, porém, sem eliminá-los. Destarte, os avanços subsequentes no pensamento sistêmico (por exemplo, Prigogine & Stengers, 1984; 1990) mostraram que os fatores de desordem podem ser fonte de ordem, muitas vezes fazendo parte da sua estrutura como elementos constituintes.

Assim, apoiado no pensamento sistêmico, propõe-se uma estrutura curricular organizada hierarquicamente em dois níveis: macroestrutura e microestrutura. A macroestrutura seria orientada à ordem e responsável pela consistência, e a microestrutura seria orientada à desordem e responsável pela flexibilidade. A macroestrutura seria formada pela interação de disciplinas que são consideradas, universalmente, essenciais para a formação do profissional em Educação Física, ou seja, aquelas que constituem o núcleo duro de toda e qualquer estrutura curricular. De acordo com Park (1991), uma profissão é geralmente caracterizada pela aderência a certas concepções fundamentais sobre a natureza e extensão de conhecimentos que os seus membros devem possuir. Certamente, disciplinas como bioquímica do exercício, fisiologia do exercício, biomecânica, aprendizagem motora, psicologia do esporte, sociologia do esporte, pedagogia do esporte, entre outras, estão presentes na estrutura curricular de todos os cursos de preparação profissional em Educação Física, independentemente do país em que eles são oferecidos. A microestrutura, por sua vez, corresponderia a cada disciplina que compõe a estrutura curricular.

Descendo na hierarquia, a disciplina, quando vista como sistema, também necessita ter, ao mesmo tempo, as características de consistência e flexibilidade para atender às necessidades peculiares de cada situação, sejam elas de natureza geográfica, educacional, social, cultural, econômica ou política. A sua macroestrutura seria formada pela interação dos tópicos comuns, universalmente presentes na disciplina, compondo o núcleo duro da disciplina. Por exemplo, na disciplina de aprendizagem motora, a teoria de circuito aberto, a teoria de circuito fechado, a teoria de esquema, a teoria de sistemas dinâmicos, o estabelecimento de metas, a demonstração, a instrução, a prática constante e variada, a prática do todo e das partes, a prática física e mental, a interferência contextual, o feedback e conhecimento de resultados, entre outros, são tópicos que constituem o núcleo duro da disciplina. A presença do núcleo duro é fundamental para o docente ter uma âncora a partir do qual consiga, usufruindo da liberdade da microestrutura, adequar o conteúdo dos tópicos às condições, demandas e necessidades peculiares de cada situação (Tani, 2015), para garantir a flexibilidade da estrutura curricular.

De acordo com essa proposta, as Diretrizes Curriculares Nacionais, por exemplo, deveriam tratar apenas da macroestrutura do currículo de formação profissional, deixando que as secretarias estaduais se responsabilizassem pela microestrutura ajustando os componentes (as disciplinas) para atender às necessidades específicas de cada estado. Continuando com a ideia de organização hierárquica de sistemas, a mesma relação se estabeleceria entre a secretaria estadual e a municipal, e assim sucessivamente, até chegar ao nível da estrutura curricular de cada instituição de ensino superior.

Essa ideia de macroestrutura orientada à ordem e microestrutura orientada à desordem, assumindo a complementaridade entre ordem e desordem (Pattee, 1978) está também presente na ideia de hólon com regras fixas e estratégias flexíveis, de Koestler (1967; 1969); de manutenção e desmantelamento de estruturas na evolução, de Lorenz (1974); de macrodeterminância e microindeterminância na organização de um sistema, de

Weiss (1969); de macro-ordem e microdesordem no desenvolvimento motor, de Choshi (1980) e no controle motor, de Tani (2005).

Fica claro, nessa proposta, que a CG não deve se preocupar com a microestrutura do currículo, estabelecendo restrições para controlar os detalhes microscópicos de cada disciplina. Isso tornaria a estrutura curricular rígida e sem flexibilidade. Metaforicamente, emprestando a ideia de Atlan (1992), a solução não estaria nem no cristal nem na fumaça. As restrições estariam presentes na organização hierárquica e sequencial das disciplinas. Do ponto de vista sistêmico, no universo da macro-ordem, correspondente ao cristal. Todavia, em cada disciplina, o docente teria liberdade para decidir acerca do conteúdo, garantida a presença do núcleo duro. Na perspectiva sistêmica, no universo da microdesordem, correspondente à fumaça. A solução estaria na integração desses dois universos - algo como cristal com fumaça ou ordem com desordem. A ideia de organização hierárquica de sistemas possibilita essa integração, propondo uma estrutura curricular organizada em dois níveis - macroestrutura e microestrutura - especificando o lugar do cristal e da fumaça, respectivamente.

Dessa maneira, caberia à CG apenas checar a presença do núcleo duro em cada disciplina, visto que, sem isso, não seria possível promover a articulação entre as disciplinas. Em suma, a ideia de organização hierárquica de sistemas possibilita delimitar a esfera de sua atuação e definir os limites do seu poder de intervenção no processo.

Por fim, a estrutura curricular necessita do corpo docente para colocar em prática a sua proposta. Mesmo que ela tenha a característica de um sistema organizado hierarquicamente, se o corpo docente não estiver preparado para interagir com tal estrutura, o sistema não alcançará a meta desejada. Ou melhor, por mais que a CG elabore uma estrutura curricular hierarquicamente organizada, dependendo do comportamento do corpo docente, o ensino de graduação pode falhar em lograr o seu objetivo.

5.3 A "REBELDIA" INERENTE À CULTURA ACADÊMICA: A FONTE DA DIVERSIDADE

Penso que a pesquisa, apesar de envolver, costumeiramente, trabalho em grupo, é, lá no fundo, algo eminentemente solitário do ponto de vista intelectual. O motivo é simples: ela se desenrola sempre no limite do conhecimento da pessoa, na porta de entrada do seu mundo desconhecido. Esse limite da cognição só à própria pessoa é acessível e é onde o combate entre esses dois mundos se desencadeia. Não há como outra pessoa participar dessa batalha. Ela é silenciosa, dura e demanda concentração, reflexão, análise, síntese, articulação de ideias, raciocínio lógico, estratégias cognitivas, desgaste energético, entre tantas outras exigências.

Normalmente, o treinamento intelectual nesse mundo solitário torna o acadêmico orgulhoso e humilde ao mesmo tempo. Orgulhoso por ter passado por esse desafio várias vezes e continuado no combate - uma prova de resiliência e perseverança que lhe traz confiança; humilde porque, toda vez que se avança, defronta-se com um novo limite contra o qual é preciso reiniciar o combate. O avançar é, nesse sentido, uma prova de incompletude, muito mais do que de realização, pois faz enxergar o desconhecido, trazendo com ele a incerteza. Na verdade, quando o pesquisador se sente, eventualmente, na completude, é apenas uma evidência de que ele parou de avançar. Já está a viver do passado, agarrando-se ao mundo conhecido. Continuar na pesquisa implica sempre manter uma relação aparentemente contraditória, mas salutar e complementar entre o orgulho e a humildade.

No entanto, quando o docente sai do universo da pesquisa e adentra o campo do ensino, parece que essa coexistência harmônica de orgulho e humildade se rompe em favor do primeiro. Pode ser não intencional, mas de repente a pessoa se torna completa, cheia de confiança e certeza, não poucas vezes arrogante e autossuficiente. Na disciplina que leciona, não aceita que ninguém lhe diga o que fazer, como e quando. Isso leva a uma postura de rebeldia contra as restrições da estrutura curricular, fazendo parecer que está sempre exigindo autonomia, quiçá soberania. Na hipótese mais obscura, de que o ensino de graduação não o merece.

O docente que assim se comporta toda vez que é solicitado a participar de uma reunião de grupo para discutir a estrutura curricular se esquiva, alegando estar ocupado com pesquisa. Assim, passa ao largo das discussões curriculares e não demonstra interesse em interagir com outras disciplinas; agora, no caso das deliberações, mostra muito apetite em discordar. Participar da CG, nem pensar. Muitos conseguem concluir a carreira universitária comportando-se dessa maneira. Um coletivo formado por docentes que assim se comportam tem na diversidade a sua marca registrada. Contudo, é atuando nele e com ele que a CG tem de preservar a unidade.

Aos olhos da CG, fica sempre a dúvida de como um docente com essa atitude consegue manter o vínculo empregatício numa universidade. Evidentemente, estou me referindo às universidades públicas, já que nas privadas é bem diferente. Nelas, o docente é contratado quase que exclusivamente para desenvolver a atividade de ensino, mesmo porque a pesquisa não faz parte de suas prioridades. Se, por causa disso, os docentes nessas universidades procuram fomentar nas atividades de ensino a articulação entre as disciplinas, é outro assunto, que não vem ao caso ser discutido neste momento.

Uma das razões de o docente, mesmo fazendo pouco caso das diretrizes e estruturas curriculares, conseguir manter-se na universidade é que, nela, somente a pesquisa é efetivamente valorizada, o que acaba reforçando esse comportamento individualista. A propalada indissociabilidade entre o ensino, a pesquisa e a extensão está longe de ser realidade (Tani, 2011). Pode ser um ideal a ser perseguido, mas, se o docente não der atenção a ela, a rigor, nada de concreto lhe acontecerá. Existe na universidade uma valorização desproporcional nas suas funções precípuas – ensino, pesquisa e extensão. Por exemplo, a pesquisa contempla vários mecanismos de reconhecimento, valorização e recompensa. Quem tem boa produção científica, entenda-se, artigos publicados, tem mais acesso aos financiamentos para pesquisas, viagens e participações em congressos, além de mais chances na obtenção de bolsas de diferentes naturezas, por exemplo, a de produtividade em pesquisa do Conselho Nacional de Desenvolvimento Científico e Tecnológico – CNPq (Tani, 2016). E levará vantagem nos concursos de progressão na carreira. Que se saiba, não existe nenhum mecanismo dessa natureza funcionando nas atividades de ensino e extensão. Dessa maneira, muitos docentes não têm os mesmos motivação e interesse para desenvolver outras atividades que não a pesquisa.

Para a CG, que tem a responsabilidade de zelar pela unidade, coordenar as atividades didático-pedagógicas de docentes com esse perfil comportamental é um enorme desafio, para não dizer uma luta inglória. Muitas vezes, ela se sente desamparada, abandonada à própria sorte, porque não consegue enxergar onde recorrer para solucionar o problema. Os colegiados superiores, como o conselho de departamento e a congregação da unidade, que seriam os órgãos apropriados para analisar o problema e deliberar por soluções, são frequentemente constituídos pelos mesmos docentes. Para piorar, além de ter de prestar contas à unidade e à universidade em bases regulares, a CG recebe periodicamente a visita de entidades externas de avaliação (por exemplo, Secretaria Estadual de Educação), às quais têm de provar que o ensino vai bem, para que os seus cursos sejam aprovados e continuem sendo recomendados.

Os alunos bem que poderiam ser fiéis parceiros da CG, a fim de se reverter essa situação. Afinal, eles são os principais beneficiários de um ensino bem-organizado e desenvolvido, e normalmente têm um representante na comissão. Contudo, infelizmente, isso também foge à realidade. A representação discente tem encontrado a mesma dificuldade de fortalecer a articulação entre os representados e lutar pela causa comum – a qualidade do ensino. Pensando bem, uma denúncia do corpo discente, devidamente fundamentada numa avaliação justa e consistente do ensino, apontando a falta de articulação entre as disciplinas ou mesmo a ineficácia de uma disciplina específica, teria outro impacto na CG, dando-lhe instrumentos para intervir com mais vigor e rigor em relação aos docentes envolvidos, quando necessário. Mas, lamentavelmente, parece que essa falta de articulação e eficácia no ensino é muitas vezes relevada pelos alunos, visto que lhes possibilita maior liberdade de manobra. É sempre oportuno lembrar que os procedimentos para fortalecer a unidade acabam representando restrições às suas ações. Quanto mais articuladas as disciplinas, maiores serão as exigências de estudo, mais elevadas as demandas de aperfeiçoamento da capacidade de síntese de conhecimentos.

Diante desse cenário, a pergunta inevitável é: existe saída? Reconhecidamente, não é uma tarefa trivial. Todavia, penso que discutir e cultivar no corpo docente o pensamento sistêmico pode ajudar a buscar uma saída. Afinal, ele está sendo aplicado em todos os domínios da atividade humana com sucesso, constituindo uma ferramenta cognitiva útil e eficiente para desafiar problemas complexos. Por que, então, não aplicar no ensino de graduação em Educação Física? Evidentemente, para isso vingar, existe um importante requisito a ser preenchido: é preciso que os docentes demonstrem interesse em assuntos que fogem à sua especialidade de pesquisa e ampliar a sua visão. Entretanto, penso que vale a pena tentar. Longe da pretensão de solucionar o problema. Sabe-se que problemas complexos multifatoriais demandam, normalmente, soluções multifatoriais.

Para se aprofundar nesse tema, existe outro conceito muito importante do pensamento sistêmico que se refere à relatividade do todo e da parte. Destarte, todo ou parte, no sentido absoluto, não existe em lugar nenhum; depende fundamentalmente do sistema em observação. Como foi discutido, o curso de preparação profissional é um todo em que a estrutura curricular é uma parte. No entanto, a estrutura curricular é um todo em que cada disciplina é uma parte. Como se percebe, os conceitos de todo e parte no pensamento sistêmico estão baseados na ideia de hierarquia.

Um sistema é um todo em relação a partes, e, ao mesmo tempo, uma parte no tocante ao todo imediatamente superior da hierarquia. É, portanto, uma parte e também um todo simultaneamente. Essas entidades intermediárias, que funcionam como todos completos em si mesmos, relativamente aos seus subordinados na hierarquia (autonomia) e como partes dependentes no que concerne aos que se encontram em níveis superiores (dependência) foram denominadas por Koestler (1967; 1969) de hólons. Eles são governados por um conjunto fixo de regras e apresentam estratégias mais ou menos flexíveis, como já mencionado.

De acordo com Koestler (1967; 1969), essa dicotomia da condição de parte e da condição de todo, de autonomia e de dependência inerente ao conceito de hierarquia, é denominada "princípio de Jano", sendo que a expressão dinâmica desse princípio é a polaridade das tendências autoafirmativas e integrativas. Os hólons apresentam tendência integrativa (condição de parte), referente ao nível superior da hierarquia, e tendência autoafirmativa (condição de todo), no que diz respeito ao nível inferior da hierarquia.

O conceito de hierarquia possibilita, dessa maneira, conceber uma instituição de ensino superior como um sistema organizado em múltiplos níveis, de modo que, em qualquer nível, é possível visualizar aspectos relativos ao todo e às partes. Assim é com o departamento, a comissão de graduação e o docente. Nesse contexto, cada docente teria a tendência dupla de preservar e afirmar a sua individualidade como um todo autônomo – tendência autoafirmativa – e de funcionar como parte integrada de um todo maior que é o corpo docente – tendência integrativa. Claramente, essas tendências têm relação, respectivamente, com o orgulho e a humildade anteriormente discutidos.

Contudo, no ensino, observa-se nos docentes a tendência autoafirmativa exacerbar-se crescentemente, fazendo com que a sua tendência integrativa seja cada vez mais enfraquecida. Daí a dificuldade da CG em assegurar a unidade, que necessariamente requer que a tendência integrativa se manifeste com mais intensidade no comportamento dos docentes.

Sabemos todos que conhecimento não muda comportamento, pelo menos não facilmente. Veja-se o exemplo do tabagismo e do sedentarismo. Conhecimentos científicos sobre os seus efeitos maléficos à saúde abundam na literatura e são sólidos, mas eles não conseguem mudar o comportamento de uma parcela significativa da população. Todavia, se os próprios acadêmicos deixarem de acreditar na força e na importância do conhecimento, o fazer pesquisa perde sentido, e consequentemente a carreira acadêmica. Isso me faz persistir na ideia de mudar o modo de pensar primeiro para depois esperar a mudança de comportamento. Nesse enquadramento, ressalta-se a falta que faz, na Educação Física, uma inserção mais alargada e aprofundada no que se refere aos conhecimentos mais macroscópicos da ciência, que ajudam a estruturar a maneira de pensar das pessoas, preparando-as, inclusive, a melhor agir coletivamente em projetos comuns, como no ensino de graduação.

Quando penso nisso, vêm-me à mente obras como, *Instrumental para o pensamento* (Waddington, 1979), *O fantasma da máquina* (Koestler, 1967), *Teoria geral dos sistemas* (Bertalanffy, 1968), *A estrutura das revoluções científicas* (Kuhn, 1970), *A nova aliança* (Prigogine & Stengers, 1984), entre muitas outras, que teriam grandes contribuições nesse domínio. Hoje, existe uma enorme quantidade de obras, desde as mais "clássicas", como as acima referidas, às mais recentes, que tratam desses conhecimentos macroscópicos da ciência, acessíveis ao apertar de um par de teclados do computador. Está em franco crescimento a chamada terceira cultura (Brockman, 1998), desenvolvida por cientistas de várias especialidades, empenhada no esclarecimento e disseminação, ao grande público, do sentido mais profundo da vida, redefinindo quem somos e o que somos.

5.4 CONSIDERAÇÕES FINAIS

Conciliar unidade e diversidade é uma tarefa reconhecidamente complexa, desafiadora, de resultados demorados, muitas vezes a conta-gotas, que podem gerar desânimo aos que nela se envolvem. Avanços e retrocessos se sucedem, num processo que parece nunca alcançar a meta. Exatamente por isso, por muito tempo adotou-se o pensamento dicotômico – uma coisa ou outra, sim ou não, tudo ou nada, consistente ou flexível – posicionando-se em polos opostos isolados. Contudo, com o advento do pensamento sistêmico, o quadro se alterou radicalmente, e hoje temos ferramentas conceituais para pensar na interação. O presente texto pretendeu trazer esse pensamento e alguns de seus conceitos-chave para analisar e refletir sobre o ensino de graduação em Educação Física, propondo algumas saídas para esse grande desafio.

A unidade é uma palavra simpática que inspira e valoriza o trabalho coletivo, mas muito difícil de ser colocada em prática. Aparece, no papel, em todas as diretrizes e estruturas curriculares, muitas vezes apenas para desenhar uma bonita fachada para atender às exigências burocráticas dos órgãos avaliadores e fiscalizadores. Para tratar da unidade, é preciso lidar com a diversidade, pois são complementares.

A flexibilidade é outra palavra também simpática que leva a pensar em manutenção da harmonia, evitando-se radicalizações. Aliás, a flexibilização da estrutura curricular foi sempre uma meta a se alcançar no ensino de graduação em Educação Física. Cada vez mais se eliminam os pré-requisitos e as disciplinas obrigatórias. A obrigatoriedade é vista como sinônimo de autoritarismo, que não leva em consideração as demandas educacionais, sociais, econômicas e culturais da sociedade e não respeita os interesses, as necessidades, as expectativas e as aspirações dos alunos, fazendo-os participar de um processo mecânico, rígido e uniformizado de preparação profissional. No entanto, a flexibilização, que é, de fato, uma importante característica de um currículo, via de regra cai no relativismo e acaba se transformando num processo de nivelamento por baixo, de pouca demanda e exigência. Fazer o enaltecimento unilateral da flexibilização, esquecendo-se da consistência, não resulta.

Outra palavra muito valorizada recentemente é a auto-organização, isto é, a formação espontânea de padrões em sistemas abertos longe do equilíbrio. Aplicada ao ensino de graduação, sugere a definição de diretrizes curriculares e a elaboração de estrutura curricular num processo espontâneo *bottom-up* e, não num processo prescritivo *top-down*. Todavia, esquece-se de que, para tanto, os docentes têm de tomar a iniciativa, por conta própria, de interagirem mutuamente para formarem o padrão. Isso tem como pré-requisito o interesse em participar, ou seja, em a tendência integrativa estar bem à frente da tendência autoafirmativa nos docentes enquanto hólons acadêmicos.

Para aqueles que fazem a "apologia da fumaça", a liberdade e a diversidade vêm a calhar, são lindas e maravilhosas. Entretanto, é preciso lembrar que não há formação de padrão (unidade) que não envolva restrições. Portanto, definir as diretrizes curriculares ou elaborar a estrutura curricular pressupõe estabelecer restrições, sem as quais o que resulta é um amontoado de disciplinas desconexas sem articulação.

Em suma, tudo indica que o que se necessita no ensino de graduação em Educação Física é conceber unidade e diversidade, restrição e liberdade, ordem e desordem, consistência e variabilidade, macro e micro, cristal e fumaça não como antônimos, mas como coisas que interagem e se complementam. Substituir o "ou" pelo "e" é um grande desafio que, se vencido, pode representar um grande avanço. Assim nos ensina o pensamento sistêmico.

REFERÊNCIAS

Atlan. H. (1992). *Entre o cristal e a fumaça: ensaio sobre a organização do ser vivo.* Jorge Zahar.

Bertalanffy, L. von. (1968). *General systems theory.* George Braziller.

Brockman, J. (1998). *A terceira cultura.* Temas e Debates.

Choshi, K. (1980). Freedom and constraint of children's movements. *Memoirs of the Child Education Research* of *Hiroshima University, 55,* 29-37. (in Japanese).

Koestler, A. (1967). *The ghost in the machine.* Hutchinson.

Koestler, A. (1969). Beyond atomism and holism – the concept of the holon. In A. Koestler & J. Smythies (Eds.), *Beyond reductionism.* Hutchinson.

Kuhn, T. S. (1970). *The structure of scientific revolutions* (2nd. ed.). University of Chicago Press.

Laszlo, E. (1972). *The systems view of the world.* George Braziller.

Lorenz, K. (1974). Analogy as a source of knowledge. *Science, 185,* 229-234.

Miller, G. A. (1978). *Living systems.* McGraw-Hill.

Park, R. J. (1991). On tilting at windmills while facing Armageddon. *Quest, 43,* 247-259.

Pattee, H. H. (Ed.) (1973). *Hierarchy theory: the challenge of complex systems.* George Braziller.

Pattee, H. H. (1978). The complementarity principle in biological and social structures. *Journal of Social and Biological structures, 1,* 191-200.

Prigogine, I., & Stengers, I. (1984). *Order out of chaos: man's new dialog with nature.* Bantam Books.

Prigogine, I., & Stengers, I. (1990). *Entre o tempo e a eternidade.* Gradiva.

Salthe, S. N. (1985). *Evolving hierarchical systems: their structure and representation.* Columbia University Press.

Shannon, C. E., & Weaver, W. (1949). *The mathematical theory of communication.* University of Illinois Press.

Simon H. A. (1962). The architecture of complexity. *Proceedings of the American Philosophical Society, 106,* 467-482.

Tani, G. (2005). Programação motora: organização hierárquica, ordem e desordem. In G. Tani (Ed.), *Comportamento motor: aprendizagem e desenvolvimento* (pp. 82-105). Guanabara Koogan,

Tani, G. (2007). Avaliação das condições do ensino de graduação em educação física: garantia de uma formação de qualidade. *Revista Mackenzie de Educação Física e Esporte, 6*(2), 55-70.

Tani, G. (2011). A educação física e o esporte no contexto da universidade. *Revista Brasileira de Educação Física e Esporte, 25*(Número Especial), 117-126.

Tani, G. (2013). Professional preparation in physical education: changing labor market and competence. Motriz. *Journal of Physical Education, 19*(3), 552-557.

Tani, G. (2015). Educação física escolar: do núcleo comum. In W. R. Correia & B. M. Rodrigues (Orgs.), *Educação física no ensino fundamental: da inspiração à ação* (pp. 75-92). Fontoura.

Tani, G. (2016). Pós-graduação em educação física: crescimento e correção da rota. In W. W. Moreira & V. L. Nista-Piccolo (Orgs.), *Educação física e esporte no século XXI* (pp.153-171). Papirus.

Tani, G. (2017). Preparação profissional em educação física: reflexões sobre a "festa" no convés do Titanic. In W. C. Correia (Org.), *Formação profissional em educação física: ensaios e proposições* (pp. 17-35). Fontoura.

Tani, G., Bastos, F. H., Silveira, S. R., Basso, L., & Corrêa, U. C. (2020). Professional learning in physical education in Brazil: issues and challenges of a complex system. *Sport, Education and Society.* http://doi.org/10.1080/13573322.2020.1818557.

Waddington, C. H. (1979). *Instrumental para o pensamento.* Itatiaia.

Weiss, P. A. (1967). 1+1 2 (one plus one does not equal two). In G. Quarton, T. Melnechuk & F.O. Schimitt (Eds.), *The neurosciences: a study program*. The Rockefeller University Press.

Weiss, P. A. (1969). Living systems: determinism stratified. In A. Koestler & J. R. Smythies (Eds.), *Beyond reductionism* (pp. 3-42). Hutchinson.

Wiener, N. (1948). *Cybernetics*. Wiley.

CAPÍTULO 6

O ensino de graduação na Educação Física: o desafio de sincronizar três velocidades distintas

6.1 CONSIDERAÇÕES INICIAIS

O ensino de graduação, em todas as especialidades acadêmicas, enfrenta um enorme desafio, que é o de sincronizar três velocidades – da ciência e da tecnologia, da sociedade e da universidade – no desempenho de sua função. Qualquer desacerto no trato dessas três velocidades pode se constituir um passaporte para o fracasso em se alcançar a meta de oferecer um curso de preparação profissional capaz de formar os profissionais que a sociedade e o mercado de trabalho necessitam e demandam.

O desafio se evidencia na medida em que cada uma dessas instituições tem uma velocidade distinta na sua dinâmica interna, isto é, na produção de conhecimentos científicos e tecnológicos, nas transformações sociais e na administração universitária, respectivamente. Se a estrutura curricular e as suas atividades didático-pedagógicas pertinentes não estiverem conectadas aos novos conhecimentos que a ciência e a tecnologia produzem num ritmo cada vez mais acelerado, um profissional obsoleto poderá estar sendo formado, de antemão. Caso elas não estejam sintonizadas com as mudanças cada vez mais rápidas e intensas da sociedade, um profissional dissociado da realidade poderá estar sendo formado. Por fim, se estiverem ajustadas, ao contrário, à lentidão com que as decisões sobre mudanças no ensino são tomadas na universidade, um profissional sempre defasado no tempo poderá estar sendo formado.

Em virtude de essas velocidades serem muito diferentes, talvez a sincronização se constitua algo ambicioso demais para o ensino de graduação estabelecê-la como objetivo. Pode ser que, de fato, as distâncias entre o real, o possível e o ideal sejam, nesse caso, demasiadamente grandes. De todas as maneiras, essa ingrata, mas inevitável e indubitavelmente importante tarefa cabe à comissão de graduação, ao colegiado de graduação ou à coordenação de curso das instituições de ensino superior. O objetivo do presente texto é descrever sucintamente cada uma dessas velocidades, refletir acerca delas e especular eventuais possibilidades de sincronizá-las, até mesmo para que as comissões de graduação sejam mais justas e apropriadamente avaliadas no desempenho de sua função.

6.2 A VELOCIDADE DA CIÊNCIA E DA TECNOLOGIA

Que a velocidade da ciência e da tecnologia na produção de conhecimentos aumentou exponencialmente a partir dos meados do século XX e explodiu nas últimas décadas, é de amplo conhecimento. Mesmo num país em desenvolvimento como o Brasil, o aumento foi expressivo (Barral-Neto et al., 2007). Diversos fatores impulsionaram esse aumento de velocidade. Em primeiro lugar, os avanços na ciência e a consequente produção de novas tecnologias (hardware, software), e vice-versa. Dentre todos os avanços científicos observados, sabidamente aqueles que culminaram na criação do computador foram decisivos para se estabelecer uma nova dinâmica na produção de conhecimentos científicos e tecnológicos. De maneira recíproca, o computador viabilizou a construção de equipamentos, aparelhos e instrumentos de sofisticada tecnologia que possibilitaram aos cientistas observar, analisar, medir, quantificar, classificar, simular, sintetizar, interpretar e compreender objetos, fenômenos e eventos do mundo microscópico ao macroscópico, antes inimagináveis de estarem ao alcance da capacidade humana. Além disso, facilitou a comunicação entre os cientistas com a transferência de dados e informações mais rápida, ágil e abrangente. Isso favoreceu a formação de parcerias, redes e consórcios de pesquisa, interligando universidades, centros de pesquisa, laboratórios e áreas de conhecimento em todo o mundo. Com o computador, a ciência e a tecnologia efetivamente globalizaram-se e aceleraram de vez a produção de conhecimento.

No entanto, historicamente, os fatores que impulsionaram a ciência e a tecnologia nem sempre foram nobres. É amplamente conhecida a influência da Segunda Guerra Mundial na aceleração do seu desenvolvimento. Por exemplo, os estudos realizados por Norbert Wiener, Alan Turing, John von Neumann, Claude Shannon e Warren Weaver para construir equipamentos, armas e tecnologias a serem utilizados no combate foram fundamentais para o nascimento da Ciência Cognitiva. Os estudos desses cientistas deram origem, respectivamente, a uma nova ciência fundamentada em controle e comunicação denominada de cibernética (Wiener, 1948), ao computador (Turing, 1950), ao computador capaz de preparar e executar o seu próprio programa (von Neumann, 1951) e à teoria matemática da comunicação (Shannon & Weaver,

1949). Esses avanços formaram a base estruturante dessa nova ciência (Gardner, 1985; Varela, 1994), cuja evolução subsequente foi marcada por teorias como estruturas dissipativas, sinergética, caos, sistemas dinâmicos, auto-organização, complexidade, sistemas complexos adaptativos, entre outras. E o braço tecnológico mais conhecido de todas essas evoluções é a inteligência artificial, que começa a mudar radicalmente a vida na face da Terra (Lee, 2019).

Outro fator foi a chamada Guerra Fria, decorrente da Segunda Guerra Mundial, uma disputa em termos ideológicos, políticos, econômicos, militares e evidentemente tecnológicos travada pelas duas grandes potências mundiais da época (Estados Unidos e URSS) e que durou até a dissolução da URSS, em 1991, fortemente influenciada pela Queda do Muro de Berlim, em 1989. Durante a Guerra Fria se protagonizou uma acirrada competição no campo da ciência e da tecnologia para provar a superioridade de uma potência sobre a outra. O lançamento do primeiro satélite artificial à órbita terrestre, o Sputnik, em 1957, e a chegada do homem à Lua, em 1969, são exemplos sempre citados para se ilustrar o avanço da ciência e tecnologia observado nesse período de tensão mundial. Entretanto, a Guerra Fria também contribuiu para a construção de mísseis nucleares de diferentes capacidades quanto a potência e alcance, mostrando que a ciência e a tecnologia podem inclusive ser desenvolvidas e utilizadas para a destruição da humanidade.

Mais um fator que foi decisivo para impulsionar a ciência e a tecnologia foi a criação da internet, que se deu em 1969, quando um pesquisador da Universidade da Califórnia passou o primeiro e-mail da história para um colega na Universidade de Stanford, ambas nos Estados Unidos. Rapidamente, essas conexões foram sendo ampliadas entre as universidades americanas, o que levou o Departamento de Defesa a criar a rede ARPANET, produzida pela *Advanced Research Projects Agency* (ARPA) para fins militares, e depois liberada para conectar as universidades em que se faziam pesquisas na área da defesa. A ARPANET se tornou o núcleo técnico daquilo que veio a ser conhecido mais tarde como internet, o que aconteceu em 1992, com a criação da WWW (*World Wide Web*). Em 1997, com o lançamento do Google, a internet teve um gigantesco impulso, até chegar aos dias de hoje com essa configuração de tamanha abrangência e penetração na sociedade em todas as suas atividades. A influência da internet na ciência e na tecnologia é de tal magnitude que, hoje, é absolutamente impensável o seu desenvolvimento, sem ela. Ao dinamizar a comunicação científica em todas as suas vertentes, ela contribui para acelerar ainda mais a produção de conhecimento.

A conexão de computadores por meio da internet intensificou a possibilidade não só de consumir como produzir e aplicar conhecimentos. De fato, a ciência da computação e o seu braço tecnológico, que é a tecnologia da informação, mudaram completamente o empreendimento científico e tecnológico e a aplicação de seus resultados aos problemas concretos da sociedade. A primeira com a criação de programas e softwares, e a segunda, com a aplicação desses softwares em forma de procedimentos (receitas), sequências operacionais (rotinas) e objetos (artefatos) para a solução de problemas.

Outro fator foi a valorização crescente dos conhecimentos científicos e tecnológicos na solução de problemas fundamentais da sociedade, tornando-se produtos mercadológicos altamente rentáveis atrelados ao desenvolvimento econômico. O que era relevante até a chegada da tecnologia da informação – por exemplo, a matéria-prima, o capital e a mão de obra – passou a desempenhar papel secundário, dando lugar à informação e ao conhecimento. Com isso, a ciência e a tecnologia acabaram sendo transformadas também em *business*, porque o conhecimento virou instrumento de poder de várias naturezas: econômico, militar, ideológico, político, entre outros; por coincidência, os mesmos poderes que estavam em jogo na Guerra Fria. As disputas continuam basicamente as mesmas, num cenário mais aberto e transparente e com novos protagonistas, por exemplo, a China (Lee, 2019).

Em suma, num período aproximado de meio século, aconteceram todos esses desenvolvimentos científicos e tecnológicos. O que impressiona não são apenas as mudanças que ocorreram – uma verdadeira metamorfose científica (Prigogine & Stengers, 1984) – mas também a velocidade com que tudo isso aconteceu. Sintetizando, essas transformações resultaram em três grandes revoluções, nas quais a humanidade está atualmente imersa: do conhecimento, da comunicação e a digital (Tani, 2021). A revolução do conhecimento refere-se ao aumento brutal na velocidade de produção do conhecimento científico e tecnológico e o consequente volume que dela resulta. A revolução da comunicação, por sua vez, diz respeito ao avanço da tecnologia da informação, que tornou a comunicação muito mais rápida, ágil, abrangente e democrática. Por fim, a revolução digital concerne a uma profunda mudança na forma de produção de bens materiais pela utilização de softwares e hardwares computacionais acessíveis a todos, provocado uma alteração na relação entre o profissional e o mercado de trabalho. Essas três revoluções têm acelerado cada vez mais a velocidade na ciência e na tecnologia e, como consequência, as transformações na sociedade.

Onde tudo isso vai parar, ninguém sabe, porém, deixa a universidade perplexa quando ela pensa nos seus potenciais efeitos no ensino de graduação que oferece. A ironia é que a universidade é a instituição onde a grande maioria das pesquisas científicas e tecnológicas se realiza. Não é por menos que se cria no seu interior o *gap* e o embate entre o ensino e a pesquisa. Voltarei a abordar esse assunto mais à frente.

6.3 A VELOCIDADE DA SOCIEDADE

As transformações sociais observadas no mundo contemporâneo têm deixado as pessoas atônitas e preocupadas. Atônitas porque não há tempo para nada; tudo tem de ser feito às pressas, e são muitas coisas acontecendo simultaneamente. As pessoas ficam preocupadas porque não têm ideia de para onde tudo isso vai levá-las. Mais do que nunca, essas transformações têm cobrado das pessoas um filtro para separar o substantivo do acessório, o prioritário do preterível, o essencial do supérfluo, o imprescindível do dispensável, o urgente do postergável, e assim por diante. Todavia, não se atribui tempo para que as pessoas reflitam sobre essas questões como elas merecem ser, e a vida segue célere.

Vários fatores contribuíram para a ocorrência dessas transformações sociais, quase sempre em interação. Pode-se pensar, por exemplo, em fatores políticos, representados pela Queda do Muro de Berlim; fatores culturais, simbolizados pela revolução feminina; fatores religiosos, traduzidos pelo avanço do islamismo; fatores ambientais, expressos pela diminuição da camada de ozônio; fatores demográficos, caracterizados pela migração urbana, entre outros. No entanto, nenhum deles teve efeito tão marcante como o fator científico e tecnológico, para o bem e para o mal.

As transformações sociais provocadas pela ciência e pela tecnologia são inúmeras. A revolução na comunicação tem possibilitado à sociedade testemunhar várias mudanças importantes. Por exemplo, o acesso ao conhecimento ser democratizado, ampliando as possibilidades de as pessoas se tornarem mais bem informadas, de enriquecerem a sua cultura geral, criarem novos hábitos de consumo, de saúde, de lazer, de entretenimento, de vida, enfim. Ela tem aumentado drasticamente a agilidade na circulação de mercadorias, nas transações financeiras e no comércio, trazendo mais praticidade à vida cotidiana. Várias outras mudanças poderiam ser apontadas, mas penso que as apresentadas são suficientes para se aferir a magnitude das transformações.

Por outro lado, essa revolução na comunicação, tornando a informação ilimitada e de acesso rápido, está fazendo com que as pessoas sejam incapazes de diferenciar aquilo que aparece na tela de um smartphone ao apertar de um teclado e o que de fato sabem, ou seja, está fazendo das pessoas mais burras, como nos alerta Nichols (2018). Da mesma forma, tem possibilitado a propagação desenfreada de rumores, mentiras, ofensas, calunias, difamações, *fake news* e preconceitos (Kakutani, 2018), somente para citar os mais comuns.

As novas tecnologias digitais têm mudado o comportamento das e entre as pessoas. As relações virtuais têm modificado as relações sociais, tornando-as mais instantâneas, superficiais e passageiras. O acesso à informação, por exemplo, por meio das mídias sociais, tem favorecido a criação de visões mais alargadas dos fenômenos sociais, mas também se transformado num fator de exclusão e de intolerância nas relações sociais pela formação de "tribos" fechadas que se digladiam entre si. No plano pessoal, as tecnologias digitais têm isolado cada vez mais as pessoas. Aumenta o número de pessoas que passam a maior parte do tempo na frente dos computadores, smartphones, tablets etc., muitas vezes viciando-se nessas tecnologias e afastando-se do mundo real. Trata-se de um fenômeno muito preocupante, especialmente considerando-se que começa precocemente, já na infância. Cresce no mundo digital a preocupação com a perda de capacidade das crianças de movimentarem-se, um fenômeno conhecido como *iliteracia física* (Edwards et al., 2017; Giblin et al., 2014; Whitehead, 2001). Da mesma maneira, têm-se ampliado o sedentarismo e a obesidade, cujos efeitos negativos à saúde e à qualidade de vida são bem conhecidos (Kohl et al., 2012).

A tecnologia da informação tem mudado radicalmente o sistema de produção industrial, aumentando a produtividade com a introdução da robótica. Tem também promovido uma revolução na produção agrícola, com a automação e a tecnologia digital. Existe um reconhecimento de que, sem ela, a fome no mundo seria bem maior (Pinker, 2018). Tem facilitado a globalização dos sistemas de produção na indústria automobilística, aeronáutica, têxtil, esportiva, entre outras. A nanotecnologia e a biotecnologia têm trazido mudanças na vida cotidiana, por exemplo, com as indústrias alimentícia, farmacêutica e de cosméticos promovendo alterações nos hábitos de saúde e bem-estar. A chegada da tecnologia da informação na Medicina provocou uma verdadeira revolução no diagnóstico e no tratamento de doenças, com a utilização de equipamentos computadorizados sofisticados e mais recentemente de robótica, possibilitando inclusive intervenções cirúrgicas a distância.

Todavia, a industrialização crescente, com o aumento de eficiência na produção, tem provocado impactos severos no meio ambiente, como a poluição do sistema hídrico, do ar e do mar, a devastação de florestas, o aquecimento global, a alteração na fauna e na flora, entre tantas outras, que comprometem o ecossistema. Além disso, a substituição da mão de obra humana por processos automatizados e robotizados tem ceifado o emprego de milhões de trabalhadores, aumentando dramaticamente o índice de desemprego, com sérias consequências econômicas, sociais e humanitárias (Lee, 2019). De acordo com Harari (2018), tudo isso pode resultar na formação de uma camada social de inúteis. A nanotecnologia, na sua gênese, tinha como meta libertar a indústria da utilização de matéria-prima em grande escala para possibilitar o seu ingresso na era do desenvolvimento sustentável, isto é, da tecnologia limpa. Contudo, por razões políticas e de interesses industriais, desviou-se da sua meta original e transformou-se no seu oposto, mudando da construção de aparelhos e equipamentos a partir de um átomo para a miniaturização dos mesmos, com a utilização de milhões de átomos. Assim, chamou para si a desconfiança e o medo de que poderia ser utilizada para criarem organismos atomicamente modificados (Joachim & Plévert, 2009).

Como é evidente, as transformações sociais produzem reflexos diretos no mercado de trabalho. Novas demandas emergem, novos conhecimentos e competências são exigidos, novas posturas e atitudes profissionais são requeridas. Com isso, novas profissões surgem, e muitas outras deixam de existir. E tudo isso acontece com muita velocidade. Para o ensino de graduação, essas transformações constituem uma fonte inesgotável de desafios, como também de dores de cabeça.

6.4 A VELOCIDADE DA UNIVERSIDADE

A universidade tem um comportamento distinto nos domínios do ensino e da pesquisa no que concerne à velocidade das mudanças. No ensino, ela é lenta, com muita burocracia, que engessa as ações das comissões de graduação, limitando a sua capacidade de inovação. Na pesquisa, referindo-me apenas às universidades públicas, porque, nas privadas, ela é escassa, tem se mostrado cada vez mais rápida, em virtude muito mais da dinâmica estabelecida pelos órgãos de fomento à pesquisa, como o CNPq, o Fundo Nacional para Desenvolvimento Científico e Tecnológico - FNDCT, a CAPES e as FAPs, do que pela dinâmica intrínseca da universidade. As universidades não têm recursos próprios para investir em pesquisa, visto que os seus orçamentos são comprometidos praticamente na sua totalidade com o pagamento de pessoal.

Assim, a velocidade das pesquisas se orienta pelos editais dessas agências de fomento no que diz respeito a prazos, relatórios, prestações de conta, e assim por diante.

Fatores intrínsecos e extrínsecos à universidade têm contribuído para a lentidão das mudanças no domínio do ensino. Dentre os extrínsecos, pode-se destacar a própria burocracia do sistema educacional brasileiro (Tani et al., 2020). Decisões em cascata precisam ser tomadas sobre um mesmo processo em diferentes níveis da organização governamental, numa repetição desnecessária e antieconômica. Para começar, os cursos de preparação profissional precisam passar por um processo de recomendação e credenciamento por parte de todos os órgãos governamentais competentes - Ministério da Educação e Cultura, Secretarias de Educação Estaduais e Municipais - em sequência, conforme a natureza da instituição, federal, estadual ou municipal. Isso envolve o atendimento de uma miríade de leis, normas, regulamentos e procedimentos, num processo de elevada demanda burocrática. Além disso, eles precisam ser periodicamente avaliados para efeito de recredenciamento. Não se nega a relevância dessas avaliações, mas elas também são altamente burocráticas e centralizadoras, seguindo um ritual semelhante ao da obtenção da recomendação e credenciamento.

Ainda, todos os cursos de preparação profissional oferecidos pelo ensino de graduação são regidos pelas Diretrizes Curriculares Nacionais, instituídas pelo Conselho Nacional de Educação (CNE), órgão do Ministério da Educação, por meio da sua Câmara de Educação Superior (CES). Essas Diretrizes estabelecem as finalidades, os princípios, os fundamentos e a dinâmica formativa dos cursos, definindo, por exemplo, a carga horária mínima, o prazo mínimo, o conteúdo mínimo, a carga horária de estágios, entre outros detalhes (Tani et al., 2020).

Esse pacote burocrático acaba limitando o grau de liberdade necessário para se garantirem a agilidade e a flexibilidade do curso e se estimular o espírito inovador das instituições. Destarte, as amarras de natureza extrínseca fazem com que o ensino de graduação tenha dificuldades em responder ágil e adequadamente às transformações científicas, sociais, culturais, políticas e econômicas cada vez mais rápidas e intensas da sociedade. Além disso, esse pacote é instável, mudando com frequência ao sabor de influências políticas. As mudanças ocorrem, portanto, muito mais para atender às diretrizes curriculares estabelecidas pela burocracia governamental do que para responder às demandas sociais e do mercado de trabalho em transformação.

Incrivelmente, os fatores intrínsecos à universidade espelham as características da burocracia externa. Para não ser injusto com outras instituições, farei apreciações acerca do que ocorre na instituição à qual estou vinculado há mais de 40 anos: a Escola de Educação Física e Esporte da Universidade de São Paulo. Qualquer alteração na estrutura curricular tem de passar por inúmeras instâncias. Assim foi, por exemplo, quando a Instituição inovou, criando o curso de bacharelado em Esporte no início da década de 1990 (Tani, 2019). Isso torna as mudanças muito demoradas, e quanto maior o teor da inovação, maior é o tempo necessário para a sua aprovação. Como se sabe, a burocracia é rebelde às inovações, até mesmo para justificar a sua lentidão.

As mudanças curriculares têm de passar pela aprovação no departamento e, na sequência, na comissão de graduação, na congregação, para depois seguir à Pró-Reitoria de Graduação, para a aprovação final. Interessante observar que, na medida em que se avança nessa cadeia burocrática, o processo passa a ser avaliado por docentes cada vez mais afastados da especialidade. Infelizmente, essa burocracia se estende a outras decisões. Por exemplo, qualquer alteração nas normas do curso de pós-graduação tem de passar por inúmeras instâncias, em um vaivém interminável para se definirem detalhes microscópicos, na maioria das vezes com o objetivo precípuo de inibir ou coibir qualquer tentativa de burlá-las, de modo que, quando é aprovada, já está na hora de fazer novas alterações. Uma corrida maluca de gato e rato em plena universidade.

Ademais, quando se fala de decisões em colegiados, não se pode pensar que elas sejam céleres e baseadas em processos decisórios em que a lógica de raciocínio e o bom senso prevalecem. Imaginando um cenário hipotético – infelizmente, não tão hipotético –, pode acontecer o seguinte: decisões são tomadas em reuniões em que se discute longamente a opinião de um recém-ingressado na academia relativamente a um parecer de alguém que está há décadas na carreira, fazendo do tema o seu objeto de estudo, tendo publicado o suficiente para ser reconhecido pelos pares como um eminente especialista no assunto. Podem acontecer também reuniões em que uma colocação de um docente que passou dias pensando, refletindo e amadurecendo o assunto tenha de conviver com a opinião de um docente que pensou sobre o tema durante o banho matinal, antes de ir à universidade. E a regra geral é: quanto mais rara é a presença da lógica de raciocínio e do bom senso, mais longas se tornam as reuniões para se chegar a uma decisão. Em síntese, o excesso de burocracia representado pela abundância de normas e regulamentos e de instâncias de decisão, e a carência de lógica de raciocínio e bom senso nas discussões para a tomada de decisões só podem contribuir para a lentidão das mudanças no ensino.

Retomando a velocidade da universidade, agora no que se refere à pesquisa, foi mencionado que existe uma discrepância de velocidade dentro da própria instituição, entre o ensino e a pesquisa. Isso merece uma análise mais detalhada, visto tratar-se de um tema de muitos debates, embates e até de conflitos.

Olhando para a diferença nas velocidades, nota-se que a mudança é mais rápida na ciência pura ou básica, particularmente nas áreas naturais e exatas. Nas humanas e sociais são mais lentas. Nas ciências aplicadas e tecnológicas, a velocidade varia dependendo muito do objeto ou do tema de investigação. Depois, vêm as mudanças na sociedade, decorrentes da aplicação desses conhecimentos científicos e tecnológicos. Claro está que se trata de uma análise bastante simples de um processo complexo, mesmo porque a interação entre as ciências básicas, aplicadas e tecnológicas é cada vez mais intensa. Isso foi demonstrado exatamente nesses últimos anos. Em virtude de um problema de abrangência mundial que colocou em perigo a própria sobrevivência da humanidade – a pandemia provocada pelo covid-19 –, houve uma mobilização da ciência mundial com a interação de muitas áreas de conhecimento, o que possibilitou se chegar à vacina em tempo recorde. Entretanto, foi claramente uma situação extraordinária, que não pode ser generalizada, de modo que as diferentes velocidades descritas podem ser úteis para se ter um panorama das velocidades em que o empreendimento científico e tecnológico se desenrola em circunstâncias normais, até os seus resultados chegarem à sociedade.

Partindo-se da constatação de que as mudanças da sociedade têm sido rápidas e intensas e tendo como premissa que os maiores responsáveis por essas mudanças são os conhecimentos científicos e tecnológicos, conclui-se que a universidade tem sido eficaz em cumprir uma de suas funções precípuas, que é a pesquisa, visto que esta se faz basicamente nas universidades. Deste modo, pode-se pensar, em tese, que a velocidade nas mudanças científicas e tecnológicas são decorrência da sua capacidade de produzir conhecimentos, induzida pelos órgãos externos de fomento à pesquisa.

Todavia, se as mudanças no ensino de graduação são lentas, algo de estranho está acontecendo na universidade. Alguma coisa deve estar provocando o descompasso entre as duas funções que são precípuas da instituição universitária: o ensino e a pesquisa. Muitas possibilidades podem ser especuladas a respeito. Por exemplo, a pesquisa estar produzindo conhecimentos que não carecem de ser disseminados num curso de preparação profissional, ou seja, uma dissonância entre os conhecimentos necessários à intervenção profissional e os conhecimentos produzidos pela academia. Outra especulação poderia ser a existência de um hiato na cadeia do conhecimento, com as pesquisas aplicadas não recebendo a atenção e a prioridade que merecem para produzir conhecimentos a serem disseminados num curso de preparação profissional, isto é, conhecimentos relativos à solução de problemas da sociedade. Em ambos os casos, pode a pesquisa avançar, que o ensino continuará o mesmo. A velocidade num domínio estará dissociada da velocidade em outro domínio.

Um aspecto a ser ponderado nesse contexto das discussões no tocante à velocidade na pesquisa e no ensino é que, no ensino de graduação, os conhecimentos a serem disseminados têm de ser aqueles já consolidados, e não os ainda especulativos. Não se pode fazer dos conhecimentos especulativos o suporte para intervenção na sociedade, mesmo porque são conhecimentos que serão efetivamente utilizados pelos profissionais para que as necessidades da sociedade sejam atendidas. Na pós-graduação, ao contrário, o foco recai nos conhecimentos ainda especulativos, mesmo porque pós-graduação é fundamentalmente pesquisa, e pesquisa se faz na fronteira do conhecimento (Tani, 2016).

6.5 ESPECULANDO POSSIBILIDADES DE SINCRONIZAÇÃO

Apesar de a universidade estar produzindo conhecimentos científicos e tecnológicos que promovem mudanças na sociedade, nesse processo parece estar faltando um importante ingrediente, que é a produção de bens e serviços. A universidade tem feito pesquisas, porém, a ponte entre essas pesquisas e a produção de bens e serviços se estabelece por meio de patentes. Como essa produção acontece, basicamente, no setor produtivo privado, o fator econômico acaba se constituindo um importante parâmetro. Não é por menos que as disputas econômicas têm sido vencidas pelos países que têm patentes em maior número nas áreas tecnológicas estratégicas e fundamentais. Isso faz com que reste aos países que não as têm ou as têm com defasagem tecnológica, como o nosso, importar patentes a preço de ouro ou permitir que empresas multinacionais desenvolvam bens e serviços nos seus próprios territórios, oferecendo-lhes vários tipos de benefícios, como trabalhistas, fiscais e remessas de lucro ao país de origem; ou a transformarem-se em exportadores de matérias-primas (commodities) quando as têm, porque são incapazes de transformá-las em manufaturas por não disporem de tecnologias competitivas necessárias para tanto (dependência tecnológica). Ao fim e ao cabo, acabam se tornando países exportadores de matéria-prima barata e importadores de manufaturas caras. Alguns exemplos da vida real no nosso país podem ilustrar bem esse processo perverso: nós exportamos ferro e importamos aço; nós exportamos café e importamos café em cápsulas; nós exportamos algodão e importamos tecido; nós exportamos plantas medicinais e importamos remédios.

Como anteriormente mencionado, é de reconhecimento geral que a produção científica e tecnológica teve um aumento significativo no Brasil nas últimas décadas, em todas as áreas de conhecimento, inclusive na Educação Física (Tani et al., 2020), mas também é amplamente conhecido que a produção de patentes no nosso país está estagnada há muito tempo, em níveis ridículos, quando comparada a países cuja pesquisa que deles resulta é vista como prioritária. Portanto, merece uma reflexão profunda o fato de as pesquisas geradoras de patentes não receberem a devida prioridade nas nossas universidades. Novamente, vários fatores podem ser pensados. Sem querer ser simplista na análise, mesmo porque o problema é complexo, poderia afirmar que um desses fatores diz respeito a um mito ideológico retrógrado existente na universidade pública brasileira de que, como normalmente esse tipo de pesquisa envolve uma parceria entre a universidade e o setor produtivo privado, ele poderia resultar numa submissão dos interesses públicos aos privados, isto é, na privatização da universidade. Outro fator é que a universidade não se interessa por esse tipo de pesquisa, dando prioridade à pesquisa que eleva o status acadêmico-científico, ou seja, que resulta em publicações em periódicos internacionais de alto impacto. Traduzindo, a realização de pesquisas básicas, mesmo em áreas de conhecimento de natureza aplicada. Essa postura da universidade afasta o setor produtivo, de maneira que a ele se torna mais prático e até mais lucrativo importar patentes e utilizá-las na produção de bens e serviços do que participar da sua elaboração. Isso no caso do setor produtivo brasileiro, porque, para as empresas multinacionais, obviamente, essa importação não é necessária.

De fato, existe uma crítica válida e pertinente de que a pesquisa na universidade brasileira faz do conhecimento enquanto compreensão e explicação do fenômeno o seu ponto de chegada (pesquisa básica). Para fazer com que conhecimentos assim produzidos, que são obviamente importantes e necessitam ser valorizados e enaltecidos, contribuam efetivamente para a transformação da sociedade, necessita-se de processos investigativos que façam desses conhecimentos o ponto de partida para a produção de conhecimentos aplicados e tecnológicos, e destes para a produção de patentes. Se os conhecimentos científicos e tecnológicos não resultarem em inovações que são registradas em forma de patentes, ou seja, transformados em ponto de chegada da pesquisa, o fazer ciência na universidade pode ser entendido como um empreendimento inacabado. Uma ciência que, do ponto de vista das transformações sociais, fica no meio do caminho, entregando apenas a metade do que a sociedade necessita.

Assim, fica claro que as tecnologias que causaram transformações sociais no Brasil foram produzidas, majoritariamente, em outros países. Existem algumas honrosas exceções e, nesse contexto, a Embraer é muitas vezes citada como um bom exemplo. Todavia, ela também acabou sucumbindo ao sistema globalizado de economia, em que as multinacionais ditam as regras. Nesse enquadramento, parece que nos resta contentar apenas com o emprego que essas empresas eventualmente criam - apesar de que isso pode ser passageiro, porque, quando a crise econômica se aproxima, elas abandonam rapidamente o país, deixando como legado uma multidão de desempregados e um problema socioeconômico tenebroso. Definitivamente, as universidades brasileiras não podem ficar assistindo a tudo isso passivamente. Elas têm de repensar qual é o seu lugar nas transformações sociais.

A ciência, particularmente nas áreas básicas, continuará a ser realizada numa velocidade cada vez maior, turbinada pelas tecnologias crescentemente sofisticadas. Nessa conformidade, o intervalo de tempo para os conhecimentos científicos básicos se transformem em tecnologias, bens e serviços pode se constituir um respiro temporário para que o ensino de graduação possa reduzir o descompasso entre a velocidade da ciência, da sociedade e da universidade. Contudo, isso tem limites. Se a universidade não fizer a sua parte, envolvendo-se mais com a produção de conhecimentos aplicados e tecnológicos que formam a base de conhecimentos para a intervenção profissional, viabilizando a prática profissional baseada em evidências, a mudança no ensino de graduação continuará muito defasada em relação à evolução da ciência. Essa evolução continuará promovendo transformações na sociedade, resultando em novas demandas no que concerne à qualificação profissional, que, infelizmente, a universidade não será capaz de atender por meio do seu ensino de graduação.

Ademais, as dificuldades clássicas continuam. Além do tipo de conhecimento, o seu volume constitui outro problema a ser enfrentado. O que a revolução do conhecimento evidencia é a limitação do ensino de graduação para possibilitar acesso a esse gigantesco volume de conhecimentos já produzidos e a serem produzidos durante os seus cursos de preparação profissional. Que critérios utilizar para selecionar a parte de todo esse acervo de conhecimentos a ser disseminado no ensino de graduação? Mais ainda, nessa seleção, a dificuldade não se restringe apenas à quantidade de conhecimentos, mas, também, à sua atualidade. Como evitar o perigo de disseminar conhecimentos desatualizados, considerando-se a velocidade de sua produção?

Se a meta do ensino de graduação se restringir a dar acesso ao conhecimento, a sua missão estará seriamente comprometida. E a razão é muito simples: a revolução da comunicação criou instituições, organizações e entidades muito mais ágeis, rápidas e eficientes do que a universidade, para viabilizar esse acesso. Por exemplo, a internet. Previamente a essa revolução, para se ter acesso ao conhecimento, era necessário ir à universidade. Atualmente, não seria exagero afirmar que para tal finalidade específica - acesso ao conhecimento -, fazer esse deslocamento pode se constituir numa boa forma de desperdiçar tempo, energia e dinheiro. Definitivamente, a universidade perdeu a hegemonia do conhecimento, particularmente no domínio da sua disseminação (Tani, 2013; 2017).

Está difícil encontrar uma saída para a universidade no domínio do ensino de graduação diante de todos esses desafios. Trata-se de um problema multifatorial que certamente necessita de uma solução também multifatorial. Entretanto, um passo inicial parece ser fundamental na busca de soluções: reconhecer que a função primordial do ensino de graduação deixou de ser apenas a de dar acesso ao conhecimento, e, sim, ao dar o acesso, possibilitar ao estudante incorporar no mínimo três competências: a) atitude investigativa pelo aprender a aprender, para manter-se sempre atualizado; b) ter critérios para selecionar os conhecimentos nessa fonte inesgotável de informações em que se transformou a internet, ou seja, ser crítico para discernir o que é bom do que não é, mediante o domínio do conhecimento sobre o processo de produção do conhecimento, para não assimilá-lo como produto pronto e acabado; c) ser proativo com relação à aprendizagem e crítico à informação fácil, que leva à falsa percepção de que o que aparece na internet é também seu conhecimento (para maiores detalhes, Tani, 2013; 2017; 2021). Claramente, para promover a aquisição dessas competências, o ensino de graduação tem de ter a característica do que se pode chamar de ensino com pesquisa.

6.6 CONSIDERAÇÕES FINAIS

Considerando-se a enorme diferença na velocidade das três instituições analisadas, pode-se concluir que a sincronização constitui uma tarefa praticamente impossível para o ensino de graduação. Assim, o seu grande desafio parece estar situado na redução dos descompassos entre essas velocidades. Isso não é pouca coisa. Conforta-nos pensar que, nessa configuração, a universidade se coloca numa posição privilegiada, porque a pesquisa se realiza majoritariamente no seu interior e, portanto, cabe a ela deliberar o estabelecimento de prioridades quanto ao tipo de pesquisa, e a velocidade das mudanças no ensino de graduação pode ser sempre melhorada por sua própria iniciativa. Ainda, como as transformações sociais são decorrentes das mudanças na ciência e tecnologia, as necessidades no domínio da preparação profissional podem ser por ela antecipadas.

No que se refere à redução da burocracia, é preciso reconhecer que o esforço da universidade em informatizar os seus processos tem sido um passo importante nessa direção. Contudo, o que é mais necessário continua sendo a desburocratização da mentalidade prevalecente na administração universitária. Nesse particular, talvez a entrega da administração a especialistas contratados especificamente para essa finalidade, com a supervisão de um conselho administrativo constituído por docentes e representantes da sociedade civil, seja uma ideia que não pode ser descartada. De todas as maneiras, uma espécie de quarta revolução, no sentido proposto por Micklethwait e Wooldridge (2015) poderia começar a ser seriamente discutida para a administração universitária.

REFERÊNCIAS

Barral-Neto, M., Felício, J. R. D., & Camargo, E. P. (2007). O desempenho da C&T no Brasil: uma análise a partir dos dados do CNPq. *Revista USP, 73*, 48-57.

Edwards, L. C., Bryant, A. S., Keegan, R. J., Morgan, K., & Jones, A. M. (2017). Definitions, foundations and associations of physical literacy: a systematic review. *Sports Medicine, 47*(1), 113-126.

Gardner, H. (1985). *The mind's new science: a history of the cognitive revolution.* Basic Books.

Giblin, S., Collins, D., & Button, C. (2014). Physical literacy: importance, assessment and future directions. *Sports Medicine, 44*(9), 1177-1184.

Harari, Y. N. (2018). *21 lições para o século 21.* Companhia das Letras.

Joachim, C., & Plévert, L. (2009). *Nanociências: a revolução do invisível.* Jorge Zahar.

Kakutani, M. (2018). *A morte da verdade.* Intrínseca.

Kohl, H. W., Craig, C. L., Lambert, E. V., Inoue, S., Alkandari, J. R., Leetongin, G., & Kahlmeier, S. (2012). The pandemic of physical inactivity: global action for public health. *Lancet, 380*(9838), 294-305.

Lee, K-F. (2019). *As superpotências da inteligência artificial.* Relógio D'água Editores.

Micklethwait, J., & Wooldridge, A. (2015). *A quarta revolução: a corrida global para reinventar o estado.* Portfolio-Penguin.

Neumann, J. von. (1951). The general and logical theory of automata. In L. A. Jeffress (Ed.), *Cerebral mechanisms in behavior: the Hixon symposium.* Wiley.

Nichols, T. (2018). *A morte da competência.* Quetzal.

Pinker, S. (2018). *O novo iluminismo: em defesa da razão, da ciência e do humanismo.* Companhia das Letras.

Prigogine, I., & Stengers, I. (1984). *Order out of chaos: man's new dialog with nature.* Bantam Books.

Shannon, C. E., & Weaver, W. (1949). *The mathematical theory of communication.* University of Illinois Press.

Tani, G. (2013). Professional preparation in physical education: changing labor market and competence. Motriz. *Journal of Physical Education, 19*(3), 552-557.

Tani, G. (2016). Pós-graduação em educação física: crescimento e correção da rota. In W. W. Moreira & V. L. Nista-Piccolo (Orgs.), *Educação física e esporte no século XXI* (pp.153-171). Papirus.

Tani, G. (2017). Preparação profissional em educação física: reflexões sobre a "festa" no convés do Titanic. In W. C. Correia (Org.), *Formação profissional em educação física: ensaios e proposições* (pp. 17-35). Fontoura.

Tani, G. (2019). Bacharelado em esporte: conhecimento e especificidade. In W. R. Corrêa & S. R. Silveira (Orgs.), *Educação física: conhecimento e especificidade* (pp. 33-49). Fontoura.

Tani, G. (2021). Preparação profissional em educação física em tempos de internet: algumas reflexões pontuais. In M. Pacheco Neto, C. H. Golin & M. J. Taques (Orgs.), *Educação física e esporte: diálogos atuais* (pp. 21-36). Fontoura.

Tani, G., Bastos, F. H., Silveira, S. R., Basso, L., & Corrêa, U. C. (2020). Professional learning in physical education in Brazil: issues and challenges of a complex system. *Sport, Education and Society.* http://doi.gov/10.1080/13573322.2020.1818557

Tani, G., Drews, R., & Corrêa, U. C. (2020). Tendências da produção científica dos bolsistas de produtividade em pesquisa do CNPq da educação física. *Revista Movimento, 26*(e26088). https://doi.org/10.22456/1982-8918.105434

Turing, A. M. (1950). Computing machinery and intelligence. *Mind, 59*(236), 433-460.

Varela, F. (1994). *Conhecer: as ciências cognitivas, tendências e perspectivas.* Instituto Piaget.

Whitehead, M. (2001). The concept of physical literacy. *European Journal of Physical Education*, 6, 127-138.

Wiener, N. (1948). *Cybernetics.* Wiley.

CAPÍTULO 7

As novas diretrizes curriculares nacionais e a formação do profissional para a atuação no esporte de alto rendimento

7.1 CONSIDERAÇÕES INICIAIS

Expresso de forma simples, as profissões existem porque a sociedade precisa delas. Surgem para atendê-la nas suas necessidades fundamentais, aquelas que exigem conhecimentos e competências específicos para que os problemas possam ser devidamente solucionados. E nenhuma profissão nasce pronta e acabada. Ela passa por um processo de construção contínua e de aperfeiçoamento constante em que novos conhecimentos vão sendo incorporados, para melhorar o serviço que oferece. Portanto, para uma profissão surgir e continuar ativa, quatro elementos são essenciais: conhecimentos acumulados capazes de dar suporte à intervenção profissional, produção constante de novos conhecimentos, disseminação de conhecimentos por meio de cursos de preparação profissional e profissionais formados que utilizem esses conhecimentos para oferecer serviços à sociedade.

Nas profissões denominadas de "academicamente orientadas" (Tani, 2008), esses conhecimentos são de natureza científica (no sentido genérico, incluindo os básicos, aplicados e tecnológicos), como não poderia ser diferente. Mas existem, naturalmente, necessidades sociais em que os problemas podem ser solucionados com base em conhecimentos empíricos, obtidos pela experiência prática. Por exemplo, em áreas rurais, a construção de uma casa simples acontece muitas vezes sem uma planta aprovada por órgãos competentes, muito menos por eles acompanhada e fiscalizada. Ela é tocada por um pedreiro experiente que trabalha apoiado em conhecimentos adquiridos pela experiência prática, experiência essa que começa como um ajudante de pedreiro, usualmente chamado de servente, que vai sendo aperfeiçoado por meio da orientação de um pedreiro mais experiente e pela aprendizagem por observação e tentativa e erro. Os pedreiros atuam, portanto, com base num corpo de conhecimentos práticos historicamente construídos pelos pedreiros que os antecederam e transmitidos de geração para geração. São conhecimentos fundamentados em experiências bem-sucedidas. Evidentemente, ninguém está aqui sugerindo que as casas sejam construídas sempre dessa maneira.

Curioso observar que um pedreiro com bastante conhecimento e experiência prática chega, muitas vezes, a exercer a função de mestre de obras, mesmo na construção de prédios de grande porte em áreas urbanas. Ele deixa de atuar como pedreiro para coordenar o trabalho de muitos pedreiros e serventes, desempenhando um papel tão importante que nenhum engenheiro abre mão da sua presença nas obras que conduz. O mestre de obras é capaz de entender o que está desenhado numa planta, tem imagem clara de toda a obra e uma visão precisa de cada passo a ser dado para construí-la. No entanto, apesar de desempenhar essa função tão relevante, muitas vezes próxima da de um engenheiro, o mestre de obras não pode, de modo evidente, assumir o papel que cabe ao engenheiro, ou seja, elaborar uma planta, submetê-la à aprovação de órgãos competentes e depois orientar, acompanhar e fiscalizar a execução da obra.

Assim, a pergunta que surge é: qual a diferença fundamental entre o que o engenheiro faz e o que o mestre de obras faz? Na teoria, a resposta é simples: o que o engenheiro faz é baseado em conhecimentos científicos e tecnológicos específicos, adquiridos num curso formal de nível superior, isto é, num curso de engenharia em que os conhecimentos produzidos, organizados e acumulados por uma área de conhecimento denominada de Engenharia são disseminados, para se formarem profissionais academicamente orientados. Sem esses conhecimentos, as construções não teriam estrutura segura, não seriam econômicas, funcionais e esteticamente atraentes, não ofereceriam conforto, e assim por diante. Importa reconhecer que, na prática, a construção de um prédio demanda uma equipe formada por engenheiros, mestres de obra, pedreiros e serventes, cada um exercendo a sua função. E todos eles são importantes e imprescindíveis, de modo que, na ausência de qualquer um deles, a construção não acontece.

Outro aspecto interessante a ser observado é que, progressivamente, as necessidades sociais que eram atendidas por recursos humanos sem formação de nível superior estão começando a requerer profissionais com essa formação. Por exemplo, por muito tempo os hotéis foram geridos por pessoas sem habilitação de nível superior específica; hoje, são operados e administrados por profissionais formados num curso superior de hotelaria. O mesmo acontecia com a propaganda, o turismo, a gastronomia, a moda, e assim por diante. Eram todas profissões tecnicamente orientadas, aquelas em que o exercício profissional requer conhecimentos, habilidades e competências adquiridos com a experiência prática ou demanda uma formação em cursos profissionalizantes de ensino médio (Tani, 2008). Essa mudança no mercado de trabalho é uma evidência de que a aplicação de conhecimentos científicos está se tornando cada vez mais imprescindível para solucionar problemas em várias áreas, particularmente quando eles são complexos e a eficiência na sua solução é almejada.

Certamente, existem outros fatores em jogo, mas a importância do conhecimento científico e tecnológico está crescendo na sociedade moderna em razão de os problemas estarem se tornando cada vez mais complexos e sofisticados, envolvendo múltiplos fatores em interação. Quanto mais complexo o problema, mais a sociedade necessita de um especialista para a sua solução. Assim, profissões tecnicamente orientadas de outrora estão sendo crescentemente transformadas em profissões academicamente orientadas. A diversificação de cursos de nível superior é uma clara evidência dessa tendência. E, em cada profissão, nota-se a exigência de utilização de conhecimentos científicos e tecnológicos aumentar progressivamente.

Entretanto, ironicamente, em virtude da presença cada vez mais forte da ciência e da tecnologia (tecnologia da informação, inteligência artificial, robótica etc.), muitas profissões estão também desaparecendo (Lee, 2019), num movimento na direção oposta, conhecido como *desprofissionalização*. Esse fenômeno, aparentemente irreversível, remete à necessidade de uma reflexão profunda sobre a preparação profissional em todas as áreas de conhecimento. Estranhamente, ao mesmo tempo que a aplicação de conhecimentos científicos e tecnológicos é uma condição imprescindível para uma profissão academicamente orientada, o avanço nesses conhecimentos está contribuindo para acabar com diversas profissões. Está em curso um violento processo de "seleção laboral" que certamente puxará o gatilho de uma tenebrosa "seleção social", cujo desfecho poderá ser o surgimento de uma classe de cidadãos economicamente redundantes, ou "inúteis", nas palavras dramáticas de Harari (2018).

Será o esporte de alto rendimento (EAR) uma necessidade social que requer profissionais formados num curso de nível superior para que os seus problemas possam ser solucionados? Precisa-se de "mestres de obra" ou de "engenheiros" no EAR? Caso os "mestres de obra" sejam capazes de dar conta do recado, não haveria nenhuma necessidade de discutir a preparação de profissional de nível superior para atuar na área. Por analogia simples, os ex-atletas sem formação específica de nível superior poderiam ser vistos como "mestres de obra" do esporte e os profissionais com essa formação como "engenheiros". Se é necessário formar "engenheiros", qual seria o seu perfil profissional? Que características esse curso teria? Os conhecimentos para serem nele disseminados estariam disponíveis, ou seja, devidamente produzidos, organizados e sistematizados? Nesse caso, que identidade essa área de conhecimentos teria?

Essas perguntas deixam claro que, quando se pensa em preparação profissional na Educação Física, as discussões não podem se resumir a oferecer este ou aquele tipo de curso (por exemplo, bacharelado ou licenciatura), como tem acontecido nos debates e embates ocorridos no seu meio acadêmico nas últimas décadas, envolvendo disputas ideológicas de cariz sociopolítica e político-partidária. Em vez de se discutir o perfil do profissional que a sociedade espera e necessita (Tani, 2007a; 2013; 2017; Tani et al., 2020), fica-se numa disputa em que o foco deixa de ser a preparação profissional em si, extrapolando para esfera de disputas políticas. A preparação profissional é transformada em mais um instrumento de luta para tentar mudar a sociedade, moldando-a ao gosto da sua ideologia sociopolítica. Esquece-se que, ao fim e ao cabo, é a sociedade que escolhe os profissionais a quem vai pagar pelos serviços prestados, e não os acadêmicos supostamente iluminados, capazes de visualizar e projetar uma sociedade idealizada que torna a escolha uma inevitabilidade.

Diante desse cenário, o objetivo do presente texto é, tendo em mente essas perguntas, discutir como fica a formação do profissional para atuar no EAR de acordo com as novas Diretrizes Curriculares Nacionais (DCNs), que foram recentemente promulgadas pelo Ministério da Educação (Brasil, 2018).

7.2 O PERFIL DO PROFISSIONAL PARA ATUAR NO ESPORTE DE ALTO RENDIMENTO

Penso que a natureza polissêmica e polimórfica do esporte (Bento, 1997; 2006) já está suficientemente discutida, esclarecida, disseminada e compreendida no universo acadêmico da Educação Física. Portanto, julga-se desnecessário discutir a respeito das diferenças entre o EAR e o esporte educacional ou o esporte praticado com fins de recreação ou lazer.

O EAR configura-se como um dos fenômenos socioculturais mais marcantes e importantes do mundo contemporâneo. Além de constituir-se em uma das modalidades favoritas de entretenimento da população, gera riqueza, cria empregos diretos e indiretos, amplia e diversifica serviços a ele associados, enfim, movimenta e fortalece a economia do país e do mundo (Tani, et al., 2013; Tani & Corrêa, 2019). É um dos carros-chefes responsáveis pelo PIB de muitos países. Portanto, para se definir o perfil do profissional a nele atuar, é fundamental conhecer quais são as características desse fenômeno sociocultural tão singular. Temos dado a nossa contribuição nessa temática, propondo uma concepção de esporte de múltiplas perspectivas e, dentro dela, identificado os aspectos que caracterizam o EAR, seguindo alguns critérios (Tani, 2000; 2002a; 2007b). O primeiro se refere ao objetivo a ser alcançado, em que o EAR busca o máximo de desempenho. Não tem sentido no EAR contentar-se com desempenho que não seja o máximo que a pessoa possa demonstrar. Tudo é feito e direcionado para se lograr esse objetivo. O segundo relaciona-se à finalidade, em que o EAR visa à competição, concebida como um processo de identificar o vencedor, o melhor, dentro de normas e critérios, resultando em classificações que são devidamente recompensadas e premiadas. O terceiro é a população-alvo com a qual o EAR se envolve, ou seja, de talentos. Cabe a ele detectá-los e desenvolvê-los para que o máximo de desempenho seja alcançado. O quarto diz respeito ao tratamento dado à população-alvo, que é de desenvolver ao máximo o potencial das pessoas. O quinto refere-se à forma de trabalho, em que o EAR tem como principal método de intervenção o treinamento, compreendendo a repetição sistemática de movimento em que as variáveis importantes são o volume, a intensidade, a frequência e a duração. O sexto tem a ver com a orientação do trabalho desenvolvido, em que o EAR a direciona a uma modalidade específica, escolhendo uma em que se vai buscar o máximo de desempenho. O sétimo relaciona-se à ênfase no trabalho realizado, em que o foco do EAR está no produto em forma de vitórias, rendimentos, títulos e recordes. Finalmente, o oitavo critério diz respeito aos avanços esperados, em que o EAR deve resultar em inovação da técnica esportiva, assim como da tecnologia de instrumentos, equipamentos e materiais.

Importa destacar que não é pelo fato de o EAR buscar o máximo de desempenho que ele poderá lançar mão de quaisquer meios para alcançar a meta pretendida. As questões éticas e morais devem ser observadas, cultivadas e asseguradas como o são no esporte desenvolvido com outros objetivos. Contudo, fica claro que o EAR busca excelência no desempenho e, nesse sentido, ele é seletivo e trabalha com os mais aptos, capacitados e com potencial para ser desenvolvido. Exatamente por esse motivo, o EAR tem de ter clara a sua responsabilidade social na seleção de talentos, na elaboração, execução e avaliação de programas de formação e treinamento. Isso requer a aplicação de conhecimentos científicos de ponta especificamente produzidos para essas finalidades. Exemplificando, não é do conhecimento metodológico de iniciação à natação que o EAR necessita, mas, sim, de conhecimentos referentes aos detalhes biomecânicos específicos da braçada para uma propulsão mais eficaz. Por essas razões, não existe dúvida de que o EAR necessita é de "engenheiros" bem formados. Isso não quer dizer que não haja espaço para os "mestres de obra" numa equipe multiprofissional, fundamental para ser bem-sucedido nesse mundo de extrema competitividade.

O EAR vive e sobrevive de diferenciais. Não tem sentido ser igual no EAR. Portanto, o profissional que nele atua tem de estar sempre conectado com o que de mais atual existe em termos de conhecimentos e tecnologias, o que implica buscar, constantemente, novos conhecimentos, capazes de fazer a diferença na formação e treinamento de atletas. É preciso ter espírito empreendedor, ser dinâmico e inovador.

7.3 OS CONHECIMENTOS QUE DÃO SUPORTE À FORMAÇÃO DO PROFISSIONAL COM ESSE PERFIL

Antes de discutirmos sobre os conhecimentos necessários para formar os "engenheiros" para atuarem no EAR, é oportuna uma breve discussão no tocante à questão dos conhecimentos aplicados e à aplicação de conhecimentos, que têm causado muita confusão e má interpretação na Educação Física (por enquanto, no sentido genérico, abarcando todas as outras denominações).

De fato, nas discussões epistemológicas da Educação Física, muita confusão se faz entre a produção do conhecimento aplicado e a aplicação do conhecimento (Tani, 2008). O conhecimento produzido na área pode ser de natureza acadêmica (básica) ou profissionalizante (aplicada). O primeiro fornece explicações acerca de um objeto/fenômeno/evento. O segundo fornece procedimentos para a intervenção no mesmo objeto. No que se refere à aplicação do conhecimento produzido, ambos os conhecimentos podem, em princípio, ser aplicados, com diferentes objetivos. O conhecimento acadêmico pode ser útil na compreensão do objeto/fenômeno/evento de intervenção, porém, a sua aplicação não está diretamente associada com solução de problemas. O conhecimento profissionalizante, por sua vez, é diretamente aplicado na solução de problemas, mesmo porque foi produzido com essa finalidade.

Destarte, existem dois tipos de pesquisa: a) aquela que busca elucidação de um objeto de estudo – a sua descrição, explicação e compreensão; b) aquela que busca soluções para os problemas da prática profissional – procedimentos de intervenção profissional. A prática profissional, por sua vez, pode ser também de dois tipos, cada qual envolvendo a aplicação de um dos dois tipos de conhecimento: a) baseada, apoiada, sustentada nos resultados de pesquisa do tipo (a); b) baseada, apoiada, sustentada nos resultados de pesquisa do tipo (b). Obviamente, a intervenção profissional no EAR será mais efetiva com a prática profissional baseada, apoiada e sustentada nos resultados de pesquisas realizadas acerca dos problemas que emanam da intervenção profissional (tipo b). Daí a importância de a Educação Física se definir como uma área de conhecimento de natureza acadêmica (básica) ou profissionalizante (aplicada, de intervenção).

O EAR, como em várias outras áreas de intervenção profissional, tem demandado de forma crescente a aplicação de conhecimentos científicos e tecnológicos para ser bem-sucedido na formação e no treinamento de atletas (Tani, 2002b). Se, até as últimas décadas do século XX, bastavam conhecimentos relativos à preparação física, técnica e tática, hoje, necessita-se de conhecimentos de Biomecânica Esportiva, Direito Esportivo, Estatística Esportiva, Jornalismo Esportivo, Medicina Esportiva, Nutrição Esportiva, Psicologia Esportiva, entre outros.

Por esse motivo, a existência de uma estrutura de produção científica à retaguarda constitui atualmente uma condição fundamental para o sucesso nesse mundo cada vez mais exigente que é o EAR. No entanto, existem ainda muitas controvérsias no que diz respeito à área de conhecimento que deveria se responsabilizar por essa produção. Isso remete à discussão da identidade acadêmica e profissional da Educação Física, que historicamente tem sido reconhecida como aquela que tem a incumbência de responder a esse desafio. Relativamente a essa temática, já apresentei propostas em textos anteriores (Tani, 1988; 1996; 1998; 2011a; 2011b), de modo que para maiores detalhes sugiro aos interessados a leitura dos originais.

Resumidamente, tenho proposto uma estrutura acadêmica constituída de três áreas: Cinesiologia, Educação Física e Esporte. O Esporte seria uma área de conhecimento que tem como meta a produção de conhecimentos aplicados para dar sustentação a projetos e programas do EAR. Para esse fim, ele manteria uma forte interação com a Cinesiologia, que tem como meta a realização de pesquisas básicas concernentes ao fenômeno do movimento humano nas suas diferentes manifestações, incluindo o esporte, em diferentes níveis de análise, desde o mais microscópico (por exemplo, da biologia molecular) até o mais macroscópico (por exemplo, da antropologia). A Cinesiologia seria composta de três grandes subáreas: Biodinâmica do Movimento, Comportamento Motor e Estudos Socioculturais do Movimento. Assim, relativamente ao estudo do esporte, a Cinesiologia produziria conhecimentos que possibilitassem a compreensão do fenômeno, enquanto o Esporte produziria os conhecimentos para intervir no fenômeno por meio de suas duas grandes subáreas de investigação: o Treinamento Esportivo e a Administração Esportiva. Da mesma forma, a Educação Física contemplaria duas grandes subáreas de pesquisa denominadas de Pedagogia do Movimento e Adaptação do Movimento, que, interagindo com a Cinesiologia, produziriam os conhecimentos para dar sustentação a programas, projetos e procedimentos de educação física escolar e não escolar. É oportuno esclarecer que, nessa proposta, a Cinesiologia não substitui a Educação Física, como alguns têm equivocadamente interpretado. Cada uma dessas duas áreas tem a sua identidade acadêmica claramente definida e deve procurar produzir o seu próprio corpo de conhecimentos, assim como faz o Esporte. Evidentemente, existirá uma forte interação entre essas três áreas.

Na literatura, encontra-se também a denominação Ciências do Esporte para expressar a área de conhecimento responsável pela produção de conhecimentos sobre o fenômeno esporte. Contudo, nela não se faz distinção entre os dois tipos de conhecimento – básico ou acadêmico e aplicado ou profissionalizante –, tampouco ela define claramente o seu objeto de estudo – esporte de alto rendimento, educacional ou de lazer –, o que deixa a área com a mesma ambiguidade que tem a Educação Física. Por exemplo, na Pedagogia do Esporte, uma de suas subáreas, o foco das pesquisas está direcionado ao ensino do esporte na perspectiva educacional, e não na perspectiva de formação e treinamento de atletas, isto é, na produção de conhecimentos pedagógicos relacionados à iniciação na natação, no exemplo anteriormente mencionado. A "matéria-prima" humana a ser trabalhada no EAR pode ser adolescentes e jovens formados com base nos conhecimentos da Pedagogia do Esporte, por exemplo, nas escolas e clubes sociais. Contudo, para transformar essa "matéria-prima" em atletas de alto rendimento, esses conhecimentos da Pedagogia do Esporte não são pertinentes e, portanto, pecam em aplicabilidade.

Reiterando, os conhecimentos que dão suporte à formação do profissional para atuar no EAR seriam aqueles produzidos pela Cinesiologia nas suas subáreas de Biodinâmica do Movimento, Comportamento Motor e Estudos Socioculturais do Movimento – importantes para compreender e interpretar o fenômeno – e pelo Esporte nas suas subáreas de Treinamento Esportivo e Administração Esportiva – imprescindíveis para intervir no fenômeno.

7.4 O CURSO PARA FORMAR O PROFISSIONAL COM ESSE PERFIL

Como foi anteriormente discutido, um requisito fundamental para uma profissão academicamente orientada é a existência de um corpo de conhecimentos acadêmico-científicos em que se baseiem as propostas, os projetos e os procedimentos de intervenção profissional. Caso contrário, melhor caracterizaria uma profissão técnica para a qual a formação pertinente seria um curso profissionalizante de ensino médio. A ausência do suporte desse corpo de conhecimentos coloca em xeque não apenas a autenticidade de uma profissão academicamente orientada, como também a sua própria sobrevivência (Tani, 1996).

Ademais, o caráter dinâmico do mercado de trabalho e das necessidades sociais somado às transformações culturais, científicas e tecnológicas cada vez mais intensas e rápidas impõem à formação profissional muito dinamismo, inovação e visão de futuro. Cabe aos cursos de preparação profissional selecionar e organizar os conhecimentos face o perfil do profissional que se quer formar, e disseminá-los de forma sequencial e organizada mediante um conjunto de disciplinas, ou seja, de uma grade curricular coerentemente estruturada (Tani, 2007a; 2013; 2017). Não existe mais lugar para o profissional eclético, o popular "pau para toda obra". O que se demanda é um profissional especialista formado com uma base de conhecimentos sólida, ampla e profunda.

O curso de preparação profissional, nesse contexto, tem como meta dar acesso a esse corpo de conhecimentos para que os futuros profissionais façam dele o instrumento de trabalho para oferecer serviços de qualidade à sociedade, serviços esses capazes de atender adequadamente às suas necessidades. Obviamente, a preparação profissional não necessita apenas desse corpo específico de conhecimentos; ela envolve conhecimentos de várias áreas em virtude da complexidade das necessidades sociais e da velocidade das transformações sociais, culturais, tecnológicas e do mercado de trabalho. Os cursos de preparação profissional são essencialmente multidisciplinares em qualquer especialidade. Destarte, na formação de um profissional para atuar no EAR, são sabidamente importantes conhecimentos básicos de áreas como a Sociologia, a Antropologia, a Fisiologia, a Bioquímica, entre outras, de forma que o curso de preparação profissional deve contemplá-los na sua grade curricular. Não obstante, é absolutamente fundamental a presença preponderante, nessa grade, de disciplinas que tratem de conteúdo específico produzido pelo Esporte nas suas subáreas de investigação.

A implantação do bacharelado em 1987 foi um importante passo para a concretização de uma proposta de formação profissional baseada em um corpo específico de conhecimentos acadêmico-científicos. O objetivo de um curso de bacharelado é formar profissionais com o domínio do corpo de conhecimentos de uma área específica. Em outras palavras, o objetivo precípuo de um curso de bacharelado é a formação de um profissional "generalista do conhecimento" de uma área específica, exatamente o oposto do que dizem aqueles que lhe fazem críticas, atribuindo-lhe uma formação supostamente especializada.

Contrariamente, a formação no bacharelado é ampla e genérica em termos de conhecimento. Uma vez detentor desses conhecimentos, cabe ao bacharel transformá-los em "instrumento" de trabalho para oferecer serviços ou solucionar problemas específicos que possam surgir em diferentes segmentos de intervenção profissional. Por exemplo, o bacharel em Química é aquele que teve acesso ao corpo de conhecimentos da Química em quatro anos de graduação, formou-se, recebeu a habilitação de bacharel em Química e faz uso do conhecimento adquirido para oferecer serviços onde a sociedade lhe abre portas: fábricas de tintas, fábricas têxteis, indústrias farmacêuticas, automobilísticas, de produtos alimentícios, de cosméticos, de construção civil, ou mesmo para abrir seu próprio negócio.

Infelizmente, o conceito de bacharelado foi mal interpretado no âmbito da Educação Física. Em alguns casos por desconhecimento, mas, em outros, com segundas intenções, sendo rotulado como um curso voltado apenas à formação de pesquisadores e de profissionais para atuarem em academias, a fim de atenderem a camadas sociais privilegiadas financeiramente, e, portanto, identificado com o neoliberalismo. Uma miopia ideológica de cariz sociopolítica. Na realidade, pretende-se, com a crítica ao bacharelado, mobilizar sociedades científicas, órgãos de classe e especialmente entidades estudantis para atingirem outras instâncias, numa disputa corporativa pouco preocupada com a formação profissional em si. Destacam-se, nessa arena, o confronto histórico com o Conselho Federal de Educação Física (CONFEF), a tentativa do Colégio Brasileiro de Ciências do Esporte (CBCE) de recuperar o espaço acadêmico que foi historicamente perdido, o "acerto de contas" da "tribo" sociocultural em relação à biológica, entre outros objetivos.

Tendo em conta todos esses aspectos envolvidos na formação do profissional para se atuar no EAR, alguns cursos de bacharelado em Esporte foram criados no Brasil. A Escola de Educação Física e Esporte da Universidade de São Paulo foi pioneira nesse empreendimento, no início da década de 1990. Estou convicto de que o oferecimento do curso de bacharelado em Esporte continua conceitualmente adequado, academicamente fundamentado e socialmente justificado (Tani, 2019). A interrupção do seu oferecimento não teria justificativas nem do ponto de vista das necessidades sociais, do mercado de trabalho ou do corpo de conhecimentos disponíveis.

No entanto, num país legalista como o Brasil, isso poderia acontecer por motivações de natureza burocrática e de política educacional. Destarte, a formação do bacharel em Esporte não foi contemplada nas novas DCNs, promulgadas em 2018. Assim, a grande pergunta é: vamos continuar a deixar o EAR sob responsabilidade dos profissionais formados sem o perfil específico para atuar nessa área (licenciados) e nas mãos dos "mestres de obra"?

7.5 AS NOVAS DIRETRIZES CURRICULARES NACIONAIS E O CURSO DE PREPARAÇÃO PROFISSIONAL PARA O ESPORTE DE ALTO RENDIMENTO

As novas DCNs estabelecem, no seu parágrafo único do Art. 1º, que são objeto dessas diretrizes os cursos denominados exclusivamente de Educação Física. Com isso, deixam absolutamente claro que os cursos de bacharelado em Esporte não fazem parte das suas deliberações. Caso alguma instituição queira oferecer um curso de Esporte, seja qual for a sua denominação, isso ficaria sob a sua inteira responsabilidade e não será considerado pelo Ministério da Educação como um curso inserido no Ensino Superior. Claramente, o eventual diploma obtido não poderá ser reconhecido pelo CONFEF.

Entretanto, no seu Art. 3º estabelece que uma das necessidades sociais a ser atendidas pelo profissional de Educação Física é o alto rendimento esportivo. E, no Art. 5º define que a formação do graduado em Educação Física terá entrada única destinada tanto ao bacharelado quanto à licenciatura, desdobrando-se, portanto, em duas etapas: a comum e a específica, que dá acesso a duas opções – bacharelado e licenciatura.

O Art. 20 estabelece, por sua vez, que a formação do bacharel em Educação Física, para atuar nos campos de intervenção citados no Art. 10 ([sic]; deve ser Art. 18), deverá contemplar os eixos articuladores relativos à saúde, esporte, cultura e lazer. Penso que esse artigo abre a possibilidade de oferecer cursos de bacharelado com especialidades diferenciadas. Desde que contemplados os três eixos, ao darem maior ênfase a um deles, as novas DCNs permitem a flexibilização do curso de bacharelado, viabilizando a formação do bacharel com especialidade, respectivamente, em saúde, cultura e lazer e esporte de alto rendimento. Em outras palavras, profissionais com formação específica de bacharelado, com especialidade em cada uma das três áreas mencionadas, ou outras que venham a ser propostas.

Essa flexibilização atende a diferentes reivindicações existentes na área já faz algum tempo. Por exemplo, a formação de um bacharel mais bem-preparado para atuar na área da saúde (veja, por exemplo, Anjos & Duarte, 2009; Bagrichevsky & Estevão, 2008; Brugnerotto & Simões, 2009; Costa et al., 2012; Ferreira et al., 2013; Fonseca et al., 2011; Oliveira & Andrade, 2016; Pasquim, 2010; Santiago et al., 2016; Santos & Benedetti, 2012; Souza & Loch, 2011). Assim, uma determinada instituição, considerando as necessidades sociais, o mercado de trabalho, o corpo docente, entre outros elementos importantes a serem levados em conta num curso de preparação profissional, poderia oferecer um curso de bacharelado em Educação Física com a especialidade em saúde e atividade física. Do meu ponto de vista, como as dimensões de saúde e de cultura e lazer são difíceis de serem separadas, ficaria teórica, pedagógica e epistemologicamente mais consistente um curso de bacharelado em Educação Física com a especialidade denominada de Desenvolvimento Humano (*Human Development*).

Retomando as discussões sobre a formação do profissional para atuar no EAR, penso ser perfeitamente justificável um curso de bacharelado em Educação Física com a especialidade em EAR que, a meu ver, ficaria mais bem identificada – não tão bem como era com a denominação bacharelado em Esporte – assumindo a denominação de bacharelado em Educação Física com especialidade em Desempenho Humano (*Human Performance*). Claro está que a denominação é importante, porém, mais relevante é o perfil do profissional a ser formado. Portanto, é plenamente possível dar continuidade ao oferecimento do curso de bacharelado em Esporte hoje existente com essa nova denominação, mantendo-se fiel ao perfil profissional nele delineado e perseguido.

Ainda, retomando o Art. 5º das DCNs, no que se refere à etapa comum, entendo que os conhecimentos a serem disseminados por meio de um conjunto de disciplinas seriam aqueles pertinentes à Cinesiologia no modelo proposto (Tani, 1996). Isto é, conhecimentos da Biodinâmica do Movimento, Comportamento Motor e Estudos Socioculturais do Movimento. Assim, o curso de bacharelado em Educação Física, com especialidade em Desempenho Humano, contemplaria os conhecimentos da Cinesiologia e do Esporte no tocante a Treinamento Esportivo e Administração Esportiva como conteúdos centrais e identificadores do curso, podendo ser completados e complementados com outros conhecimentos organizados em forma de disciplinas para atender a todas as deliberações das novas DCNs.

7.6 CONSIDERAÇÕES FINAIS

Todas as mudanças criam, inicialmente, instabilidade no sistema. É preciso fazer dessa instabilidade fonte de ordem, para se alcançar nova estabilidade. Só assim o sistema evolui. Qualquer tentativa de eliminar as fontes de perturbação para manter a estabilidade ou o status quo significa perder a oportunidade para avançar. Considerando o mundo atual em que as mudanças em todos os setores da atividade humana são cada vez mais rápidas e intensas, ser reativo a mudança significa, na realidade, regredir. Como tem sido reiteradamente enfatizado, o curso de preparação profissional é um sistema complexo porque, além de contemplar vários componentes - por exemplo, mercado de trabalho, necessidades sociais, corpo docente e discente, corpo de conhecimentos e proposta de curso (Tani, 2007a) - esses componentes mudam no tempo e com o tempo. Assim, não poderia a proposta do curso, um importante componente do sistema, ser uma exceção. Ademais, considerando-se a característica sistêmica, de forte interação entre os componentes, implica que qualquer comportamento destoante de um deles pode comprometer toda a dinâmica do sistema.

O ensino é uma das funções precípuas do docente universitário. Isso significa que todos os docentes estão, de alguma forma, nele envolvidos, ou seja, têm atuação no curso de preparação profissional, não apenas ensinando como também refletindo a seu respeito. Assim pensado, as alterações nos cursos de preparação profissional, qualquer que seja a origem causadora da perturbação, deveriam ser serenamente estudadas, analisadas, refletidas e implementadas sem causar transtornos mais do que os absolutamente normais e previsíveis. Afinal, as DCNs vão continuar mudando. Não precisaria ser com tanta frequência, mas ainda bem que vão mudar. O que se necessita é a participação mais crítica, ativa e efetiva da academia na elaboração das DCNs, com base em conhecimentos acadêmico-científicos sólidos produzidos na área, e não em posicionamentos ideológicos de natureza sociopolítica e político-partidária.

REFERÊNCIAS

Anjos, T. C., & Duarte, A. C. G. O. (2009). A educação física e a estratégia de saúde da família: formação e atuação profissional. *Physis - Revista de Saúde Coletiva, 19*(4), 1127-1143.

Bento, J. O. (1997). *O outro lado do desporto*. Campo das Letras.

Bento, J. O. (2006). Do desporto. In G. Tani, J. O. Bento & R. D. S. Petersen (Eds.). *Pedagogia do desporto* (pp. 12-25). Guanabara Koogan.

Bagrichevsky, M., & Estevão, A. (2008). Perspectivas para a formação profissional em educação física: o SUS como horizonte de atuação. *Arquivos em Movimento, 4*(1), 128-143.

Brasil. (2018, janeiro 19). Conselho Nacional de Educação. Câmara de Educação Superior. Resolução n. 6, de 18 de dezembro de 2018. *Diário Oficial da República Federativa do Brasil*, Poder Executivo.

Brugnerotto, F., & Simões, R. (2009). Caracterização dos currículos de formação profissional em educação física: um enfoque sobre saúde. *Physis – Revista de Saúde Coletiva, 19*(1), 149-172.

Costa, L. C., Lopes Jr., C. A. F., Costa, E. C., Feitosa, M. C., Aguiar, J. B., & Gurgel, L. A. (2012). Formação profissional e produtividade em saúde coletiva do profissional de educação física. *Revista Brasileira de Atividade Física e Saúde, 17*(2), 107-113.

Ferreira, S. E., Guerra, R. L. F., Pacheco, P. F. L., Gomes, R. J., Azevedo, P. H. S. M., & Oliveira, R. C. (2013). Formação profissional em educação física e saúde na Universidade Federal de São Paulo. *Revista Brasileira de Atividade Física e Saúde, 18*(5), 646-651.

Fonseca, S. A. Menezes, A. S., Loch, M. R., Feitosa, W. M. N., Nahas, M. V., & Nascimento, J. V. (2011). Pela criação da associação brasileira de ensino da educação física para a saúde: ABENEFS. *Revista Brasileira de Atividade Física e Saúde, 16*(4), 283-288.

Harari, Y. N. (2018). *21 lições para o século 21.* Companhia das Letras.

Lee, K-F. (2019). *As superpotências da inteligência artificial.* Relógio D´água Editores.

Oliveira, R. C., Andrade, D. R. (2016). Formação profissional em educação física para o setor da saúde e as diretrizes curriculares nacionais. *Pensar a Prática, 19*(4), 721-733.

Pasquim, H. M. (2010). A saúde coletiva nos cursos de graduação em educação física. *Saúde e Sociedade, 19*(1), 193-200.

Santiago, M. L. E., Pedrosa, J. I. S., Ferraz, A. S. M. (2016). A formação em saúde à luz do projeto pedagógico e das diretrizes curriculares da educação física. *Movimento, 22*(2), 443-458.

Santos, S. F. S., Benedetti, T. R. B. (2012). Cenário de implantação do núcleo de apoio a saúde da família e a inserção do profissional de educação física. *Revista Brasileira de Atividade Física e Saúde, 17*(3), 88-194.

Souza, S. C., Loch, M. R. (2011). Intervenção do profissional de educação física nos Núcleos de Apoio à Saúde da Família em municípios do norte do Paraná. *Revista Brasileira de Atividade Física e Saúde, 16*(1), 5-10.

Tani, G. (1988). Pesquisa e pós-graduação em educação física. In Passos, S. C. E. (Coord.). *Educação física e esportes na universidade* (pp. 381-394). SEED-MEC/UnB.

Tani, G. (1996). Cinesiologia, educação física e esporte: ordem emanente do caos na estrutura acadêmica. *Motus Corporis, 3*(2), 9-49.

Tani, G. (1998). 20 anos de ciências do esporte: um transatlântico sem rumo? *Revista Brasileira de Ciências do Esporte* – Número Especial comemorativo dos 20 anos de fundação, 19-31.

Tani, G. (2000). Esporte e processos pedagógicos. In W. W. Moreira & R. Simões (Orgs.), *Fenômeno esportivo no início de um novo milênio* (pp. 85-90). UNIMEP.

Tani, G. (2002a). Esporte, educação e qualidade de vida. In W. W. Moreira & R. Simões, (Orgs.), *Esporte como fator de qualidade de vida* (pp.103-116). UNIMEP.

Tani, G. (2002b). Aprendizagem motora e esporte de rendimento: um caso de divórcio sem casamento. In V. J. Barbanti, A. C. Amadio, J. O. Bento & A. T. Marques (Orgs.), *Esporte e atividade física: interação entre rendimento e saúde* (pp. 145-162). Manole.

Tani, G. (2007a). Avaliação das condições do ensino de graduação em educação física: garantia de uma formação de qualidade. *Revista Mackenzie de Educação Física e Esporte, 6*(2), 55-70.

Tani, G. (2007b). Desporto e escola: que diálogo ainda é possível? In J. O. Bento & J. M. Constantino (Coords.), *Em defesa do desporto: mutações e valores em conflito* (pp. 269-287). Almedina.

Tani, G. (2008). Área de conhecimento e intervenção profissional. In U. C. Corrêa (Org.), *Pesquisa em comportamento motor: a intervenção profissional em perspectiva.* (pp. 14-25). Escola de Educação Física e Esporte da Universidade de São Paulo.

Tani, G. (2011a). *Leituras em educação física: retratos de uma jornada.* Phorte.

Tani, G. (2011b). A educação física e o esporte no contexto da universidade. *Revista Brasileira de Educação Física e Esporte, 25*(Número Especial), 117-126.

Tani, G. (2013). Professional preparation in physical education: changing labor market and competence. Motriz. *Journal of Physical Education, 19*(3), 552-557.

Tani, G. (2017). Preparação profissional em educação física: reflexões sobre a "festa" no convés do Titanic. In W. C. Correia (Org.), *Formação profissional em educação física: ensaios e proposições* (pp. 17-35). Fontoura.

Tani, G. (2019). Bacharelado em esporte: conhecimento e especificidade. In W. R. Corrêa & S. R. Silveira (Orgs.), *Educação física: conhecimento e especificidade* (pp. 33-49). Fontoura.

Tani, G., Basso, L., Silveira, S. R., Correia, W. R., & Corrêa, U.C. (2013). O ensino de habilidades motoras esportivas na escola e o esporte de alto rendimento: discurso, realidade e possibilidades. *Revista Brasileira de Educação Física e Esporte, 27*(3), 507-518.

Tani, G., Bastos, F. H., Silveira, S. R., Basso, L., & Corrêa, U.C. (2020). Professional learning in physical education in Brazil: issues and challenges of a complex system. *Sport, Education and Society.* http://doi.gov/10.1080/13573322.2020.1818557.

Tani, G., & Corrêa, U. C. (2019). Ciência e comunicação científica na educação física/ciências do esporte. In F. F. B. Carneiro, A. Ferreira Neto & W. Santos (Orgs.), *Comunicação científica em periódicos* (pp. 237-259). Appris.

PARTE III
PESQUISA E PÓS-GRADUAÇÃO EM EDUCAÇÃO FÍSICA

CAPÍTULO 8

Pesquisa em Educação Física: reflexões acerca da utilidade do conhecimento

8.1 CONSIDERAÇÕES INICIAIS

A pandemia causada pela covid-19, do ponto de vista acadêmico-científico, leva-nos a pensar e refletir sobre vários acontecimentos, mas dois fatos merecem destaque: a) a força demonstrada pela ciência e pela tecnologia na produção de vacinas em tempo recorde, evidenciando uma capacidade latente até então desconhecida; b) a revalorização da ciência por parte da sociedade, reconhecendo a sua força em solucionar seus problemas relevantes e prementes.

Esses dois fatos contrastam com a situação em que se encontrava a ciência previamente à pandemia, em que existia uma certa descrença da sociedade justamente em relação a essas forças por ela demonstradas. Afinal, são tantos os problemas perenes na área da saúde, ainda sem solução, como a doença de Alzheimer, o mal de Parkinson, o câncer, a malária, entre outros, apesar dos esforços empreendidos e dos investimentos realizados. Além disso, estava em plena expansão um movimento que Tom Nichols (2018) chamou de "a morte da competência" – a desvalorização generalizada do conhecimento especializado (expertise) e também do especialista junto à sociedade.

Ainda não temos uma solução definitiva para a pandemia (Ioannidis, 2022). Todavia, não resta dúvida quanto à capacidade revelada pela ciência em dar uma resposta célere a um problema dramático da humanidade. Não se sabe, ao certo, os efeitos duradouros das soluções encontradas e os seus eventuais efeitos secundários, que só se conhecerão com o tempo, monitorados pela própria ciência. Não obstante, é inegável o sucesso da intervenção por ela possibilitada.

Curiosamente, essa capacidade de combater um gigantesco problema que a ciência demonstrou no campo da saúde suscitou algumas perguntas inquietantes: por que ela não foi capaz de enfrentar com a mesma celeridade problemas fulcrais em outros domínios, que também resistem ao tempo, como fome, pobreza, analfabetismo, poluição ambiental, saneamento básico e assim por diante? Trata-se, porventura, de problemas que fogem ao escopo da ciência, constituindo-se assuntos genuinamente pertencentes ao âmbito da política? Nesse caso, teria a política primazia sobre a ciência? Mesmo que tenha, considerando-se que a política implica estabelecimento de prioridades, a solução desses problemas não seria prioritária? A ciência não deveria estar a serviço da sociedade, de modo a solucionar esses problemas ou, ao menos, avançar com maior velocidade nessa direção, visto que capacidade para tanto parece não lhe faltar? Ou seria injusto atribuir à ciência tanta responsabilidade? Tendo em vista o extraordinário volume de conhecimentos que a ciência produz e em ritmo cada vez mais acelerado, será que a limitação está na utilidade dos conhecimentos que gera?

De todas as maneiras, esse boom de valorização e enaltecimento da ciência por parte da sociedade, turbinado pela imprensa muitas vezes acrítica, movida mais pela emoção do que pelo conhecimento, traz consigo um perigo inerente, que é o de esquecer-se ou varrer para debaixo do tapete seus problemas, limitações e dificuldades reais. Especialmente evidente nos últimos tempos tem sido o chamado produtivismo, ou até mesmo produtivismo exacerbado, que é a corrida pela publicação acelerada de artigos em busca de status, reconhecimento e recompensas de diferentes naturezas, com poucas reflexões sobre a utilidade do conhecimento a ser produzido. Esse *modus operandi* da ciência tem inibido o exercício do pensamento crítico, do pensamento profundo, da reflexão epistemológica, entre tantos outros exercícios intelectuais que demandam tempo para a devida maturação, ao contrário da pressa que se observa na competição renhida pela publicação de artigos. Não pretendo, obviamente, reduzir todos os problemas da ciência a esse produtivismo, objeto de crítica e reprovação cada vez mais intensas na academia (por exemplo, Fanelli, 2010; Goodstein, 2002; Ioannidis, 2005; Macleod et al., 2014; Rego, 2014). Entretanto, penso que dele derivam vários outros, relevantes, que a ciência enfrenta na atualidade.

Face a esses recentes acontecimentos, julga-se oportuno retomar as discussões sobre a utilidade do conhecimento científico na solução de problemas concretos, relevantes e prementes da sociedade. Assim, o presente ensaio tem dois objetivos: o primeiro é refletir sobre as potencialidades e limitações da ciência, com o intuito de contribuir para uma certa profilaxia tanto em relação à superestimação quanto à subestimação de suas capacidades; isto é, para que a avaliação da utilidade da ciência seja feita de forma justa e desapaixonada, até mesmo para se evitar a desilusão frente a expectativas superdimensionadas; o segundo é analisar o estado da arte das discussões sobre a utilidade do conhecimento na Educação Física.

8.2 A UTILIDADE DO CONHECIMENTO CIENTÍFICO

A palavra utilidade é ambígua, com diferentes significados. Apesar disso, é comumente usada com dois sentidos: a) ser útil a algum interesse, a qualquer finalidade; b) ser útil para o bem humano, para uma finalidade específica elevada que pode ser definida, na ausência de melhor expressão, como felicidade.

É amplamente conhecido que felicidade é um fenômeno de difícil explicação conceitual e objeto, desde sempre, de contínua reflexão filosófica. De acordo com Aristóteles (2009), a vida humana tem um propósito, e a sua realização é o bem maior a que o ser humano pode aspirar – a felicidade (*eudaimonia*). Ela, nesse sentido, pode ser vista como teleológica, orientada por uma finalidade. Assim, todas as ações humanas tendem a um fim: o de alcançar a felicidade. Existem ações cujo fim está em si mesmas (bens intrínsecos), e existem aquelas que são meios para o alcance de diferentes fins (bens instrumentais). Há, portanto, uma hierarquia entre os bens, com os intrínsecos no topo. Os bens instrumentais constituem fins intermediários nessa hierarquia.

Exemplificando, a prática do esporte tem fim em si mesma (bem intrínseco). A sua finalidade precípua é o acesso a um patrimônio cultural da humanidade, para dele participar e usufruir, e também construir e transformar, com vista ao bem-estar e à qualidade de vida (Tani, 2007). O esporte tem utilidade no sentido (b) acima mencionado. Contudo, como consequência da prática, pode-se também alcançar outros fins intermediários, por exemplo, a melhoria da aptidão física.

No que se refere à utilidade da ciência, seria estranho alguém que faz ciência argumentar a seu favor. Defender essa ideia seria algo redundante. Por sua vez, negar a sua utilidade, usando-a para alcançar tal objetivo revela-se contraditório. Penso que não é difícil de se encontrar, na academia, intelectuais que assim procedem. O que é bem diferente de alguém ser crítico relativamente à utilidade da ciência, considerando suas potencialidades e limitações.

O conhecimento científico tem utilidade no sentido (b) anteriormente referido. Todavia, não é incondicional. Por exemplo, a energia nuclear pode ser utilizada tanto para gerar eletricidade como para produzir uma bomba atômica. Os céticos sobre a utilidade do conhecimento científico costumam olhar, muitas vezes, apenas um dos lados da moeda: o do seu mau uso. No entanto, interessantemente, gostam de viajar de avião, desfrutando do ar-condicionado a bordo, assistindo a filmes e ouvindo músicas, quando não apreciando um vinho nada mau!

Na sociedade, o valor do conhecimento está atrelado à sua utilidade na vida cotidiana. Nesse contexto, o conhecimento em pauta é um tipo de conhecimento que podemos denominar de *conhecimento cotidiano* (*senso comum*). Não se trata de valor atribuído a um conhecimento, fruto de atividade intelectual organizada, que foi acumulado e sistematizado historicamente (conhecimento elaborado). O problema emerge quando essa utilidade prática do conhecimento cotidiano é associada à verdade, por possibilitar o sucesso das ações. Daí a dificuldade em discernir o que torna o conhecimento elaborado ser mais valioso que o conhecimento cotidiano, visto que ambos são úteis.

Por sua vez, cabe indagar: é possível discutir a utilidade do conhecimento científico sem vinculá-lo à verdade? É verdade um componente que está assegurado no conhecimento científico? Para responder a essa pergunta, é necessária uma profunda reflexão filosófica, pois trata-se de uma questão que a própria filosofia da ciência tem ainda como aberta, abarcando diferentes interpretações. Assim, para se discutir a utilidade do conhecimento, parece que mais importante do que a reflexão sobre o contraste entre o conhecimento científico e o conhecimento cotidiano é a reflexão concernente ao contraste entre o conhecimento científico e a crença falsa. O conhecimento científico, antes de tudo, deve contribuir para evitar que o conhecimento cotidiano se baseie em crenças falsas, proporcionando às pessoas esclarecimento e elevação da compreensão sobre as coisas.

Na realidade, o valor epistêmico do conhecimento científico independe da sua capacidade de solucionar problemas práticos. Tem valor em si mesmo, particularmente o de saciar a curiosidade e a imaginação humanas e contribuir para o avanço cultural da humanidade. Contudo, é possível questionar a sua utilidade prática. Para aprofundar nessa reflexão é fundamental considerar as diferenças e as relações entre três tipos de ciência: a básica, a aplicada e a tecnológica.

Quando a sociedade avalia que as atividades de pesquisa desenvolvidas nas universidades não têm utilidade porque não resultam em soluções para os seus problemas imediatos, naturalmente essas distinção e relação entre os diferentes tipos de ciência não estão sendo levadas em consideração. Penso que seria até injusto criar essa expectativa, especialmente tendo em vista que o ensino formal não tem demonstrado muito interesse e dedicação na educação científica da população. Agora, o problema torna-se altamente preocupante quando os próprios pesquisadores no interior das universidades não fazem essa distinção ou não demonstram interesse em discuti-la. De fato, o produtivismo previamente mencionado, para além dos problemas já apontados, não tem possibilitado tempo nem estimulado interesse e motivação para essas reflexões macroscópicas sobre os diferentes tipos de ciência, essenciais para se pensar a utilidade do conhecimento. Ao contrário, elas têm sido consideradas inúteis, mesmo que a utilidade seja entendida no sentido (a) já discutida.

8.3 CIÊNCIA BÁSICA, APLICADA E TECNOLÓGICA

A ciência básica busca a compreensão ou a explicação do objeto de estudo (fenômeno). Persegue o conhecimento pelo conhecimento. Por esse motivo, esse conhecimento é também denominado de conhecimento desinteressado, ou seja, não está preocupado com solução de problemas. Assim, a ciência básica, em última análise, contribui para o enriquecimento cultural da humanidade. A ciência aplicada, por sua vez, busca produzir conhecimento de aplicação prática, aquele direcionado para a solução de problemas concretos, prementes e relevantes da sociedade. Por fim, a ciência tecnológica tem como meta os conhecimentos a serem utilizados na produção de artefatos e serviços. De uma maneira simples, pode-se entender que o conhecimento desinteressado é o ponto de chegada da ciência básica. Esse mesmo conhecimento pode se constituir no ponto de partida para a ciência aplicada, cujo ponto de chegada é o conhecimento aplicado. Da mesma forma, esse conhecimento aplicado pode se constituir no ponto de partida para a ciência tecnológica, cujo ponto final é a tecnologia.

O telefone celular é um produto industrial em cujo desenho e fabricação foram empregadas tecnologias avançadas da engenharia eletrônica. Essas tecnologias seriam impossíveis de serem desenvolvidas sem a física do estado sólido, que tem como base a mecânica quântica, entre outros conhecimentos fundamentais da Física. Obviamente, pesquisas sobre a mecânica quântica não foram desenvolvidas visando à sua aplicação na produção de telefones celulares. Entretanto, tornaram-se absolutamente essenciais (úteis) em longo prazo para a sua criação, da mesma forma que se tornaram fundamentais para a produção de inúmeros artefatos e serviços que utilizamos na vida cotidiana, dos mais simples aos mais elaborados e sofisticados.

Ao fim e ao cabo, a tecnologia visa ao controle e à modificação da natureza. Evidentemente, para que ela exista, há a necessidade de se realizarem pesquisas tecnológicas. Pesquisas tecnológicas são direcionadas a um objetivo específico, buscam alcançar um resultado previamente conhecido. Podem dar certo ou errado. As pesquisas básicas, ao contrário, não conhecem resultado a priori. Se conhecessem, não precisariam ser realizadas. As pesquisas tecnológicas resultam em conhecimentos para se produzirem artefatos (por exemplo, celulares) ou serviços (por exemplo, diagnóstico médico), isto é, tecnologias, ainda um tipo de conhecimento. Numa fábrica de celulares, por seu lado, a finalidade das atividades desenvolvidas é diferente daquela perseguida pelo pesquisador, seja da ciência básica, aplicada ou tecnológica. Trata-se da utilização do conhecimento para produzir um aparelho útil à sociedade, tendo como meta o retorno econômico e financeiro (lucro).

A tecnologia é uma evolução da técnica. Por esse motivo, a técnica pode ser vista como conhecimento para realizar uma ação ou para alcançar um objetivo com eficiência. Portanto, ela se fez sempre presente no próprio processo evolutivo do homem e da humanidade. Por exemplo, técnica para pescar, caçar, plantar, construir abrigo, cozinhar, jogar, cantar, dançar, até chegar à técnica para produzir carros, aviões e computadores. Quando as técnicas são ensinadas de geração para geração, elas sofrem modificações, aperfeiçoamentos. Surge aí a figura do artesão, aquele dotado de maior habilidade, que se encarrega desse aprimoramento, melhorando a técnica. Por exemplo, no esporte, mais especificamente no atletismo, o salto em altura passou da técnica de tesoura frontal para o rolo ventral e, finalmente, para o *flop*, em que diferentes artesãos (atletas) foram protagonistas, sendo o último deles Dick Fosbury (Tani et al., 2006).

Com o surgimento da ciência moderna, abriu-se a possibilidade de se aplicar conhecimento científico para se resolverem problemas técnicos, dando origem à ciência tecnológica, cujo produto final é a tecnologia. A tecnologia é, nesse sentido, uma técnica transformada, evoluída. Por exemplo, na área da saúde, a tecnologia criou a vacina, revolucionou o diagnóstico médico, viabilizou a cirurgia robótica, e assim por diante. Dessa maneira, é possível pensar que o *Homo sapiens* utilizou-se da técnica para pescar e caçar. Para produzir carros, aviões e computadores, o homem moderno utiliza-se da tecnologia. Mas tudo isso é muito dinâmico. Hoje, utilizam-se para pescar, mesmo com fins de lazer, tecnologias sofisticadas, como carretilhas automáticas e GPS. Isso não quer dizer que se abriu mão da técnica. Ela é necessária para se operarem essas carretilhas automáticas que, por enquanto, não conseguem pescar por conta própria. Um bom pescador é aquele que transformou a técnica (conhecimento objetivo) em habilidade motora (capacidade pessoal).

Do ponto de vista epistêmico, a ciência básica tem primazia sobre a aplicada e a tecnológica por ser a base sobre a qual elas se desenvolvem. Todavia, essa primazia não significa que as ciências aplicada e tecnológica são dependentes da ciência básica. Existe uma forte interação, por exemplo, com as primeiras, fornecendo feedback e instrumentação para a última aprofundar as suas descobertas. Exemplificando, o computador é um resultado dos avanços da Ciência Cognitiva, que, por sua vez, forneceu-lhe o instrumento para avançar ainda mais na busca de novos conhecimentos. Essa inter-relação possibilitou se chegar à inteligência artificial (IA) e ao computador quântico, e não se tem ideia para onde tudo isso está caminhando. Literalmente um processo – só se conhece o início.

Na óptica das necessidades sociais, por sua vez, as ciências aplicadas e tecnológicas têm, num certo sentido, preferência sobre a ciência básica, em virtude da sua finalidade de buscar solução para os problemas relevantes e prementes da sociedade. Por causa desse sentido prático das ciências aplicada e tecnológica, muitas pessoas lhes atribuem valor mais elevado, considerando-as socialmente mais úteis que a ciência básica. Assim, argumentam e defendem que se deve dar a elas maior prioridade em termos de investimento.

É importante reconhecer que o fato de a ciência básica produzir conhecimento desinteressado não significa que os seus pesquisadores são neutros, alienados ou descompromissados no que diz respeito aos problemas concretos da humanidade. Lamentavelmente, não é raro acadêmicos movidos por paixões ideológicas sociopolíticas assim pensarem e concluírem que, considerando-se as mazelas do mundo em que vivemos, repleto de problemas sociais imediatos não solucionados, a ciência básica é um luxo a que países especialmente pobres não deveriam dar prioridade. Uma visão míope que apenas evidencia falta de esclarecimento. Naturalmente, as circunstâncias poderão fazer com que prioridades sejam estabelecidas considerando-se certas barreiras, por exemplo, o elevado custo da pesquisa básica quando demanda tecnologias sofisticadas de última geração.

As posições que as pessoas assumem no que concerne à importância da ciência básica, aplicada ou tecnológica podem derivar também da concepção de ciência que elas adotam e o papel que lhe atribuem. Conceber a ciência como um empreendimento que busca a compreensão da realidade, independentemente da sua possibilidade de aplicação prática ou adotar uma concepção de ciência como um empreendimento que deve servir à humanidade, ou seja, buscar soluções para problemas que são importantes para a sociedade, pode levar a diferentes valorizações. Algo perfeitamente compreensível. No entanto, se as pessoas atentarem para as inter-relações entre os três tipos de ciência, certamente entenderão que eles são complementares, e não excludentes, o que poderá levá-las a assumir posições distintas relativamente à utilidade do conhecimento científico. Importa destacar que não se atentar às diferenças e inter-relações entre as ciências básica, aplicada e tecnológica pode comprometer o avanço de todas elas.

De todo modo, reforçar os argumentos sobre a utilidade do conhecimento desinteressado se faz necessário para que a sociedade não tenha dúvida de que vale a pena investir em pesquisa básica, assim como é importante deixar claro que não é visando à sua utilidade que se busca esse conhecimento. Isso pode acontecer, mas não é a sua meta.

8.4 A DEFESA DO CONHECIMENTO DESINTERESSADO

Em 1939, Abraham Flexner publicou um artigo intitulado "The usefulness of useless knowledge" ("A utilidade do conhecimento inútil", em tradução literal), no qual fez uma defesa da visão de ciência como uma atividade que consiste na perseguição, sem restrições, do conhecimento inútil ou desinteressado (Flexner, 1939), em outras palavras, da realização de pesquisa básica sem preocupação com a utilidade prática do conhecimento. O artigo teve um imenso impacto. Apesar do tempo que já se passou desde a sua publicação, a essência do seu pensamento nos ajuda a discutir sobre a utilidade do conhecimento nos dias de hoje.

Para Flexner, o valor da ciência não é derivado da sua utilidade, pois ela tem valor em si mesma (intrínseco), qual seja, o de saciar a curiosidade e a imaginação humanas (compreensão da realidade, do mundo, de si mesmo). Entretanto, ele entendia que o conhecimento inútil se tornava útil com o tempo, em longo prazo. Isto é, o conhecimento desinteressado seria aplicado no futuro em diversas áreas, transformando-se em tecnologia. Portanto, do ponto de vista epistêmico, a ciência básica teria primazia por ser a base sobre a qual a tecnologia se desenvolve, como já foi discutido.

Em 2017, foi publicado um livro com o mesmo título do artigo de 1939 (Flexner, 2017). Nele, o artigo original foi reeditado junto com um ensaio intitulado "The world of tomorrow" ("O mundo de amanhã", em tradução literal), escrito por Robbert Dijkgraaf, que comenta a obra de Flexner e detalha a sua trajetória acadêmica. Flexner, nascido em 1866, em Louisville (Kentucky, Estados Unidos), e formado pela Johns Hopkins University foi, ao longo da carreira, um crítico rigoroso e implacável do ensino e da pesquisa realizados nas universidades americanas. Por exemplo, em 1910, ele apresentou um relatório bombástico, comissionado pela Carnegie Foundation, acerca da situação de 155 escolas de Medicina nos Estados Unidos, o que levou ao fechamento de cerca de metade dessas instituições e à reforma de outras tantas, dando início ao moderno ensino e pesquisa biomédica naquele País.

Essa visão de ciência e todo o esforço intelectual nela baseado levaram-no à Rockefeller Foundation, em 1912. Lá, ele se tornou o seu secretário executivo e permaneceu até a aposentadoria, em 1927, tendo publicado vários livros sobre o futuro das universidades e das instituições de pesquisa. Foi durante essa época que as ideias que culminaram com a publicação do artigo em 1939 foram sendo também elaboradas.

Contudo, foi em 1929 que ele conseguiu colocar em prática a sua visão de ciência. Foi quando teve contato com a Bamberger Foundation. A família Bamberger tinha vendido a sua loja de departamentos para a Macy algumas semanas antes da quebra de Wall Street (Grande Depressão), ficando com uma imensa fortuna. O plano inicial da família era fundar uma instituição médica sem vieses raciais, religiosos ou étnicos; mas Flexner conseguiu convencê-la a criar uma instituição exclusivamente dedicada à pesquisa desinteressada, sem restrições, uma instituição em que acadêmicos e cientistas pudessem desenvolver suas ideias, seus pensamentos profundos e projetos sem se preocuparem com o ensino, a administração ou qualquer outra atividade que interferissem no livre-pensar. Um verdadeiro paraíso acadêmico. Assim nasceu o Instituto para Estudos Avançados em Princeton, tendo sido ele o seu primeiro diretor. Um Instituto composto por três Escolas: de Matemática, de Estudos Humanísticos e de Economia e Política.

A história dessa Instituição é bem conhecida e reconhecida no meio acadêmico, dispensando mais comentários. Basta mencionar que acolheu cientistas como Albert Einstein, Niels Bohr, John von Neumann e Alan Turing, somente para citar alguns ícones da ciência moderna. Curiosamente, contrariando as expectativas de Flexner de que os conhecimentos inúteis levariam décadas para se tornarem úteis, Princeton levou pouco tempo para protagonizar a revolução nuclear e digital. Foi lá que foi desenvolvida, sob a liderança de Einstein, a bomba atômica, que foi desumanamente lançada em Hiroshima e Nagasaki, no Japão. Da mesma forma, o primeiro computador, encabeçado por von Neumann, dando materialidade às ideias de Turing. Penso que não é preciso dizer mais nada sobre o papel desempenhado pela Instituição e a sua influência decisiva no desenvolvimento científico e tecnológico ulterior.

Dijkgraaf (2017) sumariza as perspectivas de Flexner acerca da utilidade do conhecimento inútil nos seguinte aspectos: a) a pesquisa básica traz avanço ao conhecimento em si e de si; b) a pesquisa básica pioneira leva ao desenvolvimento de novos instrumentos e técnicas; c) a pesquisa movida pela curiosidade atrai as melhores mentes do mundo; d) muitos dos conhecimentos produzidos pela pesquisa básica são tornados publicamente acessíveis, favorecendo a sociedade como um todo; e) um dos efeitos mais tangíveis da pesquisa básica pioneira surge em forma de companhias de *startups*.

Flexner (1939) e Dijkgraaf (2017) citam vários exemplos em que a inesperada utilidade em longo prazo do conhecimento desinteressado resultou em soluções para problemas práticos ou em tecnologias altamente sofisticadas. Flexner acreditava que a tecnologia não era senão um produto secundário e acidental da busca desinteressada pelo conhecimento. Uma visão bastante purista, para não dizer um tanto ingênua, se pensada nos dias de hoje, mas que tinha fundamento no contexto histórico em que foi apresentada. De fato, a realidade tem mudado muito em relação a essa questão. Não parece ser tão acidental assim, haja vista o que está acontecendo com o desenvolvimento e a utilização da IA. No seu livro *As superpotências da inteligência artificial*, Kai-Fu Lee, que foi um executivo na Google, na Apple e na Microsoft, e que, agora, é CEO de uma empresa de IA na China, compara as estratégias e ações dos Estados Unidos e da China nesse domínio (Lee, 2019).

De acordo com Lee, a IA experimentou duas transições: a primeira, da era da descoberta para a da implementação; a segunda, da era da especialização para a dos dados. A era da descoberta caracterizou-se pela busca constante de novos conhecimentos envolvendo investigadores de elite, o que levou a inovações (algoritmos) que resultaram numa monumental aceleração do que os computadores são capazes de fazer. Essa era foi liderada por um número reduzido de investigadores de elevada expertise científica, agrupados principalmente nos Estados Unidos (Silicon Valley, na Califórnia), e suas conquistas foram amplamente divulgadas, festejadas e enaltecidas na mídia. Esses investigadores geniais reuniam conhecimentos matemáticos profundos, grande capacidade de manipular algoritmos complexos e quantidades enormes de dados, além da competência de adaptar redes neurais aos diferentes problemas por meio da aprendizagem profunda (*deep learning*).

A era da implementação caracterizou-se pelas transformações dessas inovações em negócios sustentáveis, isto é, a aplicação dos algoritmos aos problemas do mundo real, por exemplo, para reconhecimento de padrões e previsões de diferentes naturezas em diversos campos de atividades. Diferentemente da era da descoberta, essa era envolveu empreendedores, engenheiros e gestores talentosos. A mudança de uma era para outra baseou-se na percepção de que muito do trabalho abstrato e difícil já estava concluído e de que tinha chegado a hora de utilizar os seus resultados na solução de problemas reais e concretos da sociedade.

A era da especialização envolveu o desenvolvimento de algoritmos que retiram dados de um domínio específico e aplica-os de forma a otimizar um resultado específico. Não buscava, portanto, uma tecnologia multiuso capaz de fazer tudo o que o ser humano é capaz de realizar, lidando com uma enorme quantidade de dados. De acordo com Lee, três condições são fundamentais para o sucesso do algoritmo de IA: grande volume de dados, potência computacional e o trabalho de bons engenheiros de algoritmos, não necessariamente de elite, como se exigia na era da descoberta. Como dessas três condições, as duas últimas já estão preenchidas, a chave do sucesso recai sobre a grande quantidade de dados. Ou seja, chegou a era dos dados, de modo que quem possui mais dados vai levar grande vantagem, porque os algoritmos dependem da quantidade de dados para reconhecer padrões. De fato, o poder geral e o rigor de um algoritmo dependem da quantidade de dados. Com mais dados, um algoritmo criado por um engenheiro competente pode, por exemplo, ter um desempenho superior comparativamente a um algoritmo criado por um genial cientista (Lee, 2019).

As duas eras resultantes da transformação – a da implementação e a dos dados – caracterizam-se pela aplicação de conhecimentos, e essa mudança não tem sido nada acidental, ao contrário do que previa Flexner (1939). Por exemplo, a China aproveita-se dos conhecimentos produzidos pelos pesquisadores de elite nos Estados Unidos e aplica-os em negócios sustentáveis no seu próprio país, com enorme vantagem porque dispõe de absurda quantidade de dados gerados pela gigantesca população, transformando-se num verdadeiro "canteiro de obras", em que um exército de empreendedores aguerridos cria *startups* para tudo o que o ser humano faz, exatamente como aponta Dijkgraaf (2017) quando faz a síntese do pensamento de Flexner. Mas com um importante detalhe: tudo planejado, como uma política de governo e, claro, sem se colocarem na equação dessa transformação variáveis como direitos humanos, direito à privacidade, direito de propriedade de uma invenção e coisas do gênero. Para Lee (2019), é possível prever quem vai vencer essa competição entre Estados Unidos e China, com enormes implicações econômicas e políticas no planeta Terra. O leitor do seu livro tem nele argumentos mais do que suficientes para com ele concordar.

Em síntese, mesmo assumindo que a dinâmica de relacionamento entre os diferentes tipos de ciência pode se alterar com o tempo, não muda a importância do conhecimento inútil ou desinteressado que com tanta dedicação Flexner defendeu. No entanto, quando a sua produção vira fim em si mesma, desconsiderando a inter-relação que deve manter com os conhecimentos produzidos por outros tipos de ciência para que a sua utilidade na solução de problemas da sociedade seja assegurada, corre-se o risco de ser considerado inútil, com outra conotação.

8.5 A DENÚNCIA SOBRE A INUTILIDADE DO CONHECIMENTO CIENTÍFICO

John Ioannidis, atualmente professor da Escola de Medicina da Universidade de Stanford, publicou em 2005 um artigo também bombástico em que denunciou a falsidade da maioria das descobertas publicadas em periódicos científicos. Deu o que falar, resultando num artigo seminal, o mais baixado e citado da história do site Public Library of Science (PLOS) (Ioannidis, 2005). Partindo da premissa de que a reivindicação de uma pesquisa (achado) ser verdadeira depende do poder e viés do estudo, do número de estudos sobre a mesma questão e particularmente da proporção entre a verdadeira relação e a sua existência, nos relacionamentos investigados em cada campo científico, ele inferiu, por meio de análise matemática e estatística, que uma descoberta de pesquisa é menos provável de ser verdadeira quando: a) estudos realizados em determinado campo científico são em pequeno número; b) o efeito do tamanho é menor; c) existe maior número e menor pré-seleção de relacionamentos testados; d) existe maior flexibilidade nos delineamentos, definições, resultados e modos de análise; e) existe maior interesse e prejuízo financeiros e outros; f) mais equipes são envolvidas num determinado campo científico em busca de significância estatística. Com base nessas premissas e considerações, ele conclui que, para a maioria dos delineamentos e arranjos utilizados é mais provável a reivindicação de um estudo ser falsa do que verdadeira. O artigo sacudiu não apenas as estruturas da ciência biomédica como também da ciência como um todo. Ainda assim ele não sossegou, dando continuidade à sua saga em denunciar a falsidade das pesquisas com vistas a uma prática científica mais responsável, com menos perda e mais valor.

Num estudo que procurou avaliar a contribuição científica dos pesquisadores mais produtivos, baseado nas citações no Scopus no período compreendido entre 1996 e 2011, Ioannidis foi identificado como um dos mais influentes pesquisadores da área biomédica (Boyack et al., 2013). Suas pesquisas atuais se concentram na metapesquisa e meta-análise da produção científica, realizando avaliações em grande escala sobre reprodutibilidade da pesquisa, replicação de resultados da pesquisa e transparência de indicadores de pesquisa com o objetivo de melhorar o método e a prática de pesquisa científica, particularmente nas ciências biomédicas, na psicologia e nas ciências sociais. Em um conjunto de publicações, tem realizado uma ampla revisão de artigos que apontam falhas e limitações na condução de pesquisas (por exemplo, Button et al., 2013; Chalmers & Glasziou, 2009; Contopoulos-Ioannidis et al., 2008) e posicionando-se extremamente crítico no que diz respeito ao status quo das pesquisas biomédicas e da ciência em geral (Ioannidis, 2016).

Para não ficar apenas nas críticas, junto com seus colaboradores, Ioannidis tem sugerido uma série de medidas para intervir no estado da arte, a fim de evitar desperdícios e aumentar o valor das pesquisas (Al-Shahi Salman et al., 2014; Chalmers et al., 2014; Chan et al., 2014; Contopoulos-Ioannidis et al., 2008; Glasziou et al., 2014; Ioannidis, 2014; Ioannidis et al., 2014). Entre essas medidas, incluem-se: a valorização de pesquisas que fazem a replicação dos estudos prévios para testar e elevar a credibilidade dos achados; o estímulo ao transporte das práticas de pesquisa bem-sucedidas numa determinada área para outras áreas; a mudança na avaliação da produção científica e concessão de *grants* alterando a "moeda" atual da ciência baseada apenas na publicação de artigos mediante a valorização, por exemplo, da atuação como revisor por pares em periódicos de elevada reputação e atribuição de pesos diferenciados à publicação de artigos, obtenção de *grants* e postos para pós-doutorado – essas medidas relativas à avaliação evitariam o produtivismo que lança mão de recursos como artigos multiautorais e estudos do tipo "salame", como são informalmente denominados; a valorização de artigos que resultam em aplicações concretas na solução de problemas. Uma medida mais polêmica e provocativa que sugere consiste em considerar que a obtenção de *grants*, recompensas e outros poderes seja considerada negativa, ao menos que resultem, proporcionalmente, em ciência de boa qualidade. Isso levaria os pesquisadores a terem mais cuidados na obtenção desses recursos porque poderiam virar incômodos.

As denúncias de Ioannidis e colaboradores acerca da falsidade dos achados têm continuado a causar enorme repercussão, como não poderia ser diferente. No entanto, o problema não se resume à questão da falsidade. O quadro se torna ainda mais complicado quando eles mostram os resultados de estudos que analisaram a utilidade dos conhecimentos produzidos na solução de problemas concretos da sociedade. Baseados em dados da literatura sobre pesquisa biomédica de que, apesar de a grande maioria dos estudos realizados sobre marcadores para o prognóstico de câncer tenha encontrado ao menos uma variável significativa, poucos estudos subsequentes foram capazes de confirmar esses achados, e os mesmos não foram incluídos na rotina de práticas clínicas, ou seja, achados inicialmente promissores não resultaram em avanços nos cuidados com a saúde, Macleod et al. (2014) foram investigar por que pesquisas capazes de transformar os cuidados com a saúde não estavam tendo sucesso, apesar de todos os investimentos realizados. De fato, Chalmers e Glasziou (2009) já tinham estimado que 85% dos investimentos feitos em pesquisas na área biomédica, na sua maioria básicas, são perdidos. Ao analisarem os estudos realizados utilizando-se como critérios a escolha das questões de pesquisa, a qualidade do delineamento e método, a adequação das práticas de publicação e a qualidade dos relatórios de pesquisa, eles constataram que os achados não resultaram em avanços nos cuidados com a saúde da população.

Partindo do entendimento de que o status quo das pesquisas biomédicas se estabelece pela ação complexa e interdependente de diferentes fatores como capacidade, oportunidades oferecidas e motivações que direcionam o comportamento dos pesquisadores, Macleod et al. (2014) fizeram uma análise crítica contundente das condições econômicas, sociais, culturais e políticas que constroem o ambiente de pesquisa. Mostraram que os interesses comerciais e políticos, e não acadêmico-científicos das entidades e instituições que financiam a pesquisa, transformam a saúde numa commodity, influenciam os critérios de publicação e fazem dos periódicos um negócio altamente lucrativo. Além disso, apontaram os interesses da política e da burocracia na distribuição de recursos, visto que muitas pesquisas trazem resultados apenas em longo prazo, e isso pode ser incongruente com seus interesses particulares. Esses interesses levam à utilização de medidas de avaliação da pesquisa não diretamente vinculadas à sua qualidade. Finalmente, identificaram fatores sociais e culturais que afetam o comportamento dos pesquisadores. Os pesquisadores são pessoas movidas por interesses pessoais como quaisquer outras e podem comprometer seus elevados padrões de rigor quando influenciados pelas condições econômicas e políticas anteriormente mencionadas. No que se refere à competição por recursos financeiros para pesquisa, particularmente quando eles são escassos, pode levá-los a julgar que é melhor ser primeiro do que ser correto. Além disso, o foco na publicação em periódicos de alto impacto para garantir vantagens na obtenção de financiamentos para pesquisa pode fazer com que centrem seus esforços na obtenção de sucesso de curto prazo. Em outras palavras, a não investirem em temas que requerem cuidadosa, deliberada e robusta pesquisa, aquela que pode demandar mais tempo para produzir achados eventualmente menos interessantes, apesar de mais válidos do ponto de vista prático.

Assim, concluem que, apesar dos enormes investimentos realizados que resultaram em melhorias substanciais na área da saúde, os ganhos poderiam ser muito maiores se os desperdícios e as ineficiências na condução de pesquisas – como elas são escolhidas, delineadas, conduzidas, analisadas, gestadas, disseminadas e publicadas – fossem reduzidas. Como uma medida para combater essas distorções na condução de pesquisas, sugerem a criação de um conjunto de influências para contrabalancear esse *modus operandi*; por exemplo, em vez de se utilizar o fator de impacto dos periódicos na avaliação das publicações, o julgamento ser realizado com base no rigor metodológico, na completa disseminação da pesquisa, na qualidade do relatório da pesquisa e na reprodutibilidade dos achados.

Em suma, fica evidente nas críticas ao *modus operandi* da ciência atual e nas sugestões e medidas apresentadas para se evitar o desperdício e aumentar o valor das pesquisas, a necessidade premente de mudar o status quo para que os conhecimentos produzidos resultem efetivamente na melhoria de vida dos cidadãos.

8.6 A UNIVERSIDADE COMO LÓCUS DA PRODUÇÃO DO CONHECIMENTO: A EDUCAÇÃO FÍSICA EM FOCO

Num recente editorial, a revista *Nature* (2017) aponta para a necessidade de a ciência direcionar o seu foco para o atendimento das necessidades sociais, visto que as pessoas não estão sendo beneficiadas pela agenda e pelos interesses de pesquisa que movem a ciência moderna. O discurso de que o investimento em pesquisa alimenta a inovação e promove o crescimento da economia, que, por sua vez, melhora a qualidade de vida da população, não mais se sustenta para persuadir as pessoas que não estão mais convencidas dessa narrativa simples e confortável. De acordo com o editorial, a situação tem todas as características de uma bolha prestes a estourar que clama pela necessidade de os pesquisadores questionarem no que resulta afinal esse discurso que a ciência vem mantendo por décadas. Em outras palavras, qual a sua real e efetiva contribuição para a melhoria da vida do cidadão.

A universidade é a instituição responsável pela maioria dos conhecimentos científicos produzidos. Ela está estruturada por especialidades, contemplando várias áreas de conhecimento em que se faz ciência básica, aplicada ou tecnológica. Entretanto, a crítica de que o balanço está muito pendente para a ciência básica tem sólidos fundamentos. Uma possível explicação para esse fato é que, no contexto do produtivismo que tomou conta da ciência, os pesquisadores optam por um tipo de pesquisa que lhe seja mais eficiente no alcance desse objetivo específico. Ademais, existe um viés histórico na própria ciência de ver a ciência básica como superior em cientificidade e com maiores possibilidades de publicação. Como consequência, aumenta o número de pesquisadores nela envolvida, o que, por sua vez, resulta na submissão de mais artigos, e isso faz com que a fasquia para a sua aceitação nos periódicos seja elevada. Isso se reflete com o tempo no aumento do fator de impacto, fazendo com que a citação de artigos neles produzidos cresça, e esse sistema circular se autoalimente. Evidentemente, o produtivismo favorece a competição por recompensas de diferentes naturezas, mostrando-se especialmente vantajoso num universo em que a ciência se tornou também um grande *business*. Como as instituições de fomento à pesquisa estimulam esse *modus operandi*, ter um currículo recheado de publicações se tornou a vitrine e o atestado de competência dos pesquisadores (Tani, 2016).

Oportuno esclarecer que ninguém é contra ser produtivo na pesquisa, muito pelo contrário. Portanto, não existe nenhuma restrição a alguém fazer ciência básica e nela ser produtivo. Mas cabe ao pesquisador ter clareza acerca da sua área de conhecimento – se ela se enquadra na ciência básica, aplicada ou tecnológica – para que suas atividades de pesquisa mantenham coerência com essa especificidade.

Como o atendimento das necessidades sociais demanda conhecimentos de natureza aplicada e tecnológica, a não priorização de pesquisas para produzi-los tem impactos na solução de seus problemas imediatos. Daí a crítica de que, como principal instituição responsável pela ciência, a universidade está fazendo apenas a metade do que se necessita. Ou seja, de que o conhecimento é para a universidade o ponto de chegada, o final do processo investigativo (pesquisa básica), e falta um compromisso maior em dar continuidade a esse processo (pesquisa aplicada e tecnológica), visando à produção de conhecimentos direcionados para a solução de problemas reais, relevantes e prementes da sociedade. Uma evidência frequentemente apresentada para comprovar essa tendência é o reduzido número de patentes produzidas pela universidade, em comparação ao volume de pesquisas básicas realizadas.

A Educação Física, como uma área de conhecimento, é ainda incipiente no nosso país. Não faz tanto tempo que ela foi inserida, de fato, no universo acadêmico, justificando a sua presença no contexto da universidade. Isso aconteceu basicamente com a criação dos seus programas de pós-graduação, que se efetivou no início da década de 1980 (Tani, 1996). Assim, ela está inserida nesse ambiente de produtivismo com uma agravante: tem sido pressionada a produzir bastante, porém, sem ter uma visão clara do que está produzindo (Tani et al., 2020). A principal causa dessa ambiguidade está no fato de ela não ter ainda uma definição da sua identidade como uma área de conhecimento. Como sobre essa questão já me manifestei em outras oportunidades, aos interessados sugiro a leitura dos originais (Tani, 1996; 2008; 2016; Tani & Corrêa, 2019).

Para os objetivos do presente ensaio, importa discutir como está a reflexão sobre a utilidade do conhecimento que produz mediante as suas diferentes subáreas de investigação. Está ela preocupada com essa questão, ou o conteúdo abordado neste ensaio passa ao largo dos seus interesses de reflexão e investigação? A Educação Física tem discernimento quando está produzindo conhecimento desinteressado ou conhecimento direcionado à solução de problemas imediatos da sociedade? Se está produzindo conhecimento inútil, o faz no sentido pensado por Flexner (1939), acreditando que em longo prazo ele se tornará útil? Mas útil para atender a quais necessidades da sociedade? Ou está deixando de produzir conhecimento aplicado porque o status acadêmico se consegue de maneira mais eficaz com pesquisa básica, como já foi discutido?

Tudo indica que falta reflexão sobre essas questões. O que os pesquisadores têm como meta é o status acadêmico pessoal, sem questionar a utilidade do conhecimento que a área produz, seja no curto ou no longo prazo. Existe uma crença ingênua de que, produzindo conhecimento de reconhecido mérito científico, conferido por periódicos de fator de impacto elevado, estão automaticamente contribuindo para o avanço da Educação Física como área de conhecimento (Tani, 2016; Tani & Corrêa, 2019). Não faz parte das suas reflexões que, mesmo que estejam sendo bem-sucedidos na produção de conhecimentos, ao fim e ao cabo poderão estar contribuindo para enriquecer outras áreas de conhecimento.

Como uma área ainda incipiente, a Educação Física não pode se dar ao luxo de aceitar passivamente esse deslocamento de meta. Isso pode resultar, inclusive, em cooptação por outras áreas de conhecimento no futuro. É o que está acontecendo com a Cinesiologia nos Estados Unidos – uma área de conhecimento que nasceu do "movimento disciplinar" da Educação Física (Rikli, 2006; Scanlan, 1998; Spirduso, 2009). A consequência da negligência de uma determinada área de conhecimento relativamente a esse tipo de movimento na academia, em longo prazo, pode ser a perda do seu reconhecimento como tal, como membro da comunidade científica e como uma unidade independente no âmbito de uma universidade.

Essa ausência de reflexão na Educação Física, que contribui para uma indefinição da sua missão como uma área de conhecimento, deixando o seu foco de pesquisa mal definido, pode levar um pesquisador bem-sucedido nesse universo do produtivismo a defrontar-se com dilemas em continuar atuando na área. Por exemplo, se considerar a sua inegável produtividade por um lado, mas o não reconhecimento da pertinência de suas publicações à especificidade da área por outro, começar a sentir-se crescentemente estranho no seu hábitat. Ou, se considerar apenas a sua elevada produtividade e não ligar para a pertinência do que produz, começar a pensar que a área não lhe merece. Esses dilemas podem levá-lo a pensar seriamente em transferir-se para outras áreas de conhecimento que lhe possam proporcionar asas para desenvolver plenamente a sua autoavaliada competência e potencialidade científica. Por exemplo, um pesquisador da Fisiologia do Exercício se transferir para a Medicina, um pesquisador da Bioquímica do Exercício se transferir para as Ciências Biomédicas, um pesquisador da Biomecânica se transferir para a Engenharia, um pesquisador da Pedagogia do Movimento se transferir para a Educação, um pesquisador do Comportamento Motor se transferir para a Psicologia, um pesquisador da Sociologia do Esporte se transferir para a Sociologia, e assim por diante. Como um acadêmico que, ao longo da carreira, tem se preocupado em refletir sobre essas questões e propor saídas para a Educação Física, tenho apenas uma coisa a dizer a esses pesquisadores produtivos que assim se sentem e assim querem se proceder, porém não têm interesse em participar das reflexões e construções coletivas sobre a identidade da área por considerarem-nas inúteis: boa sorte, sejam felizes.

8.7 CONSIDERAÇÕES FINAIS

A discussão sobre a utilidade do conhecimento científico certamente se acentuará na sociedade daqui para frente. Afinal, muito se investe na ciência e é justo que ela tenha expectativa de que seus problemas serão solucionados com a aplicação dos conhecimentos produzidos. A pandemia causada pelo vírus covid-19 mostrou que é possível aumentar as expectativas pelo que a ciência demonstrou de capacidade latente nesse sentido. Cada vez mais, o julgamento da sociedade acerca do investimento a ser feito na ciência estará condicionado ao atendimento dessas expectativas. É fundamental, portanto, que elas sejam realistas, bem embasadas, especialmente considerando que os recursos financeiros para a ciência competem com recursos que precisam ser alocados às outras necessidades básicas da sociedade.

Nesse contexto, é importante reconhecer, inicialmente, que existe uma avaliação injusta do conhecimento científico por parte da sociedade, quando ela se posiciona criticamente quanto à sua utilidade na solução de seus problemas. É que essa utilidade só é pensada quando se trata de grandes problemas, especialmente os duradouros. Esquece-se de que o conhecimento científico está presente nas mais diversas atividades desenvolvidas pelo cidadão no seu dia a dia, oferecendo soluções para a vida se tornar melhor. O ensino formal tem uma grande responsabilidade de fomentar a aculturação científica da população para que ela possa fazer uma avaliação mais justa da utilidade do conhecimento científico. É preciso atribuir ao ensino da ciência na escola a devida prioridade na educação escolarizada.

Mas esse modo de a sociedade avaliar o conhecimento científico não isenta a ciência de realizar a autocrítica sobre o seu *modus operandi* e fazer correções de rota quando necessárias. Penso que as críticas apresentadas por diferentes pesquisadores, que foram discutidas no presente texto, convergem para o produtivismo como um dos principais problemas aos quais se necessita dar um melhor encaminhamento. Como denuncia o editorial da *Nature* (2017), a bolha está mais do que inflada e pode estourar a qualquer momento.

Finalmente, considerando as reflexões sobre a utilidade do conhecimento inútil ou desinteressado de um lado e as denúncias sobre a inutilidade do conhecimento de outro, fica evidente a importância de se ter como pano de fundo a visão de ciência como um empreendimento desenvolvido nas suas três vertentes – básica, aplicada e tecnológica – cada qual com suas especificidades, porém, complementares entre si, para se fazer uma avaliação justa sobre a matéria e redirecionar as prioridades. Certamente, a corrida desenfreada pela produção do conhecimento, sem pensar na sua utilidade, não terá lugar no novo *modus operandi*. Começa-se a falar de pesquisa orientada à missão. A Educação Física, portanto, precisa participar mais ativa e efetivamente dessas discussões, reflexões e construções.

REFERÊNCIAS

Al-Shahi Salman, R., Beller, E., Kagan, J., Hemminki, E., Phillips, R. S., Savulescu, J., Macleod, M., Wisely, J., & Chalmers, I. (2014). Increasing value and reducing waste in biomedical research regulation and management. *Lancet, 383*, 176-185.

Aristóteles (2009). *Ética a Nicômaco*. Introdução, tradução e notas de António de Castro Caeiro. Atlas.

Boyack, K. W., Klavans, R., Sorensen, A. A., & Ioannidis, J. P. (2013). A list of highly influential biomedical researchers, 1996-2011. *European Journal of Clinical Investigation, 43*, 1339-1365.

Button, K. S., Ioannidis, J. P. A., Mokrysz, C., Nosek, B. A., Flint, J., Emma, S. J., Robinson, E. S. J., & Marcus R. Munafò, M. R. (2013). Power failure: why small sample size undermines the reliability of neuroscience. *Nature Reviews Neuroscience, 14*, 365-376.

Chalmers, I., Bracken, M. B., Djulbegovic, B., Garattini, S., Grant, J., Gülmezoglu, A. M., Howells, D. W., Ioannidis, J. P. A., & Oliver, S. (2014). How to increase value and reduce waste when research priorities are set. *Lancet, 383*, 156-165.

Chalmers, I., & Glasziou, P. (2009). Avoidable waste in the production and reporting of research evidence. *Lancet, 374*, 86-89.

Chan, A. W., Song, F., Vickers, A., Jefferson, T., Dickersin, K., Gøtzsche, P. C., Krumholz, H. M., Ghersi, D., & Van Der Worpet, H. B. (2014). Increasing value and reducing waste: addressing inaccessible research. *Lancet 383*, 257-266.

Contopoulos-Ioannidis, D. G., Alexiou, G. A., Gouvia, T. C., & Ioannidis, J. P. (2008). Life cycle of translational research for medical interventions. *Science 321*, 1298-1299.

Dijkgraaf, R. (2017). The world of tomorrow. In A. Flexner, *The usefulness of useless knowledge* (pp. 3-47). Princeton University Press.

Fanelli, D. (2010). Do pressures to publish increase scientists' bias? An empirical support from US States Data. *PloS one*, *5*(4), e10271.

Flexner, A. (1939). The usefulness of useless knowledge. *Harpers's Magazine*, *179*, 544-552.

Flexner, A. (2017). *The usefulness of useless knowledge*. Princeton University Press.

Glasziou, P., Altman, D. G., Bossuyt, P., Boutron, I., Clarke, M., Julious, S., Michie, S., Moher, D., & Wager, E. (2014). Reducing waste from incomplete or unusable reports of biomedical research. *Lancet*, *383*, 267-276.

Goodstein, D. (2002). Scientific misconduct. *Academe*, *88*(1), 28-31.

Ioannidis, J. P. A. (2005). Why most published research findings are false. *PLos Medicine*, *2*(8), e124.

Ioannidis, J. P. A. (2014). How to make more published research true. *PLos Medicine*, *11*(10), e1001747.

Ioannidis, J. P. A. (2016). Why most clinical research is not useful. *PLos Medicine*, *13* (6), e1002049.

Ioannidis, J. P. A. (2022). The end of the COVID-19 pandemic. *European Journal of Clinical Investigation*, *52*, e13782.

Ioannidis, J. P. A., Greenland, S., Hlatky, M. A., Khoury, M. J., Macleod, M. R., Moher, D., Schulz, K. F., & Tibshirani, R. (2014). Increasing value and reducing waste in research design, conduct, and analysis. *Lancet*, *383*, 166-175.

Lee, K-F. (2019). *As superpotências da inteligência artificial: a China, Silicon Valley e a nova ordem mundial*. Relógio D'Água.

Macleod, M. R., Michie, S., Roberts, I., Dirnagl, U. Chalmers, I., Ioannidis, J. P. A., Al-Shahi Salman, R., Chan, A. W., & Glasziou, P. (2014) Biomedical research increasing value, reducing waste. *Lancet, 383*, 101-104.

Nature (2017). Researchers should reach beyond the science bubble. *Nature*, *542*, 391. https://doi.org/10.1038/542391a.

Nichols, T. (2018). *A morte da competência*. Quetzal.

Rego, T. C. (2014). Produtivismo, pesquisa e comunicação científica: entre o veneno e o remédio. *Educação e Pesquisa*, *40*(2), 325-346.

Rikli, R. (2006). Kinesiology – a "homeless" field: addressing organization and leadership needs. *Quest*, *58*, 288-309.

Scanlan, T. K. (1998). Thriving *versus* surviving. *Quest*, *50*, 126-133.

Spirduso, W. W. (2009). Staying afloat in an information-age sea change. *Quest*, *61*, 5-18.

Tani, G. (1996). Cinesiologia, educação física e esporte: ordem emanente do caos na estrutura acadêmica. *Motus Corporis*, *3*(2), 9-49.

Tani, G. (2007). Desporto e escola: que diálogo ainda é possível? In J. O. Bento & J. M. Constantino (Coords.), *Em defesa do desporto: mutações e valores em conflito* (pp. 269-287). Almedina.

Tani, G. (2008). Área de conhecimento e intervenção profissional. In U. C. Corrêa (Org.), *Pesquisa em comportamento motor: a intervenção profissional em perspectiva* (pp. 14-25). Escola de Educação Física e Esporte da Universidade de São Paulo.

Tani, G. (2016). Pós-graduação em educação física: crescimento e correção da rota. In W.W. Moreira & V. L. Nista-Piccolo (Orgs.), *Educação física e esporte no século XXI* (pp.153-171). Papirus.

Tani, G., & Corrêa, U. C. (2019). Ciência e comunicação científica na educação física/ciências do esporte. In F. F. B. Carneiro, A. Ferreira Neto & W. Santos (Orgs.), *Comunicação científica em periódicos* (pp. 237-259). Appris.

Tani, G., Drews, R., & Corrêa, U. C. (2020). Tendências da produção científica dos bolsistas de produtividade em pesquisa do CNPq da educação física. *Revista Movimento*, *26*, e26088. https://doi.org/10.22456/1982-8918.105434

Tani, G., Santos, S., & Meira Jr., C. M. (2006). O ensino da técnica e a aquisição de habilidades motoras no desporto. In G. Tani, J. O. Bento & R. D. S. Petersen (Eds.), *Pedagogia do desporto* (pp. 227-240). Guanabara Koogan.

CAPÍTULO 9

A produção intelectual na Educação Física: o ensaio acadêmico em foco, com a terceira cultura em perspectiva

9.1 CONSIDERAÇÕES INICIAIS

Na dedicatória do livro *Leituras em Educação Física: retratos de uma jornada*, que foi feita ao Professor Hitoshi Hagiwara, meu orientador de mestrado na Universidade de Hiroshima, no Japão, mencionei uma afirmação de sua autoria de que a carreira acadêmica é muito mais do que escrever artigos da sua especialidade (Tani, 2011a). No mestrado, confesso não ter conseguido perceber bem o real alcance dessa afirmação, pois estava totalmente focado na elaboração da dissertação. Durante o doutorado, menos disponibilidade mental tive para refletir mais profundamente acerca do assunto. Não obstante, a mensagem tinha ficado devidamente gravada na minha memória.

Ao ingressar na carreira universitária, na Universidade de São Paulo, comecei a perceber melhor o que Hitoshi Hagiwara quis dizer com aquela afirmação. Lembrei-me do contexto em que ela ocorreu: estávamos conversando sobre a situação com a qual, segundo a sua visão, eu provavelmente me depararia quando voltasse ao Brasil com o doutorado concluído – as necessidades, as oportunidades, as dificuldades, as demandas, as exigências, as expectativas, enfim. Ele estava se referindo à característica multifacetada da carreira acadêmica, que reclama por uma produção intelectual para além da especialidade. Seu entendimento era de que, quanto mais incipiente fosse o contexto em termos acadêmicos, maior seria, provavelmente, a magnitude dessa demanda. O meu retorno ao Brasil se deu em 1982, quando a Educação Física estava começando a estruturar-se como uma área de conhecimento devidamente inserida no contexto da universidade, iniciando cursos de pós-graduação, estruturando laboratórios de pesquisa, organizando eventos científicos, criando periódicos especializados, entre outras importantes iniciativas acadêmicas (Tani, 1996).

Penso ser oportuno registrar que existem basicamente duas carreiras que caminham paralelamente no ensino superior: a acadêmica e a universitária. A primeira se inicia ao envolver-se de maneira sistemática com a atividade de pesquisa, o que normalmente acontece na pós-graduação, quando não na iniciação científica. Reconhecidamente, a pós-graduação é um programa que procura inserir o indivíduo nesse universo, de forma organizada. A carreira acadêmica, que se caracteriza pela busca incessante do conhecimento, é um processo duradouro que só termina quando a pessoa decide intencionalmente interrompê-lo, ou seja, por iniciativa própria. Expressando de um modo confessadamente exagerado, diria que, se assim desejasse, ela poderia acabar somente com a aposentadoria "biológica".

A carreira universitária, por sua vez, tem o seu início e término claramente definidos: começa-se, normalmente, como professor auxiliar ou assistente e termina como professor titular, lembrando que nem todos os docentes têm a oportunidade de chegar a essa última fase da carreira, particularmente em universidades públicas estaduais, em virtude de circunstâncias administrativas (vagas disponíveis). Muitos concluem a carreira como professor associado. De todas as maneiras, o serviço ativo na carreira universitária finda, por lei, com a aposentadoria por idade. O final da carreira não depende da vontade do docente, porquanto compulsório.

Interessante observar que, muitas vezes, a carreira acadêmica continua mesmo depois da aposentadoria, isto é, após o término da carreira universitária. Não são poucas as pessoas que sentem que ainda têm "muita lenha para queimar" e continuam contribuindo para o avanço do conhecimento. Outras se mantêm na ativa por motivo de solidariedade, para não deixar o(a) companheiro(a) de vida em pânico: ir para casa, colocar pijama e chinelo, gostar e assim permanecer!

O que se espera é que essas duas carreiras mantenham correspondência, de modo que se progrida na carreira universitária (categorias docentes) de acordo com a progressão na carreira acadêmica (títulos acadêmicos). Nas universidades públicas, o ingresso na carreira acontece mediante concursos públicos, que implicam competição de mérito entre candidatos, mas a progressão na carreira nem sempre se realiza por concurso entre candidatos, visto que pode ocorrer por tempo de serviço, que envolve apenas avaliação de mérito do próprio candidato, como acontece atualmente nas universidades federais.

Como foi mencionado, a carreira acadêmica começa com o envolvimento sistemático com a pesquisa, usualmente na pós-graduação. A pós-graduação no Brasil tem dois objetivos principais: a formação de recursos humanos para a docência no ensino superior (carreira universitária) e a formação de recursos humanos para o desenvolvimento da ciência e da tecnologia (normalmente carreira fora da universidade; dependendo da área, no chamado setor produtivo) (Tani, 2000; 2016). Ambas têm em comum a formação para a pesquisa. Considerando que, na Educação Física, a chance de seguir a segunda alternativa de carreira é pequena, a grande maioria dos egressos busca seguir a carreira universitária. Portanto, ao fim e ao cabo, a pós-graduação se constitui um processo organizado de formação para a pesquisa que prepara recursos humanos para trabalhar na carreira universitária.

Contudo, existe uma crítica de que essa formação está ocorrendo com uma especialização excessiva, que resulta numa visão muito estreita, ou melhor, que ela está focada apenas na preparação para a pesquisa numa área muito específica, esquecendo-se de ou negligenciando uma formação intelectual mais ampla, necessária para enfrentar os desafios da carreira universitária, que é multifacetada (Tani, 2000; 2016). É oportuno esclarecer que a carreira acadêmica pode ser desenvolvida em outras instituições que não necessariamente universitárias, como nos institutos isolados de pesquisa (como Fiocruz, Embrapa, Instituto Butantan, Instituto Biológico, Instituto Adolpho Lutz, Instituto Nacional de Pesquisas Espaciais, Instituto Nacional de Pesquisas da Amazônia). Todavia, como foi mencionado, isso depende da área de conhecimento.

A carreira universitária envolve a participação em diferentes atividades acadêmicas que não só a pesquisa no sentido estrito (produção de conhecimento). Abrange, por exemplo, a participação nas bancas examinadoras de concursos, o engajamento nas diferentes comissões internas à instituição como de graduação, pós-graduação, pesquisa e extensão, a emissão de pareceres para projetos, relatórios, normas de regulamentação de diferentes naturezas, a consultoria para diferentes órgãos, entidades e instituições, palestras, conferências, entrevistas e assim por diante. Em todas essas atividades requer-se, inevitavelmente, o domínio de conhecimentos acadêmico-científicos muito mais amplos do que aqueles da sua especialidade (por exemplo, Bioquímica do Exercício, Fisiologia do Exercício, Biomecânica, Aprendizagem Motora, Psicologia do Esporte, Sociologia do Esporte, Pedagogia do Esporte, entre outras).

Assim, refletindo sobre a afirmação de Hitoshi Hagiwara, de que a carreira acadêmica é mais do que a publicação de artigos da sua especialidade em virtude da necessidade de conhecimentos amplos que a carreira universitária demanda, é razoável deduzir que, se assuntos para além da especialidade já tivessem sido objeto de análise e reflexão e resultado em publicações, possibilitaria não apenas uma participação mais segura e efetiva nessas atividades como também contribuiria para enriquecer o corpo de conhecimentos da área. Por exemplo, se a preparação profissional em Educação Física já tivesse sido um tema de análise e reflexão e resultado em artigos, a participação do docente numa comissão de graduação para elaborar um novo currículo que atendesse às deliberações das novas Diretrizes Curriculares Nacionais seria bem mais efetiva e consequente do que na ausência desses esforços acadêmicos prévios (Tani, 2021). Esse é o ponto central do presente texto. O seu objetivo é discutir que publicações são essas, como poderiam ser produzidas e quais seriam as suas implicações na condução de uma carreira universitária e acadêmica multifacetada, tendo como perspectiva a terceira cultura (Brockman, 1998), que vem transformando a ciência numa cultura pública.

9.2 TIPOS DE PUBLICAÇÃO E DOCÊNCIA NO ENSINO SUPERIOR

Em todas as carreiras profissionais, é absolutamente normal a busca de eficiência. A carreira docente no ensino superior não é exceção. Se a carreira numa universidade – nem todas as instituições de ensino superior se enquadram nessa categoria – implica o desenvolvimento das atividades de ensino, pesquisa e extensão, nada de errado há em procurar ser eficiente nessas atividades (Tani, 2021; Tani & Corrêa, 2019; Tani et al., 2020). Como a pesquisa se conclui com a publicação, ser produtivo nas publicações constitui a meta de todos os docentes universitários. Evidentemente, cada pesquisa tem as suas particularidades, de maneira que, nos processos de produção e avaliação das publicações, elas devem ser levadas em devida consideração.

Em tese, ao menos nas universidades públicas, a metade das horas de trabalho semanal do docente é destinada às atividades de pesquisa; assim, numa aritmética simples, a metade do salário é paga para realizar pesquisa. Portanto, faz parte das atribuições precípuas do docente universitário pesquisar e produzir conhecimento, de modo que não é nada estranho perseguir a produtividade (eficiência) nessa atividade. No entanto, quando ela é transformada em competição desenfreada para lograr reconhecimento e recompensa de diferentes naturezas – *status*, poder, dinheiro, influência, fama, vaidade etc. –, acaba se transformando em "produtivismo", ou até mesmo em "produtivismo exacerbado", que tem sido objeto de reflexão, crítica e reprovação cada vez mais intensas na academia (Fanelli, 2010; Goodstein, 2002; Rego, 2014; Tani, 2016; Tani et al., 2020).

Como é amplamente conhecido, existem diferentes tipos de publicação. Os mais conhecidos são os livros, os capítulos de livro, os artigos originais, os artigos de revisão de literatura e os ensaios acadêmicos. As principais características dos quatro primeiros são bem conhecidas e dispensam maiores comentários. Essas publicações têm normalmente pesos distintos no que se refere à sua valorização na avaliação dos currículos. Sem fazer julgamento de mérito, os artigos originais e de revisão são frequentemente os mais valorizados nas áreas biológica e comportamental de investigação, enquanto nas áreas sociocultural e pedagógica dá-se mais valor aos livros e aos capítulos de livro. Obviamente, quando uma mesma métrica é utilizada para avaliação da produção sem levar em consideração as peculiaridades de cada tipo de publicação, tornam-se inevitáveis as críticas de ambas as partes (mais detalhes acerca desse assunto podem ser encontrados, por exemplo, em Tani, 2014; 2016; Tani et al., 2020).

De fato, a Educação Física tem enfrentado embates calorosos no que tange à avaliação da produção científica nos seus diferentes domínios de atuação. Isso tem acontecido tanto na avaliação da produção individual – como no caso da obtenção da bolsa de produtividade em pesquisa do CNPq e da obtenção de financiamento para projetos de pesquisa junto aos órgãos de fomento à pesquisa – como da produção institucional (por exemplo, dos programas de pós-graduação pela Coordenação de Aperfeiçoamento de Pessoal de Nível Superior - CAPES). No meu entender, a principal causa dessa falta de entendimento no tocante à avaliação está na ambiguidade da identidade acadêmica, que ainda se faz presente na Educação Física. Como sobre esse assunto já tive a oportunidade de analisar, refletir e posicionar-me em textos anteriores, aos interessados tomo a liberdade de sugerir a leitura dos originais (Tani, 1996; 1998; 2000; 2008; 2011a; 2011b; Tani & Corrêa, 2019).

Interessante observar que o último tipo de publicação, entre os anteriormente mencionados, não tem recebido a devida atenção dos docentes, tanto nas subáreas biológicas e comportamentais como nas socioculturais e pedagógicas da Educação Física: os ensaios acadêmicos, que podem ser publicados em forma de artigos ou capítulos de livro. Diferentes causas podem ser especuladas para se explicar essa tendência na produção intelectual da área. Poderia ser, por exemplo, o foco da investigação direcionado exclusivamente à produção intelectual mais valorizada na avaliação da produção científica – os artigos originais e os livros, respectivamente, nas áreas biológica e comportamental e nas áreas sociocultural e pedagógica de investigação. Poder-se-ia pensar também no desinteresse geral por esse tipo de publicação por considerá-lo menos científico e, portanto, menos relevante. O fato de os periódicos aceitarem cada vez menos esse tipo de produção para publicação também não pode ser descartado. Cabe até conjeturar que uma possível causa poderia ser a falta de preparo, traquejo e habilidade para escrever ensaios acadêmicos, visto que o estilo de escrita é diferente e demanda uma articulação de pensamento distinta – mais reflexão e argumentação do que explicação. Uma causa estranha, ainda assim possível, seria o não conhecimento da existência desse tipo de publicação.

Os ensaios acadêmicos são textos para se discutirem determinados temas em que o autor expõe suas ideias, análises e pontos de vista com uma base teórica sustentada na literatura. São textos em que ele se posiciona claramente em relação ao tema proposto com argumentos sólidos, porém, nem sempre fazendo uma análise neutra do assunto. O objetivo dos ensaios é gerar debates e fomentar discussões com vistas ao enriquecimento acadêmico próprio, da área e, em última análise, da sociedade.

Qual seria, afinal, a importância desse tipo de publicação na Educação Física? Para responder a essa pergunta, ajuda reiterar que o docente universitário é convidado ou convocado para participar em diversas atividades acadêmicas que não afeitas à pesquisa no sentido estrito – por exemplo, discutir e deliberar a respeito da preparação profissional, analisar fatores que afetam a intervenção profissional, discutir política de pós-graduação, participar de bancas de concursos, entre tantas outras. Tomemos como exemplo a participação nas bancas examinadoras de concursos de ingresso ou de progressão nas carreiras. Para se ter atuação coerente e consistente nessa atividade, é necessário se ter e manter um posicionamento devidamente fundamentado no que concerne à área de conhecimento, à universidade e à ciência para utilizar o mesmo critério de rigor acadêmico em todas as oportunidades, para não ser visto como um docente que toma decisões e assume posições conforme circunstâncias. Como é bem sabido, é muito importante para o docente universitário construir uma reputação acadêmica que inspire confiança, suscite respeito, e que o prestígio e reconhecimento conquistados estejam alicerçados na solidez das atitudes. Os ensaios acadêmicos, elaborados por meio de uma profunda reflexão e análise com referência a assuntos que escapam à especificidade da sua área de investigação, mas que são inerentes ao labor acadêmico, ajudam a estruturar esse posicionamento coerente e fundamentado.

Ademais, os ensaios acadêmicos são importantes para construir um *background* teórico devidamente estruturado, que possibilite consistência nas análises, reflexões e argumentações, evitando-se improvisações de última hora ou habilidosas "*embromations*", como dito por um ex-presidente da República na falta de uma palavra mais adequada durante uma entrevista em inglês. Isso é relevante, por exemplo, quando se pensa na participação em eventos acadêmicos, como congressos, simpósios e congêneres, notadamente nas sessões de mesas redondas, em que a avaliação social referente aos palestrantes está em curso. O mesmo pode ser dito no que concerne a palestras e conferências proferidas ao longo da carreira. Nessas atividades de extensão, é temeroso não se ter um *background* teórico claramente delineado, visto que os assuntos abordados não normalmente variados, e corre-se o risco de cair em contradição relativamente às colocações e análises já feitas ou posições já assumidas em oportunidades anteriores. Se isso acontecer, pode-se perder uma coisa muito preciosa na carreira acadêmica, que se chama credibilidade. Para evitar que isso aconteça, uma estratégia é sempre participar dessas atividades apresentando preferencialmente conteúdos que já tenham sido objeto de cuidadosa análise e reflexão. Melhor ainda se já publicados em forma de ensaios acadêmicos. Oportuno esclarecer que cair em contradição é totalmente diferente da mudança de visão ou posicionamento decorrente do avanço no conhecimento, que é absolutamente normal e desejável.

Por fim, escrever ensaios acadêmicos pode se constituir num valioso instrumento de organização do pensamento acerca de assuntos diversos que são inerentes ao labor acadêmico. A carreira universitária está recheada de oportunidades ou necessidades – muitas vezes não desejadas – de falar sobre esses assuntos, posicionando-se perante plateias variadas, atentas e exigentes. A fala permite repetições, aceita frases incompletas que, mesmo assim, são compreendidas por reconhecimento padrão. Ainda, tolera a utilização de conceitos nem sempre precisos e inúmeros exemplos para esclarecê-los. Não obstante, ela tem suas armadilhas: se não aperfeiçoada, começa-se a depender da capacidade dos ouvintes em compreender, e não da sua capacidade de comunicar. A escrita, ao contrário, tem lógica, envolve sequência ordenada, implica respeitar regras (gramática, sintaxe, semântica), exige clareza e objetividade, enfim, tem uma estrutura claramente delineada com começo, meio e fim. É por essa razão que a melhor forma de organizar o pensamento é escrever. Destarte, um bom ensaio acadêmico é evidência de pensamento organizado, seja qual for o tema.

Com essas utilidades e relevâncias descritas – existem outras –, fica claro que o objetivo de escrever ensaios acadêmicos não é o de enriquecer o currículo e tornar-se mais competitivo cientificamente. O seu propósito é aumentar o cabedal de conhecimentos acadêmicos no que se refere a temas mais amplos, expondo suas ideias e posicionamentos e abrindo-se para críticas e debates, e, com isso, elevar a expertise em assuntos para além da sua especialidade, para bem responder aos desafios de uma carreira acadêmica e universitária multifacetada e duradoura.

9.3 A PRODUÇÃO DE ENSAIOS ACADÊMICOS

Penso que todas as atividades e funções exercidas por um docente na carreira universitária, que não a pesquisa (ensino, extensão, administração, orientação, consultoria), deveriam ser vistas também como oportunidades singulares para a produção de conhecimentos, nomeadamente em forma de ensaios acadêmicos. Exemplificando, a participação como membro da comissão de pós-graduação de uma instituição é uma oportunidade ímpar para se escrever um ensaio que expresse a sua visão a respeito da pós-graduação. Assim procedendo, os fundamentos, as premissas, as racionalidades e os argumentos que orientarão a sua atuação na comissão para analisar, discutir e avaliar projetos e documentos ficarão mais claros. Quando na presidência dessa comissão, escrever um ensaio acadêmico dessa natureza, deixando claro o pano de fundo que orientará as suas ações no exercício da função, torna-se ainda mais relevante, visto que é dele que certamente emanarão as decisões acadêmicas, administrativas, pedagógicas e políticas que tomará na condução da comissão de pós-graduação. Definitivamente, é um enorme desperdício não aproveitar essas oportunidades para produzir ensaios acadêmicos, deixando de expressar e explicitar a sua concepção de pós-graduação.

Naturalmente, existe pano de fundo pertinente para cada função a ser exercida. A necessidade de se ter um mais abrangente torna-se mais evidente quando se assume cargos e funções administrativas, como chefia de departamento e direção de unidade, cujas decisões têm impacto coletivo mais amplo. É importante que candidatos e pleiteantes a esses cargos e funções tenham uma visão clara de universidade no tocante a sua estrutura, organização, missão, funcionamento, função social, relacionamento com outras instituições, entre outros aspectos mais macroscópicos. E a comunidade que escolherá tenha conhecimento dessa visão. Na realidade, a escolha ou a indicação para o exercício dessas funções deveria ocorrer após uma análise cuidadosa da visão que cada candidato ou pleiteante possui a respeito. Porque, depois de escolhido, não adianta lamentar se der errado.

Do ponto de vista do candidato ou pleiteante, sem um pano de fundo claramente estruturado, torna-se arriscado assumir essas funções. Porque é dele que resulta a plataforma de gestão. Na verdade, ele serve de proteção, porque as ações específicas no exercício dessas funções podem ser avaliadas pelos seus resultados imediatos, mas a avaliação do conjunto das ações (gestão) necessita ser realizada levando-se em consideração a plataforma de gestão e o *background* que a originou. Caso contrário, a avaliação se torna descontextualizada e, certamente, injusta. Agora, se a instituição não cobra a apresentação de uma plataforma de gestão, permitindo ser conduzida por um ilustre "desconhecido" nesse domínio, é preciso assumir a parte da responsabilidade que lhe cabe quando o fracasso se concretiza. O fiasco de uma gestão pode deixar um legado amargo que necessitará de várias gestões para ser digerido e suprimido.

Existe, na realidade, uma hierarquia relativamente ao pano de fundo no universo acadêmico, sendo o mais amplo e abrangente a concepção de ciência. É ela que abarca todos os demais, constituindo um tipo de hierarquia que se conhece por *aninhada*

(Allen & Starr, 1982). São hierarquias em que os níveis superiores contêm ou são compostos de níveis inferiores. Trataremos dessa concepção em seguida, mas, antes, é importante deixar registrado que, na carreira universitária, é habitual que haja uma correspondência entre o exercício de cargos e funções e a fase da carreira docente, de modo que os de maior responsabilidade são exercidos por quem se encontra na fase mais avançada. Isso significa que, ao longo da carreira, os docentes têm a oportunidade de escrever ensaios acadêmicos cujos temas estão relacionados com o estágio em que se encontram. Evidentemente, se for de seu interesse.

9.4 A TERCEIRA CULTURA E OS ENSAIOS ACADÊMICOS

Uma das funções do docente universitário é servir de intermediário entre a ciência e a sociedade. É fazer do conhecimento científico um importante subsídio para estabelecer diálogo com a sociedade, com o objetivo de contribuir para elevar o seu nível cultural (Tani, 2021). Para praticar esse diálogo, é necessário que ele tenha uma visão ampla de ciência e traduza o conteúdo científico em conhecimentos palpáveis à população; quer dizer, ser um divulgador científico, alguém capaz de explicar temas científicos de maneira que as pessoas possam entender. Esse papel de intermediação tem sido crescentemente desempenhado pelos cientistas da chamada *terceira cultura* (Brockman, 1998). São cientistas que estão substituindo os intelectuais tradicionais que historicamente desempenharam esse papel de esclarecer a sociedade no que tange a questões fundamentais da vida ou a grandes questões da existência humana.

A ideia de terceira cultura tem uma origem interessante que remete a uma reflexão no que concerne à ideia de duas culturas, lançada e debatida com a publicação do livro intitulado *The two cultures and the scientific revolution*, escrito por C. P. Snow, em 1959, cuja enorme repercussão no meio acadêmico – concordância e discordância; simpatia e animosidade; elogios e insultos – ensejou a publicação de uma edição ampliada do mesmo livro com a inclusão de uma segunda parte, resultando num volume intitulado *The two cultures and a second look: an expanded version of the two cultures and the scientific revolution*, publicado em 1963. Esse último volume foi traduzido para o português e publicado pela Editora da Universidade de São Paulo – EDUSP, em 2015.

A ideia de duas culturas faz referência a uma distinção, divisão, contraposição e polarização entre a cultura científica e a cultura humanística, entre a ciência e as humanidades, ou entre cientistas e literatos, remetendo, portanto, a um tema incandescente que se faz presente ainda nos dias de hoje. Para C. P. Snow, essa polarização se caracterizava por uma incompreensão mútua que chegava ao nível de hostilidade e aversão. Os literatos achavam os cientistas impetuosos e orgulhosos, sem consciência da condição humana, isto é, especialistas culturalmente ignorantes. Os cientistas, por sua vez, achavam os literatos pessoas desprovidas de previsão que viviam com o pensamento restrito ao presente imediato, ou seja, intelectuais cientificamente ignorantes. De todas as maneiras, essa polarização significava perda para todos, com forte repercussão social, particularmente na educação e no combate ao fosso entre ricos e pobres. Um sério perigo para a nossa vida criativa, intelectual e cotidiana (Snow, 1963).

Na segunda parte do livro em que se debruça sobre as reações à primeira obra, C. P. Snow reitera os perigos dessa polarização e, como uma possibilidade de aproximação das duas culturas, visualiza uma terceira cultura emergente, que seria capaz de superar a separação entre cientistas e literatos, fomentando a comunicação e o diálogo entre ambos (Snow, 1963). Essa expressão - *terceira cultura* - foi utilizada por John Brockman para dar nome ao livro por ele editado (Brockman, 1998). No entanto, não concordando com a visão de C. P. Snow de que a terceira cultura seria uma forma de integração das duas (ele nega a ocorrência de aproximação), propõe outro entendimento da expressão, atribuindo-a exclusivamente aos cientistas que se comunicam diretamente com o grande público, sem necessidade de intermediários, traduzindo conhecimentos científicos numa linguagem compreensível a esse público.

De acordo com John Brockman, a terceira cultura se assenta no trabalho experimental e nas especulações teóricas de cientistas e outros pensadores do mundo empírico, que têm vindo a ocupar o espaço dos intelectuais tradicionais no esclarecimento do sentido mais profundo da vida, redefinindo quem somos e o que somos (Brockman, 1998; p.13).

Tanto para C. P. Snow como para John Brockman, os intelectuais tradicionais que eram ligados aos meios literários (daí serem chamados também de literatos) julgavam-se os cultos, quer dizer, os conhecedores das atividades do espírito e da capacidade de sintetizá-las, e descartavam os conhecimentos científicos. Pensavam que, para ser culto, não havia nenhuma necessidade de possuir conhecimentos científicos. Por sua vez, os cientistas que não tinham certo trato com a arte, a literatura e a música eram por eles considerados incultos. Para John Brockman, essa visão não se alterou, o que reforça o uso da expressão *terceira cultura* no sentido por ele proposto. Muitos renomados cientistas convidados para contribuir com o livro reforçam essa sua visão crítica referente aos literatos (Brockman, 1998).

Os cientistas da terceira cultura não apenas fazem a tradução de achados científicos em conhecimentos palatáveis à população. Eles também se comunicam com o grande público a respeito das novidades da ciência, trazendo à discussão ideias ainda especulativas que se situam na fronteira do conhecimento, mas que tratam de questões que atraem a curiosidade humana desde sempre, como as clássicas "como tudo começou - origem do universo", "de onde viemos - origem da vida" e "como funciona a mente - origem da consciência". Assim, na troca de ideias entre cientistas da terceira cultura, prevalece a tolerância quanto à possibilidade de desacordos. Não poderia ser diferente, considerando-se a dinâmica da ciência, que faz dos conhecimentos algo provisório, exatamente por situar-se na fronteira entre o mundo conhecido e o desconhecido.

Destarte, muitos temas discutidos pelos cientistas da terceira cultura, que um dia foram absolutamente exóticos para a população, já não soam tão estranhos ao grande público, pelo menos em termos terminológicos. Por exemplo, palavras como biologia molecular, inteligência artificial, genoma humano, realidade virtual, biodiversidade, nanotecnologia, robótica, complexidade, entre tantas outras, já se tornaram familiares às pessoas. Muito provavelmente, elas não entendem o que está por trás dessas palavras, mas sabem que, de alguma forma, elas estão afetando suas vidas.

Os recentes sucessos editoriais de livros que tratam desses temas evidenciam o alcance dessa terceira cultura. São livros cujos textos têm característica de ensaios acadêmicos. Basta lembrar o sucesso de vendas do livro *Uma breve história do tempo*, de Stephen Hawking, um dos primeiros a serem escritos (Hawking, 1988) e tantos outros best-sellers que se seguiram, até chegar aos dias atuais, em que, por exemplo, o livro *Sapiens: uma breve história da humanidade*, de Yuval Noah Harari, traduz-se num êxito comercial notável (Harari, 2015).

Os intelectuais da terceira cultura têm, num certo sentido, conseguido transformar a ciência numa cultura pública, comunicando e ao mesmo tempo modelando o pensamento da população. Cientistas como Stephen Jay Gould, Richard Dawkins, George C. Williams, Murray Gell-Mann, Daniel C. Dennett, Daniel Kahneman, Steven Pinker, Roger Penrose, Paul Davies, Gerald M. Edelman, Brian Goodwin, Francisco Varela, Nassim Nicholas Taleb, Jared Diamond, Oliver Sacks, Ervin Laszlo, Ilya Prigogine, Leonard Mlodinow, Howard Gardner, Steven Rose, Edward O. Wilson, António Damásio, Marcelo Gleiser, somente para citar alguns dos mais renomados, tornaram-se verdadeiras celebridades dessa nova cultura com a publicação de livros que tiveram grande repercussão. Isso significa que uma parcela não desprezível da sociedade tem grande interesse em conhecer melhor quem somos nós e o que somos, como previu Brockman (1998).

Entretanto, nem tudo são flores. Está em curso uma onda de negação da ciência ou tentativa de desmoralização da competência (expertise) que avança na sociedade moderna, como bem discute em seu livro Tom Nichols (Nichols, 2018). Um crescente desprezo populista em relação ao conhecimento especializado, em que se presencia um declínio e uma queda da razão (Kakutani, 2018). Haja vista, por exemplo, o movimento antivacina e o negacionismo do aquecimento global. Até o "terraplanismo" tem seus adeptos. Nota-se uma forte campanha contra o conhecimento estabelecido, em que tudo que se relaciona com a verticalidade e profundidade (especialidade, competência, qualidade, profissionalismo, hierarquia etc.) está sendo sistematicamente combatido (Tani, 2021).

As contribuições da terceira cultura serão importantes para fazer contraposição a essa corrente negacionista da ciência, visto que uma das razões de os literatos – que também desprezavam a ciência – terem ocupado a posição que ocuparam no passado foi o fato de os cientistas não terem sido capazes de explicar as implicações do seu trabalho por meio de publicações direcionadas ao grande público.

Na Educação Física, algumas implicações dessa terceira cultura podem ser visualizadas. Duas delas me parecem claras: a primeira, como um importante contraponto à visão estreita provocada por uma formação acadêmica excessivamente especializada na pós-graduação; a segunda, a possibilidade de sintonizar-se com os avanços acerca das grandes questões da ciência que, de alguma forma, afetam todas as áreas do conhecimento.

Por fim, para o docente universitário da Educação Física, pode-se visualizar uma implicação que é a de instrumentalizar-se com conhecimentos amplos para tornar-se um intelectual da terceira cultura e fazer a intermediação entre a ciência e a sociedade, na sua área de conhecimento. Mais especificamente, pensar a Educação Física na perspectiva da terceira cultura para produzir ensaios acadêmicos sobre temas para além da sua especialidade. Um desafio deveras complexo, mas certamente compensador e encantador. Penso que os leitores agradeceriam.

9.5 CONSIDERAÇÕES FINAIS

A intenção primeira deste ensaio foi encontrar um lugar para ensaios acadêmicos na produção intelectual da Educação Física e atribuir-lhes o seu devido valor, a partir de uma análise das características das carreiras universitária e acadêmica. Como foi discutido, uma das características mais marcantes dessas carreiras é a grande diversidade das atividades nelas desenvolvidas, visto serem multifacetadas. Todavia, a formação para o exercício dessas carreiras, que ocorre basicamente na pós-graduação, visa quase que exclusivamente a uma dessas atividades, que é a pesquisa. Além disso, essa pesquisa é orientada a temas cada vez mais específicos e estreitos, e direcionada à produção de artigos da especialidade na busca de status acadêmico-científico (Tani, 2000; 2016; Tani et al., 2020).

No entanto, a carreira universitária, em virtude de sua característica multifacetada, envolve várias atividades acadêmicas que não a pesquisa no sentido estrito, e elas frequentemente demandam conhecimentos muito mais abrangentes do que os da especialidade, que necessitam estar devidamente estruturados e não ser avulsos. Requerem também pensamentos organizados. Daí a importância da publicação de ensaios acadêmicos, que se constitui uma forma eficaz de organizar tanto o pensamento como o conhecimento.

Naturalmente, não se está aqui propondo que a publicação de ensaios acadêmicos venha a concorrer com ou prejudicar a produção de outras formas de publicação. Entretanto, os ensaios acadêmicos, por se caracterizarem como textos que discutem determinados temas em que o autor expõe suas ideias, análises e seus pontos de vista, tornam-se particularmente significativos no desempenho de um importante papel do docente universitário – muitas vezes não conhecido nem reconhecido –, que é o de intermediar a comunicação entre a ciência e a sociedade, não apenas para informá-la, mas também para modelar o pensamento da população. Nesse sentido, os ensaios acadêmicos são úteis para se pensar o futuro, predizer tendências e projetar cenários, e isso se torna mais rico, interessante e desafiador navegando-se na terceira cultura, que está transformando a ciência numa cultura pública, dialogando com a sociedade a respeito de questões fundamentais da vida ou concernentes à existência humana.

Ademais, os ensaios acadêmicos alcançam um público leitor mais extenso que os artigos originais da especialidade, resultando em mais convites e chamamentos para palestras, conferências, debates, orientações e consultorias, ampliando as oportunidades de dialogar com a sociedade, fundamental para uma carreira acadêmica duradoura, desafiadora e estimulante. Por fim, tanto a carreira acadêmica como a universitária possibilitam uma ampla liberdade de pensamento e expressão. Cada docente pensa o que quer, escreve o que quer, e ainda tem gente que quer ler o que ele escreve. Não é formidável? Necessita-se de mais convencimento?

REFERÊNCIAS

Allen, T. F. H., & Starr, T. B. (1982). *Hierarchy: perspectives for ecological complexity*. University of Chicago Press.

Brockman, J. (1998). *A terceira cultura*. Temas e Debates.

Fanelli, D. (2010). Do pressures to publish increase scientists' bias? An empirical support from US States Data. *PloS one*, *5*(4), e10271.

Goodstein, D. (2002). Scientific misconduct. *Academe*, *88*(1), 28-31.

Harari, Y. N. (2015). *Sapiens: uma breve história da humanidade*. L&PM.

Hawking, S. W. (1988). *Uma breve história do tempo: do big bang aos buracos negros*. Rocco.

Kakutani, M. (2018). *A morte da verdade*. Intrínseca.

Nichols, T. (2018). *A morte da competência*. Quetzal.

Rego, T. C. (2014). Produtivismo, pesquisa e comunicação científica: entre o veneno e o remédio. *Educação e Pesquisa*, *40*(2), 325-346.

Snow, C. P. (1963). *The two cultures and a second look*. Cambridge University Press.

Tani, G. (1996). Cinesiologia, educação física e esporte: ordem emanente do caos na estrutura acadêmica. *Motus Corporis*, *3*(2), 9-49.

Tani, G. (1998). 20 anos de ciências do esporte: um transatlântico sem rumo? *Revista Brasileira de Ciências do Esporte*, Número Especial comemorativo dos 20 anos de fundação, 19-31.

Tani, G. (2000). Os desafios da pós-graduação em educação física. *Revista Brasileira de Ciências do Esporte*, *22*(1), 79-90.

Tani, G. (2007). Educação física: por uma política de publicação visando à qualidade dos periódicos. *Revista Brasileira de Ciências do Esporte*, *29*(1), 9-22.

Tani, G. (2008). Área de conhecimento e intervenção profissional. In U. C. Corrêa, (Org.), *Pesquisa em comportamento motor: a intervenção profissional em perspectiva* (pp. 14-25). Escola de Educação Física e Esporte da Universidade de São Paulo.

Tani, G. (2011a). *Leituras em educação física: retratos de uma jornada*. Phorte.

Tani, G. (2011b). A educação física e o esporte no contexto da universidade. *Revista Brasileira de Educação Física e Esporte*, *25*(Número Especial), 117-126.

Tani, G. (2014). Editoração de periódicos em educação física/ciências do esporte: dificuldades e desafios. *Revista Brasileira de Ciências do Esporte, 36*(4), 715-722.

Tani, G. (2016). Pós-graduação em educação física: crescimento e correção da rota. In W. W. Moreira & V. L. Nista-Piccolo (Orgs.), *Educação física e esporte no século XXI* (pp. 153-171). Papirus.

Tani, G. (2021). Preparação profissional em educação física em tempos de internet: algumas reflexões pontuais. In M. Pacheco Neto, C. H. Golin & M. J. Taques (Orgs.), *Educação física e esporte: diálogos atuais* (pp. 21-36). Fontoura.

Tani, G., & Corrêa, U. C. (2019). Ciência e comunicação científica na educação física/ciências do esporte. In F. F. B. Carneiro, A. Ferreira Neto & W. Santos (Orgs.), *Comunicação científica em periódicos* (pp. 237-259). Appris.

Tani, G., Drews, R., & Corrêa, U. C. (2020). Tendências da produção científica dos bolsistas de produtividade em pesquisa do CNPq da educação física. *Revista Movimento, 26*, e26088. https://doi.org/10.22456/1982-8918.105434.

CAPÍTULO 10

A formação do pesquisador em comportamento motor: reflexões à luz da criação e do desenvolvimento da ciência cognitiva

10.1 CONSIDERAÇÕES INICIAIS

A vida moderna está cada vez mais acelerada. Parece que existe deadline para tudo – ontem. Tudo tem de ser feito às pressas, para se vencer a competição contra o tempo. A formação do pesquisador parece não fugir à regra. Estimula-se para se começar a iniciação científica já no primeiro semestre do curso de graduação, mesmo conhecendo-se a realidade do ensino fundamental, que passa ao largo de uma educação para a ciência. Na pós-graduação, existe, há bom tempo, a ideia de se suprimir o mestrado e começar direto com o doutorado. Na outra ponta, a pressa também se faz presente. Se, no passado, o pós-doutorado era feito depois de certo tempo da conclusão do doutorado, até para possibilitar um balanço do processo e a elaboração de novos projetos, ou mesmo certo amadurecimento acadêmico-científico na carreira universitária, hoje se faz contíguo ao término do doutorado. Entendo que, em virtude da dificuldade de se conseguir emprego, o pós-doutorado acaba se constituindo uma alternativa para manter-se ativo. Mas, de maneira geral, em nada se reserva mais aquele tempo para a devida maturação. Alguém defende a sua tese de doutorado com sucesso e, uma semana depois, senta-se do outro lado da mesa, sem o menor constrangimento, como membro da banca examinadora de doutorado.

Nesse cenário de pressa galopante, é comum, para não dizer regra, a formação do pesquisador acontecer pegando "carona" em um projeto inserido numa linha de pesquisa já delineada e estruturada, em andamento, para não se perder tempo. Até aí, nada de errado. O problema é que, muitas vezes, ele não é orientado nem estimulado a conhecer a origem e a trajetória da linha de pesquisa em que está sendo introduzido, muito menos do campo de investigação a que pertence. Tomemos, a título de ilustração, um aluno hipotético que ingressa no mestrado e vai realizar a sua formação na área de Aprendizagem Motora. Esse mestrando poderá iniciar o seu processo de formação sendo encaminhado pelo seu orientador a investigar dentro de uma linha de pesquisa denominada de aprendizagem motora autocontrolada, em que ele próprio desenvolve as suas pesquisas experimentais. Será inserido, portanto, numa linha de pesquisa do orientador, provavelmente para investigar um dos tópicos de seu interesse – por exemplo, o efeito da demonstração autocontrolada. Aliás, é oportuno lembrar que o projeto de pesquisa é habitualmente um pré-requisito para a inscrição no exame de mestrado, de modo que a "carona" pode acontecer antes mesmo do ingresso no curso. Isso é mais comum se a iniciação científica foi também realizada com o mesmo orientador. De todas as maneiras, pega-se "carona" numa estrada devidamente pavimentada pelo orientador. Não existe a necessidade de pavimentá-la por conta própria, porque isso é visto como um esforço que resulta na perda de precioso tempo.

Pode ser que, na perspectiva do orientador, exista o entendimento de que esse mestrando já traz da graduação uma formação sólida em relação aos conhecimentos básicos da Aprendizagem Motora, quer dizer, ele já vem com o domínio daqueles conhecimentos todos que estão contemplados num bom *textbook* da área, incluindo a demonstração autocontrolada. Contudo, isso está longe de ser realidade, como todos sabem. Não é viável em termos práticos e, portanto, não pode ser tomado sequer como um sonho, talvez nem como uma utopia. O curso de graduação é incapaz de tornar realidade tamanha pretensão. Nem poderia, considerada a elevada quantidade de disciplinas contidas na grade curricular. Imagine se cada disciplina pretendesse lograr essa meta ambiciosa. Certamente, o curso necessitaria de muito mais anos para ser concluído. O domínio desse conteúdo básico poderia ser buscado na iniciação científica. Infelizmente, nela prevalece a mesma lógica de pensamento do mestrado – insere-se o candidato num projeto de pesquisa específico, nesse caso visando particularmente à aprendizagem do método de investigação, começando por "lavar pipeta".

Um orientador mais "pé no chão", sabendo que o domínio desses conhecimentos básicos no curso de graduação não acontece, poderia sugerir ao seu orientando estudar por conta própria a trajetória histórica da linha de pesquisa e do campo de investigação, paralelamente ao aprofundamento dos estudos sobre o tema específico do projeto de dissertação – a demonstração autocontrolada. Todavia, esse procedimento de orientação também não corresponde à realidade. É muito mais exceção do que regra. Afinal de contas, há apenas dois anos para se concluir o mestrado, e não há tempo para perder; a ordem é olhar só para a frente, avançar no projeto de pesquisa e fazer algo novo, inédito. O resgate do passado é sempre deixado para trás em nome da restrição do tempo e das coisas a serem feitas.

Lamentavelmente, são poucos os mestrandos que não necessitam dessa sugestão do orientador para perceber que devem buscar esses conhecimentos por conta própria. Preocupado com essa formação teórica estreita dos seus alunos, o programa de Pós-Graduação da Escola de Educação Física e Esporte da Universidade de São Paulo introduziu, recentemente, no exame de qualificação, além da defesa do projeto de pesquisa, uma explanação oral de 30 a 40 minutos acerca de um ponto sorteado 72 horas antes, exatamente para avaliar o domínio desses conteúdos básicos do campo de investigação. Acredito se tratar de um procedimento que nenhum outro programa do país adota.

Em suma, está em curso uma formação de pesquisador sem uma base teórica sólida da sua linha de pesquisa e do seu campo de investigação, ou melhor, um pesquisador conhecedor apenas do tema específico que lhe foi atribuído pelo orientador. E o problema não para aí. Mesmo nesse domínio temático específico, considerando-se que a velocidade da produção científica aumenta a passos largos, elevando exponencialmente o volume de artigos publicados, está se tornando cada vez mais difícil dar conta dessa produção e manter-se atualizado. A capacidade de processar informações com rapidez é crescentemente exigida.

De qualquer modo, fazer uma revisão de literatura é inevitável. Não da linha de pesquisa (aprendizagem motora autocontrolada) nem do campo de investigação (Aprendizagem Motora), mas do tema do projeto de pesquisa (demonstração autocontrolada). Mesmo porque a elaboração de um projeto de pesquisa original – que se encontra na fronteira do conhecimento, ou seja, no limite entre o mundo conhecido e o desconhecido, visto não ter sentido investigar o que já se sabe – tem como premissa o conhecimento do que já foi realizado. A revisão de literatura requer capacidade de análise do material bibliográfico e, mais ainda, da capacidade de síntese para caracterizar o estado da arte. O problema é que desenvolver a capacidade de síntese em tempos acelerados constitui um enorme desafio. Afinal, o tempo para a conclusão do mestrado está em andamento. Talvez seja necessário pensar em buscar outras estratégias mais eficazes, para não se perder tempo. Seguramente, toda essa pressão temporal se constitui uma boa fonte de estresse para o pesquisador em formação.

No entanto, não há alternativas. É preciso avançar. Assim, para encontrar algo que ainda ninguém fez, via de regra, o que o hipotético mestrando em apreço faz é ir ao Google para realizar um levantamento de tudo o que foi publicado relativamente à demonstração autocontrolada. Imaginemos que ele seja bem-sucedido nessa busca e acabe encontrando vários artigos. O passo seguinte é lê-los, analisá-los e fazer uma síntese, mas invariavelmente ficará perdido e atolado no meio de tantos artigos avulsos. Isso torna difícil até mesmo identificar por onde começar a análise, para depois realizar a síntese.

É nesse momento que entra em cena algo que, em tese, tem salvado a vida de muitos: os artigos de revisão sistemática e seus congêneres. Definitivamente, esses artigos viraram protagonistas no universo das publicações. A demanda por eles é enorme, exatamente porque organizam esse amontoado de artigos, selecionando aqueles que de fato importam para mostrar o estado da arte. Para quem não tem tempo de resgatar o passado com o devido cuidado e tem pressa em descobrir aquilo que ainda não foi feito, é uma "mão na roda". Como diz o ditado popular, junta-se a fome com a vontade de comer. Os artigos de revisão sistemática oferecem "de mão beijada", a síntese tão desejada. São, portanto, muito acessados e frequentam a bibliografia de todos os artigos a serem publicados. Para os periódicos, isso é muito interessante, visto que vai contribuir sobremaneira para elevar o seu índice de impacto. Aumentando-se o impacto, serão mais procurados para submissão de artigos, e assim fecha-se o círculo de interesses. Não é por menos que já está em curso a publicação de artigos de revisão sistemática dos artigos de revisão sistemática. Não é formidável? Sim, desde que o desenvolvimento da capacidade de síntese não seja importante na formação do pesquisador, o que obviamente não procede.

Essa é a realidade que aqueles que querem ingressar no mundo acadêmico enfrentam em tempos de correria. Fica a pergunta: afinal de contas, que tipo de formação está sendo perseguido? Pergunta válida para o mestrando e mais ainda para o doutorando. Não estaria o pós-graduando sendo colocado numa esteira de produção semelhante, por exemplo, à fabricação de geladeiras, televisores e veículos automotivos, ao fim e ao cabo, para se elevar a produtividade científica do orientador? Estará sendo ele preparado para ser um intelectual autônomo ou para ser um bom técnico em pesquisa, capaz de produzir artigos no menor tempo possível (Tani, 2016)? Tudo indica que a pressa tem inibido até reflexões para se responder a essas perguntas – também encaradas, frequentemente, como uma perda de tempo.

Destarte, o problema não é a "carona" em si, muitas vezes inevitável e até esperada, mas pegá-la sem saber de onde veio nem por onde passou. Para quem a pega, quanto mais próximo do final da viagem isso acontecer, mais experiências e conhecimentos da viagem são desperdiçados. E, certamente, essa perda deixará um buraco na sua formação. Um perigoso buraco que leva o "caroneiro" a assumir posições, incorporar discursos e fazer críticas e afirmações sem a devida fundamentação.

Por exemplo, é comum na área de Aprendizagem Motora os "caroneiros" afirmarem que a abordagem de processamento de informações é coisa do passado, porém, sem conhecer o passado. Simplesmente leram o que alguém escreveu em algum artigo e fizeram dessa afirmação a sua própria. Pode até fazer sentido, não obstante se pergunta: é possível alguém falar qualquer coisa sobre a abordagem de processamento de informações sem saber o que aconteceu no California Institute of Technology (Caltech) em setembro de 1948? Ou o que ocorreu em 1956 no Massachusetts Institute of Technology (MIT) e em Dartmouth College e os seus desdobramentos? Muitos se posicionam criticamente em relação à teoria de processamento de informações, mas sequer leram o livro *Plans and the structure of behavior*, talvez nem o conheçam. É muito comum também os "caroneiros" criticarem o reducionismo no estudo do comportamento motor. Pergunta-se: é possível ter um posicionamento crítico a respeito do reducionismo no estudo do comportamento motor sem saber o que aconteceu no The Alpbach Symposium, realizado no verão de 1968, e do livro que dele se originou (*Beyond reductionism: new perspectives in the life sciences*)? É também muito frequente os "caroneiros" referirem-se ao behaviorismo pejorativamente, como uma abordagem simplista e ingênua do comportamento humano, sem ter ao menos lido *About behaviorism*, de Burrhus F. Skinner (Skinner, 1974). Entretanto, interessantemente, eles correm para comprar o último modelo de celular que aparece na propaganda da internet. E repetem automaticamente a mesma resposta sempre que surge um novo modelo (estímulo). Claro, não leram nada sobre John B. Watson. Perguntados sobre, podem até pensar que se trata de uma marca de uísque.

Diante desse cenário, o objetivo do presente texto é visitar o processo de criação e desenvolvimento inicial da Ciência Cognitiva e refletir acerca das suas implicações na formação do pesquisador em Comportamento Motor. A justificativa é de que as pesquisas referentes ao comportamento motor receberam, historicamente, fortes influências das teorias psicológicas do comportamento, e estas, por sua vez, do paradigma científico vigente na época de sua formulação (Tani, 2005). A ciência contempla uma estrutura hierárquica de característica aninhada (Allen & Starr, 1982), em que as suas atividades investigativas são realizadas. São hierarquias em que os níveis superiores contêm ou são compostos de níveis inferiores. Assim, temos do nível mais micro para o macro, o projeto de pesquisa, a linha de pesquisa, o campo de investigação, a área de conhecimento e as metateorias científicas (Figura 10.1). Isso evidencia a necessidade de a pesquisa em Comportamento Motor ser compreendida e desenvolvida no devido contexto dessa dinâmica de interação e influência entre os níveis da hierarquia, para que os problemas investigados tenham uma base teórica consistente, alicerçada na história evolutiva dessa estrutura hierárquica.

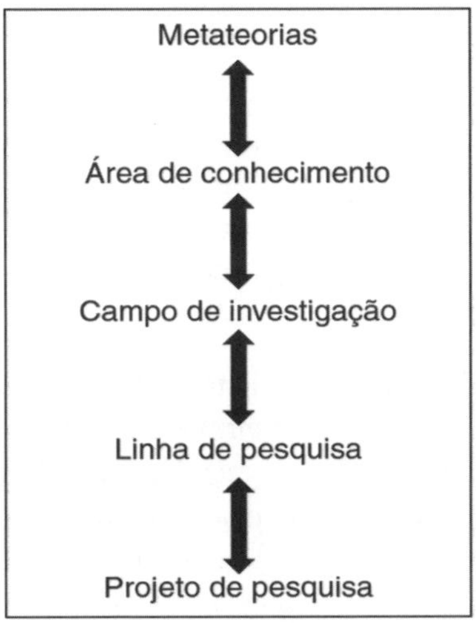

Figura 10.1 – Estrutura hierárquica da investigação científica.

Em última análise, espera-se que o resgate da criação e do desenvolvimento da Ciência Cognitiva possa contribuir para refletir sobre a formação de pesquisador em Comportamento Motor, que se mostra apressada – daí a "carona" –, numa especialização excessiva que resulta numa visão muito estreita. Em outras palavras, uma formação focada num tema específico, em detrimento de uma formação intelectual mais ampla, bem fundamentada e devidamente contextualizada no processo evolutivo do campo de investigação, da área de conhecimento e da ciência.

10.2 A FORMAÇÃO DOS ALICERCES DA CIÊNCIA COGNITIVA

A primeira metade do século XX foi fundamental para a formação dos alicerces da Ciência Cognitiva. Vários esforços teóricos que remontam ao início desse século pavimentaram o caminho que resultou na sua criação. No entanto, Varela (1994) chama a atenção para o fato de que, em todos os tempos, houve precursores daquilo que hoje se chama de Ciência Cognitiva, na medida em que a mente humana se constitui a principal fonte e o exemplo mais acessível da cognição e do conhecimento. Assim entendido, a origem da Ciência Cognitiva estaria profundamente enraizada na filosofia e teria uma longa história. Portanto, é oportuno esclarecer que o que será tratado no presente texto são a criação e o desenvolvimento da moderna Ciência Cognitiva.

Varela (1994) denomina de Ciências Cognitivas (no plural) a análise científica moderna da mente e do conhecimento em todas as suas vertentes. Aponta que, no seu desenvolvimento histórico, houve etapas características marcadas por importantes contribuições. Na etapa inicial, que diz respeito ao processo que vai do nascimento do movimento até a formação do paradigma (1943-1953), os seus protagonistas sabiam que as suas preocupações levariam ao aparecimento de uma nova ciência - as Ciências Cognitivas, um híbrido de várias disciplinas (Epistemologia, Psicologia Cognitiva, Linguística, Neurociências, Inteligência Artificial), em que o conhecimento, a informação e a comunicação ocupariam posição central. Não por coincidência, esses protagonistas batizaram seus esforços com denominações que refletiam claramente a sua orientação epistemológica. São eles: Jean Piaget, com a sua epistemologia genética, Konrad Lorenz, com a sua epistemologia evolutiva, e Warren McCulloch, com a sua epistemologia experimental (Varela, 1994). De fato, foram esforços para implantar a epistemologia nas ciências naturais.

Na mesma época, na Costa Leste dos Estados Unidos, mais precisamente em Princeton e MIT, esses esforços eram também empreendidos por um grupo de jovens cientistas, com destaque para John von Neumann e Norbert Wiener. Esse grupo entendia que era chegado o tempo de recorrer a mecanismos explícitos e a formalismos matemáticos para descrever os processos subjacentes à mente. Como se sabe, os estudos fenomenológicos da mente estiveram historicamente confinados à Psicologia e à Filosofia.

Gardner (1985), por sua vez, define a Ciência Cognitiva (no singular) como esforço contemporâneo e empiricamente baseado para responder a questões epistemológicas há muito tempo existentes, particularmente aquelas relacionadas com a natureza do conhecimento, seus componentes, suas fontes, seu desenvolvimento e seu emprego. Aponta que houve um período de formação do seu alicerce (correspondente à mencionada primeira etapa de Varela) em que cinco esforços intelectuais merecem menção especial em virtude das suas contribuições basilares: matemática e computação, modelo neural, cibernética, teoria da informação e síndromes neuropsicológicas, os quais são sucintamente descritos a seguir.

No que se refere à matemática e à computação, uma geração de pensadores matematicamente orientados, incluindo os citados Norbert Wiener, no MIT, e John von Neumann, em Princeton – os dois viriam a desempenhar papel fundamental na criação da Ciência Cognitiva –, tinha sido influenciada pela lógica-matemática desenvolvida no início do século XX por Bertrand Russel e Alfred North Whitehead. Contudo, o trabalho baseado nessa teoria, que teve o maior impacto inicial na Ciência Cognitiva, foi o que estava sendo desenvolvido pelo matemático Alan Turing na Inglaterra, mais especificamente a máquina de Turing (predecessor do computador). Em 1950, um pouco antes da sua morte, Turing sugeriu que era possível programar uma máquina cuja resposta seria impossível de discriminar, por um interlocutor, das respostas de um ser humano – a noção imortalizada como "o teste da máquina de Turing". Esse teste é usado para refutar qualquer pessoa que possa ter dúvida de que um computador pode realmente pensar. Ou seja, se um observador é incapaz de distinguir entre a resposta de uma máquina programada e a resposta de um ser humano, diz-se que a máquina passou no teste de Turing. Essas ideias de Alan Turing influenciaram John von Neumann, que desenvolveu em Princeton um programa para instruir a máquina de Turing a reproduzir-se – um programa que possibilitava ao computador ser programado por um anterior que ele mesmo tinha armazenado na sua memória, de modo que a máquina não necessitasse de ser reprogramada para cada nova tarefa. Pela primeira vez, tornou-se concebível um computador capaz de preparar e executar o seu próprio programa.

Em relação ao modelo neural, o neurofisiologista Warren McCulloch e o lógico Walter Pitts (1943), do MIT, mostraram que as operações de uma célula nervosa e suas conexões com outras células nervosas (redes neurais) podiam ser modeladas relativamente à lógica. Isto é, as células nervosas poderiam ser pensadas como afirmações lógicas, e a propriedade de tudo ou nada da descarga nervosa poderia ser comparada a uma operação do cálculo proposicional (em que uma afirmação é verdadeira ou falsa). Esse modelo possibilitou pensar o fenômeno de um neurônio ser ativado e, então, ativar outro neurônio, de modo semelhante a uma proposição numa sequência lógica poder implicar alguma outra proposição. Além disso, a analogia entre o neurônio e a lógica poderia ser pensada em termos elétricos – como sinais que passam ou não através de um circuito. Graças a esse modelo, a noção de uma máquina de Turing pôde ser aplicada em duas direções – do sistema nervoso composto de inumeráveis neurônios operando no formato "tudo ou nada" e do computador que pode realizar qualquer processo que possa ser descrito sem ambiguidades. Warren McCulloch e Walter Pitts demonstraram que o cérebro humano pode ser pensado como algo que opera por meio dos princípios da lógica e, portanto, como um poderoso computador. Essas ideias influenciaram também a invenção do computador nas mãos de John von Neumann em Princeton. Nele, os neurônios de Warren McCulloch e Walter Pitts foram representados por diodos, que deram origem, mais tarde, aos chips em silicone. Os computadores modernos continuam a ser construídos de acordo com essa "arquitetura de John von Neumann". A invenção do computador representou um avanço tecnológico que criou as bases do estudo científico da mente.

No que tange à cibernética, Norbert Wiener fazia no MIT o mesmo que fazia John von Neumann em Princeton: tentar juntar as evidências da matemática, da lógica e do sistema nervoso. Nas décadas de 1930 e 1940, Norbert Wiener se envolveu com inúmeros projetos, como o dos servomecanismos na construção de equipamentos antiaéreos contra mísseis e aviões em voo, para ser usado na Segunda Guerra Mundial. Durante o desenvolvimento desses projetos, ele começou a pensar sobre a natureza do feedback e dos sistemas autorregulados e autocorrigidos, fossem eles mecânicos ou humanos. De fato, as pesquisas estavam lhe mostrando que havia uma grande semelhança entre o feedback nesses equipamentos e o processo de homeostase por meio do qual o sistema nervoso humano sustenta atividades propositadas. Isso confrontava o behaviorismo – ideias de propósito, planejamento e feedback desenvolvidas com precisão matemática desafiavam, evidentemente, o credo behaviorista. Ele também foi fortemente influenciado pelas ideias de Warren McCulloch e Walter Pitts acerca da analogia entre os sistemas de conexões lógicas e o sistema nervoso humano, resultando numa nova ciência, fundamentada em controle e comunicação, denominada de *Cibernética* (Wiener, 1948). Ela propunha, entre outras coisas, a noção de que os problemas da engenharia de controle e engenharia de comunicação eram inseparáveis e de que esses problemas estariam centrados não nas técnicas da engenharia elétrica, mas, sim, numa noção muito mais fundamental de mensagem, seja ela transmitida por meios elétricos, mecânicos ou nervosos. Além disso, propunha a noção radical de que é legítimo falar de máquinas que exibem feedback, como máquinas lutando por metas, calculando a diferença entre suas metas e seus desempenhos e, então, trabalhando para reduzir essa diferença; dito de outra maneira, que a máquina é propositada. Por fim, a Cibernética possibilitou uma nova noção do sistema nervoso central, um todo integrado por processos circulares de aferência e eferência.

Quanto à teoria da informação, no final da década de 1930, Claude Shannon – um engenheiro elétrico que fazia estudos pós-graduados no MIT – chegou a um insight seminal de que os princípios da lógica (proposição verdadeira/falsa) poderiam ser usados para descrever dois estados (ligado/desligado) num aparato eletromecânico. Trabalhando com o matemático Warren Weaver, ele desenvolveu a teoria da informação (Shannon & Weaver, 1949) demonstrando que a informação pode ser pensada como algo totalmente dissociada do conteúdo específico ou matéria constituinte, ou seja, como uma simples decisão entre duas possíveis alternativas. A quantidade de informação necessária para selecionar uma mensagem entre duas igualmente prováveis alternativas foi denominada de *bit* – como unidade básica de informação. Graças aos insights de Claude Shannon e Warren Weaver foi possível pensar em informação independente do equipamento particular de transmissão, fosse ele uma máquina ou o sistema nervoso humano.

Relativamente às síndromes neuropsicológicas, elas foram estudadas em pacientes que foram feridos no cérebro durante a Guerra. Muitas dessas pesquisas investigaram as patologias decorrentes dos danos cerebrais causados pelos ferimentos, como o déficit na fala e na memória. Os achados começaram a mostrar que o mesmo padrão de deficiência era observado em pacientes de diferentes culturas e linguagens, ou seja, que existia muito mais regularidade na organização das capacidades cognitivas no sistema nervoso do que aquela possibilitada por todas as explanações ambientais dos processos mentais (behaviorismo). Além disso, em muitos casos, os padrões de deficiência não podiam ser explicados pelo simples rompimento da relação estímulo-resposta, visto que toda uma hierarquia de respostas era alterada. Isso contrariava os pressupostos do behaviorismo. Por exemplo, na URSS, o neuropsicólogo Alexander Luria estava desenvolvendo pesquisas com soldados feridos no cérebro durante a Guerra para verificar as tarefas que eram afetadas temporária ou permanentemente em função das regiões cerebrais atingidas. Essas pesquisas neurofisiológicas estavam possibilitando investigar os substratos neurais do comportamento – aquilo que acontecia entre o estímulo e a resposta, exatamente o que o behaviorismo descartava.

Além desses esforços teóricos apresentados e discutidos por Gardner (1985), é importante destacar outros componentes que contribuíram para criar os alicerces da Ciência Cognitiva, como os eventos científicos, as fundações de pesquisa e a publicação de artigos e livros. No que se refere a eventos científicos, o Simpósio de Hixon, que foi realizado no California Institute of Technology (Caltech) em setembro de 1948, talvez seja aquele que merece os holofotes mais intensos como o evento que marcou de maneira profunda a emergência da Ciência Cognitiva. Esse evento reuniu um grupo de renomados cientistas de diferentes áreas para discutir os mecanismos cerebrais no comportamento – como o sistema nervoso controla o comportamento. Isso em plena vigência da abordagem behaviorista – a doutrina que dominava a análise psicológica do comportamento há décadas. O impacto desse Simpósio se deveu ao fato de as discussões terem avançado para muito além do planejado. Naturalmente, os esforços teóricos anteriormente mencionados eram de conhecimento dos seus participantes, muitos deles os seus próprios idealizadores. Assim, já na conferência de abertura, John von Neumann fez uma comparação entre o computador e o cérebro. Em seguida, Warren McCulloch lançou uma discussão sobre como o cérebro processa informações, explorando os paralelos entre o computador e o cérebro, como fez o seu antecessor. Em seguida, foi a vez de o psicólogo Karl Lashley apresentar uma memorável fala referente ao "The problem of serial order in behavior", fazendo duras críticas ao behaviorismo e delineando uma nova agenda de pesquisas para a área. Essa fala foi posteriormente publicada em forma de um capítulo, com o mesmo título, no livro *Cerebral mechanisms in behavior*, editado por Lloyd A. Jeffress em 1951, e virou um clássico da literatura.

Como é amplamente conhecido, o behaviorismo veio substituir a abordagem da introspecção como paradigma de pesquisa do comportamento. Ivan P. Pavlov, Burrhus F. Skinner, Edward L. Thorndike e John B. Watson foram as figuras de proa dessa escola de pensamento e pesquisa, em que questões como a natureza da linguagem humana, planejamento, solução de problemas, imaginação etc. estavam completamente fora da agenda de pesquisa. A fala de Karl Lashley denunciou que a aderência ao behaviorismo estava tornando impossível o estudo da mente. Isso num cenário acadêmico em que se sabia que o behaviorismo se apresentava muito bem ajustado às correntes filosóficas do momento: o positivismo, o reducionismo e o verificacionismo (Gardner, 1985). A sua fala não podia deixar de ter o enorme impacto que teve: bateu de frente com o *establishment* behaviorista. Coincidentemente, existia um paralelo muito evidente entre as ideias de Karl Lashley, com respeito à organização neural, e as ideias de Norbert Wiener acerca do comportamento autorregulado – ambas desafiavam a base do behaviorismo.

Pode-se dizer que o Simpósio de Hixon contemplou discussões em duas vertentes, com profundas implicações nos estudos ulteriores do comportamento: a ligação entre o cérebro e o computador e o desafio incansável ao behaviorismo, estabelecendo uma nova agenda de pesquisas do comportamento. De acordo com Gardner (1985), os pesquisadores que estiveram nesse Simpósio para discutir mecanismos cerebrais no comportamento sabiam que estavam numa situação cientificamente crítica. Isso porque duas das grandes questões da ciência estavam em franco desenvolvimento: a natureza da matéria física e a natureza da matéria viva. A terceira grande questão era justamente a natureza da mente, que não estava tendo o desenvolvimento como nas duas anteriores.

Outros eventos científicos merecem ser citados pela contribuição que deram. Um deles foi o encontro organizado por John von Neumann e Norbert Wiener e promovido pela Macy Foundation, em novembro de 1944, por ter sido o evento que resultou mais tarde na criação da Cibernética. Outro é a série de encontros organizados por Warren McCulloch, com suporte também da Macy Foundation, para discutir mecanismos circulares causais e feedback em sistemas biológicos e sociais. Esses encontros foram transformados mais tarde no conhecido evento "Conferência sobre Cibernética".

No que diz respeito a fundações que deram importantes contribuições, pode-se citar o Instituto para Estudos Avançados de Princeton, que, ao reconhecer as intensas atividades desenvolvidas em Boston, Princeton e Califórnia, levou a Instituição a convidar um grupo de psicólogos para visitá-la, com o objetivo de discutir a aplicação dessas novas ideias na Psicologia. Entre os visitantes, estavam os psicólogos George Miller e Jerome Bruner, que, posteriormente, desempenharam também papel muito importante na criação da Ciência Cognitiva.

Em Boston, as discussões concernentes à cognição estavam continuando no MIT, no Laboratório Lincoln a ele associado, onde engenheiros e psicólogos tinham se juntado para trabalhar em problemas aplicados. Na vizinha Harvard, na prestigiosa Society of Fellows, em que o grupo dominante era behaviorista, jovens pesquisadores, incluindo o linguista Noam Chomsky e o matemático Marvin Minsky, estavam direcionando seus estudos para outras teorias que não a behaviorista.

A Ford Foundation resolveu apoiar as pesquisas em ciências comportamentais e criou o Centro para Estudos Avançados nas Ciências Comportamentais em Palo Alto, Califórnia, fornecendo fundos para uma parte significativa dos pesquisadores em Psicologia no país. Por curiosidade, foi nesse Centro que ocorreu, alguns anos antes, o encontro de Kenneth Boulding, Anatol Rapoport, Ralph Gerard e Ludwig von Bertalanffy, em que foi elaborado o projeto de uma Sociedade da Teoria Geral de Sistemas.

A sua oficialização ocorreu em 1954, na reunião anual da Associação Americana para o Progresso da Ciência, com uma denominação menos pretenciosa de Sociedade de Pesquisa Geral dos Sistemas. Essa Sociedade tinha como principais funções: a) investigar a isomorfia de conceitos, leis e modelos em vários campos e promover a transferência útil de um campo para outro; b) encorajar a criação de modelos teóricos adequados em campos onde atualmente não existem; c) reduzir ao mínimo a duplicação do esforço teórico em diferentes campos; d) promover a unidade da ciência mediante a melhoria da comunicação entre os especialistas (Bertalanffy, 1968).

A Rand Corporation, no Sul da Califórnia, apoiou um grupo de matemáticos e engenheiros no trabalho da construção de máquinas computacionais. Dois desses cientistas – o cientista da computação e psicólogo cognitivo Allen Newell e o economista Herbert Simon – tinham começado a conversa quanto à criação de máquinas que de fato pudessem pensar.

Em síntese, vários eventos foram realizados com o apoio de importantes fundações responsáveis pelo desenvolvimento da pesquisa, congregando um grupo de cientistas que se tornaram os protagonistas da criação da Ciência Cognitiva. Todos eles tinham em comum a meta de desvendar os mecanismos responsáveis pelo comportamento humano que tinham sido descartados pelo behaviorismo. Isso coincidiu com vários esforços teóricos que resultaram na construção do computador que possibilitou examinar os mecanismos cerebrais do comportamento, explorando os paralelos entre os seus funcionamentos.

Muitos desses cientistas publicaram artigos seminais reportando os achados nas suas áreas específicas (por exemplo, Lashley, 1951; McCulloch & Pitts, 1943; Rosenblueth et al., 1943; Shannon, 1948; Turing, 1950). No que se refere a livros, importantes contribuições foram dadas por: *Cybernetics* (1948) e *The human use of human beings: cybernetics and society* (1950), ambos de Norbert Wiener, que abordou aspectos mais técnicos relativamente a essa nova teoria no primeiro livro e apresentou no segundo os seus conceitos fundamentais, tornando o conteúdo mais acessível a um público mais vasto; *Design for a brain*, de Ross Ashby (1952), que abordou conteúdos semelhantes àqueles discutidos no Simpósio de Hixon; *The mathematical theory of communication*, de Claude Shannon e Warren Weaver (1949), que quantificou a informação; e o livro *The organization of behavior*, de Donald Hebb (1949), que abordou o desenvolvimento do sistema nervoso.

Em suma, havia uma forte sensação de que o tempo estava maduro para o lançamento de uma nova ciência para o estudo da mente – a Ciência Cognitiva – com o alicerce devidamente estruturado.

10.3 O PERÍODO INICIAL DA CIÊNCIA COGNITIVA

Existe um consenso na literatura de que o reconhecimento oficial da Ciência Cognitiva se deu em 1956. Dois eventos marcaram esse acontecimento: um simpósio sobre Teoria da Informação realizado no MIT, reunindo cientistas envolvidos com comunicação e ciências sociais, e outro simpósio realizado na Dartmouth College, congregando cientistas treinados em matemática e lógica que tinham interesse no potencial dos computadores em solucionar problemas, reconhecer padrões, jogar e raciocinar logicamente.

No primeiro simpósio, realizado no MIT, três apresentações chamaram a atenção dos presentes. A primeira, intitulada "Logic theory machine", em que Allen Newell e Herbert Simon apresentaram uma prova completa de um teorema pela primeira vez realizada num computador (Newell & Simon, 1956). A segunda, intitulada "Three models of language" em que o linguista Noam Chomsky argumentava que o modelo de produção da linguagem derivado da teoria da informação não poderia ser aplicado com sucesso à linguagem natural (Chomsky, 1956). A terceira, intitulada "The magical number seven", em que o psicólogo George Miller mostrou que a memória humana de curto prazo estava limitada na sua capacidade de armazenamento a aproximadamente sete itens de informação (Miller, 1956). Os cientistas que atenderam a esse simpósio saíram convictos de que uma nova ciência, denominada Ciência Cognitiva, tinha acabado de nascer, congregando diferentes áreas, como Psicologia Experimental, Linguística e Computação.

No segundo simpósio, que foi realizado em Dartmouth, encontraram-se quatro cientistas que posteriormente foram considerados os pais da inteligência artificial: Herbert Simon, Allen Newell, Marvin Minsky e John McCarthy. A principal ideia lançada por esses cientistas foi aproximar a inteligência no seu sentido lato, incluindo a humana, do funcionamento de um computador, de maneira que a cognição fosse definida pela computação de representações simbólicas (Varela, 1994). Na realidade, essa ideia fora transformada numa hipótese - a mente como uma forma de lógica comparável ao comportamento de um computador.

Os conteúdos discutidos nesses simpósios foram fundamentais para o avanço desta nova ciência, estimulando a formação de centros de investigação e a busca de aportes financeiros em fundos de apoio à pesquisa. A criação do Centro de Estudos Cognitivos em Harvard por Jerome Bruner e George Miller, com o apoio financeiro da Carnegie Corporation, teve um papel fundamental no desenvolvimento da área nas suas fases iniciais. Esse Centro possibilitou a vários pesquisadores realizarem programas sabáticos de pesquisa interagindo com jovens estudantes de pós-graduação e pós-doutorados. Passaram por esse Centro praticamente todos os pesquisadores que se tornaram figuras de liderança no desenvolvimento da área e as ideias e projetos nele discutidos influenciaram fortemente o avanço do conhecimento.

Alguns livros, frutos dessa fase inicial, que tiveram forte impacto merecem ser mencionados. O primeiro foi o *Plans and the structure of behavior*, de George Miller, Eugene Galanter e Karl Pribram (1960), no qual se propõe uma abordagem cibernética do comportamento. Especificamente, a ideia de TOTE (*Test-Operate-Test-Exit*) é apresentada para substituir a ideia de arco reflexo como unidade básica de comportamento proposta pelo behaviorismo. Uma importante característica do TOTE é a sua estrutura hierárquica - a possibilidade de ser integrada num TOTE mais abrangente. Associam-se a essa importante contribuição os livros *Cognitive psychology*, de Ulrich

Neisser (1967), *The sciences of the artificial*, de Herbert Simon (1969), e *Human problem solving*, de Allen Newell e Herbert Simon (1972).

Uma instituição que teve grande influência nos destinos da Ciência Cognitiva nas suas fases iniciais foi a Sloan Foundation, que tinha um programa de incentivo para o avanço do conhecimento em áreas específicas, investindo grandes somas de dinheiro durante um período determinado. Tinha financiado um programa dessa natureza na neurociência nessa época. Apesar de reconhecer que a Ciência Cognitiva não tinha o status de maturação acadêmica que tinha a neurociência, a Fundação decidiu apoiar um programa na área. Esse programa teve um enorme impacto em termos de pesquisa e possibilitou a realização de inúmeros eventos científicos. Isso resultou, entre outras coisas, na criação da revista *Cognitive Science*, em 1977, e na fundação da sociedade científica de mesmo nome, em 1979.

Não obstante, provavelmente em face do nível de amadurecimento científico da área, cresceram durante o período em que houve o apoio da Fundação dúvidas e discordâncias no que diz respeito à natureza da área, quer dizer, à sua base epistemológica. Isso resultou, por exemplo, na reação de muitos ao relatório elaborado por doze representantes da área apresentado à Fundação. Nesse relatório, estava descrito que a área tinha como objetivo comum descobrir as capacidades representacionais e computacionais da mente e sua representação estrutural e funcional no cérebro. Ademais, apresentava uma figura hexagonal em que estavam descritos os seis campos constituintes (Psicologia, Filosofia, Linguística, Antropologia, Neurociência e Inteligência Artificial) e as suas inter-relações. Além disso, especificava as relações já consolidadas e as que ainda seriam consolidadas entre esses campos. Para Gardner (1985), a não aceitação dessa descrição deveu-se ao fato de os pesquisadores de diferentes campos constituintes terem visto a figura apenas na perspectiva do seu campo específico de atuação. O resultado foi que o relatório sequer foi publicado. Destarte, a dificuldade em conduzir estudos interdisciplinares, apesar do foco em comum, já se fazia presente.

Gardner (1985) aponta cinco características da Ciência Cognitiva, que servem também como alvos para crítica. A primeira é a representação. Postulam-se, entre estímulo e resposta, entidades representacionais como símbolos, regras, imagens, esquemas, ideias etc. As críticas dessas representações originam-se, como era de esperar, primeiro dos behavioristas, apoiadas na ideia de navalha de Ockham. Ademais, existe a discussão referente a como conceituar a representação. Alguns entendem que existe apenas uma única forma de representação, normalmente em forma de proposições e declarações. Outros entendem que existem ao menos duas formas, uma mais parecida com uma foto ou imagem e outra próxima a proposições. Há ainda aqueles que postulam múltiplas formas de representação. Por fim, há desentendimentos acerca da necessidade ou não de se referir a cérebro para legitimar um nível separado de representação, o mental. Não é por menos que os neurocientistas não são simpáticos à ideia de representação, mas, para os psicólogos, linguistas e cientistas da computação, ela é fulcral.

A segunda são os computadores. Para muitos cientistas cognitivos, o computador serve antes de tudo como prova de existência, ou seja, se a máquina feita pelo homem pode ser vista como algo que raciocina, possui metas, revisa seus comportamentos, transforma informação, entre outras atividades, o ser humano pode também ser caracterizado como tal. A invenção do computador que é capaz de pensar reforçou essa compreensão. Para esses cientistas, o computador é um modelo de pensamento humano. A inteligência artificial se baseia exatamente nessa compreensão e logrou muitos avanços. Para os críticos, ver um organismo ativo como um sistema de processamento de informações é um grande erro. Para os neurocientistas, o cérebro dará as respostas sobre a mente sem a necessidade de intervenção de um modelo de computador. Para os antropólogos, a chave para a compreensão do pensamento humano está nas forças históricas e culturais que estão fora do cérebro humano.

A terceira é a pouca ênfase a respeito de afeto, contexto, cultura e história. Os cientistas cognitivos não têm nada contra esses aspectos, porém, procuram deixá-los de lado o máximo possível nas suas investigações. Isso por conta de uma questão prática: se todos esses aspectos forem levados em consideração, corre-se o risco de se tornar a pesquisa cognitiva impossível de ser conduzida. Em outras palavras, na tentativa de explicar tudo, terminar não explicando nada. Os críticos afirmam que esses aspectos nunca serão explicados pela ciência, pois são inerentemente humanos e estéticos, de modo que a sua compreensão está em outras áreas. Conciliar visões e abordagens das ciências naturais e das ciências humanas e sociais não foi e nem tem sido uma tarefa fácil.

A quarta é a crença em estudos interdisciplinares. Como foi mencionado, a Ciência Cognitiva é composta de vários campos. Para muitos, ainda não existe uma única ciência cognitiva, mas um conjunto de campos que trabalham juntos, cooperando de maneira a um ganhar com a experiência e expertise do outro. Os críticos acham muito improvável a fusão total dos campos que resulte numa única Ciência Cognitiva. No início deste texto, foi apontada a diferença entre as posições de Varela (1994), favorável ao uso do termo no plural (Ciências Cognitivas), e Gardner (1985), no singular (Ciência Cognitiva). Parece uma diferença sutil, mas abarca uma questão epistemológica fundamental que remete à questão da interdisciplinaridade e da transdisciplinaridade (Klein, 1990; 1996) que se faz presente nos dias atuais.

A quinta é ter sua raiz em problemas filosóficos clássicos, isto é, a Ciência Cognitiva ter os problemas filosóficos clássicos como ponto de partida lógico para suas investigações. Apesar de existir muita controvérsia em referência a essa questão, indo de cientistas que os acham fundamentais a aqueles que acham totalmente desnecessários e até prejudiciais, é oportuno lembrar que o conhecimento foi desde sempre uma preocupação dos filósofos.

Para Gardner (1985), existe um aparente paradoxo. Quanto mais se aplicam métodos e modelos rigorosos do domínio computacional, mais se tem auxiliado os pesquisadores a entenderem em que os seres humanos são diferentes dos computadores. Fica o grande desafio de se demonstrar até onde a abordagem computacional e representacional é válida para a compreensão da mente. A teoria de processamento de informações aplicada ao estudo do comportamento foi um esforço a concretamente tentar responder a esse desafio.

Em tom um tanto provocativo, mencionei no início do texto que muitos "caroneiros" pouco informados no que concerne à longa história decorrida até se chegar à teoria de processamento de informações, sequer tinham lido o livro *Plans and the structure of behavior.* Foi também mencionado que o Centro de Estudos Avançados em Ciências do Comportamento, criado pela Ford Foundation em Palo Alto, na Califórnia, tinha possibilitado o encontro de quatro cientistas que elaboraram a proposta de criação da Sociedade da Teoria Geral de Sistemas. Um desses cientistas era Kenneth Boulding, um economista que teve papel destacado nas fases iniciais de desenvolvimento da Teoria Geral de Sistemas e que publicou o livro *The image* (Boulding, 1956), fruto de um ano acadêmico (1955) despendido junto a esse Centro de Estudos Avançados em Ciências do Comportamento. Nesse livro, o cientista trata da imagem de maneira ampla, nos níveis biológico, sociológico, econômico, político e histórico. Interessante observar que, no prefácio da edição em língua japonesa, publicado em 1962, ele menciona que, depois da publicação do livro original, ele se deu conta de que existiam três tipos de sistemas no mundo: o primeiro, nascido da necessidade, como o sistema solar; o segundo, nascido do acaso e da necessidade, como o sistema biológico; o terceiro, construído pelo homem não apenas envolvendo o acaso e a necessidade, mas também a liberdade - concebida como a capacidade de tornar realidade a imagem sobre o futuro. Nesse sentido, ele entende o seu livro como uma teoria geral acerca da liberdade, que será provavelmente mais aplicada a sistemas sociais.

Esse livro inspirou três cientistas: George Miller, Eugene Galanter e Karl Pribram, que três anos mais tarde, encontraram-se no mesmo Centro de Estudos Avançados e publicaram um livro que teve grande impacto no desenvolvimento da Ciência Cognitiva, denominado *Plans and the structure of behavior* (1960). De fato, para esses cientistas que estavam insatisfeitos com a abordagem behaviorista do comportamento humano, o livro *The image* foi muito sugestivo no sentido de inserir um pouco de sabedoria entre o estímulo e a resposta. Entretanto, eles sentiram que o livro deixava o organismo numa posição um tanto quanto de espectador, e não de um participante ativo no drama da vida. Algo faltava para tornar possível a exploração da imagem. Nas suas palavras, a menos que você use a imagem para fazer algo, você é como um homem que coleciona mapas, mas nunca realiza uma viagem (p. 2). Dessas análise e reflexão, surgiu a ideia de "plano" que orienta o comportamento e constitui o tema central do livro. Plano foi definido como qualquer processo hierárquico no organismo que pode controlar a ordem em que a sequência de operações é para ser executada (p.16). A hierarquia, nesse caso, está sendo utilizada para se referir a níveis de representação. Oportuno ressaltar que um dos capítulos desse livro trata especificamente de habilidades motoras e hábitos. Os conhecimentos abordados nesse capítulo influenciaram a elaboração da teoria de aprendizagem motora por fases, de Paul Fitts (1964).

Evidentemente, não se sabe se Kenneth Boulding chegou a ler o livro que o seu livro *The image* inspirou, mas o comentário que ele faz sobre liberdade no prefácio do seu livro traduzido para a língua japonesa, o que aconteceu dois anos após a publicação do

Plans and the structure of behavior, é sugestivo da influência e do estímulo mútuo entre publicações científicas. Como tudo isso estava acontecendo na fase inicial de desenvolvimento da Ciência Cognitiva, em que muitas ideias advindas de diferentes áreas interagiam, essa ideia de plano foi associada à ideia de programa que orienta o computador eletrônico. Isso aconteceu por influência de textos publicados por três cientistas: Allen Newell, John Shaw e Herbert Simon, que estavam pesquisando junto à Rand Corporation, no Sul da Califórnia, com vistas à construção de máquinas computacionais. Aliás, dois desses cientistas, Allen Newell e Herbert Simon, como foi mencionado, tinham começado a conversa relativamente à criação de máquinas que de fato pudessem pensar, o que contribuiu para a criação da inteligência artificial mais à frente.

O período seguinte da Ciência Cognitiva foi marcado por teorias como caos, catástrofe, fractais, sinergética, sistemas dinâmicos, auto-organização, complexidade, sistemas complexos adaptativos, entre outras, porém, essas teorias não serão abordadas neste texto por se entender que os períodos analisados são suficientes para mostrar o quão importante é para o pesquisador em Comportamento Motor uma formação ampla, fundamentada e contextualizada no processo evolutivo do campo de investigação, da área de conhecimento e da ciência – uma formação sólida que não se consegue quando se pega "carona".

10.4 CONSIDERAÇÕES FINAIS

O presente texto teve como meta fazer uma reflexão sobre a formação do pesquisador em Comportamento Motor. Está em curso um processo de formação apressada, voltado para o desenvolvimento da capacidade de escrever artigos da especialidade. Dois aspectos merecem ser destacados nesse processo: a formação estreita focada na especialidade e a formação apressada.

Em relação ao primeiro, se essa formação visa a preparar recursos humanos qualificados estritamente para o desenvolvimento da ciência e da tecnologia, talvez não tenha restrições que mereçam ser apontadas. Em muitas áreas de conhecimento, os pesquisadores são formados para atuar em institutos de pesquisa ou departamentos de pesquisa e desenvolvimento do setor produtivo. No entanto, quando se pensa que os recursos humanos são formados para a docência no ensino superior, como é o caso da Educação Física e do Esporte, as limitações começam a emergir. Isso porque a atividade acadêmica no ensino superior não se limita à pesquisa na fronteira do conhecimento, mas envolve outras atividades com ela relacionadas, especialmente a orientação na pós-graduação. A atuação nesse domínio requer conhecimento não apenas daquilo que está sendo perseguido pelos seus projetos e linhas de pesquisa, mas também do campo de investigação, da área de conhecimento e da ciência.

Particularmente importante é a visão de que a ciência contempla uma estrutura hierárquica de característica aninhada em que os níveis superiores contêm ou são compostos de níveis inferiores. Fazem parte dessa estrutura, do nível mais micro para o macro, o projeto de pesquisa, a linha de pesquisa, o campo de investigação, a área de conhecimento e as metateorias científicas. Essa visão possibilita enquadrar a pesquisa em Comportamento Motor no contexto da interação e influência entre os níveis da hierarquia para que os problemas investigados tenham uma base teórica consistente, alicerçada na história evolutiva dessa estrutura hierárquica.

Para ilustrar a importância dessa visão, visitou-se a criação e o desenvolvimento da Ciência Cognitiva para se refletir sobre a formação apressada do pesquisador em Comportamento Motor. Utilizou-se a expressão "carona" para caracterizar esse processo, que está produzindo uma falha na formação, levando pesquisadores a assumir posições, incorporar discursos e fazer críticas e afirmações sem a devida fundamentação. Como em tudo, a pressa é inimiga da busca pela perfeição. O deadline ajuda a manter o foco e a concentrar o esforço, mas é preciso não perder o senso do razoável.

REFERÊNCIAS

Allen, T. F. H., & Starr, T. B. (1982). *Hierarchy: perspectives for ecological complexity.* University of Chicago Press.

Ashby, R. W. (1952). *Design for a brain.* John Wiley.

Bertalanffy, L. von. (1968). *General systems theory.* George Braziller.

Boulding, K. E. (1956). *The image.* University of Michigan Press.

Chomsky, N. (1956). Three models for the description of language. *IRE Transactions on Information Theory, IT-2*(3), 113-124.

Fitts, P. M. (1964). Perceptual-motor skill learning. In A. W. Melton (Ed.), *Categories of human learning.* Academic Press.

Gardner, H. (1985). *The mind's new science: a history of the cognitive revolution.* Basic Books.

Hebb, D. O. (1949). *The organization of behavior.* Wiley.

Klein, J. T. (1990). *Interdisciplinarity: history, theory, and practice.* Wayne State University Press.

Klein, J. T. (1996). *Crossing boundaries: knowledge, disciplinarities, and interdisciplinarities.* University Press of Virginia.

Lashley, K. S. (1951). The problem of serial order in behavior. In L. A. Jeffress (Ed.), *Cerebral mechanisms in behavior: the Hixon symposium* (pp. 112-136). Wiley.

McCulloch, W. S., & Pitts, W. (1943). A logical calculus of the ideas immanent in nervous activity. *Bulletin of Mathematical Biophysics, 5*, 115-133.

Miller, G. A. (1956). The magical number seven, plus or minus two: some limits on our capacity for processing information. *Psychological Review, 63*, 81-97.

Miller, G. A., Galanter, E., & Pribram, K. H. (1960). *Plans and the structure of behavior.* Holt, Rinehart & Winston.

Neisser. U. (1967). *Cognitive psychology.* Appleton-Century-Crofts.

Newell, A., & Simon, H. A. (1956). The logic theory machine: a complex information processing system. *IRE Transactions on Information Theory, IT-2(3)*, 61-79.

Newell, A., & Simon, H. A. (1972). *Human problem solving.* Prentice-Hall.

Rosenblueth, A., Wiener, N., & Bigelow, J. (1943). Behavior, purpose, and teleology. *Philosophy of Science, 10*, 18-24.

Shannon, C. E. (1948). A mathematical theory of communication. *Bell System Technical Journal, 27*, 379-423.

Shannon, C. E., & Weaver, W. (1949). *The mathematical theory of communication.* University of Illinois Press.

Simon, H. (1969). *The sciences of the artificial.* MIT Press.

Skinner, B. F. (1974). *About behaviorism.* Vintage.

Tani, G. (2005). Aprendizagem motora: tendências, perspectivas e problemas de investigação. In G. Tani (Ed.), *Comportamento motor: aprendizagem e desenvolvimento* (pp. 17-33). Guanabara Koogan.

Tani, G. (2016). Pós-graduação em educação física: crescimento e correção da rota. In W. W. Moreira & V. L. Nista-Piccolo (Orgs.), *Educação física e esporte no século XXI* (pp. 153-171). Papirus.

Turing, A. M. (1950). Computing machinery and intelligence. *Mind, 59(236)*, 433-460.

Varela, F. (1994). *Conhecer: as ciências cognitivas, tendências e perspectivas.* Instituto Piaget.

Wiener, N. (1948). *Cybernetics.* Wiley.

Wiener, N. (1950). *The human use of human beings.* Houghton Mifflin.

CAPÍTULO 11

Nos meandros da Educação Física: reflexões pontuais a partir do conceito de entropia

11.1 CONSIDERAÇÕES INICIAIS

Diz-se que tudo neste mundo está ficando muito igual, inclusive o comportamento das pessoas; que a escolha de roupa, alimento, música, lazer, entretenimento, atividade física, entre outros itens necessários à vida cotidiana tem sido marcada pela uniformização generalizada. Essa percepção vem sendo intensificada com a democratização da comunicação promovida pela internet, nas chamadas redes sociais. Um fenômeno já antigo, mas que se mantém atualíssimo, cabe nesse momento como ilustração desse processo uniformizante: o efeito da propaganda no comportamento de consumo das pessoas, por exemplo, em relação à moda no vestuário. A propaganda lança um novo produto, enfatizando sempre a singularidade. A mensagem é: compre a novidade e sinta-se único, diferente, criativo, original. Atraídas pelo apelo irresistível da mensagem, as pessoas correm para as lojas atrás desse impactante diferencial. No dia seguinte, ao vestirem a novidade e saírem à rua, confirmam a mensagem, visto que ninguém está usando a mesma roupa ao seu redor. Uma forte sensação de realização é experimentada, elevando-se a autoestima. No entanto, infelizmente, com o passar dos dias, elas percebem que a novidade vai se dissipando, com o evidente aumento do número de pessoas vestidas com a mesma roupa. A singularidade desaparece, dando lugar à uniformização, à indiferenciação, à mesmice, até que uma nova moda seja lançada e todo o processo se repita.

Esse fenômeno bem exemplifica um processo em que uma medida de desordem denominada *entropia* aumenta no sistema, até chegar à homogeneização. Num universo em que todos se vestem igual, nada de novo surge. O sistema entra em equilíbrio e perde a capacidade de mudança. A entropia se maximiza. Não há alteração, renovação, desenvolvimento, apenas a manutenção do status quo. É necessária a ação de um agente externo - o criador de modas - para que as coisas mudem. O problema é que todo o sistema se torna dependente desse agente promotor de mudanças. Isso traz inerente o perigo da manipulação. Troque a roupa por smartphone, e logo perceberá como somos manipulados pelos seus fabricantes, tornando-nos dependentes e até viciados em novos modelos. Um processo sem fim. E as empresas têm uma programação pronta de vários aparelhos a serem sequencialmente lançados no futuro, em momentos oportunos, sempre como uma grande "novidade" capaz de satisfazer, ao menos temporariamente, o desejo insaciável das pessoas de serem únicas. Obviamente, sem que elas percebam o perigo inerente e traiçoeiro da homogeneização.

O objetivo do presente ensaio é, a partir do conceito de entropia, refletir sobre algumas práticas e situações que se sucedem nos meandros da Educação Física, particularmente nos domínios da pesquisa, pós-graduação e preparação profissional.

11.2 O CONCEITO DE ENTROPIA

Quando dois corpos em contato têm temperaturas diferentes, o calor se transfere do corpo mais quente para o mais frio até ambos chegarem a um equilíbrio térmico, ou seja, à mesma temperatura. Do mesmo modo, quando dois corpos em contato, à mesma temperatura, estão a pressões diferentes, o corpo à pressão mais alta tende a expandir-se e comprimir o corpo com pressão mais baixa até chegarem ao equilíbrio, isto é, à mesma pressão. Essas reações acontecem sem a presença de nenhuma força externa. Existe uma base comum relacionada com um processo que termina em equilíbrio. Essa base constitui o postulado conhecido como a segunda lei da termodinâmica.

De acordo com essa lei, todos os sistemas fechados tendem a um estado de equilíbrio, em que uma medida de desordem denominada entropia atinge o seu valor máximo. Estado de equilíbrio, em termodinâmica, significa que o sistema tem baixa capacidade de mudança ou baixa energia potencial. Como se sabe, a termodinâmica surgiu como um desafio à mecânica "newtoniana", enfocando as características macroscópicas de sistemas complexos, em vez das características microscópicas dos elementos individuais (Prigogine, 1967). Assim, todos os sistemas fechados tendem a um estado de máxima desordem, e mais importante ainda, esse processo é irreversível, caracterizando uma flecha do tempo (Bertalanffy, 1968; Prigogine & Stengers, 1984).

Segundo a mecânica estatística, que se baseia numa interpretação molecular de entropia, ela é, ao mesmo tempo, uma medida de desordem e uma medida quantitativa da probabilidade relativa de um estado particular de um sistema. Por exemplo, quando a torneira que liga dois recipientes contendo gases com diferentes pressões é aberta, o estado inicial se torna um estado muito improvável. O estado mais provável é o que ocorre quando as moléculas do gás se distribuem ao acaso ou igualmente nos dois recipientes. Isso significa que a entropia no segundo estado é maior que no primeiro estado. Quando as moléculas se distribuem ao acaso, elas ocupam, num movimento desorganizado, todo o espaço disponível, formando um arranjo desordenado, e não um arranjo regular e ordenado, como no primeiro estado. Um arranjo ordenado implica um conhecimento mais detalhado das posições das partículas, quando comparado ao arranjo ao acaso.

Imaginemos um outro exemplo: um copo com água em que uma gota de tinta colorida é pingada. Quando a gota atinge a superfície, a entropia é baixa, pois o sistema tem alta capacidade de mudança ou alta energia potencial. À medida que a tinta se espalha, a entropia aumenta até alcançar o equilíbrio, em que não haja mais capacidade de mudança. Depois que a água e tinta se misturam homogeneamente, não mais é possível distinguir o que é água e o que é tinta, isto é, não existe mais informação. Ademais, não há a menor possibilidade de ambos voltarem espontaneamente às condições iniciais.

Essa analogia entre informação e entropia possibilitou uma visão do significado de ambos, num novo campo denominado de teoria da informação (Gatlin, 1972). Entendendo entropia como uma medida do grau de aleatoriedade de um sistema, Gatlin (1972) apresenta um quadro de sistemas com elementos de alta entropia e baixa entropia, de forma pareada. Os elementos associados à alta entropia são os conceitos de aleatório, desorganizado, desordenado, misturado, eventos equiprováveis, eventos independentes, variedade de configuração, liberdade de escolha, incerteza, probabilidade alta de erro e informação potencial. Por sua vez, os elementos associados à baixa entropia são, respectivamente, os conceitos de não aleatório, organizado, ordenado, separado, divergência da equiprobabilidade, divergência da independência, arranjos limitados, restrição, confiabilidade, fidelidade e informação armazenada.

No entanto, a natureza da relação entre entropia na teoria da informação e na segunda lei da termodinâmica não foi assim simples de ser compreendida (Waddington, 1979). Se pensarmos em termos de fonte de informação, pode-se entender que a capacidade de informação da fonte é medida pela entropia – quanto mais entropia, mais informação ela contém. Todavia, se pensarmos não na capacidade de informação da fonte, mas em quanta informação existe numa determinada mensagem, a quantidade de informação é definida pelo grau de escolha, e não de acaso, ou seja, grau de ordem e não de desordem. Isso significa que, quanto mais informação, menos entropia, exatamente o oposto do entendimento anterior. Essa segunda compreensão está de acordo com a ideia de entropia negativa proposta por Schrödinger (1945) e foi a que prevaleceu.

Os sistemas abertos, ao contrário, são aqueles que trocam matéria, energia e informação com o meio ambiente externo. Essa propriedade possibilita ao sistema contrariar a segunda lei da termodinâmica, na medida em que a entropia poderá aumentar, permanecer em *steady state* e também diminuir. Nas palavras de Schrödinger (1945), esses sistemas importam entropia negativa como ocorre com os seres vivos (Bertalanffy,

1968) e garantem um estado de não equilíbrio que possibilita o desenvolvimento em direção a estados mais complexos de organização, estabelecendo uma outra flecha do tempo, em direção oposta. Os sistemas abertos são capazes de integrar as duas flechas do tempo: a de aumento e a de diminuição de entropia (Prigogine, 1996; Prigogine & Stengers, 1984).

Em síntese, o processo de homogeneização corresponde a um processo entrópico em que a singularidade, a individualidade e a identidade são perdidas. Quando todo mundo se comporta de forma igual, a entropia se maximiza. O sistema entra em equilíbrio e fica à mercê da segunda lei da termodinâmica.

11.3 A ENTROPIA NA PÓS-GRADUAÇÃO

Está em curso na pós-graduação em Educação Física, no nosso país, um processo de formação de pesquisadores com forte tendência homogeneizante. Isso se deve a vários fatores, mas o principal diz respeito à pressa na formação, o que resulta na implementação de um modelo de formação único em que se procura aumentar a eficiência mediante a inserção de diversos orientandos numa mesma linha de pesquisa, utilizando-se da mesma metodologia, realizando-se projetos de pesquisa semelhantes, com apenas pequenas variações no objeto de estudo, e buscando-se a mesma meta final de formar um doutor capaz de produzir artigos em série a toque de caixa (Tani, 2016). Não há tempo a perder. Faz lembrar uma linha de produção robotizada na indústria automobilística, em que carros iguais são montados com muita eficiência.

Essa eficiência na formação está relacionada a um outro fator homogeneizante vinculado ao seu produto: o de melhorar o currículo dos orientadores. Para ser competitivo na era do "produtivismo" exacerbado reinante na ciência, do qual eles não são os culpados, diga-se, os orientadores sabem que a melhor maneira de produzir artigos é fazer com que seus orientandos realizem estudos na sua linha de pesquisa, procurando no projeto de doutorado responder a uma das perguntas que são derivadas dessa linha de pesquisa. Para cada pergunta, um orientando designado. A ele não existe espaço de escolha. O sistema é determinístico. Além disso, os orientadores sabem que é preciso estimulá-los para que sejam céleres na coleta de dados, apliquem tratamentos metodológicos já padronizados e escrevam artigos o mais rápido que puderem. Tudo isso para eles assumirem a função de mentor intelectual dos estudos, de modo que os seus nomes apareçam como os últimos dos autores nos diversos artigos produzidos. Como ninguém faz pesquisa sozinho, os orientadores também sabem que convém colocar vários orientandos participando de diversos projetos simultaneamente, o que ao fim e ao cabo acaba também os beneficiando porque seus nomes serão colocados como coautores em vários artigos, melhorando os respectivos *curriculum vitae*. Tornam-se, assim, membros do que é hoje conhecido como "geração Lattes", com o perdão do eminente cientista que lhe empresta o nome.

Em suma, fica demonstrado que, na pós-graduação, muito mais que formar um intelectual autônomo, está sendo formado um bom técnico em pesquisa, capaz de produzir artigos em série no menor tempo possível (Tani, 2016). Um processo homogeneizante de formar pessoas que pensam e fazem tudo igual, mas que são reconhecidamente eficientes no que fazem. Doutores muito parecidos estão sendo formados, uma ironia se pensarmos no discurso, que é de formar pesquisadores autônomos, criativos, inovadores, singulares, capazes de desafiar o mundo desconhecido, encontrando perguntas interessantes por conta própria. O mais curioso nesse processo de formação homogeneizante é que, por mais contraditório que possa parecer, enaltece-se, valoriza-se e cobra-se muito a originalidade do estudo no doutorado. Isso corresponde a fazer o mesmo e esperar resultados diferentes. Do ponto de vista de entropia, algo improvável de acontecer. Cabe aprofundar reflexão a respeito.

A formação de recursos humanos qualificados para a pesquisa é um dos principais objetivos da pós-graduação. Pesquisar é, antes de tudo, desafiar o mundo desconhecido. Por evidente, não tem sentido pesquisar o mundo já conhecido. Portanto, o pesquisador é formado para desvendar o mundo ainda oculto. E o treino sistemático para tanto começa, basicamente, com a iniciação científica e concretiza-se na pós-graduação com a conclusão do doutorado. Assim, em tese, não existe nada de estranho que no doutorado a originalidade do estudo seja não apenas valorizada como também cobrada. Mas, afinal, o que é originalidade em pesquisa científica?

De fato, a palavra originalidade tem diferentes significados, de modo que o seu uso merece cuidados. Para efeito da presente reflexão, limitar-me-ei a abordá-la com relação a dois significados: o primeiro, referente ao caráter próprio do estudo, algo que não é comum a todos – peculiar, particular, singular; e o segundo, concernente ao caráter de novidade do estudo, algo que não existia antes – inédito, desconhecido.

Para refletir acerca da originalidade como peculiaridade, vou recorrer a uma metáfora. Não sei exatamente quem foi o seu autor, possivelmente um filósofo da Grécia Antiga, mas a ouvi numa aula de filosofia da ciência, e ela me ilustrou de forma muito esclarecedora a relação entre os mundos conhecido e desconhecido de uma pessoa. Diz a metáfora que é possível representar esses dois mundos por meio de uma esfera e, de acordo com o seu tamanho (diâmetro), refletir sobre a relação entre os mundos conhecido e desconhecido. Se o mundo conhecido de uma pessoa for uma esfera de diâmetro reduzido, a sua área de interface com o mundo desconhecido também o será. Por outro lado, se for uma esfera de diâmetro amplo, a interface com o mundo desconhecido será, da mesma forma, ampla. Quer dizer, quanto mais se aumenta o conhecimento, mais se sabe que menos se sabe. Por conseguinte, quem pensa que tudo sabe não passa na realidade de uma pessoa que deixou de expandir a esfera de seus conhecimentos. Em outras palavras, parou de desafiar o mundo desconhecido e vive do passado, enclausurado no seu mundo conhecido. Um sistema fechado, estável e em equilíbrio, ou seja, entrópico.

Destarte, definir para si e também por si a questão de originalidade do estudo merece muito cuidado. Ela é relativa e depende do tamanho da esfera do seu mundo conhecido. Se o seu mundo conhecido é restrito, mais original (peculiar) pode parecer o seu modo de pensar e fazer. Contudo, isso, obviamente, pode ser enganoso. É por esse motivo que a questão da originalidade depende muito dos pares que a avaliam, de modo que se procura na avaliação social (pelos pares) garantir certa salvaguarda.

Importa lembrar que os avaliadores têm, eles próprios, suas esferas de conhecimento com determinados diâmetros, de maneira que os seus mundos conhecidos são também relativos. Ademais, como o tamanho do mundo desconhecido se amplia cada vez que se aumenta o tamanho do mundo conhecido, não tem sentido ficar excessivamente preocupado com a originalidade.

Fica claro, portanto, que a expectativa e, mais ainda, a exigência de originalidade do estudo na pós-graduação requer prudência. Aos membros da banca de defesa de doutorado, que gostam de cobrar nas arguições essa qualidade no candidato, muitas vezes para justificar e legitimar o seu papel e poder de avaliador, cabe também um alerta. A posição de avaliador pode ser muito traiçoeira. Dependendo do que se cobra, revela-se o tamanho do seu próprio mundo conhecido e igualmente do desconhecido. Exigir a originalidade no trabalho de outros pode ser uma faca de dois gumes, uma coisa muito perigosa! A velha história: quando você abre a boca, revela o que sabe e, sobretudo, o que não sabe. Assim, para os membros da banca, seria prudente fazer perguntas cujas respostas já fazem parte do seu mundo conhecido. Todavia, nesse caso, cabe indagar: fazer pergunta cuja resposta já se conhece não constitui um ato revestido de certa pobreza intelectual?

A originalidade poderia ser entendida, em princípio e com as devidas ressalvas, como pensar e fazer o que outras pessoas, eventualmente, ainda não conseguem. Só que existe um problema adicional: se o que você faz de original não for passível de ser compreendido por outras pessoas como tal, não tem nenhum sentido. De fato, se não é mutuamente compreensível, sequer fica claro o que é ser original, de maneira que tem que ser algo comunicável a outras pessoas. Comunicar envolve a busca do ponto em comum e não diferente. Se não for comunicável, como se pode dizer que é original? O problema é que aquilo que é mutuamente compreensível tem de ser algo em comum. E se é algo em comum, onde está a originalidade, a tão valorizada peculiaridade?

Evidentemente, ninguém está questionando a relevância da originalidade. No entanto, considerando que todo pesquisador é um sistema aberto em direção à crescente complexidade, aumentando a esfera do seu mundo conhecido de forma contínua, e que pesquisadores têm esferas de conhecimento de diferentes diâmetros, desempenhando distintas funções – por exemplo, de produtores de novos conhecimentos, de orientadores, de membros de banca ou de revisores de artigos para periódicos científicos – entende-se que a originalidade merece ser tratada não como algo absoluto, e, sim, como algo que requer na sua interpretação a devida parcimônia e, especialmente, bom senso.

Existe uma tendência de se pensar sobre a originalidade sempre na comparação com outras pessoas. Por exemplo, ser original é pensar e fazer coisas diferentes das outras, fazer coisas que ninguém ainda fez, e assim por diante. Mas, se considerarmos as diferenças individuais, isto é, que todas as pessoas são diferentes, na realidade todas são, num certo sentido, originais. Mesmo que façam a mesma coisa, não haverá duas iguais. Portanto, a originalidade que realmente importa é aquela que está em si, ou seja, a busca constante do novo, o não se contentar com o status quo, inovar sempre. A originalidade assim concebida remete à necessidade de desmantelar a ordem estabelecida, quebrar a estabilidade, sair da zona de conforto por ela possibilitada. Fazer da perturbação fonte de nova ordem no sistema, gerando aumento de complexidade.

Na realidade, talvez mais do que a originalidade, a relevância do estudo parece ser um importante fator que necessita ser levado em devida conta na pesquisa. Dito de outra maneira, realizar estudos consequentes que produzam efeitos positivos para transformar a realidade. Cabe a pergunta: está a pós-graduação preocupada com a relevância dos estudos realizados no seu interior? Se sim, relevante para que e para quem?

A pós-graduação busca formar recursos humanos qualificados para a pesquisa, capazes de produzir conhecimentos que contribuam para o crescimento da sua área de conhecimento, procurando respostas para perguntas a ela pertinentes. Entretanto, o que está acontecendo na Educação Física é que a meta está sendo colocada em outro lugar - realizar pesquisas cujos resultados possam ser publicados em periódicos de elevado impacto. O que vale é o status acadêmico-científico proporcionado por esses periódicos (Tani, 2014; 2016; Tani & Corrêa, 2019). Nesse enquadramento, a natureza do conhecimento, assim como a sua pertinência à especificidade da área, fica relegada a um plano secundário. Não se nega, obviamente, a importância da busca do mérito científico nas publicações. A aceitação de artigos em periódicos de elevado impacto significa um reconhecimento do seu mérito científico e da sua contribuição para o avanço da ciência, mas isso não contribui automaticamente para o crescimento da Educação Física (Tani, 2014). Considerando que a Educação Física é uma área de conhecimento ainda incipiente, em busca de consolidação, é razoável concluir que isso se constitui um problema relevante.

Enfim, estamos diante de duas situações na pós-graduação que, analisadas a partir do conceito de entropia, mostram-se absolutamente incoerentes entre si: de um lado, um processo homogeneizante de formação, e de outro, a cobrança de originalidade no produto dessa formação (tese).

11.4 A ENTROPIA NA PESQUISA

A originalidade, em pesquisa, poderia significar simplesmente descobrir algo antes, ou seja, ineditismo. Não se trata de pensar diferente ou de fazer coisas que só você é capaz. Mas como se inteirar de que o que está para ser pesquisado é inédito? Para saber se está sendo descoberto algo novo antes de outras pessoas, é necessário, de antemão, conhecer-se tudo o que foi feito até então. Será isso possível ou trata-se de alguma coisa também relativa? Quais são as possibilidades, os recursos e as ferramentas disponíveis para tanto? Se demorar um pouco nessa tarefa, considerando-se a velocidade com que se produzem conhecimentos hoje em dia, corre-se o risco de nunca se conseguir concretizar esse levantamento. Não é por menos que os artigos de revisão sistemática se tornaram os baluartes dos artigos científicos, por pura demanda: acelera, agiliza e facilita essa tarefa. Contudo, ela também é relativa, o que se evidencia pelo surgimento de artigos de revisão sistemática dos artigos de revisão sistemática. A coisa vai longe, e os periódicos científicos, nomeadamente de editoras comerciais, estão muito felizes com essa dinâmica pelo retorno financeiro que proporciona. Para publicar, na grande maioria das vezes, paga-se, e não é pouca coisa. Artigos de alta demanda são muito citados, elevando-se o fator de impacto. Aumentando-se o impacto, são mais procurados para submissão de artigos, o que possibilita subir o sarrafo de aceitação para publicação, que, por sua vez, contribui para elevar ainda mais o fator de impacto, e assim sucessivamente (Tani, 2014).

Sei que foge um pouco do assunto, mas vale a pena comentar por que a publicação de artigos está se tornando uma atividade impraticável para muitos. A publicação científica virou um grande *business*: basta olhar o que se paga atualmente para se publicar num desses periódicos de alto fator de impacto. Quantos de nós já não deixou de submeter artigos por saber do preço que é cobrado se eventualmente o artigo for aceito, ou mesmo deixou de publicar artigos já aceitos por falta de recursos financeiros para pagar as editoras? Para pesquisadores de países em desenvolvimento, a ciência está se tornando um sistema inviável por esse motivo, aumentando ainda mais o fosso relativamente aos países desenvolvidos. Sem contar, obviamente, as dificuldades adicionais e crônicas de falta de estrutura e de recursos humanos, financeiros e tecnológicos para a própria realização de pesquisas. Os periódicos, com os seus todo-poderosos editores-chefes à frente, estão desempenhando um papel semelhante ao do "criador de modas" no exemplo anteriormente mencionado. São eles que definem em grande medida os destinos da ciência. Como todos sabem, ciência sem publicação simplesmente não acontece; goste ou não, ela se expressa por meio de publicações.

Do ponto de vista da entropia, é interessante observar o *modus operandi* dessa publicação, particularmente na pesquisa experimental. Em periódicos de elevado impacto, tem se tornado cada vez mais frequente a imperiosidade de seguirem-se rigorosamente as orientações no tocante à estrutura dos artigos. Uma delas chama a atenção, qual seja, a de ser o mais sintético possível na exposição das ideias na parte introdutória do artigo, deixando de lado questões teóricas e indo direto ao ponto: a novidade do estudo. A novidade entendida como ineditismo, algo que ninguém fez ainda. Esse procedimento conduz à homogeneização do conteúdo presente na introdução do artigo, em detrimento da exposição mais detalhada das ideias, fazendo com que os autores escrevam a mesma coisa tentando ser diferentes – um verdadeiro "artista" na troca de palavras. Tudo indica que o importante é ser igual no plano das ideias (mesma base teórica), ser um pouco diferente nas perguntas (pequena alteração no objeto de estudo) e ser bastante diferente nos dados coletados e analisados (resultado com diferenças estatisticamente significantes). Disso resulta, inevitavelmente, uma ciência cumulativa com ênfase na quantidade de publicações – tudo o que os periódicos comerciais almejam, visto que as mesmas são pagas, como já foi mencionado.

Os pesquisadores da Educação Física, para serem fiéis a esse *modus operandi* e aumentarem a chance de terem os seus artigos aceitos para publicação, recorrem naturalmente a estudos que sejam mais eficientes para o alcance desse objetivo específico – pesquisas básicas com uso de metodologias das ciências naturais e exatas (Tani, 1996; 2016). Essa tendência na academia tem gerado diferenças significativas na produção científica e na obtenção de bolsas, por exemplo, de produtividade em pesquisa, entre os pesquisadores nas chamadas áreas biológica e comportamental e áreas sociocultural e pedagógica da Educação Física (Tani et al., 2020; 2021). A priorização de pesquisas básicas tem duas importantes implicações para o crescimento da área: a primeira é que desconsidera a reflexão sobre a natureza da área de conhecimento e a segunda é que a pesquisa básica tem no conhecimento o seu ponto de chegada, não tendo como preocupação primária solucionar problemas concretos da sociedade. A solução para esse problema passa necessariamente pela discussão a respeito da identidade da Educação Física como área de conhecimento (Tani, 1996; 2011). Se ela for concebida como uma área acadêmica, com os seus pesquisadores realizando estudos sem se preocupar com a especificidade da área, corre-se o risco de mantê-la em estado de equilíbrio, sem produção de novos conhecimentos a ela pertinentes. Se ela for concebida como uma área profissionalizante de intervenção, com os seus pesquisadores realizando estudos sem comprometimento com os problemas que emanam da intervenção profissional, também se corre o risco de manter a área em estado de equilíbrio pela mesma razão. Ambas as situações são entrópicas.

Outro aspecto que chama a atenção no *modus operandi* da pesquisa em Educação Física, na sua perseguição pela eficiência na produção científica, é o recurso muito utilizado na fase final do processo, isto é, na publicação de artigos: um convite a um renomado pesquisador estrangeiro da área para ser um dos coautores e, assim, aumentar a probabilidade do seu aceite em periódicos de reconhecido impacto. Duas são as expectativas inerentes ao convite: garantir uma boa escrita em inglês e abrir as portas dos periódicos, utilizando-se da sua reputação acadêmico-científica e da sua posição como membro do *establishment* – presença no corpo editorial e consultivo de vários periódicos internacionais importantes. Não resta dúvida de que se trata de uma estratégia eficiente, visto ser utilizada por muitos pesquisadores, tornando-se um recurso crescentemente homogeneizante. No entanto, não deixa dúvida em relação a tratar-se de uma evidência da presença do chamado "complexo de vira-lata". Resta saber se essa estratégia se constitui um *modus faciendi* inevitável para se lograr o objetivo de subsistir no mundo "produtivista". Se sim, isso faz lembrar um slogan muito presente no comércio globalizante: associe-se aos grandes para sobreviver. Entretanto, no longo prazo, os grandes se tornam cada vez maiores e mais fortes, incorporando os menores que passam a atuar progressivamente na "periferia" do empreendimento. Isso corresponde, na pesquisa, a ser convertido em mão de obra para realizar a parte mais trabalhosa e "mecânica" do estudo: a recolha, a organização e o tratamento estatístico dos dados.

Os currículos dos pesquisadores estrangeiros muito convidados para ajudar a atenuar o "complexo de vira-lata" acabam se tornando um verdadeiro "supermercado" de publicações, de tão variada a temática abrangida. Um currículo que, muitas vezes, chega a evidenciar uma aleatoriedade temática, entrópica portanto, tornando difícil a identificação de uma especialidade. Obviamente, excluem-se dessa análise crítica os pesquisadores que de fato atuam em redes e consórcios de pesquisa reais, efetivas, interdisciplinares e supranacionais, investigando coletivamente temas relevantes e prementes da sociedade (veja, por exemplo, Ioannidis et al., 2018), participando do estudo desde a concepção do projeto até a publicação do artigo (International Committee of Medical Journal Editors, 1988). De qualquer maneira, o entendimento do que significa autoria em artigos científicos continua a dividir opiniões.

11.5 A ENTROPIA NA PREPARAÇÃO PROFISSIONAL

A partir da abertura política, com o fim da ditadura militar, tem ocorrido na Educação Física brasileira, no domínio da preparação profissional, particularmente no curso de licenciatura, um processo altamente entrópico de homogeneização do pensamento promovido pelas teorias genericamente conhecidas como críticas (por exemplo, Bracht, 1999; Kunz, 1991; Soares et al., 1992). Refere-se a uma padronização do pensamento, fazendo com que estudantes de graduação "rezem pela mesma cartilha" (Tani, 2008). O discurso é o de promoção da emancipação, mas a prática traz em si uma enorme contradição: como emancipar dando acesso exclusivamente a um único pensamento?

De todas as maneiras, essa estratégia de natureza político-ideológica na preparação profissional tem sido eficiente na criação de gerações de profissionais que se sentem confortáveis por acharem que estão acolhidas e protegidas por pessoas que pensam igual. Trata-se de uma formação que ocorre num contexto em que não existe o incômodo da divergência de pensamentos, ideias e opiniões, assim como o estímulo ao autoexame e à autocrítica; somente carinhosos tapas nas costas para reforçar o alinhamento com o pensamento dominante e o pertencimento ao coletivo ideologicamente uniformizado; ou seja, um ambiente de formação entrópico por excelência, promovido por um sistema autorreferenciado que se autolegitima e replica-se na mesmice. Um sistema em que nada de novo surge em virtude de negar-se, por princípio, a possibilidade de contradição, além de não se abrir à experimentação, sendo, portanto, eminentemente conservador.

Mais recentemente, surgiu uma outra corrente de pensamento nos cursos de preparação profissional, cuja proposta, aparentemente oposta à anterior, está pautada na defesa da multiplicidade no lugar da singularidade. Trata-se da abordagem do multiculturalismo na Educação Física. De fato, o fenômeno do multiculturalismo tem sido foco de intensos estudos, debates e embates, particularmente nas ciências humanas e sociais, evidenciando a sua importância social, educacional, cultural e política. No entanto, na Educação Física, temo que ele seja transformado num objeto de luta ideológica de natureza sociopolítica, muito mais do que uma proposta pedagógica de preparação profissional, como aconteceu com a teoria crítica.

Essa preocupação se apoia num aspecto do multiculturalismo apontado por Dalrymple (2016), qual seja, de que ele se assenta num paradoxo – começa como uma celebração da diferença e acaba como uma imposição de uniformidade. Aqueles que defendem, enaltecem e propagam a diferença cultural não estão dispostos a defender qualquer aspecto da sua própria cultura que possa diferenciá-los daqueles que pertencem a outra cultura. Todavia, isso leva a diluir a sua própria identidade cultural numa indiferenciação cultural que torna todas iguais, a qual denomina de "sopa cultural". Esse paradoxo entre fachada (não querer ser diferente) e realidade (tornar-se igual) evidencia, a meu ver, a característica entrópica do multiculturalismo. Este pressupõe diferentes culturas; portanto, negar a defender o seu culturalismo acaba diluindo a sua própria cultura numa indiferenciada, uniformizada entropia cultural em que todas são iguais. A negação da singularidade fere o pressuposto da multiplicidade, ou seja, de que multiplicidade pressupõe singularidade. Sem uma análise e uma reflexão profundas, o multiculturalismo, cuja relevância social, cultural, educacional e política não se questiona, pode se tornar uma verdadeira arapuca para apanhar de calça curta acadêmicos da Educação Física que pretendem transformá-lo em mais uma bandeira de disputas ideológicas de cariz sociopolítica na preparação profissional.

Outro aspecto da preparação profissional que tem a ver com entropia e que merece ser devidamente compreendido é o fato de o ensino ser, em certo sentido, altamente entrópico. Ensinar significa "descarregar a própria bateria", de modo que, quanto mais se ensina, mais se perde informação: o conhecimento que era seu, deixa de sê-lo, tornando-se compartilhado. Nesse contexto, a incerteza deixa de existir entre quem ensina e quem aprende. Entretanto, sabe-se que a aprendizagem só se efetiva na presença de incerteza. Ela envolve o desmantelamento, a destruição da incerteza. Portanto, a única possibilidade de preservar o ensino da ação da segunda lei da termodinâmica é continuar a pesquisa para importar entropia negativa. Em outras palavras, nunca deixar de adquirir novos conhecimentos, continuar a aprender. Manter-se atualizado ao longo da carreira é uma luta contínua contra o aumento de entropia.

11.6 CONSIDERAÇÕES FINAIS

O desenvolvimento implica quebra da estabilidade. Pesquisa, pós-graduação e preparação profissional, objetos de reflexão no presente texto, são processos dinâmicos, cuja principal característica é a mudança constante, a busca de estados crescentemente complexos mediante o desmantelamento da estabilidade alcançada. Nessa busca, um elemento fundamental é ter a capacidade de pensar, criar e experimentar coisas que desafiam a ordem estabelecida. Não basta simplesmente pensar e fazer coisas diferentes, antes dos outros, mas coisas que resultem em avanço do sistema (inovação). Em termos individuais, parece-me que, mais do que pensar e fazer coisas diferentes em comparação aos outros, é importante estar sempre insatisfeito com o status quo de conhecimentos adquiridos (autocrítica) e ter a ousadia de desafiar o seu mundo conhecido, no intuito de alcançar estados mais elevados de complexidade para inovar-se a si. Contudo, o desenvolvimento dessa capacidade é frequentemente negligenciado em virtude da adoção de procedimentos determinísticos fortemente direcionados à homogeneização, na crença de que é o meio mais eficiente para a conquista da estabilização. Fazer sempre o mesmo e esperar resultados diferentes é definitivamente uma contradição, conforme nos esclarece o conceito de entropia. Penso que, nos meandros da Educação Física, podem ser encontradas muito mais práticas baseadas em processos entrópicos rigidamente estabelecidos. É só procurar e, assim, renovar o sentido e o alcance das perguntas que necessitam ser feitas.

REFERÊNCIAS

Bertalanffy, L. von. (1968). *General systems theory.* George Braziller.

Bracht, V. (1999). A constituição das teorias pedagógicas da educação física. *Cadernos Cedes, 48,* 69-88.

Dalrymple, T. (2016). *Qualquer coisa serve.* É Realizações.

Gatlin, L. L. (1972). *Information theory and the living system.* Columbia University Press.

International Committee of Medical Journal Editors (1988). Uniform requirements for manunscripts submitted to biomedical journals. *Annals of Internal Medicine, 108*(2), 258-265. http://doi.gov/10.7326/0003-4819-108-2-258.

Ioannidis, J. P. A., Klavans, R., & Boyack, K. W. (2018). The scientists who publish a paper ever five days. *Nature, 561,* 167-169.

Kunz, E. (1991). *Educação física: ensino & mudanças.* Unijuí.

Prigogine, I. (1967). *Introduction to the thermodynamics of irreversible processes.* Wiley.

Prigogine, I. (1996). *O fim das certezas: tempo, caos e as leis da natureza.* Edição Fundação Unesp.

Prigogine, I., & Stengers, I. (1984). *Order out of chaos: man's new dialog with* nature. Bantam Books.

Schrödinger, E. (1945). *What is life*? Cambridge University Press.

Soares, C. L., Taffarel, C. N. Z., Varjal, E., Castellani Filho, L., Escobar, M. O., & Bracht, V. (1992). *Metodologia do ensino de educação física.* Cortez.

Tani, G. (1996). Cinesiologia, educação física e esporte: ordem emanente do caos na estrutura acadêmica. *Motus Corporis, 3*(2), 9-49.

Tani, G. (2008). Abordagem desenvolvimentista: 20 anos depois. *Revista da Educação Física da Universidade Estadual de Maringá, 19*(3), 313-331.

Tani, G. (2011). *Leituras em educação física: retratos de uma jornada.* Phorte.

Tani, G. (2014). Editoração de periódicos em educação física/ciências do esporte: dificuldades e desafios. *Revista Brasileira de Ciências do Esporte, 36*(4), 715-722.

Tani, G. (2016). Pós-graduação em educação física: crescimento e correção da rota. In W. W. Moreira & V. L. Nista-Piccolo (Orgs.), *Educação física e esporte no século XXI* (pp. 153-171). Papirus.

Tani, G., & Corrêa, U. C. (2019). Ciência e comunicação científica na educação física/ciências do esporte. In F. F. B. Carneiro, A. Ferreira Neto & W. Santos (Orgs.), *Comunicação científica em periódicos* (pp. 237-259). Appris.

Tani, G., Drews, R., & Corrêa, U. C. (2020). Tendências da produção científica dos bolsistas de produtividade em pesquisa do CNPq da educação física. *Revista Movimento, 26,* e26088. https://doi.org/10.22456/1982-8918.105434

Tani, G., Drews, R. & Corrêa, U. C. (2021). Análise das publicações de livros e capítulos de livro dos bolsistas de produtividade em pesquisa do CNPq da área de educação física. *Revista Movimento, 27,* e27052. https://doi.org/10.22456/1982-8918.112187

Waddington, C. H. (1979). *Instrumental para o pensamento.* Itatiaia.

PARTE IV
ESTUDO DO COMPORTAMENTO MOTOR E O ESPORTE

CAPÍTULO 12
Uma perspectiva integrada e integradora da excelência no esporte

12.1 CONSIDERAÇÕES INICIAIS

No XIV Congresso de Ciências do Desporto e de Educação Física dos Países de Língua Portuguesa, realizado na cidade de Belo Horizonte-MG, a Comissão Organizadora me honrou com um convite para proferir a conferência intitulada "Uma perspectiva integrada e integradora da excelência no esporte". Um tema bastante complexo e desafiador, em princípio, passível de ser abordado em diferentes perspectivas, da mais macro – por exemplo, filosófica e estética – à mais micro – por exemplo, genética e neurofisiológica. A prudência, por óbvio, sugeriu-me que falasse sobre o tema a partir do campo específico das minhas preocupações e dos meus interesses acadêmico-científicos, isto é, do estudo do comportamento motor humano. O presente ensaio baseia-se fundamentalmente no conteúdo da conferência, mantendo-se o título original que me foi atribuído.

Para abordar temas complexos, é recomendado que se estabeleça, inicialmente, o pano de fundo a partir do qual eles serão discutidos. Seguindo essa orientação, serão apresentadas, no primeiro momento, de forma sucinta, as proposições do paradigma sistêmico ou evolucionário (por exemplo, Bertalanffy, 1968; Emery, 1969; Gleick, 1987; Laszlo 1972; 1994; Lewin, 1993; Prigogine & Stengers, 1984; Waldrop, 1992), que tem sido extensamente utilizado no estudo de fenômenos, eventos e objetos que mudam com o tempo, muitas vezes de forma não linear e descontínua. Em seguida, fundamentada nesse pano de fundo, será discutida a questão da excelência no sentido geral e, depois, no domínio específico do esporte, numa tentativa de apresentar uma perspectiva integrada e integradora de excelência nesse fenômeno sociocultural de marcante complexidade.

12.2 DO PANO DE FUNDO

Na ciência clássica, muitas vezes denominada de newtoniana ou cartesiana, a causalidade, a linearidade, o determinismo e o mecanicismo, entre outros, eram os principais postulados. Com a mudança de paradigma (Kuhn, 1970) e o advento do paradigma sistêmico em meados do século XX, procurou-se estabelecer um quadro conceitual e metodológico para estudar processos complexos e mutáveis como vida, propriedades emergentes, auto-organização, espontaneidade, criatividade, entre outros (Prigogine & Stengers, 1984). Recentes avanços no paradigma sistêmico têm projetado uma visão de sistemas dinâmicos não lineares em que a interação entre os componentes faz surgir uma ordem macroscópica emergente não previsível a partir do conhecimento das partes, e essa ordem macroscópica é retroalimentada, influenciando o comportamento das partes (veja, por exemplo, Lewin, 1993). Da mesma forma, tem sido objeto de intensa pesquisa em diferentes áreas do conhecimento a formação espontânea de padrões e a sua transformação em sistemas abertos não lineares (por exemplo, Jantsch, 1980; Kelso, 1995; Yates, 1987). Verifica-se, também, a reconsideração do papel desempenhado pelos fatores relacionados à desordem, como variabilidade, instabilidade e flutuações em sistemas dinâmicos (veja, por exemplo, Conrad, 1983; Haken, 1977; Kauffman, 1992).

Um conceito fundamental do paradigma sistêmico é o de sistemas abertos (Bertalanffy, 1968). De acordo com a segunda lei da termodinâmica, todos os sistemas fechados tendem a um estado de equilíbrio em que uma medida de desordem, denominada entropia, atinge o seu valor máximo. Estado de equilíbrio, em termodinâmica, significa que o sistema tem uma baixa capacidade de mudança ou uma baixa energia potencial. Portanto, todos os sistemas fechados tendem a um estado de equilíbrio, e mais importante ainda, esse processo é irreversível, caracterizando uma flecha do tempo.

No entanto, existem sistemas que contrariam essa segunda lei da termodinâmica. Nesses sistemas, a entropia poderá aumentar, permanecer em *steady state*, mas também diminuir. São os chamados sistemas abertos, que trocam matéria, energia e informação com o meio ambiente, ou seja, importam "entropia negativa", nas palavras de Schrödinger (1945), para garantir um estado de não equilíbrio e consequente possibilidade de desenvolvimento, como ocorre nos sistemas vivos. Esses sistemas são capazes de integrar as duas flechas do tempo: a de aumento e a de diminuição de entropia, para manter a capacidade de mudança.

Uma propriedade fundamental dos sistemas vivos é a sua capacidade para atingir estados mais complexos de organização. De um lado, a estabilização (equilíbrio) por meio de mecanismos autorregulatórios, baseados em feedback negativo, garante a manutenção do sistema. Do outro lado, a formação de estruturas mais complexas a partir de estruturas mais simples já existentes implica uma desestabilização (desequilíbrio) para uma posterior estabilização num nível superior de complexidade, ou seja, adaptação. Assim, a estabilização, em sistemas vivos, pode ser vista como um estado provisório dentro de um processo dinâmico de organização em direção a estados cada vez mais complexos. Em suma, sistemas vivos interagem com o meio ambiente mediante a troca de matéria, energia e informação e estão em constante busca de estados mais complexos de organização por meio de adaptação (Holland, 1995).

O ser humano é um sistema aberto que está em constante interação com o meio ambiente. Por isso, ele sofre influências das mudanças nesse meio. Quando um sistema aberto é perturbado, existem, basicamente, duas possibilidades de resposta: (a) tentar neutralizar a perturbação, mantendo a estabilidade; ou (b) fazer da perturbação uma fonte de ordem em direção a estados mais elevados de complexidade.

O patrimônio cultural acumulado pelo ser humano, seja no campo da ciência, da tecnologia, da arte, da educação ou do esporte, ao longo de sua existência, pode ser visto como resultado concreto de um processo contínuo de adaptação, uma consequência de sua incessante luta contra a segunda lei da termodinâmica, em que, interpretando positivamente o significado da perturbação (possibilidade b), o ser humano foi buscando adaptações em níveis cada vez mais elevados, fazendo do irreversível fonte de ordem (Tani et al., 2005).

A excelência no esporte pode ser vista a partir dessa perspectiva sistêmica. Contudo, antes, é oportuno apresentar uma concepção de esporte que possa, eventualmente, facilitar a busca de uma visão integrada e integradora de excelência.

12.3 DA CONCEPÇÃO DE ESPORTE DE MÚLTIPLAS PERSPECTIVAS

O esporte assume cada vez mais um sentido plural que se traduz pela diversificação crescente de modalidades, de valores que servem de referência orientadora a seus praticantes, de motivos que levam à prática e de objetivos perseguidos pelos praticantes (Tani, 1996; 2000). Entretanto, quando se fala do esporte, a primeira imagem que emerge é ainda a de alto rendimento – muitas vezes, a única. É indiscutível a maior visibilidade do esporte de alto rendimento e, consequentemente, a sua influência na formação do imaginário social. Nessa visão de esporte, a excelência é compreendida, essencialmente, como um desempenho fora do comum alcançado por uma minoria de atletas privilegiados.

Por outro lado, é muito comum atribuir-se a esse esporte de alto rendimento a culpa de todos os possíveis males causados pela prática esportiva, dentre eles lesões físicas, estresse psicológico, violências interpessoal e social, alienação, e assim por diante. De fato, os problemas como a fadiga por *overuse*, o *dropout* pela iniciação precoce, as mais variadas formas de doping, entre outros, fazem parte do noticiário diário do esporte de alto rendimento (Tani, 2000). Como entender essas duas características claramente antagônicas – de mérito e demérito, respectivamente, da excelência e malefício – atribuídas ao esporte de alto rendimento? São elas inerentes ao esporte, qualquer que seja a forma de praticá-lo? A academia continua a refletir e especular sobre uma concepção de esporte capaz de dar o devido encaminhamento a essa difícil questão.

Procurei dar uma contribuição nessa direção, apresentando uma proposta denominada de "concepção do esporte de múltiplas perspectivas" (Tani, 1996; 2000), que parte do princípio de que ele é um patrimônio cultural da humanidade, ou seja, algo criado, transmitido e transformado com o passar do tempo, o que lhe confere uma natureza eminentemente dinâmica. E que, em virtude da ênfase em determinados aspectos, esse fenômeno sociocultural pode assumir características diferenciadas, como o esporte de alto rendimento, de lazer e de educação. Em outras palavras, o núcleo duro do esporte é o mesmo, o que lhe atribui uma configuração única, porém, com possibilidade de variação de acordo com o escalonamento nos "pesos" aplicados a esses aspectos. É, portanto, uma variação decorrente de ênfase, mantendo-se a mesma essência. Trata-se de uma concepção de esporte elaborada com base no paradigma sistêmico, buscando no pensamento sintético-integrativo, ao invés de analítico-dicotômico, a solução para o problema.

Na visão de múltiplas perspectivas, existem oito aspectos que, quando escalonados em relação a fins e propósitos, levam o esporte a transitar, por exemplo, do esporte de alto rendimento (EAR) ao esporte como conteúdo de ensino da Educação Física, doravante denominado de esporte educação (EE) (Tani & Manoel, 2004).

O primeiro aspecto é o objetivo. O EAR objetiva o máximo no que se refere a rendimento, ao passo que o EE objetiva o ótimo, respeitando as características físicas, psicológicas, sociais e culturais dos praticantes e as diferenças individuais quanto a expectativas, aspirações, preferências e valores. Objetivar o ótimo de rendimento é estabelecer metas de desempenho de forma a evitar tanto a superestimulação como a subestimulação.

O segundo aspecto é a finalidade. O EAR visa à competição, esta entendida como um processo de identificar o vencedor, o melhor; de verificar o alcance de normas e critérios, de classificar e premiar segundo os resultados alcançados. O EE, por sua vez, visa à aprendizagem, um processo contínuo de autoaperfeiçoamento em que o resultado é uma consequência desse processo, e não o seu objetivo. Dentro dessa perspectiva, a competição é um processo que possibilita, fundamentalmente, a avaliação da capacidade, a afirmação de possibilidades, a superação de outros e de si próprio e a busca de aperfeiçoamento.

O terceiro aspecto é a população alvo. O EAR ocupa-se com o talento e o seu sucesso depende, em grande parte, da eficácia na sua detecção, ao passo que o EE se ocupa com a pessoa comum, os gordos, os magros, os baixos, os altos, os fortes, os fracos, os habilidosos e os desajeitados.

O quarto aspecto é o tratamento dado à população-alvo. O EAR preocupa-se essencialmente com o potencial das pessoas, de desenvolvê-lo ao máximo, adaptando as pessoas às exigências e especificidades do esporte. O EE, por sua vez, preocupa-se não apenas com o seu potencial, mas também com as suas limitações. No entanto, é oportuno ressaltar que, no EE, de tanto se preocupar com as limitações, cria-se uma falsa ideia de que, nele, todos têm de ser nivelados "por baixo" e ser medíocres no que concerne à competência motora. Promover o potencial individual dos alunos, independentemente do nível de habilidade em que se encontram, é uma meta da educação escolar.

O quinto aspecto é a forma de trabalho. O EAR submete pessoas a treinamento, a repetição sistemática de movimentos pré-estabelecidos, enquanto o EE submete pessoas a prática, vista como um processo de solução de problemas motores em que a cada tentativa há um esforço consciente de elaboração, execução, avaliação e modificação de movimentos.

O sexto aspecto refere-se à orientação do trabalho. O EAR orienta-se para a especificidade, isto é, para uma modalidade específica. É impossível ser campeão em várias modalidades. O EE, por sua vez, orienta-se para a generalidade, dando oportunidades de acesso a diferentes modalidades, de explorar o patrimônio cultural da forma mais ampla possível.

O sétimo aspecto é a ênfase no trabalho. O EAR enfatiza o produto em forma de rendimentos e recordes, muitas vezes relacionados a índices externamente impostos, e dele depende, ao passo que, no EE, o processo é valorizado, ou seja, o progresso que cada pessoa experimenta relativamente ao seu estado anterior.

O oitavo e último aspecto é o resultado esperado. O EAR resulta em constante inovação técnica e tecnológica, e o EE resulta na sua difusão e disseminação. Por exemplo, as grandes inovações técnicas e tecnológicas na área do automobilismo acontecem na Fórmula 1, para depois serem introduzidas e disseminadas nos carros populares.

Em suma, não há uma forma única de se conceber o esporte. Ele é plural, polissêmico e polimórfico (Bento, 2006). Uma perspectiva integrada e integradora de excelência no esporte não seria possível numa visão única de alto rendimento.

12.4 DA PERSPECTIVA INTEGRADA E INTEGRADORA DA EXCELÊNCIA NO ESPORTE: APRENDENDO COM MICHAEL JORDAN E JOÃOZINHO

Conforme já discutido, no EAR, a excelência é vista como o ápice da capacidade de desempenho dos atletas, a primazia do desempenho por eles demonstrado. O Michael Jordan é um bom exemplo para ilustrá-la, como procurei descrever em Tani (2005b). Especialmente ilustrativo quando se compara a sua habilidade motora com a de um ordinário mortal, como daquele que a vocês escreve nesse momento. Tomemos a execução da bandeja como um exemplo.

Posso afirmar que consigo executar com sucesso uma bandeja, ainda, e com relativa facilidade, pois ela se encontra em mim automatizada. Como se sabe, a automatização é entendida nas teorias clássicas de aprendizagem (por exemplo, Fitts, 1964) como a última etapa do processo de aquisição de habilidades motoras, diagnosticada quando a execução do movimento se torna independente das demandas de atenção, menos sujeita ao controle cognitivo, permitindo ao executante ocupar-se com outros aspectos do movimento ou mesmo realizar outra habilidade simultaneamente (Tani, 2005a; 2016).

A bandeja por mim executada preenche, no essencial, as especificações descritas. Espera-se que o mesmo possa ser dito em relação àquela executada por Michael Jordan! Contudo, por incrível que pareça, diante desses critérios de desempenho, Michael Jordan e eu somos iguais: ambos conseguimos executar a bandeja de forma automatizada. Obviamente, essa é apenas uma parte da história. Para qualquer observador, mesmo sem conhecimento do basquetebol, existem naturalmente diferenças estratosféricas nos nossos desempenhos. Até mesmo para justificar a "pequena" diferença nos nossos salários.

Brincadeiras à parte, quais seriam, afinal, essas diferenças? Existem vários critérios de avaliação da habilidade que poderiam ser utilizados para responder a essa questão. Comumente, as diferenças de habilidade são expressas no tocante a precisão, fluência, velocidade, eficiência mecânica e energética do movimento. Em todos esses critérios, Michael Jordan é, obviamente, incomparavelmente superior a mim. Todavia a maior diferença entre nós se evidencia quando a execução da bandeja sofre perturbações.

No meu caso, quando enfrento perturbações durante a execução da bandeja, por exemplo, uma marcação de um adversário ou um bloqueio defensivo, não sou capaz de superá-los. Executo movimentos errados, infrinjo regras, perco o controle da bola, enfim, não consigo alcançar o objetivo. O sistema entra em colapso, pois a perturbação está além da sua capacidade e previsibilidade.

E o que acontece com a bandeja do Michael Jordan frente às mesmas perturbações? Se ele recebe um bloqueio individual durante a fase aérea da bandeja, ele é capaz, por exemplo, de alterar a direção do movimento do braço que mantém a bola, mudar a sua trajetória espacial (puxar para o lado) e/ou a sua característica temporal (retardar a soltura da bola) e executar o movimento com sucesso, muitas vezes com uma bonita enterrada.

Quando a perturbação é ainda maior, como no caso de uma marcação ou de um bloqueio mais duro executado por dois defensores durante a execução do movimento, ao perceber que somente com a mudança de parâmetros do movimento (força, velocidade e deslocamento) não será capaz de alcançar o objetivo, ele altera a sua própria estrutura, por exemplo, passa a bola de uma mão para outra e assim, desviando das marcações, faz a cesta.

Mais do que isso, dependendo do grau de perturbação, por exemplo, uma tripla marcação ou bloqueio, ele é capaz de lograr o objetivo com a execução de um movimento totalmente novo no que se refere à estrutura, isto é, um movimento nunca antes experimentado. Por exemplo, adiciona um giro de 180 graus sobre o eixo do corpo na fase final da bandeja, dá as costas para os marcadores e executa uma bela enterrada com as duas mãos.

Ao longo da sua brilhante carreira Michael Jordan nos brindou com inúmeros exemplos dessa natureza, ações motoras verdadeiramente criativas de tirar o fôlego de qualquer expectador. Em todas essas ações, o sistema respondeu às perturbações, manteve a sua integridade e foi bem-sucedido.

Expresso numa linguagem mais acadêmica, Michael Jordan demonstrou capacidade de adaptar-se às perturbações crescentemente complexas de três formas: na primeira, alterando os parâmetros de movimento, mas mantendo a sua estrutura; na segunda, alterando a própria estrutura de movimento como a ordem sequencial dos seus componentes; e na última, gerando, de forma criativa, uma estrutura de movimento totalmente nova, nunca antes experimentada. Essas três formas de adaptação têm sido denominadas de paramétrica, estrutural e auto-organizacional, respectivamente, numa concepção hierárquica de aprendizagem motora em que o processo não finda com a automatização (Corrêa et al., 2015; Tani, 2005b; Tani et al., 2014).

A questão central é saber como Michael Jordan chegou a esse ponto na execução da bandeja. Com base nos pressupostos da teoria de sistemas adaptativos complexos (Tani et al., 2005), é plausível inferir que foi a constante adaptação às perturbações crescentemente exigentes que lhe permitiu chegar ao nível de excelência, fazendo-o ser reconhecido como o maior jogador de basquetebol de todos os tempos. Evidentemente, ele possuía os demais requisitos necessários para tal façanha, como os físicos e os psicológicos, porém, o desafio incansável às perturbações cada vez mais exigentes mediante a organização, a reorganização e a auto-organização da estrutura num ciclo contínuo de estabilidade e instabilidade fez com que o sistema alcançasse o nível demonstrado (Tani, 2005b). O desempenho do Michael Jordan pode ser visto como um exemplo mais bem-acabado de excelência no EAR.

Por outro lado, o esporte não direcionado ao alto rendimento como no EE, a excelência não está e nem deve ser buscada no resultado alcançado, e, sim, no processo constante de aperfeiçoamento. O Joãozinho é um bom exemplo para ilustrá-la. Imaginemos o processo pelo qual passou Joãozinho, um garoto de 6 anos de idade, na aquisição da habilidade motora básica de quicar uma bola.

As primeiras experiências de Joãozinho com o quicar uma bola devem ter sido caracterizadas por erros grosseiros de movimento. Por exemplo, bater cada vez mais forte na bola em dissintonia com o padrão espaço-temporal de seu deslocamento, resultando no seu "amortecimento", ou seja, no batimento cada vez mais forte e rápido nela e a consequente perda de controle. Como se sabe, o sucesso no quicar requer um julgamento preciso da distância da bola em relação ao solo, da aplicação de força e da focalização e acompanhamento da trajetória da bola.

Muita prática deve ter sido necessária para que o Joãozinho se tornasse capaz de quicar a bola repetidas vezes com precisão de controle, fluência e harmonia de movimento. Em outras palavras, para ele alcançar a estabilização no seu desempenho ou a automatização do movimento. No entanto, o que deve ter ocorrido com o Joãozinho após esse longo período de prática com muita repetição de movimento? Ele provavelmente demonstrou um comportamento inusitado, surpreendente. Sentindo que a habilidade já se encontrava bem dominada, ele começou espontaneamente a introduzir modificações no seu padrão de movimento (perturbação), por exemplo, tentando quicar a bola entre as suas próprias pernas, ao redor do seu corpo, trocando de mãos, e assim por diante, mesmo que isso implique erros de execução novamente, com a perda de controle da bola.

Nós, adultos, ao observarmos em outras crianças comportamentos erráticos como esses demonstrados pelo Joãozinho, com frequência, não resistimos à tentação de repreendê-las, coibindo esse tipo de iniciativa, com o argumento de que a tarefa de aprendizagem, naquele momento, é simplesmente o quicar "normal", sem invencionices. Mal sabemos que, agindo dessa forma, estaremos contribuindo para a segunda lei da termodinâmica, ou seja, para o aumento de entropia. Estaremos concebendo o ser humano como um sistema fechado, não permitindo o seu desenvolvimento na direção do aumento de complexidade. Em última análise, inibindo a manifestação de criatividade dessas crianças.

Sabemos que a criatividade pressupõe estabilidade, uma estrutura ou uma base de competência. Ela não surge do nada. Não se pode esperar a emergência da pipoca sem a presença do milho, usando uma expressão criativa de um colega de área (Barela, 2006). A estabilidade implica bastante prática, repetição, erro, correção, persistência, suor, dor, vida dura para a sua obtenção, comportamentos e atitudes muito diferentes daqueles preconizados por pedagogias ditas modernas, construtivistas e emancipadoras que fazem acreditar ser possível a aprendizagem e a expressão da criatividade sem passar por essas experiências que demandam esforço e dedicação. Não é por menos que muitos desistem antes de alcançar a estabilização de desempenho, pois a diferença entre o pedagogicamente preconizado e o realmente necessário é absolutamente enorme. Entretanto, lamentavelmente, muitos não percebem que desistir em nome da vida fácil corresponde a fazer o pacto com a mediocridade. É sucumbir ao aumento de entropia.

Importante ressaltar que não permitir a quebra espontânea da estabilidade, como no exemplo de Joãozinho anteriormente mencionado, tem, infelizmente, o mesmo efeito do nivelar por baixo aqui descrito, visto que o ser humano, em ambos os casos, não está sendo concebido como um sistema aberto, respeitando-se as suas possibilidades e potencialidades de desenvolvimento.

Coloquemo-nos no lugar de Joãozinho. Ao introduzir aquelas modificações no seu padrão de quicar, ele está espontaneamente, sem nenhuma interferência de fontes externas, desestabilizando aquilo que com tanto esforço estabilizou. Ele está voluntariamente introduzindo perturbações no sistema, só porque quer progredir para um nível superior de complexidade, uma atitude típica de superação e transcendência; um sentir-se insatisfeito com o status quo, de não se contentar com o mundo já conhecido. Desafiar o mundo desconhecido por conta e risco para poder experimentar a sensação de realização em níveis cada vez mais elevados. Essa atitude implica, antes de tudo, muita coragem e ousadia, não ter medo de errar, explorar positivamente as possibilidades do irreversível. Um comportamento característico de sistemas abertos em busca de estados mais complexos de organização, de excelência.

O que une Joãozinho a Michael Jordan? A excelência. No caso de Joãozinho, a excelência se manifesta no ato de quebrar intencionalmente a estabilidade adquirida, porque a instabilidade é um pré-requisito para se atingirem estados mais elevados de organização do comportamento. Obviamente, Joãozinho não o faz porque tem consciência do papel da instabilidade no aumento de complexidade, mas simplesmente porque essa é uma propriedade inerente e marcante dos sistemas abertos: a geração espontânea de perturbação para desencadear um processo de mudança para estados mais elevados de complexidade. Excelência que se manifesta no processo. No caso do Michael Jordan, a excelência se manifesta na resposta adaptativa à perturbação externamente gerada, ou seja, no resultado do desempenho.

A pergunta que cabe nesse momento é: seria a experiência na primeira condição, na de Joãozinho, um pré-requisito para o sucesso na segunda situação, na de Michael Jordan? Em outras palavras, é possível e plausível pensar que Michael Jordan chegou aonde chegou porque, na sua trajetória de formação atlética, enfrentou várias perturbações externamente criadas nas mais variadas situações e nas mais variadas habilidades e a elas foi se adaptando gradativamente, pois tinha como base a capacidade de espontaneamente gerar perturbações e a elas responder, como fez o Joãozinho no quicar? É possível pensar que ambos fizeram da instabilidade, seja ela interna ou externamente gerada, a fonte e o motor para a busca da excelência?

Se sim, abre-se a possibilidade de se estabelecer uma relação entre essas duas capacidades que viabiliza uma perspectiva integrada de excelência, como sugere o título deste ensaio. Nessa perspectiva, a excelência seria algo a ser buscado e perseguido em todas as formas de envolvimento com o esporte, seja na de alto rendimento, de recreação e lazer, de educação e cultura e independentemente do estado de organização em que o sistema se encontra – iniciantes, intermediários, avançados, e não apenas experts. A busca da excelência concebida como algo inerente à condição humana de um sistema aberto que se adapta e se auto-organiza. Um processo de superação e transcendência em busca de estados crescentemente complexos de organização.

12.5 O PAPEL DA TÉCNICA E HABILIDADE NA PERSPECTIVA INTEGRADA E INTEGRADORA DA EXCELÊNCIA NO ESPORTE: APRENDENDO COM DICK FOSBURY E, MAIS UMA VEZ, COM JOÃOZINHO

A excelência no esporte envolve inovação técnica e tecnológica (Tani, 2000), e uma perspectiva integradora de excelência implica difusão e disseminação dessa inovação. Cabe analisar, portanto, como essa inovação ocorre e quais são os possíveis mecanismos para a sua disseminação. Trata-se de um problema intimamente relacionado com a interação entre a habilidade e a técnica, como já discutido em Tani, Santos e Meira Júnior (2006), que será apresentado sucintamente, com adaptações, a seguir.

A técnica é uma informação objetiva, impessoal e passível de transmissão a outras pessoas por meio de palavras; a habilidade, por sua vez, é uma capacidade interna e pessoal. Cabe indagar: o que vem primeiro, a técnica ou a habilidade, o ovo ou a galinha? Iniciemos pela discussão da gênese da técnica para responder a essa questão.

A técnica pode ser vista como o produto final, a culminância do processo de busca de uma solução ótima para um problema motor. É a habilidade motora transformada em informação. Nesse sentido, primeiro vem a habilidade, depois a técnica. Como a aquisição de habilidade motora é um processo de solução de problemas motores, a técnica pode ser vista como a objetivação da consistência na relação meio-fim que foi descoberta nesse processo de solução. Este inicia-se normalmente em forma de tentativa e erro, sem informação prévia acerca da solução. Nesse enquadramento, a técnica concentra, condensa em torno de si todo o esforço empreendido para solucionar de maneira eficiente o problema. É a excelência na sua forma concreta.

Mudando de perspectiva, a técnica pode ser considerada uma habilidade que foi posteriormente transformada em algo passível de ser transmitido a outras pessoas, viabilizando a sua transmissão cultural; em outras palavras, algo que deixou de ser uma coisa de natureza pessoal para se tornar social. Portanto, a técnica é um patrimônio cultural da humanidade, uma sabedoria acumulada que, ao ser transmitida a outras pessoas, ajuda a orientar o processo de solução de problemas, sem a necessidade de se repetir o processo, muitas vezes penoso, desnecessário e ineficiente de tentativa e erro. Considerando a dinâmica interação entre a habilidade e a técnica numa perspectiva histórica, é compreensível que ela esteja no cerne da própria evolução cultural e tecnológica da humanidade.

A aquisição da habilidade implica, muitas vezes, a "interiorização" da técnica. Não é por menos que a maneira apropriada de se utilizar a técnica no ensino de habilidades motoras constitui um dos grandes desafios de investigação na Pedagogia do Esporte. Além disso, quando se discute não o papel da técnica na aquisição da habilidade, e, sim, a evolução da técnica como consequência dessa aquisição, outro desafio de pesquisa se apresenta: como a técnica é uma informação que se tem de antemão sobre a execução do movimento, a sua transmissão pode resultar apenas na manutenção do status quo, ou seja, na sua autoperpetuação; diante disso, como explicar o surgimento de novas técnicas, como garantir a sua inovação?

Uma saída para esse impasse é pensar que, quando uma técnica é ensinada, ela pode implicar simultaneamente duas coisas aparentemente antagônicas: auxiliar na busca de solução para um problema motor imediato – aquisição de habilidade – e também se constituir no começo do processo de seu próprio desmantelamento no futuro, desencadeado exatamente pela habilidade que ajuda a adquirir. Um pensamento sistêmico e integrativo de ordem e desordem, de construção e desmantelamento.

Assim, a evolução da técnica pode ser concebida como um processo que ocorre como consequência da ação de indivíduos habilidosos que introduzem novidades na maneira de solucionar problemas motores, para além daquela que adquiriu com tanto esforço. Em outras palavras, a inovação na técnica é mediada pela habilidade, resultando num ciclo evolutivo em que técnica é "transformada" em habilidade, que, por sua vez, origina uma nova técnica, e assim sucessivamente. O fundamental nesse processo é a existência de indivíduos capazes de, por meio do desenvolvimento de suas habilidades, desafiar o mundo conhecido, criando coisas novas que vão além das especificações da técnica já existente.

A evolução da técnica no salto em altura no atletismo ilustra bem esse processo. Do salto tesoura frontal e rolo ventral até chegar ao *Fosbury flop*, foram necessários não somente indivíduos habilidosos capazes de utilizar a técnica já existente para a busca da excelência, mas principalmente aqueles desbravadores que introduziram padrões totalmente novos, como fez Dick Fosbury. Desafiar o mundo novo, construir e depois desmantelar estabilidades para inovar e avançar é o que une Michael Jordan, Dick Fosbury e Joãozinho.

Vale ressaltar mais uma indagação, com uma pitada de provocação, de matriz pedagógica: o ensino do esporte atualmente praticado adota como princípio importante o estímulo à ousadia e o respeito à curiosidade ou promove a sua inibição por meio da padronização de indivíduos vendo a técnica unicamente como ponto de chegada, e não como ponto de partida?

12.6 CONSIDERAÇÕES FINAIS

Uma perspectiva integrada e integradora da excelência no esporte procura a completude entre a excelência na busca do aperfeiçoamento constante e a excelência no desempenho alcançado, colocando-as numa continuidade.

Pode parecer uma utopia, entretanto, no plano das ações para a concretização dessa integração, entendo que a chave do processo está na Educação Física Escolar (Tani, 2007; Tani & Manoel, 2004). Por uma simples razão: a possibilidade de promover inicialmente um amplo processo de aculturação esportiva e esperar, como consequência, o surgimento de talentos para a excelência no desempenho esportivo. Não se trata de uma educação esportiva voltada para a formação de atletas, e, sim, um processo mais amplo de aculturação, não apenas no sentido da prática massificada, mas da adoção e incorporação do esporte na vida cotidiana, de forma crítica e refletida. Em outras palavras, de uma educação esportiva que reconheça o esporte como fenômeno sociocultural que agrega valor e qualidade à vida, não apenas na perspectiva do praticante, como também do espectador, do interessado, do torcedor, do estudioso, do cidadão, enfim (Tani, 2002).

Fica claro que, se a escola cumprir bem o seu papel de disseminar o esporte de forma ampla e adequada, ampliam-se as possibilidades de se aumentar o contingente de praticantes e, consequentemente, de pessoas com potencial para o EAR. Portanto, acredito que muitos embates ocorridos no meio acadêmico quanto à Educação Física escolar e ao esporte, nas últimas décadas, particularmente com base na sociologia crítica do esporte, têm a premissa comprometida. Eles não têm como pano de fundo essa visão de continuidade. Assentam-se na dicotomia e criticam-se mutuamente a partir de posições extremas. Definitivamente, isso está muito distante do pensamento sistêmico.

Cabe reiterar: o objetivo da Educação Física Escolar não é, evidentemente, preparar futuros atletas de alto rendimento (Tani et al., 2013; Tani et al., 2009). Ela, ao disseminar o conhecimento sistematizado e acumulado historicamente a respeito do fenômeno movimento humano – o esporte assume uma posição de destaque nesse universo – abordando as suas dimensões e implicações biológicas, psicológicas, sociológicas e culturais, estimula e motiva os alunos à sua prática ao longo de suas vidas, visando ao bem-estar e à qualidade de vida. Como resultado dessa ação pedagógica, a Educação Física Escolar contribui para aumentar a adesão à prática esportiva e, consequentemente, amplia também as possibilidades de surgirem potenciais atletas, a serem encaminhados e trabalhados em instituições apropriadas (Tani, 2007).

Em suma, a excelência tem lugar no paradigma sistêmico ou evolucionário. Uma perspectiva integrada e integradora de excelência no esporte é possível quando ele é concebido como um fenômeno polissêmico e polimórfico, isto é, de múltiplas perspectivas, e analisado na dimensão que provavelmente melhor o caracteriza, ou seja, da habilidade motora. Conforme nos ensina Michael Jordan, Dick Fosbury e Joãozinho.

REFERÊNCIAS

Barela, J. A. (2006). *Comunicação pessoal em um evento.*

Bento, J. O. (2006). Do desporto. In G. Tani, J. O. Bento & R. D. S. Petersen (Eds.), *Pedagogia do desporto* (pp. 12-25). Guanabara Koogan.

Bertalanffy, L. von. (1968). *General systems theory.* George Braziller.

Conrad, M. (1983). *Adaptability: the significance of variability from molecule to ecosystem.* Plenum Press.

Corrêa, U. C., Benda, R. N., Oliveira, D. L., Ugrinowitsch, H., Freudenheim, A. M., & Tani, G. (2015). Different faces of variability in the adaptive process of motor skill learning. *Nonlinear Dynamics, Psychology, & Life Sciences, 19*(4), 465-487.

Emery, F. E. (Ed.) (1969). *Systems thinking.* Penguin Books.

Fitts, P. M. (1964). Perceptual-motor skill learning. In A. W. Melton (Ed.), *Categories of human learning.* Academic Press.

Gleick, J. (1987). *Chaos: making a new science.* Penguin Books.

Haken, H. (1977). *Synergetics.* Springer-Verlag.

Holland, J. H. (1995). *Hidden order: how adaptation builds complexity.* Addison-Wesley.

Jantsch, E. (1980). *The self-organizing universe: scientific and human implications of an emerging paradigm of evolution.* Pergamon Press.

Kauffman, S. (1992). *The origins of order: self-organization and selection in evolution.* Oxford University Press.

Kelso, J. A. S. (1995). *Dynamic patterns: the self-organization of brain and behavior.* MIT Press.

Kuhn, T. S. (1970). *The structure of scientific revolutions* (2nd. ed.). University of Chicago Press.

Laszlo, E. (1972). *The systems view of the world.* George Braziller.

Laszlo, E. (1994). *Evolução: a grande síntese.* Instituto Piaget.

Lewin, R. (1993). *Complexity: life on the edge of chaos.* Phoenix.

Prigogine, I. & Stengers, I. (1984). *Order out of chaos: man's new dialog with nature.* Bantam Books.

Schrödinger, E. (1945). *What is life?* Cambridge University Press.

Tani, G. (1996). Cinesiologia, educação física e esporte: ordem emanente do caos na estrutura acadêmica. *Motus Corporis, 3*(2), 9-49.

Tani, G. (2000). Esporte e processos pedagógicos. In: W. W. Moreira & R. Simões (Orgs.), *Fenômeno esportivo no início de um novo milênio* (pp. 85-90). UNIMEP.

Tani, G. (2002). Esporte, educação e qualidade de vida. In W. W. Moreira & R. Simões (Orgs.), *Esporte como fator de qualidade de vida* (pp.103-116). UNIMEP.

Tani, G. (2005a). Aprendizagem motora: tendências, perspectivas e problemas de investigação. In G. Tani (Ed.), *Comportamento motor: aprendizagem e desenvolvimento* (pp.17-33). Guanabara Koogan.

Tani, G. (2005b). Processo adaptativo: uma concepção de aprendizagem motora além da estabilização. In G. Tani (Ed.), *Comportamento motor: aprendizagem e desenvolvimento* (pp. 60-70). Guanabara Koogan,

Tani, G. (2007). Desporto e escola: que diálogo ainda é possível? In J. O. Bento & J. M. Constantino (Coords.), *Em defesa do desporto: mutações e valores em conflito* (pp.269-287). Almedina.

Tani, G. (2016). Aprendizagem motora: uma visão geral. In G. Tani & U. C. Corrêa (Orgs.), *Aprendizagem motora e o ensino do esporte* (pp.19-41). Blucher.

Tani, G., Basso, L., Silveira, S. R., Correia, W. R. & Corrêa, U. C. (2013). O ensino de habilidades motoras esportivas na escola e o esporte de alto rendimento: discurso, realidade e possibilidades. *Revista Brasileira de Educação Física e Esporte, 27*(3), 507-518.

Tani, G., Corrêa, U. C., Basso, L., Benda, R. N., Ugrinowitsch, H., Choshi, K. (2014). An adaptive process model of motor learning: insights for the teaching of motor skills. *Nonlinear Dynamics, Psychology, & Life Sciences, 18*(1), 47-65.

Tani, G., Corrêa, U. C., Benda, R. N., & Manoel, E. J. (2005). O paradigma sistêmico e o estudo do comportamento motor humano. In G. Tani (Ed.), *Comportamento motor: aprendizagem e desenvolvimento* (pp.45-59). Guanabara Koogan.

Tani, G. & Manoel, E. J. (2004). Esporte, educação física e educação física escolar. In A. C. Gaya, A. T. Marques & G. Tani (Orgs.), *Desporto para crianças e jovens: razões e finalidades* (pp.113-141). Universidade Federal do Rio Grande do Sul.

Tani, G., Meira Jr., C. M., Oliveira, J.A., Corrêa, U. C. (2009). O day after olímpico e a universidade. *Revista da Educação Física da Universidade Estadual de Maringá, 20*(4), 485-497.

Tani, G., Santos, S., & Meira Jr., C. M. (2006). O ensino da técnica e a aquisição de habilidades motoras no desporto. In G. Tani, J. O. Bento & R. D. S. Petersen (Eds.), *Pedagogia do desporto* (pp. 227-240). Guanabara Koogan.

Waldrop, M. M. (1992). *Complexity: the emerging science at the edge of order and chaos.* Penguin Books.

Yates, E. F. (Ed.) (1987). *Self-organizing systems: the emergence of order.* Plenum Press.

CAPÍTULO 13

O conceito de organização hierárquica e o estudo do comportamento motor

13.1 CONSIDERAÇÕES INICIAIS

A palavra *hierarquia* está presente na comunicação cotidiana das pessoas, com frequência associada à ideia de poder. Por esse motivo, muitas vezes não é vista com simpatia, provocando até aversão, especialmente quando as pessoas sentem que a palavra está sendo utilizada com referência a um sistema de controle de cima para baixo.

Numa empresa, por exemplo, isso pode acontecer ao funcionário comum em relação ao chefe, do chefe relativamente ao gerente, e deste em referência ao diretor (Figura 13.1). Mas, curiosamente, parece que esse sentimento não é nutrido pelo funcionário comum quanto ao diretor da empresa. Isso tem explicação: a ordem sempre vem de quem está imediatamente acima na hierarquia. Pensando assim, só existe um venturoso livre e solto nessa hierarquia: o diretor, que não recebe ordem de ninguém. Será?

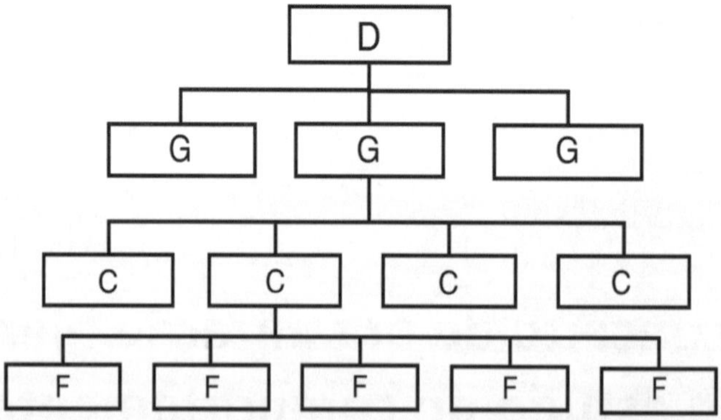

Figura 13.1 – Modelo de hierarquia de controle numa empresa (D = Diretor; G = Gerente; C = Chefe; F = Funcionário).

Quando se pensa em hierarquia numa estrutura já constituída, como no exemplo anterior, ela pode ser entendida como um sistema de controle em que uma ordem vem sempre de cima para baixo e provoca o sentimento a ela associado. Entretanto, o que aconteceria se o funcionário comum pensasse que ele pode progredir por essas camadas na estrutura da empresa e, quem sabe, chegar a ser diretor? Isto é, em vez de pensar em fazer parte de uma estrutura hierárquica estática, pensar numa organização hierárquica em cuja dinâmica se sinta envolvido? Em vez de ver a hierarquia como estrutura estática, vê-la como um processo dinâmico de organização? Não se esquecendo, obviamente, de que o diretor também recebe ordens, por exemplo, de um mecanismo muito mais refinado, rigoroso e invisível de controle que se chama mercado.

Na realidade, existem diferentes tipos de hierarquia (Wu, 2013), sendo a de controle apenas um deles, de modo que a eventual aversão a essa palavra é injusta, visto que não reflete de maneira adequada a amplitude de utilização do termo. Destarte, a palavra hierarquia surge para dar resposta a uma antiga indagação do homem: o que constitui a estrutura básica ou a ordem do mundo (Salthe, 1985)? Uma possibilidade pensada foi a estrutura hierárquica, ou seja, a natureza ser vista como hierarquia de entidades existentes em diferentes níveis de organização (Allen & Starr, 1982; Koestler, 1967; Simon, 1962; 1995; Weiss, 1969).

Na ciência, por outro lado, a ideia de hierarquia teve outro percurso. De acordo com Salthe (1985), abordagens hierárquicas foram usadas como “trampolins” para atacar as limitações do paradigma reducionista. Esse paradigma, como amplamente conhecido, ancora-se no procedimento analítico: compreender o todo, analisando-o por partes. Em outras palavras, assume que o todo pode ser entendido como a soma das partes e, portanto, ser reconstituído a partir delas. No entanto, é preciso reconhecer, para não ser injusto, que o paradigma reducionista foi um tremendo sucesso por longo tempo (Weiss, 1969) e, em muitas situações, continua a ser. Muitas maravilhas científicas modernas, tanto nas ciências básicas (Física, Biologia) como nas aplicadas (Engenharia, Medicina), foram produzidas pelo paradigma reducionista (Wu, 2013).

Todavia, a ciência descobriu que esse paradigma tinha limitações, sendo a principal o fato de o procedimento analítico depender de duas condições fundamentais: em primeiro lugar, que a interação entre as partes inexista, e, caso exista, que ela seja suficientemente fraca para poder ser desconsiderada; em segundo lugar, que as relações que descrevem o comportamento das partes sejam lineares para garantir a aditividade (Bertalanffy, 1968).

De fato, em muitos fenômenos físicos, biológicos, sociais e culturais, essas condições não são preenchidas. São fenômenos que se caracterizam pela complexidade – as partes interagem entre si, fazendo com que a propriedade do todo não seja possível de ser entendida pelo conhecimento das partes (Weiss, 1969). Diante dessas limitações, a ciência começou a tratar de sistemas complexos, teoricamente, com a expectativa de que os sistemas complexos sejam hierarquias num universo em que a complexidade tenha de evoluir a partir da simplicidade (Simon, 1962).

Sistemas complexos são sistemas em que os componentes interagem de maneira não linear e dão origem, muitas vezes, a estruturas e padrões inesperados (Goodwin, 1994). Com frequência, os componentes formam redes de interação, auto-organizam-se espontaneamente e podem produzir estruturas, padrões e comportamentos complexos (Goodwin, 1994; Jantsch, 1980; Kauffman, 1993). Portanto, a estrutura hierárquica seria uma consequência da complexidade do sistema (Bertalanffy, 1968; Jantsch, 1980; Pattee, 1973; Prigogine & Stengers, 1984; Salthe, 1985; Weiss, 1969; Yates, 1987).

De acordo com Simon (1962), a teoria hierárquica é uma alternativa e um complemento a outras abordagens da complexidade, com base na premissa de que ela frequentemente toma a forma de hierarquia. Ele a define como um sistema que é composto de subsistemas inter-relacionados, cada um dos últimos sendo, por sua vez, hierárquico em estrutura, até alcançarmos algum nível mais baixo de subsistemas elementares (Simon, 1962, p. 468). E dá vários exemplos: nos sistemas físicos, uma hierarquia constituída de partículas elementares, átomos, moléculas, macromoléculas; nos sistemas biológicos, de células, tecidos, órgãos e sistemas; nos sistemas sociais, de famílias, aldeias, comunidades e sociedade; nos sistemas simbólicos, tomando o livro como amostra, de palavras, orações, frases, parágrafos, seções e capítulos.

Koestler (1967; 1969), por sua vez, usa uma analogia para uma melhor compreensão de hierarquia – estrutura de um sistema semelhante a uma árvore, que se ramifica em subsistemas sucessivos. Nessa estrutura, um sistema é um todo em relação aos subsistemas constituintes e, ao mesmo tempo, uma parte no tocante ao sistema imediatamente superior da hierarquia – uma parte e um todo simultaneamente. Ele denominou essas entidades intermediárias, que funcionam como todos completos em si mesmos, no que concerne aos seus subordinados na hierarquia, e como partes dependentes, em referência aos que se encontram em níveis superiores, de hólons. Os hólons apresentam tendência integrativa (condição de parte), no que diz respeito ao nível superior da hierarquia, e tendência autoafirmativa (condição de todo), referente ao nível inferior da hierarquia. Essa dicotomia da condição de parte e da condição de todo – da autonomia e da dependência – é concebida como inerente ao conceito de ordem hierárquica e foi por Koestler denominada de *princípio de Jano*.

Como foi anteriormente discutido, a hierarquia pode ser vista como estrutura e como processo. Como processo, necessita de um importante complemento, que é o conceito de sistemas abertos (Bertalanffy, 1968) – sistemas que interagem com o meio ambiente por intermédio da troca de energia e informação, e desafiam a segunda lei da termodinâmica, importando entropia negativa (Schrödinger, 1945) a fim de garantir um estado de não equilíbrio e consequente possibilidade de desenvolvimento. Os sistemas abertos são capazes de integrar as duas flechas do tempo – de aumento e diminuição de entropia (Prigogine, 1996) – e assim atingir estados mais complexos de organização (Bertalanffy, 1968). Essa busca de estados mais complexos de organização toma a forma de hierarquia, mais especificamente, de organização hierárquica.

O objetivo deste texto é abordar o estudo do comportamento motor relativamente aos processos de desenvolvimento, controle e aprendizagem na perspectiva de organização hierárquica, visando a apontar os aspectos inovadores dessa abordagem e os desafios de investigação que dela emanam. No entanto, com o intuito de preparar o cenário para as discussões mais contextualizadas na realidade prática do mundo real, o texto começa com a aplicação do conceito de hierarquia em relação à estrutura das técnicas nas modalidades esportivas.

13.2 ESTRUTURA HIERÁRQUICA DAS TÉCNICAS NAS MODALIDADES ESPORTIVAS

Persiste no meio esportivo a ideia de que as modalidades esportivas são constituídas de duas coisas: fundamentos e jogo. Há sentido nisso. Desde a sua criação, o voleibol, por exemplo, tem o saque, a recepção, o levantamento, a cortada, o bloqueio e a defesa (cobertura do bloqueio) como fundamentos, mais o jogo em que esses fundamentos são aplicados. Da mesma forma o basquetebol, que tem como fundamentos o passe, a recepção, o drible, a finta, a bandeja, o arremesso, o bloqueio e o rebote, mais o jogo. Sem esses fundamentos, os jogos poderão até acontecer, mas, certamente, não se chamarão, respectivamente, voleibol e basquetebol.

Se a estrutura técnica de modalidades esportivas pode ser assim concebida, onde está o problema? Não bastaria dominar os fundamentos e aplicá-los no jogo? Em tese, sim; porém, as coisas não são simples. São amplamente conhecidas situações em que os fundamentos estão muito bem dominados individualmente, mas, no jogo, a sua efetividade não se manifesta. Da mesma forma, conhecem-se situações em que muitas dificuldades são enfrentadas na aquisição dos próprios fundamentos, resultando, por exemplo, na formação de hábitos inadequados de movimento, os chamados vícios de movimento, na sua estrutura. Dois problemas podem ser aqui destacados: o primeiro, o de conceber o jogo como simplesmente a soma dos fundamentos; o segundo, o de ver os fundamentos e o jogo como coisas absolutas que se comportam como se tivessem existência autônoma (Weiss, 1969). Ambos derivam de uma visão reducionista em que o todo é concebido como a soma das partes, ignorando-se as interações.

Considerando-se as limitações do reducionismo anteriormente mencionadas, necessária se faz uma visão de que as modalidades esportivas são estruturadas hierarquicamente no que tange às técnicas que as compõem, pois elas se caracterizam como sistemas complexos. O jogo (todo) é muito mais do que a soma dos fundamentos (partes), visto que estes interagem entre si, podendo resultar em padrões não previsíveis a partir do conhecimento de si próprios. Além disso, cada fundamento não se constitui algo absoluto; ele está inserido num sistema hierarquicamente superior (jogo) e formado de partes de sistemas hierarquicamente inferiores. Isto é, ele é todo e parte simultaneamente (Koestler, 1967).

Tomemos como exemplo a estrutura hierárquica das técnicas do voleibol constituída dos fundamentos anteriormente mencionados: o saque, a recepção, o levantamento, a cortada, o bloqueio e a defesa. A Figura 13.2 mostra essa estrutura devidamente organizada com os fundamentos e as suas respectivas variações. Tem-se, em princípio, a visão de todo da modalidade.

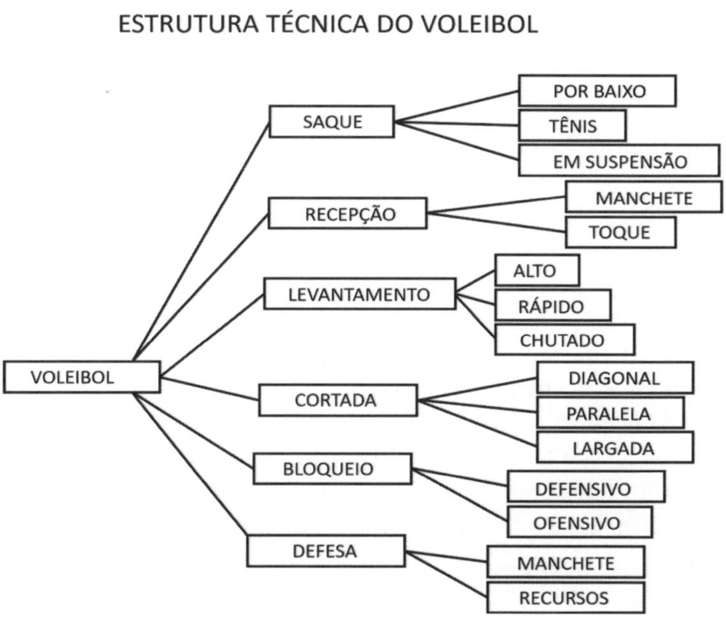

Figura 13.2 – Organização hierárquica da estrutura técnica do voleibol.

Entretanto, se direcionarmos a nossa observação e a nossa análise para o nível da hierarquia onde se encontra a cortada, o que era parte se torna o todo (sistema), e as partes (subsistemas) são, agora, a corrida, a impulsão, o ataque e a aterrissagem, como mostra a Figura 13.3.

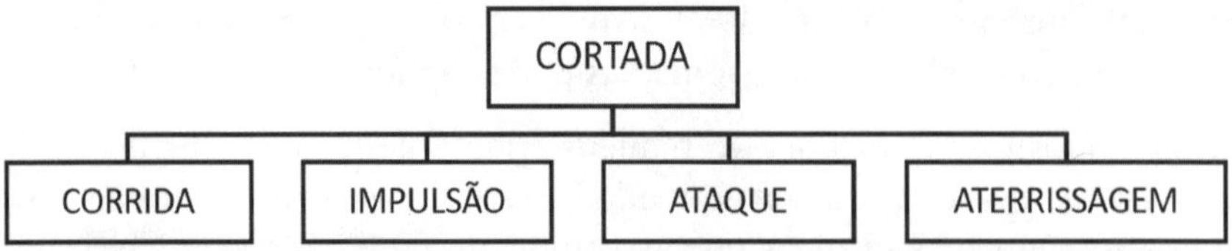

Figura 13.3 – Organização hierárquica da cortada do voleibol.

Dando prosseguimento, se focarmos, desta vez, no ataque, ele se torna o todo (sistema), e temos como partes (subsistemas) a preparação para o ataque, o ataque propriamente dito, o ponto de contato e a finalização (Figura 13.4). E, assim, podemos continuar com essa análise em níveis cada vez mais inferiores da hierarquia. Em cada nível, o todo e a parte, serão relativos (Koestler, 1969).

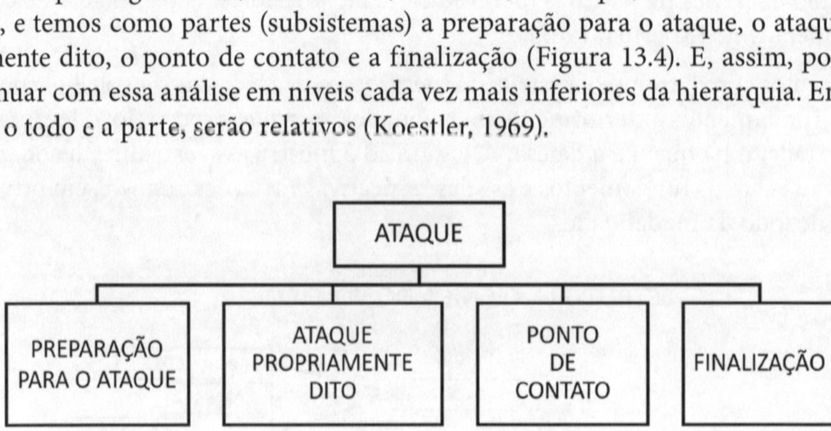

Figura 13.4 – Estrutura hierárquica da técnica de ataque do voleibol.

Voltando ao problema das interações, é importante compreender que a cortada só tem sentido se executada em relação às características do levantamento efetuado. É o efeito da interação que, nesse caso, configura uma relação de dependência. O início da corrida, a velocidade e a direção do deslocamento, a impulsão, o salto e o ataque estão condicionados ao tipo de levantamento. Da mesma forma que o levantamento está condicionado ao tipo de recepção, e este, ao saque da equipe adversária. Não é por acaso que o fundamento mais importante, o mais pesquisado e praticado relativamente à sua variação, é o saque. Ele se constitui a variável crítica do jogo de voleibol, pois é a arma (perturbação) mais poderosa que uma equipe tem para quebrar toda a cadeia de interações da equipe adversária, que foi exaustivamente treinada e estabilizada. Como todos sabem, quando essa estabilidade não é desmantelada pelo saque, é muito alta a probabilidade de sucesso do ataque da equipe adversária.

Olhando agora para o basquetebol, também com os fundamentos já mencionados – o passe, a recepção, o drible, a finta, a bandeja, o arremesso, o bloqueio e o rebote –, podemos fazer o mesmo. Se focarmos no nível da hierarquia em que a bandeja é o sistema em observação e análise, temos como subsistemas o drible, o salto, o arremesso e a aterrissagem. Focando-se no drible como sistema, temos como subsistemas o correr e o quicar, e assim sucessivamente (Figura 13.5).

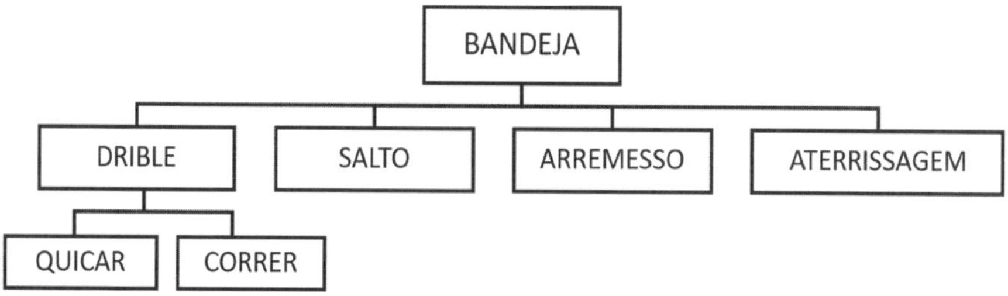

Figura 13.5 – Estrutura hierárquica da técnica de bandeja do basquetebol.

Ressalta-se uma importante observação: quanto mais se desce na hierarquia, mais o sistema deixa de ter correspondência com os fundamentos da modalidade. Destarte, o correr não é um fundamento do basquetebol, mesmo porque ele está presente em várias modalidades esportivas. É por essa razão que ele é denominado de habilidade motora fundamental, habilidade motora básica ou padrão fundamental de movimento. Portanto, necessita-se saber a partir de que nível da estrutura hierárquica um componente (subsistema) pode ser considerado como fundamento de uma particular modalidade esportiva.

A falta de uma visão hierárquica leva muitas pessoas a pensar, por exemplo, o chutar, o driblar, o rebater, o arremessar, que são habilidades motoras fundamentais, como se fossem habilidades motoras específicas, respectivamente, do futebol, do basquetebol, do beisebol e do handebol (Tani et al, 2012). As habilidades motoras fundamentais tornam-se específicas em virtude das restrições (*constraints*) impostas pelo contexto em termos de exigências técnicas e táticas do jogo, como também regras, critérios e normas específicas de cada modalidade. Uma coisa é uma criança rebater com um bastão uma bola grande lançada pelo pai; outra é um jogador de beisebol rebater uma bola pequena, pesada e dura – arremessada de uma distância de 18,44 m, que vem em sua direção a 150 km/h, com variação na velocidade, aceleração, direção e trajetória – para um espaço delimitado, sem que a defesa adversária possa agarrá-la antes que ela atinja o chão. Uma das causas da iniciação esportiva precoce reside nessa confusão que se faz entre as habilidades motoras fundamentais, de natureza genérica, e as habilidades motoras específicas do esporte.

Feitas essas considerações, fica a pergunta: a Educação Física e o Esporte, como áreas de conhecimento, já estudaram todas as modalidades esportivas, procurando compreender a estrutura hierárquica das técnicas que as compõem? Já se conhece a estrutura hierárquica das técnicas do futebol, do handebol, do tênis, do futsal, do judô, apenas para citar algumas das modalidades mais conhecidas e praticadas? Ou ainda continuam com a ideia de fundamentos e jogo, que se conhece desde quando elas foram criadas? As decisões didático-pedagógicas no ensino do esporte (Tani & Corrêa, 2016), assim como as decisões a respeito do método de treinamento técnico no treino esportivo (Tani, 2002), dependem muito de como essa estrutura hierárquica é entendida.

13.3 ORGANIZAÇÃO HIERÁRQUICA NA EXECUÇÃO DE HABILIDADES MOTORAS

Na apreciação da relação entre a estrutura hierárquica das técnicas das modalidades esportivas que acaba de ser discutida e a organização hierárquica na execução de habilidades motoras, é preciso ter-se, inicialmente, uma visão clara acerca da relação entre a técnica e a habilidade motora. A palavra *técnica* é utilizada para referir-se a duas coisas: a) informação disponível de antemão sobre a maneira de se realizar um movimento específico – descrição da tarefa motora; b) o meio de se alcançar um objetivo no ambiente externo, com eficiência. Portanto, a técnica é algo objetivo, cujas especificações podem ser expressas por meio da fala e da escrita, ou seja, em forma de palavras e transmitidas a outras pessoas (Tani et al., 2006). O termo *habilidade motora* é usado também para indicar duas coisas distintas: a) um ato ou tarefa que requer movimento e que deve ser aprendida para ser adequadamente executada; b) o grau de proficiência na execução do movimento. Muita confusão se faz entre técnica e habilidade motora justamente em virtude de o termo *tarefa motora* estar presente em ambas as definições: a) como informação que especifica a maneira de se executar um determinado movimento (técnica); b) para indicar um movimento específico a ser aprendido (habilidade).

A compreensão dessa relação é importante porque, quando uma tarefa motora, correspondente a um componente da estrutura hierárquica das técnicas de uma modalidade, passa a ser executada por uma pessoa, ela se transforma numa ação motora, de modo que os seus componentes se tornam partes de um programa de ação. Aquilo que era algo objetivo (técnica) torna-se pessoal (habilidade).

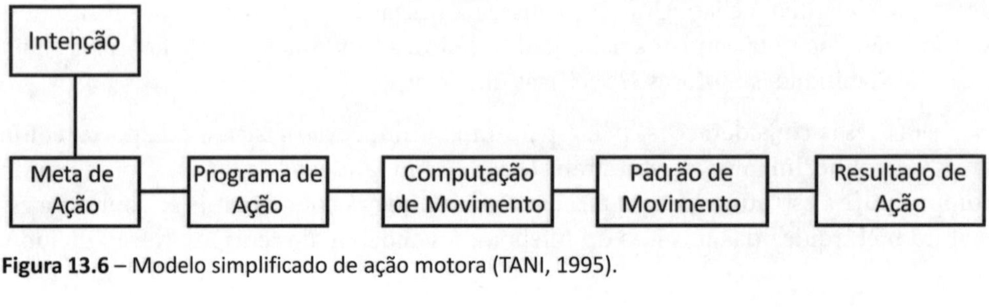

Figura 13.6 – Modelo simplificado de ação motora (TANI, 1995).

Reportando novamente à cortada do voleibol e associando-a com o modelo de ação mostrado (Figura 13.6), a intenção do atacante é executar uma ação motora cuja meta é conseguir a pontuação – direcionar a bola a um local da quadra oposta sem que o time adversário consiga defendê-la. Como foi discutido anteriormente, em função do levantamento feito e da posição dos jogadores da equipe adversária, especialmente do bloqueio, o atacante seleciona um programa de ação, por exemplo, uma cortada forte na diagonal ou na paralela, ou mesmo uma largada curta atrás do bloqueio. Os componentes do programa de ação selecionado – corrida, impulsão, salto, ataque e aterrissagem – são, então, computados e transformados em comandos motores que serão encaminhados ao sistema muscular, resultando num padrão de movimento; o resultado dessa ação motora pode ser um sucesso (ponto) ou insucesso (bola fora, na rede, bloqueada ou defendida pela equipe adversária).

Claro está que, no exemplo anterior, partiu-se da premissa de que o atacante já sabe executar a cortada com proficiência, isto é, a habilidade motora já está adquirida. O problema é saber como ele se tornou capaz de executar dessa maneira. Ao colocarmos essa questão, adentramo-nos na seara da aprendizagem motora – o processo pelo qual a pessoa que não sabia executar a cortada passa a executá-la com proficiência. Mas, antes de entrar nessa discussão, existe uma pergunta, relacionada com a organização hierárquica, que necessita ser respondida: esse atacante já tem os componentes do programa de ação da cortada devidamente desenvolvidos? Essa indagação remete à consideração de um processo que se denomina desenvolvimento motor, mesmo porque os componentes de um programa de ação são ações motoras que foram previamente adquiridas ao longo desse processo.

13.4 ORGANIZAÇÃO HIERÁRQUICA NO DESENVOLVIMENTO MOTOR

Um dos pioneiros no uso do conceito de hierarquia no Desenvolvimento Motor foi Bruner (1969). Nessa obra, ele afirma ser bastante aparente que muitos sistemas biológicos, por natureza, operam desde o início como sistemas hierarquicamente organizados. E traz, como exemplos ilustrativos das fases iniciais do desenvolvimento, os primeiros sistemas bem organizados, responsáveis por ações como respirar, sugar e engolir, que operam de maneira predominantemente automática, deixando pouca dúvida acerca do papel desempenhado por um sistema de controle central preestabelecido na sua produção. Ademais, observa que esses sistemas são facilmente embutidos em contextos alargados de ação – assunção da existência de uma organização hierárquica.

No entanto, o que chamou a atenção de Bruner foi como esses comportamentos que parecem inicialmente controlados automaticamente são gradualmente convertidos em comportamentos controlados voluntariamente. Em outras palavras, em ações que adquirem organização, que demandam maior processamento de informações, e não aquelas em que essa organização já está presente, como nos exemplos anteriores.

Com base na proposição de Bernstein (1967) de que a aquisição de habilidades motoras envolve o controle dos graus de liberdade no sistema de ação que está sendo regulado, Bruner propõe que o domínio de habilidades na infância envolve um ciclo de restrição de formas de movimento e a aquisição de habilidades dentro dos limites dessa restrição, com a habilidade se movendo para um novo patamar apenas quando a restrição é alterada. Ou seja, qualquer programa de ação é gradualmente consolidado dentro das suas próprias restrições. Além disso, Bruner aponta que, no desenvolvimento infantil, observam-se mudanças mais qualitativas do que quantitativas da habilidade, e isso envolve a formulação de novas estratégias ou novos programas de ação que são, então, consolidados; cada novo programa de ação envolvendo um aumento dos graus de liberdade, num processo contínuo ao longo da vida.

Para explicar o desenvolvimento de estruturas cada vez mais complexas, a partir de estruturas mais simples no processo de desenvolvimento motor, Connolly (1977) propôs que a unidade básica de um programa de ação é, pela analogia com o programa de computador, uma sub-rotina. Assim, um programa de ação envolveria uma sequência de sub-rotinas hierarquicamente organizadas. Fitts e Posner (1967) já tinham sugerido ideia semelhante no domínio da Aprendizagem Motora, utilizando os termos *programa executivo* e *sub-rotina* para explicar a organização hierárquica de uma habilidade motora. O programa executivo referia-se à meta geral ou ao plano de ação, enquanto as sub-rotinas indicavam as unidades de movimento que compunham o programa executivo – unidades automatizadas de movimento que já foram programas executivos e que, mediante o processo de aprendizagem, foram delegadas ao controle de níveis mais baixos do sistema nervoso central (SNC).

Na realidade, o conceito de organização hierárquica já tinha sido proposto por Miller, Galanter e Pribram (1960) para apontar que a aquisição de habilidades motoras envolvia a construção de uma hierarquia de unidades comportamentais, cada uma delas guiada por seu próprio plano. A hierarquia, nesse caso, foi utilizada para se referir a níveis de representação, e o plano, definido como qualquer processo hierárquico no organismo que pode controlar a ordem em que a sequência de operações deve ser executada (p. 16).

De acordo com a visão de organização hierárquica, os movimentos desenvolvidos nos primeiros anos de vida (sub-rotinas) formam a base para a aquisição ulterior de tarefas motoras cada vez mais complexas. Nesse sentido, a aquisição de habilidades motoras específicas do esporte envolve a utilização dessas sub-rotinas em programas de ação mais complexos. Voltando à estrutura hierárquica das técnicas das modalidades esportivas discutidas anteriormente, o drible, o salto, o arremesso e a aterrissagem seriam sub-rotinas do programa de ação da bandeja do basquetebol, e a bandeja, por sua vez, seria uma sub-rotina do jogo, junto com o passe, a recepção, o drible, a finta, o arremesso, o bloqueio e o rebote. Dessa maneira, a organização hierárquica do desenvolvimento motor envolve um processo em que o todo se torna parte de um todo mais complexo, que, por sua vez, se torna parte de um todo ainda mais complexo, e assim sucessivamente – o inverso do reducionismo.

Essa visão remete à discussão de quais seriam as primeiras sub-rotinas da organização hierárquica no desenvolvimento motor. De acordo com a proposição de Bruner (1968), todo o processo começa pelos primeiros sistemas bem organizados que operam de maneira predominantemente automática – um sistema de controle central preestabelecido.

Olhando para a organização hierárquica no desenvolvimento motor, um aspecto que se evidencia é, portanto, o aumento de complexidade do sistema. Complexidade, de forma simples, é definida por dois elementos: número de componentes e interação entre os componentes (Simon, 1962). Como foi anteriormente discutido, o correr combinado com o quicar a bola dá origem a uma estrutura mais complexa chamada driblar. Da mesma forma, o driblar combinado com o saltar, o arremessar e o aterrissar resulta na bandeja do basquetebol. Não é preciso muita análise para concluir que a bandeja é mais complexa do que o driblar.

De fato, os modelos descritivos de desenvolvimento motor procuram apontar para esse aumento de complexidade, afirmando que as habilidades motoras fundamentais se constituem a base de habilidades motoras específicas – por exemplo, as esportivas, a serem adquiridas ao longo da vida (Clark & Metcalfe, 2002; Gallahue & Ozmun, 1998; Branta et al., 1984; Haubenstricker & Seefeldt, 1986). Contudo, esses modelos não estão fundamentados numa visão de organização hierárquica de sistemas em direção a crescente complexidade. Estão baseados simplesmente na ideia de sequência de desenvolvimento, sem referência aos mecanismos subjacentes.

Portanto, o desafio é passar de um modelo descritivo para um modelo explicativo de desenvolvimento motor capaz de projetar ideias, proposições e predições para a testagem empírica. O primeiro ponto a ser destacado nesse contexto é explicar como se dá o processo de aumento de complexidade. De acordo com a teoria de organização hierárquica, a interação dos componentes resulta na formação de estruturas ou padrões. Uma das formas básicas de interação é a combinação dos componentes. É com base nesse entendimento que Tani et al. (1988) propuseram um modelo de desenvolvimento motor que contempla uma fase muito importante, que se denomina combinação de movimentos fundamentais (Figura 13.7). O aumento do repertório motor mediante combinações cada vez mais complexas e elaboradas de movimentos fundamentais, ainda que de caráter genérico, é o que distingue essa fase do desenvolvimento motor.

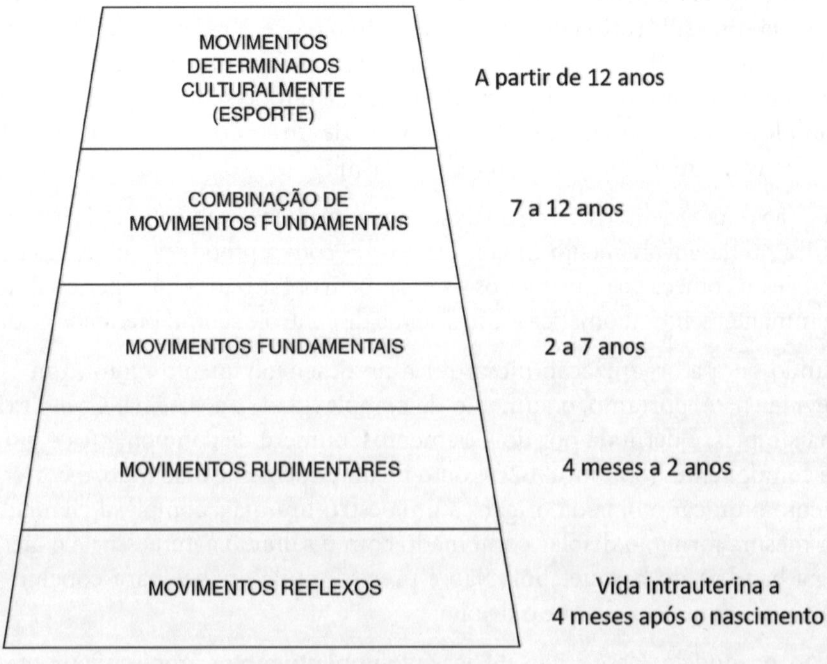

Figura 13.7 – Modelo de desenvolvimento motor (TANI, MANOEL, KOKUBUN & PROENÇA, 1988).

A combinação requer a reorganização espacial e temporal dos componentes já adquiridos, o que implica a perda de um pouco das formas originais por parte desses componentes (Tani et al., 2012). Por exemplo, Gimenez (2001) analisou a combinação do correr e do arremessar, que resulta num padrão mais complexo de arremessar em corrida. O estudo mostrou que essa ação envolve a decisão do melhor momento para iniciar a preparação do braço para o arremesso – durante as últimas passadas ou somente após a última passada –, o que implica um desmantelamento da corrida nas suas passadas finais, com a diminuição ou o aumento da sua amplitude e velocidade, ou seja, alteração nos parâmetros de movimento.

A combinação de habilidades constitui, portanto, um desafio nada trivial, pois não significa uma simples execução sequenciada dos componentes (aditividade), mantendo-se os seus padrões originais. Trata-se um processo de reorganização que demanda flexibilidade de cada um dos componentes, visto que implica "perder" um pouco da sua forma original, exatamente para possibilitar a combinação com outros componentes (Tani et al., 2012).

Choshi (1983) propõe que o desenvolvimento motor envolve basicamente dois processos: aumento de diversificação e de complexidade do comportamento motor. Entende-se por aumento de diversificação o aumento na quantidade de elementos do comportamento (desenvolvimento na horizontalidade), e por aumento de complexidade, o aumento da interação entre os elementos do comportamento (desenvolvimento na verticalidade). Por exemplo, a criança desenvolve inicialmente o andar e, a seguir, desenvolve o andar diversificado, variando os parâmetros relativos a força, velocidade e direção. Com base nesses padrões diversificados de andar, a criança desenvolve, em seguida, o correr e, pelo mesmo processo, o correr diversificado. Este interage com o quicar diversificado para produzir o driblar, e assim sucessivamente.

A diversificação dos movimentos fundamentais ou habilidades motoras fundamentais desempenha um papel muito importante no desenvolvimento motor, mesmo porque a sua limitação contribui para a estereotipia – rigidez de estrutura que dificultaria a reorganização. Nesse sentido, a "perda" anteriormente referida significa um desmantelamento ótimo da estrutura original, que torna possível a combinação; na realidade, um ganho, na perspectiva do aumento de complexidade (Tani et al., 2012). O desmantelamento seria algo que provoca uma desordem na estrutura, mas que possibilita que os componentes se organizem em novas maneiras de interação.

Em suma, a organização hierárquica no desenvolvimento motor em direção à crescente complexidade contempla um processo contínuo que envolve a aquisição de habilidades motoras fundamentais e a interação entre essas habilidades, cuja expressão mais marcante é a sua combinação em padrões cada vez mais complexos, que, ao fim e ao cabo, resulta em habilidades motoras específicas culturalmente configuradas. Isso significa que as habilidades motoras específicas são padrões de combinação cada vez mais "sofisticados" de habilidades motoras fundamentais. No entanto, o seu final não se conhece em virtude da natureza do ser humano como sistemas abertos (Bertalanffy, 1968). A combinação, como forma privilegiada de interação, resulta da característica seriada de habilidades motoras, em que os componentes devem ser executados numa ordem sequencial para serem bem-sucedidas (Lashley, 1951).

É oportuno, nesse momento da discussão, apontar que existem outras teorias que abordam o processo de desenvolvimento motor. Numa delas, denominada de abordagem de sistemas dinâmicos, o desenvolvimento motor é visto como um processo de auto-organização, não necessitando de estruturas centrais abstratas, como é o programa de ação. O desenvolvimento é concebido como um processo emergente, de auto-organização, resultante da interação de três restrições (*constraints*): organismo, tarefa e ambiente (Newell, 1986).

Não é necessário discutirmos em detalhes essa teoria, porém, um aspecto que chama a atenção é que ela foi bem-sucedida na investigação dos movimentos nas fases iniciais do desenvolvimento motor, especialmente daqueles padrões de movimento contínuos, cíclicos e repetitivos de bebês e crianças pequenas em que existe um forte componente filogenético. Contudo, do ponto de vista da organização hierárquica no desenvolvimento motor, discutido neste texto, existe uma pergunta que não quer calar: a emergência desses movimentos pode ser considerada um processo de auto-organização ou simplesmente uma manifestação espontânea de organização?

Voltando ao modelo de ação motora, anteriormente apresentado e discutido (Tani, 1995), os padrões flexíveis de movimento implicam programas de ação capazes de contemplar numa mesma estrutura a consistência e a flexibilidade - consistência necessária para a estabilidade do padrão e flexibilidade necessária na diversificação do mesmo. Portanto, requer-se um modelo explicativo para esse grande desafio, que é tipicamente um problema de controle motor.

13.5 ORGANIZAÇÃO HIERÁRQUICA NO CONTROLE MOTOR

O mecanismo pelo qual o SNC se organiza para controlar o movimento para que o objetivo da ação seja alcançado com sucesso tem sido objeto de estudo de longa data (por exemplo, Lashley, 1917; 1951). No nível comportamental de estudos, as primeiras proposições remetiam a um sistema de representação - plano motor, programa motor, programa de ação, engrama etc. - que detinha todas as informações necessárias para o controle de movimentos (Keele, 1968; 1981). Todavia, descobriu-se que essa proposição tinha três grandes limitações por basear-se numa relação de um programa para cada movimento: capacidade de armazenamento do SNC (Glencross, 1980; Greene, 1972; Turvey, 1977), explicação acerca da novidade do movimento (Greene, 1972) e controle dos graus de liberdade (Bernstein, 1967; Kelso, 1982; Whiting, 1984). Todas essas limitações referiam-se, basicamente, à sobrecarga computacional do sistema na tentativa de especificar os detalhes do movimento (para mais detalhes ver, por exemplo, Tani, 2005a).

Diante dessas limitações, a alternativa pensada foi sistemas de controle organizados em multiníveis. Um deles propunha o controle feito em dois níveis: programa motor generalizado e esquemas. O programa motor generalizado seria uma estrutura abstrata de memória responsável por uma classe de movimentos, e os esquemas, responsáveis pela especificação dos parâmetros de movimento a serem aplicados ao programa motor generalizado para produzirem diferentes padrões de movimento (Schmidt, 1975; 1980; 1985; Shapiro & Schmidt, 1982).

Essa ideia de o controle motor ser realizado por um mecanismo constituído de programa motor generalizado e esquemas se adequa bem à ideia do aumento de diversificação no desenvolvimento motor - especificação de parâmetros do movimento por meio dos esquemas, garantindo a flexibilidade. Contudo, dúvidas surgiram em relação ao mecanismo responsável pela consistência, ou seja, o programa motor generalizado. Descobriu-se que essa forma de controlar os movimentos, apesar de ter sido capaz de suplantar as limitações da teoria anterior quanto aos problemas do armazenamento e novidade, apresentava também limitações no tocante a critérios de definição da classe de movimentos (Summers, 1989), a gênese do programa motor generalizado (Brinker et al., 1985) e a regressão infinita relativamente à necessidade de programas sucessivos necessários para a especificação dos parâmetros (Summers, 1989).

Outra teoria, baseada na ideia de controle multiníveis, propunha uma forma de controle também baseada em dois níveis: os centros mais elevados e abstratos do SNC seriam responsáveis apenas pelos aspectos macroscópicos do movimento, deixando o controle dos detalhes microscópicos aos centros inferiores do SNC (Greene, 1972;

Turvey, 1977) como estruturas coordenativas (Turvey, 1977) e geradores centrais de padrão (Grillner, 1975). No entanto, não deixou claro quais eram os aspectos macroscópicos do movimento e a gênese da estrutura responsável por eles (Glencross, 1980). Além disso, ficou a dúvida de quão flexíveis são essas estruturas dos centros inferiores do SNC. Em suma, o desafio continuava a ser a questão da complexidade do controle (sobrecarga computacional), apesar de a ideia de controle multiníveis ter-se constituído no primeiro passo na direção de sua solução.

Com base na teoria de organização hierárquica de sistemas (por exemplo, Allen & Starr, 1982; Jantsch, 1980; Koestler, 1967; 1969; Pattee, 1973; Prigogine & Stengers, 1984; Salthe, 1985; Simon, 1962; 1981; 1995; Weiss, 1969; Yates, 1987), temos proposto um modelo alternativo, denominado de "programa de ação hierarquicamente organizado", para atacar o problema da complexidade (Tani, 1995; 2005a) (Figura 13.8). Ele assume a complementaridade entre ordem e desordem numa mesma estrutura (Pattee, 1978; 1982) em conformidade com algumas ideias convergentes sobre essas estruturas "sofisticadas": macrodeterminância e microindeterminância (Weiss, 1969), regras fixas e estratégias flexíveis (Koestler, 1967), grau de invariância e grau de variabilidade (Lorenz, 1974) e macro-ordem e microdesordem (Choshi, 1980).

Figura 13.8 – Estrutura hierárquica de um programa de ação (TANI, 1995a).

Esse modelo assume um mesmo programa de ação (estrutura) organizado em dois níveis: macro e micro. Não se trata, portanto, de controle realizado por dois níveis distintos de estrutura, como ocorre no controle multiníveis. A macroestrutura, orientada à ordem, é responsável pela consistência da ação, e a microestrutura, orientada à desordem, é responsável pela sua flexibilidade (para mais detalhes, veja Tani, 2005a). Dois aspectos merecem destaque nesse modelo, considerando-se a ideia de organização hierárquica de sistemas: o primeiro refere-se à gênese do programa de ação, ao propor que a macroestrutura emerge da interação dos componentes e, portanto, não é algo estruturado de antemão, rígido e bem-definido que surge de algum lugar e determina como os componentes devem interagir. Ela é, ao mesmo tempo, causa e efeito da padronização na microestrutura, sendo que esta corresponde aos componentes do programa. O segundo refere-se à proposição de que a microestrutura orientada à desordem significa que, quando um programa de ação é elaborado, um número de alternativas está disponível no que concerne a cada componente que constitui a sua estrutura. Quando o número de alternativas é limitado (menor variação dos parâmetros), tende a resultar em movimentos estereotipados.

Uma ideia que merece atenção é a de que a organização hierárquica no controle motor envolve processos de diferenciação e integração. A diferenciação significa que o sistema adquire a capacidade de ter controle acerca de cada componente especificamente, isto é, os elementos de controle tornam-se identificados. Como resultado, a singularidade do sistema aumenta (macro-ordem). A integração significa, por sua vez, que o sistema adquire a capacidade de relacionar os componentes um ao outro – a rede de controle torna-se mais complexa. Como resultado, a flexibilidade do sistema aumenta (microdesordem). Trata-se de uma ideia de controle motor que espera por testagens empíricas.

Do ponto de vista da organização hierárquica no comportamento motor, o próximo desafio é explicar como ocorre a aquisição de programas de ação com essas características, mediante a prática e experiência. Estamos falando da aprendizagem motora, um processo que pode ser descrito de várias formas, mas contemplando sempre uma característica em comum: mudança; por exemplo, na maneira de controlar os movimentos.

13.6 ORGANIZAÇÃO HIERÁRQUICA NA APRENDIZAGEM MOTORA

Como foi visto, uma das primeiras ideias de organização hierárquica na aquisição de habilidades motoras foi proposta por Fitts e Posner (1967), com base nos conceitos de programa executivo e sub-rotina. A sub-rotina, nessa proposta, significa uma unidade de movimento que compõe o programa executivo – unidade automatizada de movimento que um dia já foi programa executivo e que, com o processo de aprendizagem, foi delegada ao controle nos níveis inferiores do SNC. Invertendo-se o raciocínio, a aprendizagem motora seria o processo pelo qual um programa executivo é automatizado e transformado em sub-rotina – uma sub-rotina que será componente de um programa executivo de uma nova habilidade a ser aprendida – e assim sucessivamente, sendo que a aprendizagem motora seria, nessa ideia, um processo que se desencadearia em três fases: inicial ou cognitiva, intermediária ou associativa e final ou autônoma (Fitts, 1964).

Um aspecto interessante para reflexão, do ponto de vista da organização hierárquica, é que, para se elaborar um programa executivo das primeiras habilidades específicas, é preciso recrutar sub-rotinas já existentes, que, nesse caso, são as habilidades motoras fundamentais e suas combinações. De certa maneira, pode-se conjeturar que é por meio delas que ocorre a integração entre os processos de aprendizagem motora e de desenvolvimento motor. Entretanto, nesse caso, fica implícita a ideia de que o desenvolvimento motor se encerra na primeira infância, em que as habilidades motoras fundamentais são desenvolvidas. Caso contrário, seria necessário aceitar que o desenvolvimento motor é, na realidade, uma sucessão de aprendizagens. Não é por menos que pesquisadores de desenvolvimento motor ainda encontram dificuldades em definir claramente o seu campo de investigação. A pergunta que acompanha a própria história de investigações da área é: afinal, o que é pesquisa em desenvolvimento motor?

Mais um ponto para reflexão seria a hipótese de conceber o desenvolvimento motor como um processo de aquisição de programas executivos, e a aprendizagem motora, como um processo eficiente de utilização de programas executivos já existentes. Nas palavras de Holland (1995b), seriam os processos de *exploration* (ato de explorar) e *exploitation* (ato de fazer uso), respectivamente, em sistemas complexos.

Outro aspecto que merece atenção é o papel da automatização na aprendizagem motora. Como foi já discutido, a automatização é uma condição necessária para que um programa executivo se torne uma sub-rotina. Trocando de palavras, a automatização seria o processo pelo qual o todo se torna parte para ser incorporado a um todo mais complexo. Nesse sentido, indaga-se: seria a automatização evidência de organização hierárquica, isto é, um indicador da transição de fase entre dois diferentes níveis de habilidade? Ou, até que ela seja definida de uma maneira objetiva, essa questão de a automatização representar ou não uma evidência de organização hierárquica continuaria a ser uma pseudoquestão?

De todas as maneiras, fica claro que a concepção de aprendizagem motora como um processo dinâmico em que se desencadeia uma organização hierárquica de habilidades motoras é incompatível com a visão de aprendizagem motora em que o processo termina com a automatização. Sem uma teoria de organização hierárquica à retaguarda, a automatização sacramenta uma concepção de aprendizagem motora como um processo finito que vai de encontro à natureza do ser humano como sistema aberto. Em outras palavras, um processo homeostático (equilíbrio), alcançado via feedback negativo, que é capaz de manter a estrutura ou ordem, porém, incapaz de conduzir a uma nova estrutura, mais complexa (Tani, 2005b).

Essa limitação levou-nos a propor um modelo teórico alternativo de aprendizagem motora denominado de processo adaptativo (Figura 13.9). Consiste-se de um modelo de não equilíbrio de aprendizagem motora em que dois processos fundamentais são considerados: estabilização e adaptação (Choshi, 1982; Choshi & Tani, 1983; Corrêa et al., 2015; Tani, 1982; 2000; 2005b; Tani et al., 2014). O primeiro é aquele em que se busca a estabilidade funcional que resulta na padronização espacial e temporal do movimento (formação de estrutura). Isso implica um processo em que movimentos inicialmente inconsistentes são gradativamente refinados até se alcançarem movimentos padronizados e precisos, com o feedback negativo desempenhando um papel fundamental.

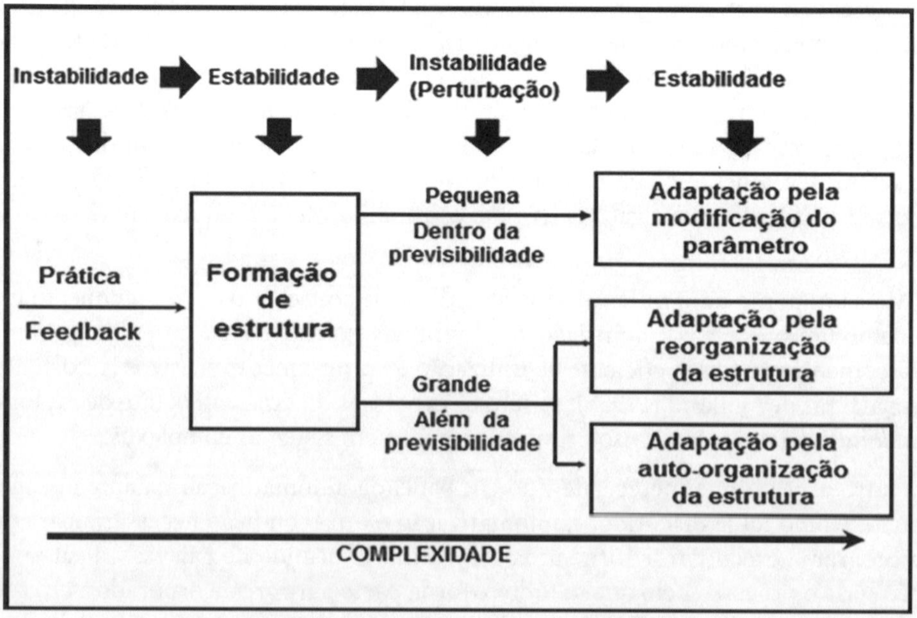

Figura 13.9 – Processo adaptativo em aprendizagem motora (TANI, 1982).

O segundo é aquele em que se procura adaptação às novas situações ou tarefas motoras (perturbação), por meio da aplicação das habilidades já adquiridas. Nesse processo, modificações na estrutura da habilidade já adquirida são exigidas, e uma posterior reorganização dessa estrutura num nível superior de complexidade. Existem perturbações dentro da previsibilidade do sistema para as quais a adaptação se faz pela flexibilidade inerente à estrutura adquirida, isto é, pela mudança de parâmetros do movimento. No entanto, existem perturbações que ultrapassam a previsibilidade do sistema, às quais, por mais que haja disponibilidade na estrutura, não há condições de adaptar-se. Nesse caso, exige-se uma reorganização da própria estrutura. Agora, para as perturbações ainda maiores, que excedem em muito a previsibilidade do sistema, é necessária a criação de uma estrutura totalmente nova, nunca antes experimentada, por meio de um processo de auto-organização.

Em suma, por meio da adaptação às perturbações de diferentes magnitudes, o sistema vai ganhando em complexidade (Holland, 1995a; Tani, 1982; 2005b). Dessa maneira, a organização hierárquica na aprendizagem motora caracteriza um processo cíclico de instabilidade e estabilidade em direção ao aumento crescente de complexidade. Nessa perspectiva, algumas perguntas inquietantes permanecem à espera de testagens empíricas.

Em primeiro lugar, sabe-se que o sistema progride da desordem para a ordem e, com isso, adquire e armazena informações gastando energia. No entanto, se o sistema é incapaz de reverter o processo (ordem para desordem), o fluxo de energia livre/informação é reduzido a zero. O sistema torna-se estável, porém, para de se desenvolver.

Isso posto, é possível pensar/especular que, quando o sistema está solucionando problemas imediatos (processo de estabilização), ele poderá estar adquirindo não apenas informações (diminuindo incertezas), mas, ao mesmo tempo criando estados mais incertos – a incerteza não é criada pelo estímulo ambiental, senão pelo próprio sistema – para possibilitar um aumento de fluxo de energia livre/informação dentro do sistema? Se isso procede, seriam os processos de diminuição e criação de incerteza algo que acontece em paralelo ou sequencialmente (hierárquicos)?

Em segundo lugar, sabe-se que mudanças em certos parâmetros de controle levam a saltos repentinos não lineares e descontínuos de comportamento do sistema, caracterizando a emergência de um padrão qualitativamente novo. Pensa-se que a emergência de um novo padrão reflete a propriedade auto-organizacional do sistema. A auto-organização significa o processo pelo qual uma estrutura ou um padrão emerge em sistemas abertos na ausência de especificações externas, com base na sua dinâmica intrínseca. Essas estruturas não são representadas como padrões fixos. Elas se reorganizam no contexto de um novo processo de aprendizagem. Ou melhor, elas possuem certo grau de estabilidade, porém, podem se reconstruir quando desestabilizadas por uma nova informação. Nesse contexto, pode a variabilidade ser vista como uma necessidade do sistema não somente para solucionar um problema imediato como também para uma procura ativa (especulação) de novos estados (aumento de complexidade)?

Em terceiro lugar, considerando-se que, em sistemas abertos, é possível responder à ação da aleatoriedade diminuindo-se a redundância e a confiabilidade do sistema, pode a redundância ser vista como fonte de adaptabilidade em aprendizagem motora? Em outras palavras, pode a redundância ser vista como algo que aumenta com o fortalecimento da aprendizagem para procurar estabilidade em relação à perturbação e, com isso, preservar o conteúdo da aprendizagem?

Em quarto lugar, o que aumenta com a aprendizagem é a diferenciação – a singularidade do padrão adquirido. Isso significa, em última análise, aumento de diversidade e heterogeneidade no sistema. Ao contrário, o que diminui com a aprendizagem é a entropia do sistema como um todo – a sua propriedade não diferenciada. Pode a diferenciação na aprendizagem motora ser entendida como o processo de se extrair informação da aleatoriedade?

13.7 CONSIDERAÇÕES FINAIS

O objetivo deste texto foi abordar o estudo do comportamento motor no que tange aos processos de desenvolvimento, controle e aprendizagem, na perspectiva de organização hierárquica, procurando apontar os aspectos inovadores dessa abordagem e os desafios de investigação que dela emanam. Uma preocupação esteve sempre presente ao longo do texto: não perder de vista a relação entre os fenômenos de desenvolvimento, controle e aprendizagem, apesar de os mesmos se constituírem objetos de campos específicos de investigação. A visão sistêmica, em que a organização hierárquica é um dos conceitos chave, possibilita exatamente essa abordagem integrada dos fenômenos. Espera-se que as reflexões, as ideias, as proposições e os desafios apresentados constituam fontes de inspiração para a busca de respostas a esse fenômeno intrigante e fascinante que é o aumento de complexidade no comportamento motor. Um processo que requer reflexões e análises epistemológicas e não apenas científicas, na sua elucidação.

REFERÊNCIAS

Allen, T. F. H., & Starr, T. B. (1982). *Hierarchy: perspectives for ecological complexity.* University of Chicago Press.

Bernstein, N.A. (1967). *The co-ordination and regulation of movements.* Pergamon Press.

Bertalanffy, L. von (1968). *General systems theory.* George Braziller.

Branta C., Haubenstricker J., & Seefeldt, V. (1984). Age changes in motor skills during childhood and adolescence. *Exercise and Sport Sciences Reviews, 12*, 467-520.

Brinker, B. P. L. M. den, Stabler, J. R. L. W., Whiting, H. T. A., & Wieringen, P. C. W. van (1985). A multidimensional analysis of some persistent problems in motor learning. In D. Goodman, R. B. Wilberg & I. M. Franks (Eds.), *Differing perspectives in motor learning, memory, and control* (pp.193-207). North-Holland.

Bruner, J. S. (1969). On voluntary action and its hierarchical structure. In A. Koestler & J. R. Smythies (Eds.), *Beyond reductionism: new perspectives in the life sciences* (pp. 161-179). Hutchinson.

Choshi, K. (1980). Freedom and constraint of children's movements. *Memoirs of the Child Education Research, 55*, 29-37. (in Japanese). Hiroshima University.

Choshi, K. (1982). An analytical study of the adaptive process in motor learning. *Memoirs of the Faculty of Integrated Arts and Sciences III, 6*, 75-82. (in Japanese). Hiroshima University.

Choshi, K. (1983). Introduction to the study of pre-school education that leads one to like movement. *Taikukakyoiku, 31*, 25-28. (in Japanese).

Choshi, K. & Tani, G. (1983). Stable system and adaptive system in motor learning. In Japanese Association of Biomechanics (Ed.), *The science of movement V.* (pp. 346-351) (in Japanese). Kyorin.

Clark, J. E., & Metcalfe, J. S. (2002). The mountain of motor development: a metaphor. In J. E. Clark & J. H. Humphrey (Eds.), *Motor development: research and reviews* (pp. 163-190). National Association of Sport and Physical Education.

Connolly, K. J. (1977). The nature of motor skill development. *Journal of Human Movement Studies, 3*, 128-143.

Corrêa, U. C., Benda, R. N., Oliveira, D. L., Ugrinowitsch, H., Freudenheim, A. M., & Tani, G. (2015). Different faces of variability in the adaptive process of motor skill learning. *Nonlinear Dynamics, Psychology, and Life Sciences, 19*(4), 465-487.

Fitts, P. M. (1964). Perceptual-motor skill learning. In A. W. Melton (Ed.), *Categories of human learning.* Academic Press.

Fitts, P. M., & Posner, M. I. (1967). *Human performance.* Brooks/Cole.

Gallahue, D., & Ozmun, J. C. (1998). *Understanding motor development: infants, children, adolescents, adults.* McGraw-Hill.

Gimenez, R. (2001). *Combinação de habilidades básicas em indivíduos normais e portadores de Síndrome de Down.* Dissertação de Mestrado. Escola de Educação Física e Esporte da Universidade de São Paulo.

Glencross, D. J. (1980). Levels and strategies of response organization. In G. E. Stelmach & J. Requin (Eds.), *Tutorials in motor behavior* (pp. 561-566). North-Holland.

Goodwin, B. (1994). *How the leopard changed its spots.* Weidenfeld & Nicolson.

Greene, P. H. (1972). Problems of organization of motor systems. In R. Rosen & F. M. Snell (Eds.), *Progress in theoretical biology* (Vol. 2, pp. 304-338). Academic Press.

Grillner, S. (1975). Locomotion in vertebrates: central mechanisms and reflex interaction. *Psychological Reviews, 55,* 247-304.

Haubenstricker J. L. & Seefeldt, V. (1986). Acquisition of motor skills during childhood. In V. Seefeldt (Ed.), Physical activity and well-being. *American Alliance for Health, Physical Education, Recreation and Dance, 9*(3), 41-102.

Holland, J. H. (1995a). *Hidden order: how adaptation builds complexity.* Addison-Wesley.

Holland, J. H. (1995b). Can there be a unified theory of complex adaptive systems? In H. J. Morowitz & J. L. Singer (Eds.), *The mind, the brain, and complex adaptive systems.* pp. 45-50. Addison-Wesley.

Jantsch, E. (1980). *The self-organizing universe: scientific and human implications of an emerging paradigm of evolution.* Pergamon.

Kauffman, S. (1993). *The origins of order: self-organization and selection in evolution.* Oxford University Press.

Keele, S. W. (1968). Movement control in skilled motor performance. *Psychological Bulletin, 70,* 387-403.

Keele, S. W. (1981). Behavioral analysis of movement control. In V. Brooks (Ed.), *Handbook of physiology: Section 1. The nervous system* (Vol. II, Motor control, pp.1391-1414). American Physiological Society.

Kelso, J. A. S. (Ed.) (1982). *Human motor behavior: an introduction.* Lawrence Erlbaum.

Koestler, A. (1967). *The ghost in the machine.* Hutchinson.

Koestler, A. (1969). Beyond atomism and holism - the concept of the holon. In A. Koestler & J. Smythies (Eds.), *Beyond reductionism.* Hutchinson.

Lashley, K. S. (1917). The accuracy of movement in the absence of excitation from the moving organ. *The American Journal of Physiology, 43*, 169-194.

Lashley, K. S. (1951). The problem of serial order in behavior. In L. A. Jeffress (Ed.), *Cerebral mechanisms in behavior: the Hixon symposium* (pp. 112-136). Wiley.

Lorenz, K. (1974). Analogy as a source of knowledge. *Science, 185*, 229-234.

Miller, G. A., Galanter, E., & Pribram, K. H. (1960). *Plans and the structure of behavior.* Holt, Rinehart & Winston.

Newell, K. M. (1986). Constraints on the development of coordination. In M. G. Wade & H. T. A. Whiting (Eds.), *Motor development in children: aspects of coordination and control.* Nato Sciences Series D.

Pattee, H. H. (Ed.) (1973). *Hierarchy theory: the challenge of complex systems.* George Braziller.

Pattee, H. H. (1978). The complementarity principle in biological and social structures. *Journal of Social and Biological structures, 1*, 191-200.

Pattee, H. H. (1982). The need for complementarity in models of cognitive behavior: a response to Fowler and Turvey. In W. B. Weimer & D. S. Palermo (Eds.), *Cognition and the symbolic processes.* (Vol. 2). Lawrence Erlbaum.

Prigogine, I. (1996). *O fim das certezas: tempo, caos e as leis da natureza.* Edição Fundação Unesp.

Prigogine, I., & Stengers, I. (1984). *Order out of chaos: man's new dialog with nature.* Bantam Books.

Salthe, S. N. (1985). *Evolving hierarchical systems: their structure and representation.* Columbia University Press.

Schmidt, R. A. (1975). A schema theory of discrete motor skill learning. *Psychological Review, 82*, 225-260.

Schmidt, R. A. (1980). Past and future issues in motor programming. *Research Quarterly for Exercise and Sport, 51*, 122-140.

Schmidt, R. A. (1985). The search of invariance in skilled movement behavior. *Research Quarterly for Exercise and Sport, 56*, 188-200.

Schrödinger, E. (1945). *What is life*? Cambridge University Press.

Shapiro, D. C. & Schmidt, R. A (1982). The schema theory: recent evidence and developmental implications. In J. A. S. Kelso & J. E. Clark (Eds.), *The development of movement control and coordination* (pp. 113-150). Wiley.

Simon, H. A. (1962). The architecture of complexity. *Proceedings of the American Philosophical Society, 106*, 467-482.

Simon, H. A. (1981). *As ciências do artificial.* Almedina.

Simon, H. A. (1995). Near decomposability and complexity: how a mind resides in a brain. In H. J. Morowitz & J. L. Singer (Eds.), *The mind, the brain, and complex adaptive systems* (pp. 25-43). Addison-Wesley Publishing Company.

Summers, J. J. (1989). Motor programs. In D. H. Holding (Ed.), *Human skills* (2nd ed., pp. 41-64). Wiley.

Tani, G. (1982). *Adaptive process in perceptual-motor skill learning.* Unpublished Doctoral Dissertation. Hiroshima University, Faculty of Education (in Japanese).

Tani, G. (1995). *Hierarchical organization of an action programme and the development of skilled actions.* Unpublished Technical Report. University of Sheffield, Department of Psychology.

Tani, G. (2000). Processo adaptativo em aprendizagem motora: o papel da variabilidade. *Revista Paulista de Educação Física, Supl. 3*, 55-61.

Tani, G. (2002). Aprendizagem motora e esporte de rendimento: um caso de divórcio sem casamento. In: V. J. Barbanti, A. C. Amadio, J. O. Bento & A. T. Marques (Orgs.), *Esporte e atividade física: interação entre rendimento e saúde* (pp. 145-162). Manole.

Tani, G. (2005a). Programação motora: organização hierárquica, ordem e desordem. In G. Tani (Ed.), *Comportamento motor: aprendizagem e desenvolvimento* (pp. 82-105). Guanabara Koogan.

Tani, G. (2005b). Processo adaptativo: uma concepção de aprendizagem motora além da estabilização. In G. Tani (Ed.), *Comportamento motor: aprendizagem e desenvolvimento.* pp. 60-70. Guanabara Koogan.

Tani, G., Basso, L., & Corrêa, U. C. (2012). O ensino do esporte para crianças e jovens: considerações sobre uma fase do processo de desenvolvimento motor esquecida. *Revista Brasileira de Educação Física e Esporte, 26*(2), 339-350.

Tani, G., & Corrêa, U. C. (Orgs.) (2016). *Aprendizagem motora e o ensino do esporte.* Blucher.

Tani, G., Corrêa, U. C., Basso, L., Benda, R. N., Ugrinowitsch, H., & Choshi, K. (2014). An adaptive process model of motor learning: insights for the teaching of motor skills. *Nonlinear Dynamics, Psychology, and Life Sciences, 18*, 47-65.

Tani, G., Manoel, E. J., Kokubun, E., & Proença, J. E. (1988). *Educação física escolar: fundamentos de uma abordagem desenvolvimentista.* EPU/EDUSP.

Tani, G., Santos, S., & Meira Jr., C. M. (2006). O ensino da técnica e a aquisição de habilidades motoras no desporto. In G. Tani, J. O. Bento & R. D. S. Petersen (Eds.), *Pedagogia do desporto* (pp. 227-240). Guanabara Koogan.

Turvey, M. T. (1977). Preliminaries to a theory of action with reference to vision. In R. Shaw & J. Bransford (Eds.), *Perceiving, acting and knowing: toward an ecological psychology.* pp. 211-265. Lawrence Erlbaum.

Weiss, P. A. (1969). Living systems: determinism stratified. In A. Koestler & J. R. Smythies (Eds.), *Beyond reductionism* (pp. 3-42). Hutchinson.

Wu, J. (2013). Hierarchy theory: an overview. In R. Rozzi et al. (Eds.). *Linking ecology and ethics for a changing world* (pp. 281-301). Springer.

Whiting, H. T. A. (Ed.) (1984). *Human motor actions: Bernstein reassessed.* North--Holland.

Yates, E. F. (Ed.) (1987). *Self-organizing systems: the emergence of order.* Plenum Press.

CAPÍTULO 14

O cuidar do "cavaleiro" na formação esportiva: a antecipação em foco

14.1 CONSIDERAÇÕES INICIAIS

A mudança da era da mecanização, propiciada pela revolução industrial, ocorrida em meados do século XVIII, para a era da eletrônica, resultante da revolução na comunicação transcorrida em meados do século XX, trouxe enormes transformações na sociedade nos seus diferentes domínios: na indústria, na agricultura, no comércio, na cultura, nos transportes, entre tantos outros. Diferentes expressões têm sido utilizadas para simbolizar essas transformações. Dentre elas, a mais emblemática talvez seja aquela que retrata a mudança da máxima produção de energia para se alcançar um objetivo, para o controle de energia, visando ao alcance do mesmo objetivo com o menor gasto energético possível. Um exemplo típico foi o que aconteceu no transporte ferroviário: a "passagem de bastão" de trens que produziam e consumiam imensas quantidades de energia (lenha, carvão), mas eram lentos, para trens modernos, em que mecanismos eletrônicos de controle proporcionam velocidade incomparavelmente maior com consumo de energia (eletricidade) muito menor. Isto é, a passagem do popular "maria-fumaça" para o "trem-bala".

Em termos tecnológicos, o mecanismo à retaguarda dessa mudança no uso de energia foi idealizado e proporcionado pela cibernética (Wiener, 1948), ou seja, o feedback – um mecanismo circular em que a ação de um sistema gera mudanças em seu ambiente e essa mudança é detectada por um sensor que transmite a informação de volta ao sistema para que ele efetue uma alteração visando ao alcance do objetivo. De acordo com a cibernética, esse mecanismo de comunicação e controle se aplica tanto a sistemas mecânicos, físicos, biológicos, cognitivos como sociais. Foi o que aconteceu.

Na área de Comportamento Motor, a aplicação desse mecanismo de feedback se deu, por exemplo, com a proposição da teoria de circuito fechado de Adams (1970). Ela foi apresentada no contexto de uma mudança de paradigma no estudo do comportamento humano em geral, na qual a teoria behaviorista foi substituída pela teoria do processamento de informações. Como é amplamente conhecido, a teoria do processamento de informações possibilitou o estudo dos mecanismos internos subjacentes à execução de movimentos como a identificação do estímulo, a seleção e a programação da resposta (Schmidt, 1982), tudo o que o behaviorismo descartava.

Na Educação Física, mais especificamente no domínio da intervenção, essa mudança de paradigma no tocante à comunicação e ao controle para gerar eficiência no dispêndio energético não ocorreu como o esperado. Tudo indica que ainda estamos mais para "maria-fumaça" do que para "trem-bala", com forte presença de uma visão de movimento centrada na produção máxima de energia. A ideia de controle ainda não tem recebido a atenção que merece. Choshi (1975), ao diagnosticar a demasiada ênfase ao aspecto energético na compreensão do movimento humano, na Educação Física, cunhou a expressão "o problema do cavalo e do cavaleiro" na execução do movimento. O cavalo representando a energia, e o cavaleiro, a informação que controla o movimento do cavalo. No que concerne ao organismo humano, o primeiro correspondendo ao sistema muscular e o segundo ao sistema nervoso central. Tani (1999), por sua vez, discutiu as implicações desse problema em outros aspectos da intervenção em Educação Física: em relação à prática, o cavalo, correspondendo à melhoria do condicionamento físico, e o cavaleiro à aquisição de habilidades motoras; no que diz respeito a metas de desempenho, o cavalo, representando a busca do máximo de força e velocidade, e o cavaleiro à busca do ótimo em termos de *timing* e precisão.

Destarte, essa visão de movimento humano com ênfase no "cavalo" tem marcado a atuação de profissionais tanto no ensino de habilidades motoras na Educação Física como na formação e no treinamento de atletas no Esporte. No processo ensino-aprendizagem em Educação Física, é muito forte ainda o entendimento de que é possível melhorar a habilidade motora mediante o desenvolvimento do condicionamento físico, isto é, fortalecendo o "cavalo". Essa ênfase no aspecto energético do movimento resulta numa prática em que a dimensão quantitativa, como frequência, intensidade e duração do esforço, é priorizada em detrimento do fator qualitativo, como instrução, tipo de prática e feedback. Em outras palavras, do ponto de vista acadêmico-científico, os conhecimentos que a Fisiologia do Exercício disponibiliza têm recebido prioridade de aplicação, relativamente aos conhecimentos que a Aprendizagem Motora oferece.

Na formação e no treinamento de atletas no Esporte, por sua vez, prevalece uma firme crença de que a chave do sucesso está no condicionamento físico. Assim, as dimensões quantitativas da prática são ainda mais enfatizadas, resultando numa repetição exaustiva de movimentos, para levar o "cavalo" ao máximo de condicionamento físico. Evidentemente, não se discute a importância do condicionamento físico no esporte de alto rendimento, mas, em virtude do sucesso na disseminação dos conhecimentos da Fisiologia do Exercício aplicados ao treinamento físico, ele deixou de ser o diferencial, particularmente nas modalidades coletivas. Todos os treinadores tiveram acesso ao conhecimento, de modo que se observou um nivelamento nesse quesito. Hoje, é difícil se observar uma diferença significativa no condicionamento físico, por exemplo, entre equipes de futebol, basquetebol, voleibol ou handebol dos quatro continentes.

Como todos sabem, não tem sentido ser igual no esporte de alto rendimento; é preciso buscar sempre o diferencial. Tenho argumentado e defendido que o diferencial está na habilidade motora (Tani, 2002). Exemplos abundam nas diferentes modalidades esportivas para justificar esse posicionamento, de modo que basta apenas citar um que seja representativo: Lionel Messi, definitivamente, não é um exemplo de condicionamento físico exuberante; existem muitos jogadores de futebol melhores nesse quesito. Todavia, ele é absolutamente imbatível quando se refere a habilidade motora. Tratando-se de uma avaliação de um jogador de futebol argentino, feita por um pesquisador brasileiro, ela merece todo o crédito!

Não se discute também que existem modalidades esportivas em que o "cavalo" pode ter um peso maior no desempenho. Por exemplo, sabe-se que a capacidade aeróbia é fundamental na corrida de maratona, assim como o é a potência muscular no levantamento de peso, e a capacidade de salto vertical, em várias habilidades do basquetebol. Contudo, mesmo nesses exemplos, sem um trabalho adequado com o "cavaleiro", o desempenho poderá ficar abaixo do esperado. Isso porque não basta ter muita energia; é preciso saber utilizá-la, controlando-a para que o objetivo seja alcançado com eficiência. De fato, o padrão de movimento da corrida que não resulte em menor gasto energético pode ser fatal na maratona. O *timing* impreciso na reversão do punho, na transição entre as duas fases do movimento, constitui uma das maiores causas do erro de execução no levantamento de peso. Da mesma maneira, a decisão inadequada a respeito do momento de iniciar o salto é determinante no insucesso do rebote no basquetebol, mesmo que se tenha uma capacidade de impulsão vertical superior ou estatura mais avantajada em relação aos adversários. Definitivamente, padrão de movimento adequado, *timing* preciso e tomada de decisão acertada não são atributos relacionados ao "cavalo", mas, sim, ao "cavaleiro".

O presente texto retoma a análise de uma capacidade relacionada ao "cavaleiro" que se julga fundamental no esporte: a antecipação. Na realidade, em dois textos anteriores (Tani, 2004; 2016), os mecanismos envolvidos na antecipação e as justificativas para considerá-la uma capacidade fundamental nas habilidades motoras foram apresentados e discutidos em detalhe, utilizando-se como exemplo as habilidades do driblar e do não ser driblado no futebol. Assim, pretende-se, neste texto, aprofundar a análise da antecipação levando-se em consideração as ações do atacante e do defensor numa disputa em torno da organização temporal de movimentos em que três fenômenos relacionados com a latência na resposta são explorados mutuamente: o tempo de reação simples, o tempo de reação de escolha e o período refratário psicológico (Tani, 2004).

O tempo de reação simples refere-se ao intervalo de tempo entre a apresentação de um estímulo não antecipado e o início da resposta (Schmidt & Wrisberg, 2001). O tempo de reação de escolha, por sua vez, diz respeito ao tempo de reação para uma tarefa em que cada resposta está associada a um estímulo diferente (par estímulo-resposta) (Schmidt & Wrisberg, 2001). Finalmente, o período refratário psicológico relaciona-se ao atraso na resposta ao segundo estímulo, quando dois estímulos próximos são apresentados consecutivamente (Telford, 1931).

14.2 A ANTECIPAÇÃO NA EXECUÇÃO DE HABILIDADES MOTORAS

A latência na resposta aos diferentes estímulos sensoriais é algo inerente ao comportamento motor que, em circunstâncias normais, não há como eliminar. Existe apenas uma maneira eficaz de vencer o atraso na resposta: antecipar. É o que os indivíduos habilidosos fazem. Eles são capazes de predizer que evento está para acontecer no meio ambiente, onde e quando. Isso lhes permite realizar várias atividades de processamento de informações, como seleção e programação da resposta, adiantadamente. Como resultado, o sistema de organização da resposta não é requisitado a reagir ao evento após a sua ocorrência, mas, sim, preparar a resposta de antemão. Em virtude dessa capacidade de antecipação, indivíduos habilidosos parecem ter "todo o tempo do mundo para responder" (Tani, 2004). Não exibem nenhuma pressa em responder; não obstante, fazem-no no momento certo, nem antes nem depois. Se dependesse do "cavalo", a velocidade máxima na resposta seria privilegiada. Na perspectiva do "cavaleiro", o *timing* é a escolha. De acordo com Conrad (1955), *timing* significa criar as mais favoráveis condições temporais para a resposta, ou seja, executar a ação sem a menor pressa, no melhor momento, ao mesmo tempo que deixa o organismo num estado pós-resposta satisfatório.

Basicamente, existem três tipos de antecipação: a efetora, a receptora e a perceptiva (Poulton, 1957). Na antecipação efetora, o indivíduo deve predizer o tempo que levará para executar um movimento. Na antecipação receptora, por sua vez, o executante deve avaliar a duração de certos estímulos, estando o estímulo presente. Neste caso, é possível reduzir a latência do tempo de reação realizando-se de antemão as operações de seleção e programação da resposta. Por fim, na antecipação perceptiva, o indivíduo deve identificar alguma regularidade nos eventos, com o objetivo de predizer a ocorrência de certos estímulos, estando o estímulo ausente. Nesse caso, é possível realizar as operações de identificar o estímulo e de selecionar e programar a resposta antecipadamente, reduzindo ainda mais a latência do tempo de reação.

Feito esse enquadramento conceitual, será realizada a seguir uma análise de algumas habilidades do futebol e do voleibol para demonstrar como a antecipação é fundamental para o sucesso na execução de habilidades motoras e, dessa maneira, ressaltar o quão importante é o ato de cuidar do "cavaleiro" na formação esportiva.

14.3 HABILIDADES MOTORAS DO FUTEBOL

a) Em relação ao tempo de reação simples

Considerando que o drible bem-sucedido significa defesa malsucedida e vice-versa, e que o tempo de reação é uma medida que pode ser utilizada para se avaliarem as causas desse sucesso/insucesso, imaginemos uma situação no futebol em que um ponta-direita se desloca em velocidade em direção ao lateral esquerdo para driblá-lo, executando um movimento rápido de mudança de direção para a sua direita. Analisando-se o comportamento do defensor, do ponto de vista do tempo de reação simples (TRS), existem basicamente três possibilidades em que ele será malsucedido, excetuando-se, evidentemente, a situação em que é driblado sem reagir, mesmo porque não tem sentido pensar em TRS na ausência de reação:

Situação 1: reagir com resposta correta (estender a sua perna esquerda, tentando tomar a bola), contudo, com atraso no que se refere à ação do atacante. Pensando nos mecanismos envolvidos na execução de movimentos, constata-se, nesse caso, uma seleção de resposta correta, porém, uma execução retardada. A causa do insucesso é, portanto, o início do movimento de defesa atrasado (TRS elevado). Isso possibilita ao atacante executar o movimento do drible aproveitando-se da latência dessa resposta. Dependendo da velocidade de execução (tempo de movimento), o drible poderá ser concluído antes mesmo que o defensor inicie o seu movimento de estender a perna esquerda para tentar impedi-lo.

Situação 2: reagir com resposta errada (por exemplo, girar o corpo para a esquerda, tentando tomar a bola com a perna direita, a não preferencial), mas sem atraso com relação à ação do atacante. Verifica-se, assim, uma seleção de resposta errada, porém, sem atraso na sua execução (TRS normal). A causa do insucesso é, portanto, uma decisão incorreta na seleção da resposta. Isso possibilita ao atacante executar o movimento do drible sem se preocupar com a sua velocidade, porque o movimento do defensor, apesar de ter sido iniciado com TRS normal, terá o seu tempo de resposta retardado, isto é, o movimento da perna direita não ser concluído a tempo de poder impedir o drible.

Situação 3: reagir com resposta errada (girar o corpo para a esquerda, tentando tomar a bola com a perna direita, a não preferencial) com atraso na sua execução (TRS elevado). Observa-se, nesse caso, uma seleção de resposta errada e uma execução atrasada. As causas do insucesso são a decisão incorreta na seleção da resposta e o início do movimento de defesa atrasado no tocante à ação do atacante. Isso possibilita ao atacante completar o movimento do drible sem nenhuma restrição de tempo e espaço.

Agora, quando o defensor é bem-sucedido, quer dizer, não é driblado, existe somente uma situação possível: reagir com resposta correta (estender a sua perna esquerda, tentando tomar a bola), com o início de sua execução antecipada no que tange à ação do atacante. A causa do sucesso é o defensor ter antecipado o drible do atacante, mesmo porque, se não fosse antecipado, a resposta, apesar de correta, estaria atrasada ao menos um TRS, tempo suficiente para o atacante levar vantagem e ser bem-sucedido no drible como foi discutido na situação 1. Isso significa que o TRS do defensor foi negativo, ou ao menos menor que o TRS normal, que, no caso do estímulo visual, é em torno de 200 ms. Em ambos os casos, trata-se de TRS antecipado.

Duas possibilidades podem ser pensadas como recursos utilizados pelo defensor para antecipar a ação do atacante: a regularidade no drible por ele demonstrado nas experiências anteriores (antecipação perceptiva) e a percepção de movimentos prévios ao drible, por exemplo, da cabeça ou dos membros superiores (antecipação receptora). Portanto, as três situações de insucesso evidenciam que a única maneira de se evitar a latência da resposta (TRS) e ser bem-sucedido em não ser driblado é antecipar. Requer-se um "cavaleiro" com boa memória (sobre a regularidade nas ações do atacante) e vigilante (atenção aos movimentos prévios do atacante).

b) Em relação ao tempo de reação de escolha

Imaginemos no futebol uma situação de cobrança do pênalti, qual seja, a relação entre as ações do goleiro e do cobrador de pênalti. Consideremos, por exemplo, três alternativas de chute em termos de direção: no canto direito do goleiro (E1), no canto esquerdo do goleiro (E2) e no meio do gol (E3). Evidentemente, o goleiro deve retardar ao máximo o início do seu movimento, observando o movimento do cobrador até quando a restrição temporal permite (por exemplo, o movimento do tronco ou a colocação do pé de apoio). Mas, se retardar demais o seu início, mesmo selecionando o movimento correto, não poderá suplantar a velocidade do chute e chegar a tempo à bola. Analisando-se o comportamento do goleiro, do ponto de vista do tempo de reação de escolha (TRE), existem basicamente três possibilidades em que ele será malsucedido:

Situação 1: reagir com resposta correta (pular para o seu canto esquerdo), mas com atraso no que diz respeito à ação do cobrador (chute no canto direito do goleiro). Constata-se, nesse caso, uma seleção de resposta correta, porém, com uma execução retardada. A causa do insucesso é, portanto, o início do movimento de defesa atrasado (TRE elevado). Dependendo da velocidade de execução do chute, ele poderá ser concluído antes que o goleiro inicie o seu movimento de pular para o canto esquerdo para tentar impedi-lo. O TRE é sempre maior do que o TRS. Lembrando que o tempo de reação seria simples se todas as cobranças pudessem ser feitas somente no canto direito, o que evidentemente não procede.

Situação 2: reagir com resposta errada (pular para o seu canto direito), porém, sem atraso no que se refere à cobrança do cobrador (chute no canto esquerdo do goleiro). Verifica-se, assim, uma seleção de resposta errada, mas sem atraso quanto ao início de movimento do cobrador (TRE normal). A causa do insucesso é, portanto, uma decisão incorreta na seleção da resposta. Nesse caso, não importa a velocidade do chute, porque o movimento do goleiro, apesar de ter sido iniciado com TRE sem atraso, foi para o lado oposto.

Situação 3: reagir com resposta errada (pular para o seu canto direito) e com atraso no que concerne à ação do cobrador (chute no canto esquerdo do goleiro). Observa-se, portanto, uma seleção de resposta errada e uma execução retardada. As causas do insucesso são a decisão incorreta na seleção da resposta e o início do movimento de defesa atrasado relativamente à ação do cobrador. Nesse caso, também não importa a velocidade do chute porque o movimento do goleiro, além ter sido iniciado com atraso (TRE elevado), foi para o lado oposto.

Quando o goleiro é bem-sucedido, isto é, não sofre o gol, existe somente uma situação possível: reagir com resposta correta (pular para o seu canto esquerdo) e com o início de sua execução antecipada em referência à cobrança do atacante. A causa do sucesso é o goleiro ter antecipado a direção da cobrança, mesmo porque, se não fosse antecipado, a resposta, apesar de correta, estaria atrasada ao menos um TRE, tempo suficiente para o cobrador levar vantagem e ser bem-sucedido. Isso significa que o TRE do goleiro foi negativo, ou ao menos menor que o TRE normal (TRE antecipado).

Novamente, duas possibilidades podem ser pensadas como recursos utilizados pelo goleiro para antecipar a ação do cobrador: a regularidade na cobrança por ele demonstrada nas experiências anteriores (antecipação perceptiva com base em dados estatísticos previamente conhecidos) e a percepção de movimentos prévios ao chute, como a movimentação dos braços, a rotação do tronco e a colocação do pé de apoio (antecipação receptora). As três situações de insucesso evidenciam que a única maneira de evitar a latência da resposta (TRE) e ser bem-sucedido em não sofrer o gol é antecipar. Requer-se um "cavaleiro" com boa memória (sobre a regularidade nas ações do atacante), sereno (esperar até o limite do tempo para começar o movimento), porém, vigilante (atenção aos movimentos prévios do atacante).

c) Em relação ao tempo de reação relativo ao período refratário psicológico

Imaginemos, no futebol, uma situação em que um ponta-direita se desloca em velocidade em direção ao lateral esquerdo para driblá-lo, executando as famosas pedaladas (passos em zigue-zague por cima da bola sem tocá-la), sendo o último movimento um passo à esquerda (estímulo 1, falso), mas com a intenção de executar, em seguida, rapidamente, um movimento à direita, que é o drible propriamente dito (estímulo 2, verdadeiro). Analisando o comportamento do defensor, do ponto de vista do período refratário psicológico (PRP), existem basicamente duas possibilidades em que ele será malsucedido, excetuando-se, evidentemente, a situação em que é driblado sem reagir, de modo que não haveria sentido pensar em seu PRP.

Situação 1: reagir ao estímulo 1 (estender a perna direita, reagindo ao estímulo falso), sem tempo para corrigir o movimento executado a tempo de reagir ao estímulo 2, ou seja, estender a perna esquerda para tentar tomar a bola (PRP).

Situação 2: descartar o estímulo 1 e reagir ao estímulo 2, porém, com atraso na resposta. Constata-se, nesse caso, uma seleção de resposta correta, transformando uma situação de PRP em TRS, mas com uma execução retardada, como se fosse na situação 1 referente ao TRS.

Quando o defensor é bem-sucedido, quer dizer, não é driblado, existe somente uma situação possível: descartar o estímulo 1 e reagir ao estímulo 2 (estender a sua perna esquerda para tomar a bola), sem atraso na execução. Como, nesse caso, uma situação de PRP é transformada em situação de TRS, cabe o mesmo argumento de que essa resposta tem de ser antecipada para ser bem-sucedida, porque não o sendo, apesar de correta, a resposta vai se dar com atraso. Requer-se a presença de um "cavaleiro" esperto (não ser pego pelo estímulo falso) e vigilante (atenção aos movimentos prévios do atacante).

14.4 HABILIDADES MOTORAS DO VOLEIBOL

Nas habilidades motoras do voleibol, a relação entre ataque e defesa adquire uma configuração diferente das discutidas quanto ao futebol, mesmo porque ela envolve mais jogadores na disputa. São, normalmente, três atacantes (cortadores) contra três defensores (bloqueio). Isso aumenta as chances de os atacantes criarem várias situações de exploração de latências para levar vantagem no jogo. Cabe ao bloqueio não oferecer essas oportunidades.

A situação menos comum é, provavelmente, uma em que ataque e defesa ocorram na configuração de um contra um (TRS). Nesse caso, a possibilidade de sucesso do ataque (cortada) é muito grande, em virtude de o espaço que pode ser explorado para escapar do bloqueio ser bastante amplo. Ao contrário, quando se cria uma situação de um atacante contra um bloqueio duplo ou triplo, aumentam-se muito as chances de insucesso da cortada. As variações táticas no voleibol são planejadas e praticadas exatamente para se criarem (no caso do ataque) ou evitarem (no caso da defesa) situações em que a latência da resposta seja explorada pela equipe adversária.

No ataque, o TRE é uma das latências mais exploradas no voleibol. Por exemplo, dificilmente se constrói uma situação de TRS em que a relação seja entre um cortador e o bloqueio. Normalmente, o que se prepara é uma situação de dois ou três atacantes em relação ao bloqueio, realizando-se movimentos como se fossem executar de fato a cortada – preparando um cenário de TRE para o bloqueio –, de modo que a latência de sua resposta seja aumentada. Claro está que o levantador sabe de antemão para quem a bola será servida para explorar essa latência.

Outra latência muito explorada no ataque é o PRP. Duas situações são muito comuns. A primeira, quando dois atacantes vão para realizar a cortada muito próximos um do outro espacialmente, com uma pequena diferença de tempo, criando uma situação de dois estímulos próximos apresentados consecutivamente para o bloqueio, sendo o primeiro um falso estímulo. A segunda, quando um mesmo atacante vai para a cortada, ameaça saltar, não salta e, em seguida, realiza o salto num intervalo de tempo curto.

Como no voleibol, o ataque a ser realizado é programado a priori, e sua efetivação depende apenas do sucesso na recepção, para que o levantador coloque em prática o ataque pré-programado, é possível se construírem diferentes tipos de combinação de ataque em que o TRE e o PRP possam ser explorados de forma combinada. É por esse motivo que o saque se tornou o elemento fundamental no voleibol moderno, exatamente para dificultar a recepção e evitar a colocação em prática de um ataque pré-programado. Se o saque não for capaz de criar dificuldades na recepção para desmantelar o ataque planejado (saque forçado), o sucesso do ataque é quase certo. Não é por menos que o fundamento que sofreu mais modificação, diversificação e aprimoramento (variações) no voleibol moderno foi o saque. Requer-se a presença de "cavaleiros" vigilantes (atenção e concentração quando na recepção), perspicácia (leitura de contexto no caso do levantador) e precisão na tomada de decisão (opção de ataque a ser colocada em prática).

Quanto ao bloqueio, quando ele é bem-sucedido, a situação mais comum é a antecipação das jogadas de ataque adversário com base na análise da regularidade das jogadas em situações passadas, ou seja, regularidade do padrão tático (antecipação perceptiva). Isso depende muito das características dos jogadores que estão no ataque em cada momento do jogo. Não é à toa que os dados estatísticos, obtidos por meio da análise do jogo do adversário, tornaram-se fundamentais no voleibol. Diferentemente do futebol, em que a configuração é de 11x11 jogadores, o voleibol permite um mapeamento mais minucioso, não apenas por causa do número menor de jogadores (6x6), mas também da configuração espacial que delimita a área de atuação (rede) e as regras específicas que limitam a ação dos jogadores, dependendo da posição em que se joga. Uma segunda possibilidade de antecipação, para o bloqueio, decorre da observação da recepção da equipe adversária (antecipação perceptiva). Dependendo da qualidade da recepção, é possível antecipar ataques do adversário porque as alternativas se tornarão menores quando ela não é bem executada. Requer-se a presença de "cavaleiros" vigilantes (aguçada capacidade de atenção e concentração), perspicazes (precisão na leitura do contexto) e de raciocínio rápido na tomada de decisão.

14.5 CONSIDERAÇÕES FINAIS

O mais difícil na execução e aquisição de uma habilidade motora é a sua organização temporal. Os componentes da habilidade necessitam ser executados no momento certo, da mesma maneira a habilidade como um todo, relativamente às demandas do ambiente. Um elemento essencial nessa organização é a antecipação. Como foi discutido, sem antecipação é difícil se acertar o *timing* na execução da habilidade. No entanto, a antecipação envolve incertezas, de modo que é preciso se considerar a relação custo-benefício. Se não antecipar, a latência é inevitável, porém, se antecipar demais, pode virar uma aposta na sorte (Tani, 2016). O desafio é como trabalhar a capacidade de antecipação com vistas à formação de cavaleiros com boa memória, vigilantes, espertos e perspicazes.

Na realidade, estamos diante de uma necessidade de mudança de atitude no que toca à incerteza. Tudo indica que ser proativo e não reativo a eventos é fundamental para desafiar incertezas. Nesse sentido, errar antecipando parece ser melhor do que errar não antecipando. Aprender pela experimentação, assumindo o erro como algo que faz parte do processo e, portanto, não o encarando como incompetência, mas como algo a ser sempre considerado em relação ao objetivo que se quer alcançar (Tani, 1989). Como o objetivo está no futuro, o erro é uma evidência de um sistema aberto que está em busca de estados crescentemente complexos de organização. Cabe registrar que a ideia de sistemas abertos (Bertalanffy, 1968) foi muito importante para a mudança da "maria-fumaça" para o "trem-bala". Por fim, conclui-se que está na hora de aumentar a velocidade do trem na formação esportiva, investindo mais pesadamente no "cavaleiro" (Tani & Corrêa, 2016).

REFERÊNCIAS

Adams, J. A. (1971). A closed-loop theory of motor learning. *Journal of Motor Behavior, 3*, 111-149.

Bertalanffy, L. von. (1968). *General systems theory.* George Braziller.

Choshi, K. (1975). The concept of system and the human perceptual-motor behavior. In H. Hagiwara & K. Choshi (Eds.), *Human perceptual-motor behavior.* Fumaido (In Japanese).

Conrad, R. (1955). Timing. *Occupational Psychology, 29*, 173-181.

Poulton, E. C. (1957). On prediction in skilled movements. *Psychological Bulletin, 54*, 467-478.

Schmidt, R. A. (1982). *Motor control and learning: a behavioral emphasis.* Human Kinetics.

Schmidt, R. A., & Wrisberg, C. A. (2001). *Aprendizagem e performance motora: uma abordagem da aprendizagem baseada no problema* (2nd. ed.). Artmed.

Tani, G. (1989). Significado, detecção e correção do erro de performance no processo ensino-aprendizagem de habilidades motoras. *Revista Brasileira de Ciência e Movimento, 3*(4), 50-58.

Tani, G. (1999). Criança e movimento: o conceito de prática na aquisição de habilidades motoras. In R. J. Krebs, F. Copetti, T. S. Beltrame & M. Ustra (Orgs.), *Perspectivas para o desenvolvimento infantil - Livro do Ano da Sociedade Internacional para Estudos da Criança* (pp. 121-138). Edições SIEC.

Tani, G. (2002). Aprendizagem motora e esporte de rendimento: um caso de divórcio sem casamento. In V. J. Barbanti, A. C. Amadio, J. O. Bento & A. T. Marques (Orgs.),

Esporte e atividade física: interação entre rendimento e saúde (pp. 145-162). Manole.

Tani, G. (2004). A arte e a ciência da finta. In J. Garganta, J. Oliveira & M. Murad (Orgs.), *Futebol de muitas cores e sabores: reflexões em torno do desporto mais popular do mundo* (pp. 235-46). Campo das Letras.

Tani, G. (2016). A arte e a ciência da habilidade de não ser fintado. In G. Tani (Ed.), *Comportamento motor: conceitos, estudos e aplicações* (pp. 261-266). Guanabara Koogan.

Tani, G,. & Corrêa, U.C. (Orgs.) (2016). *Aprendizagem motora e o ensino do esporte.* Blucher.

Telford, C. W. (1931). The refractory phase of voluntary and associative responses. *Journal of Experimental Psychology, 14*, 1-36.

Wiener, N. (1948). *Cybernetics.* Wiley.

PARTE V
EDUCAÇÃO FÍSICA ESCOLAR

CAPÍTULO 15

Pesquisa sobre Educação Física Escolar: a necessidade de resgate da tradição pedagógica

15.1 CONSIDERAÇÕES INICIAIS

Nas últimas décadas, diferentes abordagens para a educação física escolar (EFE) foram apresentadas. Apesar das preferências pedagógicas, identificações ideológicas e posições políticas distintas, pode-se dizer que elas partilhavam o entendimento de que a educação visa, na sua essência, à formação do cidadão crítico, participativo e autônomo. Crítico no sentido de ser capaz de analisar, discernir, julgar e refletir; participativo na perspectiva de ser capaz de atuar, agir, colaborar, cooperar; autônomo na acepção de ser capaz de gerir a própria vida segundo seus próprios princípios e regras. E, uma vez que existia esse entendimento, o desafio era como efetivar essa formação, tornando-a realidade – passar da teoria para a prática, do discurso para a ação. Mas isso dependia, naturalmente, do contexto social e histórico em que a formação se desenrolaria.

Sabidamente, os movimentos sociais, seja no campo da educação, da cultura, da economia ou da política, necessitam ser analisados, interpretados e compreendidos no tempo e no contexto históricos em que ocorreram. Nesse enquadramento, é oportuno registrar que o cenário de abertura política pós-ditadura, ocorrida no Brasil a partir dos meados da década de 1980, trouxe à tona o discurso crítico relativamente à organização social brasileira, marcada pela profunda desigualdade, em todos esses campos. A EFE, por óbvio, não poderia ficar alheia a esse movimento de mobilização da sociedade brasileira. Cabia a cada abordagem fazer a devida interpretação e propor uma maneira de desenvolver a EFE em consonância com as necessidades e demandas do momento.

As abordagens conhecidas como crítico-superadora (Soares et al., 1992) e crítico-emancipatória (Kunz, 1991), também denominadas de "revolucionária", "crítica" ou "progressista" (Bracht, 1999) (doravante chamadas apenas de abordagens críticas) – têm como pano de fundo a teoria crítica da educação – esse cidadão crítico, participativo e autônomo a ser formado assumiu um perfil diferenciado, com outra interpretação de crítico – como opositor ao "sistema", à dominação, à exploração e à manutenção do status quo social. Assim sendo, a sua formação implicava a mobilização e a instrumentalização da EFE para denunciar as restrições (*constraints*) históricas, culturais, políticas, sociais e econômicas de exploração e de dominação, responsáveis pelas desigualdades sociais. Mesmo porque a apropriação de uma postura crítica com esse sentido seria a base da formação educacional do cidadão, a partir de agora denominado de "revolucionário", para melhor espelhar e ser fiel ao traço ou atributo enfatizado pelas abordagens críticas.

As abordagens críticas assumem explicitamente um conjunto de valores que servem de fundamento para a produção do conhecimento (pesquisa) e desempenham o papel de catalisadores para as suas ações (intervenção), resultando, muitas vezes, na supremacia do ideológico e político no tocante ao acadêmico (Bracht, 1993). Elas concebem a pesquisa como intrinsecamente política, estando, portanto, inevitavelmente ligada à questão de poder (Bracht, 1986). Dessa maneira, ao considerar que, para além do cenário sociopolítico favorável, durante mais de uma década o partido político ao qual estavam visceralmente vinculadas esteve no poder, é possível afirmar que as condições eram absolutamente propícias para o alcance do seu objetivo de formar cidadãos "revolucionários".

Outras abordagens da EFE, entre elas a humanista (Oliveira, 1980), a psicomotricista (Negrine, 1983), a desenvolvimentista (Tani et al., 1988), a construtivista (Freire, 1989), a fenomenológica (Moreira, 1991), a sociológica (Betti, 1991) e a antropológica (Daólio, 1995), somente para citar algumas das mais conhecidas, também procuraram formar o cidadão crítico, participativo e autônomo, cada qual enfatizando os princípios pedagógicos a serem seguidos para se lograr esse objetivo. A principal diferença entre essas abordagens e as abordagens críticas é que estas últimas assumem explicitamente um vínculo com a ideologia sociopolítica marxista.

Reconhecida, portanto, a legitimidade do discurso das abordagens críticas da EFE, o grande desafio era como elas iriam operacionalizá-lo para produzir consequências práticas. Caso isso não fosse logrado, o discurso poderia perder o poder de argumentação e cair no vazio como uma denúncia sem efeito. Como isso não se faz da noite para o dia, era preciso dar tempo ao tempo. Para todos os efeitos, uma elevada expectativa estava criada, como também uma enorme responsabilidade.

Contudo, passado esse tempo, ficou demonstrado, infelizmente, que para alcançar a nobre meta de formar cidadãos "revolucionários" não bastava um discurso crítico, por mais eloquente, convincente e bem elaborado que fosse. Por uma simples razão: a prática sempre implica procedimentos para solucionar problemas. A prática educacional não é, naturalmente, exceção.

Na realidade, todos reconhecem a importância do olhar crítico para identificar e denunciar problemas, mas isso é apenas uma parte – relevante, sem dúvida – do processo de busca de soluções. No meu entender, uma pergunta fulcral deixou de ser feita nesse processo: é possível formar um cidadão "revolucionário" sem desenvolver, por exemplo, capacidades como de leitura, escrita, fala, cálculo, raciocínio lógico, articulação de ideias, sociabilidade e movimento? Mudando de perspectiva, do ensino para a aprendizagem ou do professor para o aluno, é possível um cidadão ser "revolucionário" sem saber, por exemplo, ler, escrever, falar, calcular, raciocinar logicamente, conhecer o mundo físico e social, articular ideias, interagir socialmente e executar movimentos, ao menos num nível razoável?

Não seria exatamente a aquisição dessas capacidades (conhecimentos e competências) que possibilitaria ao cidadão adquirir uma visão de mundo menos mítica, folclórica e dogmática, o que poderia ser um ponto de partida para um conhecimento crítico da realidade, das desigualdades sociais nela presentes? Do ponto de vista da escola, não seria por meio do ensino dessas capacidades à classe dominada que ela desempenharia o seu papel na transformação social? Em suma, não seriam essas capacidades para ser um cidadão crítico, participativo e autônomo imprescindíveis para a formação do cidadão "revolucionário"? Não nos esquecendo, evidentemente, que existem outras instâncias sociais legítimas para a formação dessa consciência crítica.

Penso que sim. Daí a importância do reconhecimento de que o ensino dessas capacidades imprescindíveis para o exercício da cidadania demanda conhecimentos pedagógicos no que diz respeito ao estabelecimento de objetivos, à estruturação de conteúdos, à escolha de métodos de ensino e de procedimentos e técnicas de avaliação. Ou seja, tudo o que se relaciona com a tradição pedagógica. Entende-se por tradição pedagógica o estudo do objetivo (para que ensinar), do conteúdo (o que ensinar), do método (como ensinar) e da avaliação (como aferir o progresso do aluno) de ensino. Portanto, ela se refere a teorias, conceitos, conhecimentos e procedimentos historicamente produzidos, sistematizados e acumulados a respeito do ensino, e mais importante, a sua permanente investigação, elaboração e construção. O conceito de tradição cria a continuidade, mas marcada por mudanças. Assim, apesar de o termo ser muitas vezes equivocadamente interpretado com conotação de estagnação, deve-se ressaltar que a tradição pedagógica é um empreendimento dinâmico por excelência. Mesmo porque, se assim não fosse, seria incompatível com a própria natureza da educação.

Lamentavelmente, a tradição pedagógica foi praticamente abandonada na EFE brasileira nessas últimas décadas. Alguns não falam em abandono, mas em atrofia das pesquisas didáticas (Caparróz & Bracht, 2007) – as pesquisas didáticas por eles apontadas fazem parte do que se entende por tradição pedagógica no presente texto. Dessa forma, o objetivo do presente ensaio é refletir acerca das causas do abandono, avaliar as suas consequências e discutir possíveis caminhos e temas para a retomada de investigações nesse domínio. Contudo, antes de prosseguirmos, é oportuno deixar registrado que não se pode confundir a tradição pedagógica com a pedagogia tradicional – esta sim, inerte, retrógrada, a ser deixada para trás.

15.2 O ABANDONO DA TRADIÇÃO PEDAGÓGICA

As tendências de estudo e pesquisa em qualquer área de conhecimento são definidas por um conjunto de componentes (por exemplo, pesquisadores, agências de fomento, entidades, organizações, instituições) em interação. Por certo, podem coexistir diferentes tendências numa mesma área de conhecimento, porém, haverá sempre as mais proeminentes. Essa interação produz uma ordem macroscópica (parâmetro de ordem na teoria de sistemas dinâmicos) que acaba retroagindo e influenciando cada um dos componentes. Trata-se de uma estrutura abstrata difícil de ser identificada, que emerge da interação entre os componentes e acaba exercendo controle sobre os mesmos – uma espécie de causalidade circular (Kelso, 1995).

A título de exemplo, o Conselho Nacional de Desenvolvimento Científico e Tecnológico (CNPq), a Coordenação de Aperfeiçoamento de Pessoal de Nível Superior (CAPES), as Fundações Estaduais de Amparo à Pesquisa (FAPs) e as Instituições de Ensino Superior (IES) interagem e formam uma ordem macroscópica na pesquisa científica que retroage afetando todas os órgãos, entidades, universidades, departamentos, grupos de pesquisa, laboratórios e pesquisadores. Sabidamente, a ordem macroscópica vigente, independentemente de ser a favor ou contra ela, prioriza a produtividade em termos de publicação de artigos. Os desfavoráveis chamam essa ordem macroscópica de "produtivismo exacerbado" (Tani, 2016a). Ademais, essa ordem macroscópica está inserida num contexto mais amplo, constituído por outros componentes que interagem para formar uma ordem macroscópica num nível superior de hierarquia, e assim sucessivamente – um processo de organização hierárquica, característico de sistemas dinâmicos complexos (Allen & Starr, 1982; Goodwin, 1994; Lewin, 1993; Salthe, 1985; Simon, 1995; Waldrop, 1992).

Como foi mencionado, o contexto sociopolítico no período pós-ditadura acolhia, estimulava e fortalecia o discurso crítico. Disso se aproveitaram muito bem as abordagens críticas, que, interagindo com outros componentes, especialmente o Colégio Brasileiro de Ciências do Esporte, a *Revista Brasileira de Ciências do Esporte* e a *Revista Movimento*, criaram uma ordem macroscópica na EFE, particularmente junto aos pesquisadores que atuavam nas áreas sociocultural e pedagógica de investigação. Exatamente por esse motivo, muitos pesquisadores de outras abordagens que se enquadravam no nível sociocultural de análise (sociológica, antropológica, histórica) foram influenciados por essa ordem macroscópica e adotaram também um discurso crítico. Não se sabe, ao certo, se foi premeditado, mas, ao fim e ao cabo, essa ordem macroscópica acabou sendo decisiva para o abandono da tradição pedagógica.

Isso ocorreu porque a EFE confortou-se, acomodou-se, para não dizer "embriagou-se", com o discurso crítico de cunho fortemente ideológico e político-partidário, em fina sintonia com o cenário político vigente altamente receptivo e favorável. Foram décadas do mesmo discurso crítico sendo repetido à exaustão, dando a impressão de que o "norte" estava estabelecido. No entanto, as pesquisas não conseguiram avançar para além do discurso e apresentar propostas concretas para a sua efetivação prática. Em outras palavras, não foram capazes de fazer a tradução da posição política e ideológica em prática científica. De certo modo, os pesquisadores da EFE, influenciados por essa ordem macroscópica, ficaram olhando criticamente para a floresta, "anestesiados", sem se darem conta das árvores que existiam e necessitavam ser cultivadas.

De todas as maneiras, a ordem macroscópica formada pelas abordagens críticas não deu conta de estimular, induzir ou fortalecer a produção de conhecimentos sobre o objetivo, o conteúdo, o método e a avaliação de ensino da EFE (veja, por exemplo, Tani, 2001). De acordo com Caparróz e Bracht (2007), a ordem macroscópica queria era denunciar o tecnicismo, mas acabou alvejando a pesquisa didática.

A minha análise é outra. A meu ver, essa ordem macroscópica não poderia fomentar a tradição pedagógica; muito pelo contrário, por vários motivos. Em primeiro lugar, segundo ela, as pesquisas relacionadas com a tradição pedagógica configuravam-se reducionistas e simplistas, mesmo porque existiam tantos problemas macroscópicos muito mais relevantes e prioritários na sociedade para a academia se ocupar do que questões menores de cariz operacional, procedimental e prático. Os próprios Caparroz e Bracht apontam a possibilidade de a pesquisa didática ter sido assim vista (Caparróz & Bracht, 2007).

Nessa conjuntura, apenas como exemplo, investigar quando e como ensinar a capoeira na escola - pesquisa referente ao método de ensino - era considerado reducionista e simplista; tematizar e problematizar a capoeira num discurso para denunciar as restrições históricas, culturais, políticas e econômicas de exploração e de dominação, responsáveis pela desigualdade social, era o que necessitava ser feito.

Em segundo lugar, paralelamente a essa ênfase às questões sociais, existia no plano da investigação outro problema de semelhante viés, que pode ser expresso na seguinte questão: pode o estudo de movimentos em que o contexto social não é examinado coexistir com o estudo do contexto social que faz os movimentos significativos para as pessoas (Tani, 2008)? - pesquisa esta concernente ao conteúdo de ensino. Certamente lhe escapava a reflexão de que, embora o movimento humano derive seu significado do contexto, é o movimento no contexto que se constitui objeto de estudo da Educação Física, e não o contexto em si, conforme destacam Brooke e Whiting (1973).

Por fim, essa ordem macroscópica se esforçava mais em apontar limitações nas pesquisas realizadas em outros níveis de análise (todos têm) - como forma de enaltecer as pesquisas realizadas em seu nível de análise - do que ser reconhecida pelo mérito intrínseco de seus estudos (Tani, 1996; 1998a; 2008). As pesquisas do domínio biológico e comportamental foram por ela rotuladas de reducionistas cientificamente, positivistas epistemologicamente e neutras politicamente (veja, por exemplo, Bracht, 1986; Castellani Filho, 1993), visto que, de acordo com seus critérios, não eram capazes, respectivamente, de apreender as complexidades da realidade social na sua totalidade, de reconhecer a subjetividade na pesquisa e a relatividade do conhecimento, e de posicionar-se criticamente em relação à realidade social de profundas injustiças e desigualdades. A visão de ciência nessa ordem macroscópica está expressa, por exemplo, no editorial do volume 10 da *Revista Brasileira de Ciências do Esporte* (Colégio Brasileiro de Ciências do Esporte, 1989).

Obviamente, quando essas críticas eram direcionadas às pesquisas do domínio biológico e comportamental, existia uma intenção subjacente de apontar e ressaltar que as pesquisas socioculturais não padeciam das mesmas limitações. Por conseguinte, as abordagens da EFE com base em conhecimentos gerados pelas pesquisas socioculturais estavam livres dessas limitações. Contudo, o que saltou aos olhos nas pesquisas socioculturais da EFE foram exatamente as limitações. Exemplificando, muito se discutiu a respeito do significado da cultura de movimento ou da cultura corporal de movimento, para se constatar que existem múltiplos significados. Pergunta-se: afinal, com que fim se continuou a discutir e refletir? Parecia que as discussões relacionadas ao significado jamais poderiam ser resolvidas, pois o único significado válido era o do próprio estudo. Permanecia-se, assim, num infinito circular de interpretações e nenhuma delas representava a palavra final (Tani, 2008). Sem a palavra final (relativismo) ficava-se imune às críticas, ironicamente aquilo que mais prezavam e valorizavam. Oportuno destacar que palavra final no contexto da presente discussão não significa palavra definitiva, tendo em conta, obviamente, a provisoriedade do conhecimento na ciência, em que a crítica é o motor do seu desenvolvimento. Ao pensar que a pesquisa interpretativa está à procura de significados, diferentemente da pesquisa experimental, que busca descobrir leis e elaborar teorias, de certo modo, tudo parecia um exercício intelectual de autossatisfação realizado *ad infinitum*.

Claro está que é inegável a relevância de preocupar-se e de envolver-se com problemas macroscópicos de cariz sociopolítica, formando e cultivando uma postura crítica mediante permanente reflexão, mas não se pode ficar limitado a isso. Todos sabem que reflexão é importante, porém, ela não necessariamente leva à ação. Destarte, em todos os setores da sociedade, é importante se ter essa postura crítica, mas cada um necessita se preocupar em apresentar propostas para mudar o cenário e, assim, contribuir para a construção de uma sociedade mais justa. Se isso não acontecer, será muito difícil diferenciar, por exemplo, um discurso crítico feito por um representante do sindicato dos trabalhadores na entrada de uma fábrica em greve e outro proferido por um docente ou pesquisador num congresso do Colégio Brasileiro de Ciências do Esporte.

Aliás, vale destacar que, em muitos eventos acadêmicos da Educação Física, nas últimas décadas, o que foi visto com frequência foi o absoluto alinhamento entre esses discursos, com direito à mesma bandeira partidária sendo agitada com devoção e entusiasmo e os mesmos assobios e palmas de exaltação da cumplicidade política e ideológica. É sempre bom lembrar que a homogeneização é entrópica, e o discurso crítico não é exceção. Assim nos ensina a segunda lei da termodinâmica.

Por falar de homogeneização, vale enfatizar um parêntesis para uma reflexão. Se nossas visões da realidade são socialmente construídas, pode-se deduzir que aquelas pessoas que não têm poder – vítimas da exploração e dominação –, com muita frequência, não têm oportunidades para participar na construção da nossa visão de mundo. A ordem macroscópica, com as abordagens críticas à frente, ao identificar as distorções resultantes do silêncio daquelas pessoas privadas da oportunidade de participar, poderia criar um espaço onde elas pudessem ser ouvidas. Todavia, a realidade mostrou que o que ela fez foi promover a padronização na forma de pensar e de agir das pessoas, mediante discursos que pregavam a emancipação, mas as faziam "rezar pela mesma cartilha" (Tani, 2008). Uma espécie de "domesticação ideológica" que, enquanto domesticação, não é nada diferente da suposta "domesticação física" que tanto atribuía a outras abordagens que não fossem do nível sociocultural de análise. Fazer rezar pela mesma cartilha, só poderia resultar na homogeneização.

De fato, sob a ordem macroscópica que emanou das abordagens críticas da EFE, poucas pesquisas propositivas relacionadas com os procedimentos de intervenção pedagógica foram realizadas. Antes, elas foram criticadas e desencorajadas. As que foram realizadas situavam-se, em sua maioria, no campo do diagnóstico da realidade ou análise de contexto – pesquisas repetitivas que faziam mais do mesmo, tentando resultados diferentes. Tenho apontado as limitações desse tipo de pesquisa há muito tempo (Tani, 1991; 1996; 1998a) porque é também homogeneizante. No entanto, como continuam sendo realizadas, elas fazem jus, a meu ver, ao uso das expressões "fadiga de material" e "cheiro de mofo" para a sua caracterização, pois acrescentam apenas dados na horizontalidade (extensão, quantidade), não avançando na verticalidade (profundidade, qualidade) no tocante ao ensino da EFE.

Na verdade, muitas dessas pesquisas tinham como objetivo precípuo denunciar a precariedade das condições de trabalho nas escolas, e não realizar uma análise criteriosa e rigorosa dos princípios e procedimentos pedagógicos colocados em prática. Definitivamente, não eram pesquisas que inspirassem a realização de pesquisas propositivas, a partir de seus resultados, para se buscarem novas formas de se desenvolver a EFE. Evidentemente, não se nega a importância desse tipo de pesquisa, ou seja, de diagnóstico da realidade e análise de contexto, mas elas deveriam servir ao objetivo de inculcar, estimular e instigar pesquisas propositivas, justificando assim a sua realização.

15.3 AS CONSEQUÊNCIAS DO ABANDONO

As consequências desse abandono da tradição pedagógica foram mais sentidas no domínio dos cursos de preparação profissional e, consequentemente, da própria intervenção pedagógica nas escolas (aulas). Sem pesquisa sistemática e contínua da tradição pedagógica durante décadas, tornou-se questionável se existe um corpo de conhecimentos suficientemente organizado, robusto e atualizado para se oferecerem cursos de licenciatura em Educação Física.

Oportuno lembrar que a implantação do bacharelado em Educação Física, em 1987, foi um importante passo para se definir o que é licenciatura. Até então, a Educação Física oferecia apenas um curso – licenciatura – que formava profissionais ecléticos para atuar em todas as áreas de intervenção, indistintamente. Como se sabe, o bacharelado visa à preparação de profissionais com o domínio do corpo de conhecimentos de uma área específica (Tani, 1996; 2017). Cabe ao bacharel transformá-lo em instrumento de trabalho para oferecer serviços de qualidade, onde a sociedade lhe abre portas, para solucionar problemas. Só existe uma porta fechada para a atuação do bacharel: a escola, para a qual se necessita a formação em licenciatura. Pressupõe-se, portanto, que a atuação na escola demande conhecimentos e competências diferentes daqueles exigidos do bacharel.

O curso de bacharelado foi duramente criticado pelos proponentes, aderentes e simpatizantes das abordagens críticas da EFE. Para essas pessoas, o bacharelado necessitava ser combatido (recentemente houve um movimento para se tentar acabar com esse curso) porque formava profissionais para atender às camadas sociais privilegiadas da sociedade, que podem, por exemplo, frequentar academias e clubes sociais, morar em condomínios com academia própria, pagar *personal trainers*, e assim por diante; portanto, identificado, com o neoliberalismo (Tani, 2017). Uma visão equivocada de bacharelado que denuncia falta de conhecimento da matéria.

Além disso, para as abordagens críticas, independentemente do local onde atuam - escola, academia, clube, empresa, condomínio -, os profissionais da Educação Física são sempre educadores, e a formação de educadores é meta precípua da licenciatura. Existe aqui, claramente, mais um grande equívoco em se confundirem a educação no sentido lato e a educação escolarizada. A educação escolarizada é parte da educação no sentido lato - aliás, uma parte muito importante, fundamental -, que se desenvolve num espaço privilegiado denominado escola. Ela contribui para a formação do cidadão por meio da sua especificidade, que é a disseminação do conhecimento sistematizado e acumulado historicamente - o chamado saber elaborado -, mediante as diferentes disciplinas curriculares (Tani, 2007). Como foi discutido, o acesso a esse saber elaborado é uma condição indispensável para qualquer cidadão obter uma visão menos mítica, folclórica e dogmática do ser humano, da sociedade e do mundo. Isto é, para ser um cidadão autônomo, crítico e participativo, ou "revolucionário", de acordo com as abordagens críticas.

Confundir educação no sentido lato e educação escolarizada, atribuindo à segunda os objetivos, metas e funções da primeira, pode levar a algumas deduções bizarras, como de que existe a necessidade de um curso de licenciatura para pais, avós, policiais, padres, porteiros, seguranças, salva-vidas, bombeiros, recepcionistas, visto que todos eles atuam, de alguma maneira e em algum momento, no domínio da educação no sentido lato. Afinal, essa educação é de responsabilidade de toda a sociedade.

Para aqueles que acreditam que os mesmos conhecimentos e competências possibilitam a atuação em todos os domínios de intervenção profissional da Educação Física e, por conseguinte, insistem em argumentar que só deveria haver o curso de licenciatura, algumas perguntas podem ser esclarecedoras, ou, dependendo do caso, complicadoras:

a) para se trabalhar num programa de Educação Física desenvolvido numa Unidade Básica de Atendimento (UBAS), que visa à manutenção e à promoção da saúde e da qualidade de vida de idosos, requerem-se do profissional os mesmos conhecimentos e competências de um professor que trabalha com a EFE?

b) para se trabalhar num programa de Educação Física desenvolvido num centro comunitário, visando à promoção de saúde e à qualidade de vida de gestantes, asmáticos, coronarianos e obesos, demandam-se do profissional os mesmos conhecimentos e competências de um professor que trabalha com a EFE?

c) para se trabalhar num programa de formação e treinamento de atletas de alto rendimento nas diferentes modalidades esportivas em clubes sociais e esportivos, exigem-se do profissional os mesmos conhecimentos e competências de um professor que trabalha com a EFE?

d) para se trabalhar num programa de ginástica laboral nas empresas, públicas ou privadas, requisitam-se do profissional os mesmos conhecimentos e competências de um professor que trabalha com a EFE?

e) para se trabalhar num programa de gestão esportiva numa empresa de marketing esportivo ou numa agência de turismo, esperam-se do profissional os mesmos conhecimentos e competências de um professor que trabalha com a EFE?

Obviamente, não. Daí a necessidade de a licenciatura ter o seu próprio corpo de conhecimentos. No entanto, a realidade mostra que muitos conhecimentos que são disseminados no curso de licenciatura são, antes, conhecimentos básicos que se aplicam também à formação do bacharel. Em diversas universidades, esses conhecimentos já constituem o núcleo comum de ambos os cursos. Nas últimas DCNs - Diretrizes Curriculares Nacionais - para os cursos de preparação profissional em Educação Física (Brasil, 2018), esse entendimento foi ratificado e devidamente instituído.

Por exemplo, conhecimentos em relação aos efeitos fisiológicos do exercício em crianças, às características biomecânicas da marcha de crianças, ao crescimento e desenvolvimento infantil, à dinâmica de interação grupal em jogos de naturezas distintas, à origem e história do esporte podem parecer conhecimentos próprios do curso de licenciatura, mas não o são; são conhecimentos básicos que devem compor a grade curricular de ambos os cursos – bacharelado e licenciatura.

Os conhecimentos a serem discutidos, refletidos e disseminados num curso de licenciatura devem ser prioritariamente aqueles pertinentes ao processo de escolarização. Todavia, se ainda não foram elaboradas, por exemplo, propostas curriculares de roteiro completo que tratem do significado, do objetivo, do conteúdo, do método e da avaliação de ensino para cada ano de escolarização dos diferentes níveis de ensino, surge a seguinte pergunta: temos o que apresentar, discutir e disseminar num curso de licenciatura? Tenho apontado essa lacuna de conteúdo há muito tempo (Tani, 1998b; 2007; 2008; 2012; 2017). Sem uma resposta convincente a essa pergunta, a licenciatura atualmente oferecida corre o risco de ser considerada um belo engodo.

De todo modo, a formação do licenciado nessas últimas décadas não poderia ficar indiferente à dinâmica de se priorizarem questões sociopolíticas e se dar pouca atenção à tradição pedagógica, mesmo porque pobremente desenvolvida. Os cursos de licenciatura acompanharam a mesma lógica de formação do aluno na EFE, sendo direcionados para a formação do professor também "revolucionário", com um discurso ideológico e político-partidário apurado e homogêneo; porém, sem o devido preparo para contribuir na melhoria das capacidades cognitivas, afetivas, sociais e motoras dos escolares, justamente porque lhe faltavam os conhecimentos da tradição pedagógica (veja, por exemplo, Caparróz & Bracht, 2007).

Essa formação teve impactos diretos na intervenção pedagógica. Não é por menos que a prática pedagógica concreta nas aulas de EFE, influenciada pela ordem macroscópica liderada pelas abordagens críticas, apesar de preconizar a formação do cidadão "revolucionário" sob os cuidados do professor também "revolucionário", continuou sendo a mesma: conservadora, pautada na pedagogia tradicional, e não na tradição pedagógica. Nem poderia, porque por ela foi abandonada.

15.4 O RESGATE DA TRADIÇÃO PEDAGÓGICA

Espero que, com as discussões apresentadas, tenha ficado claro que está mais do que na hora de se retomarem com vigor as pesquisas concernentes à tradição pedagógica. É preciso olhar para o futuro. Independentemente das teorias ou abordagens que se queira adotar, existe uma necessidade urgente de conhecimentos que possibilitem ao professor tomar decisões mais seguras acerca dos procedimentos didático-pedagógicos a serem postos em prática na EFE.

Entretanto, reconheço as dificuldades da EFE em retomar os estudos após longo "inverno" acadêmico, de modo que destacarei apenas alguns temas que, do meu ponto de vista, merecem maior atenção; muito longe, portanto, da intenção de dissecar ou esgotar o assunto. Também estou ciente de que o ensino ou a intervenção profissional, de forma geral, é um processo muito complexo, com inúmeros fatores intervenientes, mutáveis e não previsíveis, de modo que é imprescindível saber reconhecer as limitações que os conhecimentos têm e discernir quais podem ser úteis para quais situações e objetivos (Tani, 2016a).

Na realidade, são temas sobre os quais venho refletindo ao longo dos anos, alguns deles transformados em linhas de pesquisa. Outros são temas atuais mais gerais que configuram problemas prementes que necessitam de investigação. Assim, apresentarei inicialmente os temas mais gerais e, a seguir, passarei a discutir as linhas de pesquisa que tenho desenvolvido – limitadas, diante da enorme necessidade – e os temas mais específicos que merecem ser pesquisados.

15.4.1 TEMAS EMERGENTES

Passando imediatamente para os temas emergentes, tem-se inicialmente o sedentarismo e a obesidade infantil, que constituem duas das maiores preocupações da sociedade nos dias atuais em escala mundial. As nossas crianças estão sedentárias e, mesmo quando praticam atividade física, fazem-no abaixo do recomendado (Hallal et al., 2012; Jackson et al., 2003; Kelly et al., 2004; Pate et al., 2008). As projeções para um futuro próximo são desalentadoras, mesmo porque se sabe que crianças sedentárias são potenciais adultos sedentários, e os males causados pelo sedentarismo à saúde já são bem conhecidos. Afinal, conhecimentos referentes à relação entre o sedentarismo e as doenças crônico-degenerativas abundam na literatura. É preciso, o mais rapidamente possível, virar o jogo, da tenebrosa combinação sedentarismo/doenças crônico-degenerativas para a virtuosa combinação atividade física/saúde (Tani, 2013), e isso começa na educação de nossas crianças. A EFE tem, portanto, um importante papel a desempenhar nessa mudança.

A literatura internacional a respeito dessa mudança tão necessária é hoje consensual: a adoção de um estilo de vida ativo por parte de adolescentes e adultos passa necessariamente pelo desenvolvimento de habilidades motoras fundamentais (HMF) na infância, isto é, nas séries iniciais do ensino fundamental (veja, por exemplo, Stodden et al., 2008; Tani, 2021). Com efeito, o desenvolvimento de HMF constitui, atualmente, o tema central de investigação dos pesquisadores envolvidos com o estudo da atividade física relacionada à saúde em todo o mundo (Barnett et al., 2016b; O'Brien et al., 2016; Wick et al., 2017). Existe a expectativa de que elas possam se constituir preditoras da participação ativa e sistemática nas atividades físicas na adolescência (Barnett et al., 2008; 2009; Lopes et al., 2011) e ao longo da vida. Isso tem sido de fato confirmado pelas recentes revisões sistemáticas (Barnett et al., 2016a; Cattuzzo et al., 2016; Logan et al., 2015; Lubans et al., 2010; Morgan et al., 2013), que têm encontrado uma associação positiva entre a competência nas HMF e a atividade física e aptidão cardiorrespiratória, e uma associação inversa com o status de peso.

A abordagem desenvolvimentista, proposta há mais de 30 anos (Tani et al., 1988), já sugeria o trabalho com as HMF, mas com outro objetivo. Ela entendia que, ao se desenvolver essa base motora na infância, seria pavimentado o caminho para o desenvolvimento de habilidades motoras específicas a serem adquiridas na adolescência e posteriormente praticadas na idade adulta e ao longo da vida, com vistas ao bem-estar e à qualidade de vida. De modo evidente, quando a abordagem desenvolvimentista foi proposta, o problema do sedentarismo e da obesidade infantil não tinha as dimensões dramáticas que tem atualmente. Por esse motivo, ela não podia imaginar que o desenvolvimento de HMF se tornasse um dia a chave do combate também a esse problema premente.

Se nas discussões atuais o desenvolvimento de HMF é visto como um meio para se combater o sedentarismo, para a abordagem desenvolvimentista, ele tinha objetivo em si mesmo, sem a necessidade de ser transformado em meio para o alcance de outros objetivos, por exemplo, a saúde. Entretanto, isso não significava que ele estivesse dissociado de outros objetivos, mesmo porque, como consequência do desenvolvimento de habilidades motoras, os benefícios para a saúde, para o autoconhecimento e para a sociabilidade poderiam ser igualmente obtidos. Portanto, independentemente de o desenvolvimento de HMF se constituir um objetivo em si mesmo ou um meio para o alcance de outros objetivos, o importante é que ele esteja presente como uma das preocupações centrais da EFE.

Definitivamente, é preciso colocar o combate ao sedentarismo e à obesidade infantil no rol dos desafios centrais da EFE. Num texto publicado há mais de duas décadas, ao defender a diversidade de abordagens para a EFE, expressei a minha expectativa de se ter uma abordagem que conseguisse colocar a questão da aptidão física numa nova perspectiva, qual seja a da saúde e qualidade de vida (Tani, 1998a). Estamos ainda à espera de uma proposta curricular de roteiro completo, dando concretude, por exemplo, às ideias colocadas por Farinatti (1994).

Outra preocupação da sociedade atual que, se não trabalhada adequadamente, terá enorme impacto no futuro da humanidade é o problema da "alfabetização motora" (Tani et al., 2012), que está sendo esquecida e negligenciada na vida das crianças no chamado mundo digital. A literatura internacional trata dessa questão como o problema da literacia física (Cairney et al., 2019; Edwards et al., 2017; Giblin et al., 2014; Pot et al., 2018; Whitehead, 2001). O mundo digital oportuniza, estimula e condiciona um estilo de vida absolutamente sedentário, em que crianças passam boa parte do dia diante de equipamentos eletrônicos digitais para se informar, divertir ou até mesmo estudar. Trata-se de um avanço tecnológico sem volta, de modo que é preciso buscar estratégias para tirar dele o melhor proveito e evitar os prejuízos.

Como já mencionado, os efeitos nocivos do sedentarismo à saúde são bem conhecidos. O problema da "alfabetização motora", que também deriva do sedentarismo, situa-se num outro universo: a perda de autonomia motora por deixar de explorar e desenvolver as potencialidades motoras básicas nos momentos adequados – isto é, perder a capacidade de movimentar-se. Para avaliar a sua repercussão, basta pensar o que seria da nossa capacidade de comunicação sem o domínio do alfabeto no momento adequado – um processo que se inicia no nascimento, por meio do contato com os estímulos comunicativos e os signos e significados presentes no ambiente, e que continua na escola onde se efetiva a formalização da alfabetização e letramento.

Assim como a alfabetização deve acontecer tendo como referência o desenvolvimento cognitivo da criança, a "alfabetização motora" deve também ocorrer em consonância e em respeito ao processo de desenvolvimento motor da criança. Diversos modelos descritivos de desenvolvimento motor têm sido propostos ao longo dos anos (Clark & Metcalfe, 2002; Gallahue & Ozmun, 1998; Tani et al., 1988). De modo geral, eles propõem uma mesma sequência de desenvolvimento com pequenas alterações na nomenclatura, mostrando que o processo se inicia com as HMF, que vão sendo posteriormente combinadas em padrões crescentemente complexos, até chegar às habilidades motoras específicas, por exemplo, as esportivas. Decorre dessa sequência de desenvolvimento que a "alfabetização motora" deve se iniciar com o desenvolvimento das HMF que vão se constituir os componentes básicos de habilidades cada vez mais complexas, assim como as letras vão se constituir os componentes básicos de palavras, estas, de orações, frases e assim por diante (Tani et al., 2012).

Deixar de desenvolver a "alfabetização motora" significa, como já mencionado, colocar em xeque a capacidade do ser humano de executar movimentos. Penso que, sobre a importância do movimento para a vida do ser humano, não mais cabe discussão. Resumidamente, vida é movimento, e movimento é fonte de ordem no sistema.

Sem movimento, o sistema colapsa em todos os níveis: biológico, psicológico, sociológico e antropológico. O movimento é o meio pelo qual o ser humano interage com o seu ambiente físico, social e cultural (Tani, 1991; 1996; 2011). Assim, cabe à EFE a promoção da "alfabetização motora" como uma de suas preocupações educacionais fundamentais, para evitar que o ser humano perca a autonomia motora. É preciso desenvolver estratégias e procedimentos metodológicos, não para contrapor simplesmente ao avanço tecnológico, que é irreversível, mas para garantir a preservação do movimento como fonte de ordem, extraindo da tecnologia os melhores proveitos.

15.4.2 LINHAS DE PESQUISA E TEMAS ESPECÍFICOS

Antes de iniciarmos a apresentação e discussão dos temas que já foram transformados em linhas de pesquisa e dos temas mais específicos que merecem investigação, faz-se necessário apontar que, como não poderia ser diferente, ambos são estritamente relacionados com a aprendizagem. Como todos sabem, ela é inseparável do ensino. De acordo com Crum (1993), um dos problemas centrais da EFE é a ausência da aceitação unânime e da atribuição de prioridade de que a função primária do professor é ajudar o aluno a aprender.

Partindo-se do princípio de que o centro das preocupações da educação escolarizada é promover a aprendizagem e que as habilidades motoras se constituem um dos principais conteúdos de ensino da EFE, temos proposto uma linha de pesquisa denominada de ensino-aprendizagem de habilidades motoras (Tani, 1992; Tani & Corrêa, 2004; Tani et al., 2005). Trata-se da realização de pesquisas de integração e síntese de conhecimentos, cuja preocupação central é a verificação experimental da aplicabilidade dos conhecimentos, princípios e hipóteses derivados das pesquisas em Aprendizagem Motora, numa situação real de intervenção pedagógica. Uma importante característica dessas pesquisas é que elas envolvem um trabalho conjunto de pesquisadores que trabalham no ensino superior e professores que atuam na EFE. Elas procuram sintetizar conhecimentos acadêmicos e práticos, envolvendo a utilização de tarefas motoras do mundo real para fortalecer a validade ecológica do estudo.

Estudos empíricos realizados nessa linha de pesquisa acerca de alguns fatores que afetam a aquisição de habilidades motoras, como tipo de prática (Públio & Tani, 1993), demonstração e instrução verbal (Públio et al., 1995), estabelecimento de metas (Freudenheim & Tani, 1998), estrutura de prática (Meira Jr. et al., 2001) e interferência contextual (Nhamussua et al., 2012; 2018) confirmaram, em situações reais de prática pedagógica, os efeitos positivos obtidos em pesquisas de laboratório. Acredita-se que os resultados desse tipo de pesquisa podem ser transportados e aplicados no ensino de habilidades motoras nas escolas, provocando mudanças efetivas no método de ensino da EFE. O espaço de investigação a ser explorado por essa linha de pesquisa é amplo e aumenta toda vez que resultados consistentes são obtidos na pesquisa em relação a aquisição de habilidades motoras.

A segunda linha de pesquisa diz respeito aos efeitos dos fatores de desordem na aprendizagem motora. Os fatores que influenciam a aquisição de habilidades motoras como motivação, demonstração, estabelecimento de metas, tipo de prática, estrutura de prática variada e conhecimento de resultados são, em última análise, os mesmos fatores que o professor manipula no ensino de habilidades motoras numa situação real de prática pedagógica (Tani, 2006). Os achados das pesquisas realizadas mais recentemente na Aprendizagem Motora referentes a esses fatores têm sido paradoxais, indo na contramão de tudo o que se pensava no ensino de habilidades motoras.

Por exemplo, no tocante aos estudos dos efeitos do conhecimento de resultados (CR), tem sido mostrado que o aumento de incerteza ou redução de informação contribui para uma aprendizagem mais efetiva. Até meados da década de 1980, reconhecia-se que, quanto mais preciso e mais frequente o CR, melhor seriam os seus efeitos na aquisição de habilidades motoras. Entretanto, estudos a partir de então têm mostrado, de forma robusta, que a redução da frequência relativa e da precisão de CR tem efeito positivo na aprendizagem motora (para revisão, veja, por exemplo, Chiviacowsky, 2005; Chiviacowsky et al., 2016; Swinnen, 1996; Winstein & Schmidt, 1990; Wulf & Shea, 2004). Esses achados contraintuitivos sugerem a necessidade de mudança no ensino de habilidades motoras, apontando para um método em que o aluno não fique dependente das informações de fontes externas (professor) e desenvolva por si o mecanismo de detecção e correção de erros, ou seja, aprenda com mais autonomia.

Outro tipo de resultados paradoxais tem sido observado em estudos concernentes aos efeitos da interferência contextual. Em situação de prática variada, a prática por blocos tem resultado em uma aquisição mais rápida, e a prática aleatória, numa aquisição mais lenta. Entretanto, nos testes de retenção e transferência, um resultado oposto é observado – a prática aleatória tem mostrado desempenhos superiores à prática por blocos. Esse paradoxo existente entre aquisição e retenção/transferência tem sido denominado de *efeito da interferência contextual* (Shea & Morgan, 1979; Lee & Magill, 1983), que tem sido observado em estudos realizados com diferentes tarefas e diferentes populações (para revisão, veja, por exemplo, Magill & Hall, 1990; Hall & Magill, 1995; Ugrinowitsch & Manoel, 2005). Como pode um fator relacionado à desordem, como a aleatoriedade, contribuir para a aquisição de habilidades motoras? Esses achados também sugerem mudanças no ensino de habilidades motoras, apontando para um método em que o aluno desenvolva a capacidade de extrair informação da aleatoriedade, e não a de reconhecer informação na regularidade, para solucionar problemas.

Conhecimentos sobre aprendizagem motora podem auxiliar o professor a interpretar comportamentos motores de alunos, projetar novas ideias e formular hipóteses operacionais de experimentação no ensino de habilidades motoras na escola (Tani, 2016b; Tani & Corrêa, 2004). Nesse caso, o importante é que o próprio professor se coloque numa situação de solução de problemas, e não de um mero repetidor de meios para solucionar problemas, como as velhas e conhecidas sequências pedagógicas preestabelecidas da pedagogia tradicional.

Ademais, quando o professor formula hipóteses operacionais de experimentação no ensino de habilidades motoras e procura inovar a sua prática pedagógica, ele assume atitude de pesquisador, reconhecidamente um componente imprescindível para o constante aperfeiçoamento profissional. Esse esforço, por sua vez, poderá fornecer importantes subsídios para a pesquisa, de modo que ambos – pesquisadores e professores – poderiam beneficiar-se mutuamente e crescer (Tani, 2016b). Parece-me que essa atitude se coaduna muito mais com a figura do professor "revolucionário" do que com a de um portador de discursos críticos, por mais eloquentes, aguçados e incisivos que possam ser.

A terceira linha de pesquisa refere-se às dicas de aprendizagem como conteúdo de ensino na EFE (Silveira et al., 2013). Ela tem como *background* o entendimento de que a EFE tem como meta a disseminação do conhecimento sistematizado e acumulado historicamente no que concerne ao fenômeno movimento humano, ou cultura de movimento (jogo, esporte, ginástica, dança, exercício, lutas), mediante à promoção de três tipos de aprendizagem: a aprendizagem do movimento, através do movimento e sobre o movimento. Com essas aprendizagens, o aluno teria acesso a esse patrimônio cultural, para dele usufruir, participar e transformar ao longo da vida, com vistas ao bem-estar e à qualidade de vida (Tani, 2007; Tani & Manoel, 2004).

No entanto, esse entendimento de EFE defronta-se com um problema de natureza prática. Apesar de a aprendizagem do movimento se constituir naquela que mais reflete a especificidade da EFE, ela é, por motivos operacionais, a mais difícil de ser promovida na escola nos dias atuais. Espaço físico inadequado, falta de materiais, tempo escasso de prática e frequência reduzida de aulas concorrem para dificultar a sua efetivação (Tani, 2007; Silveira et al., 2013). Pesquisas realizadas em várias partes do mundo têm mostrado, por exemplo, que o tempo que uma criança se envolve efetivamente com a prática de atividades físicas, numa aula de 50 minutos, é de aproximadamente um terço desse período. Conclusão: ninguém consegue melhorar habilidades motoras durante as aulas de EFE. Se isso fosse possível, todos os conhecimentos da Aprendizagem Motora poderiam ir para o lixo. Da mesma maneira, ninguém consegue melhorar a aptidão física durante as aulas de EFE pelo mesmo motivo. Se isso fosse possível, todos os conhecimentos da Fisiologia do Exercício poderiam ter o mesmo destino. Como fica então a aprendizagem do movimento?

Uma possível solução para esse problema é focar numa outra dimensão dessa mesma aprendizagem – do movimento – que é o conhecimento a respeito de como melhorar a qualidade do movimento (Tani, 2007, 2015). Esse conhecimento diz respeito a ser capaz de identificar os processos e procedimentos essenciais à aquisição de habilidades motoras. A aquisição desse conhecimento na escola possibilitaria ao aluno a sua aplicação em todas as oportunidades de prática fora da escola, para, então, melhorar a qualidade do movimento ou adquirir a habilidade motora. Assume-se, portanto, que conhecimentos referentes a como melhorar a qualidade do movimento podem se constituir um dos conteúdos prioritários a ser ensinados na EFE.

Como é de amplo conhecimento, a Aprendizagem Motora procura investigar o processo de aquisição de habilidades motoras e os fatores que o influenciam. Ao buscar nela conhecimentos no que se refere a como melhorar a qualidade do movimento, que pudessem ser ensinados na EFE, deparamo-nos com as dicas verbais de aprendizagem – uma estratégia cognitiva para a canalização de atenção na aquisição de habilidades motoras. Aliás, é importante ressaltar que são muitos os potenciais candidatos. Dicas verbais podem ser entendidas como uma forma de instrução verbal curta e direcionada, com alguns pontos cruciais para orientar o aprendiz aos elementos importantes da habilidade motora a ser executada (Buchanan & Briggs, 1998; Fronske, 2001; Landin, 1994; Masser, 1993; Medina-Papst et al., 2009). Resultados de estudos têm mostrado que o oferecimento das dicas leva a uma significativa melhora na aprendizagem de escolares (Masser, 1993; Roach & Burwitz, 1986; Silveira et.al., 2013), apontando o potencial que esse conhecimento tem de ser transformado em conteúdo a ser ensinado na EFE.

O estudo das dicas de aprendizagem abre também um espaço para um trabalho conjunto e integrado entre pesquisadores e professores. Os professores, especialmente os mais experientes, devem ter acumulado ao longo de suas carreiras muitas experiências bem-sucedidas. Dentre elas, muitas dicas de ensino que deram bons resultados. Essas dicas configuram uma espécie de expertise pedagógica que não pode ficar guardada como de foro pessoal, mas ser amplamente socializada. Contudo, para tanto, elas necessitam de respaldo teórico para que o seu efeito tenha explicações. É onde entra a participação do pesquisador para a realização conjunta de pesquisas. Esse esforço investigativo partilhado tem enorme potencial para estruturar um rico patrimônio de conhecimentos a ser utilizado como conteúdo de ensino na EFE, viabilizando, assim, a aprendizagem do movimento.

Conforme discutido, se a autonomia motora é algo que corre o risco de ser perdido caso a EFE não promova a "alfabetização motora", a autonomia como recurso pessoal de natureza genérica é algo possível de ser desenvolvido no processo de aquisição de habilidades motoras nas aulas de EFE. Recentes pesquisas na área de Aprendizagem Motora têm mostrado o efeito positivo da aprendizagem autocontrolada. Desnecessário colocar que, na EFE até hoje desenvolvida, a decisão no tocante a quando fornecer instruções, demonstrar e oferecer feedback é prerrogativa do professor. Ao aluno não é dada a liberdade de solicitar essas informações quando julgar necessário.

A prática autocontrolada, do ponto de vista metodológico, implica fornecer ao aprendiz o controle sobre algum aspecto da prática – instrução, demonstração, estabelecimento de metas, tipo de prática, feedback etc. Essa mudança no domínio metodológico reflete uma mudança no modo de conceber a própria aprendizagem, no sentido de o aprendiz passar de um receptor passivo de informações para um agente (ator) do seu próprio processo de aprendizagem (Corrêa & Walter, 2009). Se, na aprendizagem externamente controlada, a questão perseguida é saber o que ocorre com o aprendiz (ser passivo), na aprendizagem autocontrolada, a pergunta central é como o aprendiz constrói interação com a tarefa e com o meio ambiente (ser ativo) (Bastos, 2010).

Os resultados das pesquisas têm sido robustos em favor da prática autocontrolada, comparativamente à prática externamente controlada (Corrêa & Walter, 2009). Várias explicações para a eficácia da prática autocontrolada têm sido apresentadas: o envolvimento mais ativo, que resulta num processamento profundo de informações; o sentimento de autoeficácia, que eleva a motivação intrínseca; a percepção de autocontrole, que gera maior comprometimento com o processo de aprendizagem; o esforço e a persistência aumentados, que resultam em maior dedicação; as experiências individualizadas e específicas, que se ajustam às diferenças individuais; a responsabilidade pela aprendizagem, que gera maior participação, entre outras.

Trata-se de um tema que possibilita trazer para o universo da prática pedagógica um conceito abstrato de autonomia e transformá-lo num procedimento concreto de intervenção visando à formação do cidadão autônomo. Dar ao aluno liberdade na escolha de suas ações não se constitui apenas uma questão de método de ensino, como também e principalmente de uma concepção de formação e desenvolvimento humano.

Por falar em formação e desenvolvimento humano, um conceito que merece ser mais bem trabalhado na EFE é o de sistemas abertos (Bertalanffy, 1968). Sistemas abertos são sistemas que interagem com o meio ambiente mediante a troca de matéria, energia e informação. Ao contrário dos sistemas fechados, conseguem desafiar a segunda lei da termodinâmica, evitando o aumento de entropia. Nos sistemas abertos, a entropia poderá aumentar, permanecer em *steady state*, mas também diminuir. São sistemas que, ao interagirem com o meio ambiente, importam entropia negativa (Schrödinger, 1945) e garantem um estado de não equilíbrio, que possibilita o desenvolvimento em direção a estados mais complexos de organização (Bertalanffy, 1968).

A implicação mais importante do conceito de sistemas abertos na EFE, na perspectiva de formação e desenvolvimento, é estruturar um sistema de ensino que possibilite o aluno a evoluir em direção a estados mais complexos de organização. No ensino de habilidades motoras, especificamente, isso implica dois processos: a estabilização e a adaptação (Choshi, 1982; Choshi & Tani, 1983; Corrêa et al., 2015; Tani, 1982; 2000; 2005; Tani et al., 2014). O primeiro significa levar a aprendizagem até a estabilização de desempenho, o que implica romper com o pensamento reinante na pedagogia tradicional de simplesmente variar as tarefas na tentativa de motivar o aluno. O alcance da estabilização envolve esforço, dedicação, disciplina e perseverança para que a aprendizagem não termine em coisa rasa e superficial; muito importante para que a EFE não seja vista como uma disciplina curricular de alta necessidade, mas de baixa exigência (Ennis, 2006). O segundo significa dar liberdade ao aluno para quebrar a estabilidade alcançada para possibilitar a adaptação em nível superior de complexidade. Isso envolve, por sua vez, coragem, ousadia e não ter medo de errar.

Aliás, são necessárias pesquisas que redefinam o significado do erro na aprendizagem motora e, consequentemente, na EFE. Tenho insistido nessa necessidade há muito tempo (Tani, 1989), e isso tem a ver com o conceito de sistemas abertos. Essa questão remete, inicialmente, ao conceito de aprendizagem. Prevalece na educação, de forma geral, e na EFE, em particular, uma concepção de aprendizagem como um processo de sucessão de respostas corretas. Não é por menos que, na avaliação, só as respostas corretas são consideradas. O professor ensina dez coisas e, se o aluno demonstrar na avaliação que aprendeu cinco, ele está aprovado. Pergunta-se: as outras cinco respostas não servem para nada?

Por falar em avaliação, ela é, dentre os procedimentos didático-pedagógicos, o tema provavelmente mais difícil de ser tratado. O principal objetivo da avaliação é servir de instrumento de aperfeiçoamento. Como o centro das preocupações da educação escolarizada é promover a aprendizagem – e aprendizagem é processo –, a avaliação será um importante instrumento de aperfeiçoamento do processo de aprendizagem. Se entendermos que a EFE promove três tipos de aprendizagem - do movimento, através do movimento e sobre o movimento –, para cada tipo é preciso desenvolver instrumentos apropriados de avaliação.

Claro está que só pode ser avaliado o que está sendo ensinado. Por exemplo, no caso da aprendizagem sobre o movimento, a avaliação diz respeito às dimensões e às implicações do movimento. Dimensões referem-se a aspectos, e implicações dizem respeito aos efeitos do movimento (por exemplo, fisiológicos, biomecânicos, comportamentais, sociológicos, históricos). É, portanto, uma avaliação de conceitos. No caso da aprendizagem através do movimento, a avaliação depende do que está sendo aprendido, utilizando-se o movimento como meio/instrumento. Se for conceito, é isso que deve ser avaliado. Se for algo do domínio socioafetivo, como a sociabilização, são comportamentos a ela relacionados que devem ser avaliados.

Tratando-se de aprendizagem do movimento, temos duas possibilidades. A primeira é a avaliação do movimento em si. Nesse caso, temos na literatura testes motores clássicos (por exemplo, KTK, TGMD), mas que são difíceis de se utilizar na EFE por demandar muito tempo de execução e equipamentos específicos para medição. Uma alternativa interessante são as listas de checagem, que são práticas e necessitam apenas da capacidade acurada de observação do professor, que pode ser treinada. Temos desenvolvido listas de checagem para algumas habilidades específicas, como habilidades seriadas da ginástica olímpica (Públio & Tani, 1993), golpe de judô *taiotoshi* (Gomes et al., 2008), golpe de judô *osoto-gari* (Gomes et al., 2009) e drible do basquetebol (Santos et al., 2019).

Uma luz no horizonte desse domínio refere-se à elaboração de instrumentos de avaliação, utilizando-se da tecnologia da informação. O mais novo desafio de membros do nosso laboratório (Laboratório de Comportamento Motor da Escola de Educação Física e Esporte da Universidade de São Paulo - LACOM) tem sido o desenvolvimento do aplicativo "Educativo" que auxiliará professores de EFE no monitoramento e classificação qualitativa de diversas HMF e habilidades motoras específicas do esporte.

A segunda refere-se à avaliação do conhecimento referente a como melhorar a qualidade do movimento, ou seja, uma avaliação conceitual como na aprendizagem sobre o movimento. Todavia, temos de reconhecer que existe um longo caminho a ser percorrido pelas pesquisas no que concerne à avaliação.

Voltando ao significado do erro na aprendizagem, por considerar e valorizar apenas as respostas corretas, a liberdade para errar não se constituiu um fenômeno digno de atenção nas pedagogias tradicionais. Todo esforço era para fazer o aluno não errar, e isso levou inevitavelmente a nivelar as exigências por baixo. Significou preocupar-se mais com o desenvolvimento na horizontalidade (quantidade) do que na verticalidade (qualidade). É preciso mudar essa concepção, porque o erro é inerente à aprendizagem e não pode ser considerado simplesmente como incompetência do aluno. O erro tem de ser considerado em relação ao objetivo que se pretende alcançar; e o objetivo está sempre no futuro, de modo que, com a competência até então adquirida, não é possível alcançá-lo. Se o é, é porque a aprendizagem já aconteceu.

Já que o erro é inerente ao processo de aprendizagem, em vez de evitá-lo, é preferível interpretá-lo positivamente e procurar adquirir competência para solucionar os problemas que cada situação exige, utilizando-se os erros do passado. Na realidade, o problema não está em errar, mas, sim, em não desenvolver a capacidade de detectar e corrigir erros. Além disso, enquanto sistema aberto em busca de estados mais complexos de organização, assim que um objetivo é alcançado, um novo objetivo é estabelecido, e todo o processo se repete, de modo que o erro nunca deixa de existir. Sendo assim, o alcance de um objetivo ou a aquisição de uma resposta correta nada mais significa do que um descanso temporário num processo contínuo em que erros estarão sempre presentes (Tani, 1989). Ainda bem: uma concepção de aprendizagem coerente com a natureza do ser humano como sistema aberto.

De resto, do ponto de vista educacional, é sempre oportuno ressaltar que crianças que têm medo de errar aprendem mal. Penso que para a formação do cidadão crítico, participativo e autônomo, concebê-lo como sistema aberto em busca de estados crescentemente complexos de organização, com todos os desafios que isso representa, é absolutamente essencial (pensamento também presente em Betti, 1994).

15.5 CONSIDERAÇÕES FINAIS

Tenho defendido, desde as primeiras publicações acerca da EFE, que a diversidade de abordagens ou propostas curriculares é fundamental para o avanço da EFE (Tani et al., 1988; Tani, 1991; 1998b). Essa postura tem à retaguarda o pensamento sistêmico: com a proposição de diferentes abordagens, ser possível esperar que, por meio de suas interações, emerja uma ordem macroscópica que consiga expressar de forma clara a identidade da EFE, definindo a sua função na educação escolarizada.

No entanto, é preciso ficar claro que a emergência de uma ordem macroscópica não significa o surgimento de uma EFE homogeneizada, desenvolvida por meio de um currículo uniformizado, rígido e centralizador. Trata-se de uma estrutura com um núcleo comum que evidencie a identidade da disciplina, mas que, ao mesmo tempo, possibilite que as idiossincrasias de cada região, de cada escola, de cada projeto pedagógico sejam devidamente consideradas, respeitadas e trabalhadas (Tani, 2012). Ou seja, uma estrutura abstrata hierarquicamente organizada com uma configuração macro-ordem e microdesordem (Choshi, 1980), sendo a macro-ordem responsável pela consistência (núcleo comum), e a microdesordem, pela flexibilidade (especificidade de cada situação) curricular. Essa ideia de ordem e desordem numa mesma estrutura encontra paralelo nas ideias de hólon com regras fixas e estratégias flexíveis, propostas por Koestler (1967, 1969); de manutenção e desmantelamento de estruturas na evolução, apresentada por Lorenz (1974); e de macrodeterminância e microindeterminância na organização de sistemas biológicos, defendida por Weiss (1969).

A ausência de uma clara identidade tem sido considerada um dos problemas mais sérios da EFE em escala global (veja, por exemplo, Crum, 1993; Doolittle, 2007; Ennis, 2006; Graça, 2012; Hardman & Marshall, 2000; Tani, 2007). Sabe-se que, sem ela, a elaboração de projetos pedagógicos que se adequem às condições, demandas e necessidades específicas de cada situação é dificultada, por falta de uma estrutura robusta que sirva de âncora (núcleo comum) (Tani, 2015).

Infelizmente, essa expectativa de formação de uma ordem macroscópica por meio da interação entre as abordagens foi frustrada. Vários motivos podem ser pensados para a sua ocorrência (Tani, 2012): a) as discussões ficaram restritas ao mundo acadêmico, onde as diferenças são sempre mais ressaltadas do que as convergências; b) as discussões ficaram restritas às questões conceituais, matrizes filosóficas, identificações ideológicas e posturas políticas, não alcançando a realidade concreta da prática pedagógica nas escolas; c) as discussões quanto aos objetivos, conteúdos, métodos de ensino e avaliação não foram realizadas porque as abordagens não apresentaram propostas curriculares de roteiro completo; d) não foram criadas novas linhas de pesquisa, além das já tradicionais de diagnóstico da realidade e análise do contexto, para produzir conhecimentos capazes de dar sustentação à prática pedagógica.

Não tendo sido possível a emergência de uma ordem macroscópica, restou a perspectiva de se terem propostas curriculares de roteiro completo sendo apresentadas com base em diferentes abordagens. Conforme foi discutido, uma proposta de roteiro completo deve contemplar desde princípios filosóficos a respeito do seu significado e objetivo, conteúdos devidamente estruturados por anos de escolarização, até métodos de ensino e de avaliação. No entanto, existe um problema: sem um corpo de conhecimentos robustos concernentes aos procedimentos pedagógicos, não se é possível elaborar propostas curriculares de roteiro completo, isto é, sem a tradição pedagógica.

Assim sendo, espero que tenha ficado clara a importância do resgate da tradição pedagógica, de voltar a se realizarem pesquisas propositivas e inovadoras na EFE. Não se deve esquecer de que a intervenção pedagógica envolve mais ideias convergentes do que divergentes e requer procedimentos mais do que explicações. Quem sabe assim se procedendo, as pesquisas vão naturalmente convergir para a construção do núcleo comum da EFE (Tani, 2015).

REFERÊNCIAS

Allen, T. F. H., & Starr, T. B. (1982). *Hierarchy: perspectives for ecological complexity.* University of Chicago Press.

Barnett, L. M., Lai, S. K., Veldman, S. L. C., Hardy, L. L., Cliff, D. P., Morgan, P. J., Zask, A., Lubans, D. R., Schultz, S. P., Ridgers, N. D., Rush, E., Brown, H. L., & Okely, A. D. (2016a). Correlates of gross motor competence in children and adolescents: a systematic review and meta-analysis. *Sports Medicine*, *46*(11), 1663-1688.

Barnett, L. M., Stodden, D., Cohen, K. E., Smith, J. J., Lubans, D. R., Lenoir, M., Iivonen, S., Miller, A. D., Laukkanen, A., Dudley, D., Lander, N. J., Brown, H., & Morgan, P. J. (2016b). Fundamental movement skills: an important focus. *Journal of Teaching in Physical Education, 35*(3), 219-225.

Barnett, L. M., Van Beurden, E., Morgan, P. J., Brooks, L. O., & Beard, J. R. (2008). Does childhood motor skill proficiency predict adolescent fitness? *Medicine & Science in Sports & Exercise, 40(12)*, 2137-2144.

Barnett, L. M., Van Beurden, E., Morgan, P. J., Brooks, L. O., & Beard, J. R. (2009). Childhood motor skill proficiency as a predictor of adolescent physical activity. *Journal of Adolescent Health, 44*(3), 252-259.

Bastos, F. H. (2010). *Efeito da meta de aprendizagem na aprendizagem motora autocontrolada.* Tese de doutorado. Escola de Educação Física e Esporte da Universidade de São Paulo.

Bertalanffy, L. von. (1968). *General systems theory.* George Braziller.

Betti, M. (1991). *Educação física e sociedade.* Movimento.

Betti, M. (1994). Valores e finalidades na educação física escolar: uma concepção sistêmica. *Revista Brasileira de Ciências do Esporte, 16*(1), 14-21.

Bracht, V. (1986). A criança que pratica esporte respeita as regras do jogo... capitalista. *Revista Brasileira de Ciências do Esporte, 7*(2), 62-68.

Bracht, V. (1993). Educação física/ciências do esporte: que ciência é essa? *Revista Brasileira de Ciências do Esporte, 14*(3), 111-118.

Bracht, V. (1999). A constituição das teorias pedagógicas da educação física. *Cadernos Cedes, 48*, 69-88.

Brasil. (2018). Ministério da Educação. Conselho Nacional de Educação. Resolução CNE/CES/6/2018.

Brooke, J. D., & Whiting, H. T. A. (Eds.) (1973). *Human movement - a field of study.* Lepus Books.

Buchanan, A. M., & Briggs, J. (1998). Making cues meaningful: a guide for creating your own. *Teaching Elementary Physical Education, 8*, 16-18.

Cairney, J., Dudley, D., Kwan, M., Bulten, R., & Kriellaars, D. (2019). Physical literacy, physical activity and health: toward an evidence-informed conceptual model. *Sports Medicine, 49*(3), 371-383.

Caparróz, F. E., & Bracht, V. (2007). O tempo e o lugar de uma didática da educação física. *Revista Brasileira de Ciências do Esporte, 28*(2), 21-37.

Castellani Filho, L. (1993). Educação física/ciências do esporte no Brasil hoje: pelos meandros da educação física. *Revista Brasileira de Ciências do Esporte, 14*(3), 119-125.

Cattuzzo, M. T., dos Santos, H. R., Ré, A. H. N., de Oliveira, I. S., Melo, B. M., de Sousa Moura, M., Araújo, R. C., & Stodden, D. (2016). Motor competence and health related physical fitness in youth: a systematic review. *Journal of Science and Medicine in Sport, 19*(2), 123-129.

Chiviacowsky, S. (2005). Frequência de conhecimento de resultados e aprendizagem motora: linhas atuais de pesquisa e perspectivas. In G. Tani (Ed.), *Comportamento motor: aprendizagem e desenvolvimento* (pp. 185-207). Guanabara Koogan.

Chiviacowsky, S., Drews, R., & Nunes, M. E. S. (2016). Efeito do feedback na aquisição de habilidades motoras. In G. Tani (Ed.), *Comportamento motor: conceitos, estudos e aplicações* (pp. 157-162). Guanabara Koogan.

Choshi, K. (1980). Freedom and constraint of children's movements. *Memoirs of the Child Education Research*, Hiroshima University, *55*, 29-37 (in Japanese).

Choshi, K. (1982). An analytical study of the adaptive process in motor learning. *Memoirs of the Faculty of Integrated Arts and Sciences III*, Hiroshima University, *6*, 75-82 (in Japanese).

Choshi, K., & Tani, G. (1983). Stable system and adaptive system in motor learning. In Japanese Association of Biomechanics (Ed.), *The science of movement V* (pp. 346-351). Kyorin, (in Japanese).

Clark, J. E., & Metcalfe, J. S. (2002). The mountain of motor development: a metaphor. In J. E. Clark & J. H. Humphrey (Eds.), *Motor development: research and reviews.* pp. 163-190. National Association of Sport and Physical Education.

Colégio Brasileiro de Ciências do Esporte (1989). Editorial. *Revista Brasileira de Ciências do Esporte*, 10.

Corrêa, U. C., Benda, R. N., Oliveira, D. L., Ugrinowitsch, H., Freudenheim, A. M., & Tani, G. (2015). Different faces of variability in the adaptive process of motor skill learning. *Nonlinear Dynamics, Psychology, and Life Sciences, 19*(4), 465-487.

Corrêa U. C., & Walter C. (2009). A auto-aprendizagem motora: um olhar para alguns dos fatores que afetam a aquisição de habilidades motoras. In M. T. Catuzzo & G. Tani (Eds.), *Leituras em biodinâmica e comportamento motor: conceitos e aplicações.* Edupe.

Crum, B. J. (1993). Conventional though and practice in physical education: problems of teaching and implications for change. *Quest, 45*, 339-356.

Daólio, J. (1995). *Da cultura do corpo.* Papirus.

Doolittle, S. (2007). Is the extinction of high school physical education inevitable? *Journal of Physical Education, Recreation and Dance, 78*(4), 51-58.

Edwards, L. C., Bryant, A. S., Keegan, R. J., Morgan, K., & Jones, A. M. (2017). Definitions, foundations and associations of physical literacy: a systematic review. *Sports Medicine, 47*(1), 113-126.

Ennis, C. (2006). Curriculum: forming and reshaping the vision of physical education in a high need, low demand world of schools. *Quest, 58*(1), 41-59.

Farinatti, P. T. V. (1994). Educação física escolar e aptidão física: um ensaio sob o prisma da promoção da saúde. *Revista Brasileira de Ciências do Esporte, 16*(1), 42-48.

Freire, J. B. (1989). *Educação do corpo inteiro: teoria e prática da educação física*. Scipione.

Freudenheim, A. M., & Tani, G. (1998). Efeitos do estabelecimento de metas na aquisição de uma habilidade de sustentação no meio líquido em crianças. *Revista da APEF de Londrina, 13*(1), 5-11.

Fronske, H. (2001). What are teaching cues? In H. Fronske (Ed.). *Teaching cues for sport skills* (pp. 1-10). Allyn and Bacon.

Gallahue, D., & Ozmun, J. C. (1998). *Understanding motor development: infants, children, adolescents, adults*. McGraw-Hill.

Giblin, S., Collins, D., & Button, C. (2014). Physical literacy: importance, assessment and future directions. *Sports Medicine, 44*(9), 1177-1184.

Gomes, F. R. F., Meira Jr., C. M., Bassi, F. M., Hayashida Jr., C. R., & Tani, G. (2009). Golpe de judô osoto-gari: validação de lista de checagem. *Revista Brasileira de Ciência e Movimento, 17*(4), 1-9.

Gomes, F. R. F., Meira Jr., C. M., Shimoda, W., & Tani, G. (2008). Validação de uma lista de checagem para análise qualitativa do padrão de movimento do golpe de judô taiotoshi. *Academos, 4*, 12-27.

Goodwin, B. (1994). *How the leopard changed its spots*. Weidenfeld & Nicolson.

Graça, A. (2012). Sobre as questões do que ensinar e aprender em educação física. In I. Mesquita & J. Bento (Eds.), *Professor de educação física: fundar e dignificar a profissão* (pp. 93-117). Casa da Educação Física.

Hall, K. G., & Magill, R. A. (1995). Variability of practice and contextual interference in motor skill learning. *Journal of Motor Behavior, 27*, 299-309.

Hallal, P. C., Andersen, L. B., Bull, F. C., Guthold, R., Haskell, W., & Ekelund, U. (2012). Global physical activity levels: surveillance progress, pitfalls, and prospects. *The Lancet, 380*(9838), 247-257.

Hardman, K., & Marshall, J. (2000). The state and status of physical education in schools in international context. *European Physical Education Review, 6*(3), 203-229.

Jackson, D. M., Reilly, J. J., Kelly, L. A., Montgomery, C., Grant, S., & Paton, J. Y. (2003). Objectively measured physical activity in a representative sample of 3- to 4-year-old children. *Obesity Research, 11*(3), 420-425.

Kelly, L. A., Reilly, J. J., Fairweather, S. C., Barrie, S., Grant, S., & Paton, J. Y. (2004). Comparison of two accelerometers for assessment of physical activity in preschool children. *Pediatric Exercise Science, 16*, 324-333.

Kelso, J. A. S. (1995). *Dynamic patterns: the self-organization of brain and behavior*. The MIT Press.

Koestler, A. (1967). *The ghost in the machine*. Hutchinson.

Koestler, A. (1969). Beyond atomism and holism - the concept of the holon. In A. Koestler & J. Smythies (Eds.), *Beyond reductionism*. Hutchinson.

Kunz, E. (1991). *Educação física: ensino & mudanças*. Unijuí.

Landin, D. K. (1994). The role of verbal cues in skill learning. *Quest, 46*, 299-313.

Lee, T. D., & Magill, R.A. (1983). The locus of contextual interference in motor skill acquisition. *Journal of Experimental Psychology: Learning, Memory and Cognition, 9*, 730-746.

Lewin, R. (1993). *Complexity: life on the edge of chaos*. Phoenix.

Logan, S. W., Webster, E. K., Getchell, N., Pfeiffer, K. A., & Robinson, L. E. (2015). Relationship between fundamental motor skill competence and physical activity during childhood and adolescence: a systematic review. *Kinesiology Review, 4*(4), 416-426.

Lopes, V. P., Rodrigues, L. P., Maia, J. A., & Malina, R. M. (2011). Motor coordination as predictor of physical activity in childhood. *Scandinavian Journal of Medicine & Science in Sports, 21*(5), 663-669.

Lorenz, K. (1974). Analogy as a source of knowledge. *Science, 185*, 229-234.

Lubans, D. R., Morgan, P. J., Cliff, D. P., Barnett, L. M., & Okely, A. D. (2010). Fundamental movement skills in children and adolescents: review of associated health benefits. *Sports Medicine, 40*, 1019-1035.

Magill, R. A., & Hall, K. G. (1990). A review of the contextual interference effect in motor skill acquisition. *Human Movement Science, 9*, 241-289.

Masser, L. S. (1993). Critical cues help first-grade students' achievement in handstands and forward rolls. *Journal of Teaching in Physical Education, 12*, 301-312.

Medina-Papst, J., Ladewig, I., & Marques, I. (2009). Dicas de aprendizagem na aquisição de habilidades motoras: uma revisão. *Revista da Educação Física, 20*, 625-635.

Meira Jr., C. M., Tani, G., & Manoel, E. J. (2001). A estrutura da prática variada em situações reais de ensino-aprendizagem. *Revista Brasileira de Ciência e Movimento, 9*(4), 55-63.

Moreira, W. W. (1991). *Educação física escolar: uma abordagem fenomenológica*. Unicamp.

Morgan, P. J., Barnett, L. M., Cliff, D. P., Okely, A. D., Scott, H. A., Cohen, K. E., & Lubans, D. R. (2013). Fundamental movement skill interventions in youth: a systematic review and meta-analysis. *Pediatrics, 132*(5), 1361-1383.

Negrine, A. (1983). *O ensino da educação física*. Globo.

Nhamussua, D. M., Prista, A., Basso, L., & Tani, G. (2012). Interferência contextual e nível de habilidade na aprendizagem do serviço do voleibol. *Revista Brasileira de Educação Física e Esporte, 26*(4), 731-740.

Nhamussua, D. M., Mahique, J., Drews, R., Bastos, F. H., Corrêa, U. C., & Tani, G.

(2018). Efeitos do incremento gradual de interferência contextual na aprendizagem do serviço do voleibol. *Revista Portuguesa de Ciências do Desporto, 1,* 24-39.

O' Brien, W., Belton, S., & Issartel, J. (2016). Fundamental movement skill proficiency amongst adolescent youth. *Physical Education and Sport Pedagogy, 21*(6), 557-571.

Oliveira, V. M. (1980). *Educação física humanista.* Ao Livro Técnico.

Pate, R. R., Mciver, K., Dowda, M., Brown, W. H., & Addy, C. (2008). Directly observed physical activity levels in preschool children. *Journal of School Health, 78,* 438-444.

Pot, N., Whitehead, M., & Durden-Myers, E. (2018). Physical literacy from philosophy to practice. *Journal of Teaching in Physical Education, 37*(3), 246-251.

Públio, N. S., & Tani, G. (1993). Aprendizagem de habilidades motoras seriadas da ginástica olímpica. *Revista Paulista de Educação Física, 7*(1), 58-68.

Públio, N. S., Tani, G., & Manoel, E. J. (1995). Efeitos da demonstração e instrução verbal na aprendizagem de habilidades motoras da ginástica olímpica. *Revista Paulista de Educação Física, 9*(2), 111-124.

Roach, N. K., & Burwitz, L. (1986). Observational learning in motor skill acquisition: the effect of verbal directing cues. In J. Watkins, T. Riley & L. Burwitz (Eds.), *Sport science: Proceedings of the VIII Commonwealth and International Conference on Sport, Physical Education, Dance, Recreation, and Health* (pp. 349-354). Spon.

Salthe, S. N. (1985). *Evolving hierarchical systems: their structure and representation.* Columbia University Press.

Santos, F. G., Pacheco, M., Basso, L., Bastos, F. H., & Tani, G. (2019). Development and validation of a checklist to assess proficient performance of basketball straight speed dribbling skill. *Journal of Human Kinetics.* http://doi.gov/10.2478/hukin-2019-0073.

Schrödinger, E. (1945). *What is life*? Cambridge University Press.

Shea, J. B., & Morgan, R. L. (1979). Contextual interference effects on the acquisition, retention and transfer of a motor skill. *Journal of Experimental Psychology: Human Learning and Memory, 5,* 179-187.

Silveira, S. R., Basso, L., Freudenheim, A. M., Corrêa, U. C., Ferreira, M. G., & Tani, G. (2013). Aquisição da habilidade motora rebater na educação física escolar: um estudo das dicas de aprendizagem como conteúdo de ensino. *Revista Brasileira de Educação Física e Esporte, 27*(1), 149-157.

Simon, H. A. (1995). Near decomposability and complexity: how a mind resides in a brain. In H. J. Morowitz & J. L. Singer (Eds.), *The mind, the brain, and complex adaptive systems* (pp. 25-43). Addison-Wesley Publishing Company.

Soares, C. L., Taffarel, C. N. Z., Varjal, E., Castellani Filho, L., Escobar, M. O., & Bracht, V. (1992). *Metodologia do ensino de educação física.* Cortez.

Stodden, D. F., Goodway, J. D., Langendorfer, S. J., Roberton, M. A., Rudisill, M. E., Garcia, C., & Garcia, L. E. (2008). A developmental perspective on the role of motor skill competence in physical activity: an emergent relationship. *Quest, 60*(2), 290-306.

Swinnen, S. P. (1996). Information feedback for motor skill learning: a review. In H. N. Zelaznik (Ed.), *Advances in motor learning and control* (pp. 37-66). Human Kinetics.

Tani, G. (1982). *Adaptive process in perceptual-motor skill learning.* Unpublished Doctoral Dissertation. Hiroshima University, Faculty of Education (in Japanese).

Tani, G. (1989). Significado, detecção e correção do erro de performance no processo ensino-aprendizagem de habilidades motoras. *Revista Brasileira de Ciência e Movimento, 3*(4), 50-58.

Tani, G. (1991). Perspectivas para a educação física escolar. *Revista Paulista de Educação Física, 5*(1/2), 61-69.

Tani, G. (1992). Contribuições da aprendizagem motora à educação física. *Revista Paulista de Educação Física, 6*(2), 65-72.

Tani, G. (1996). Cinesiologia, educação física e esporte: ordem emanente do caos na estrutura acadêmica. *Motus Corporis, 3*(2), 9-49.

Tani, G. (1998a). 20 anos de ciências do esporte: um transatlântico sem rumo? *Revista Brasileira de Ciências do Esporte* – Número Especial comemorativo dos 20 anos de fundação, 19-31.

Tani, G. (1998b). Educação física escolar no Brasil: seu desenvolvimento, problemas e propostas. In *Anais do Seminário Brasileiro em Pedagogia do Esporte* (pp. 120-127). Universidade Federal de Santa Maria.

Tani, G. (2000). Processo adaptativo em aprendizagem motora: o papel da variabilidade. *Revista Paulista de Educação Física, Supl. 3*, 55-61.

Tani, G. (2001). Educação física na educação infantil: pesquisa e produção do conhecimento. *Revista Paulista de Educação Física, Supl. 4*, 110-115.

Tani, G. (2005). Processo adaptativo: uma concepção de aprendizagem motora além da estabilização. In G. Tani (Ed.), *Comportamento motor: aprendizagem e desenvolvimento* (pp. 60-70). Guanabara Koogan.

Tani, G. (2006). Comportamento motor e sua relação com a educação física. *Brazilian Journal of Motor Behavior, 1*(1), 20-31.

Tani, G. (2007). Desporto e escola: que diálogo ainda é possível? In J. O. Bento & J. M. Constantino (Coords.), *Em defesa do desporto: mutações e valores em conflito* (pp. 269-287). Almedina.

Tani, G. (2008). Abordagem desenvolvimentista: 20 anos depois. *Revista da Educação Física da Universidade Estadual de Maringá, 19*(3), 313-331.

Tani, G. (2011). *Leituras em educação física: retratos de uma jornada.* Phorte.

Tani, G. (2012). Corrida contra o tempo: propostas curriculares de "roteiro completo" para a educação física escolar. In G. Tani, J. O. Bento, A. C. A. Gaya, C. Boschi & R. P. Garcia (Eds.), *Celebrar a lusofonia: ensaios e estudos em desporto e educação* física (pp.

207-231). Casa da Educação Física.

Tani, G. (2013). Pedagogia do movimento: reflexões sobre atividade física para crianças e adolescentes. In W. R. Correia & L. Basso (Orgs.), *Pedagogia do movimento do corpo humano* (pp. 19-32). Fontoura.

Tani, G. (2015). Educação física escolar: do núcleo comum. In W. R. Correia & B. M. Rodrigues (Orgs.), *Educação física no ensino fundamental: da inspiração à ação* (pp. 75-92). Fontoura.

Tani, G. (2016a). Pós-graduação em educação física: crescimento e correção da rota. In W. W. Moreira & V. L. Nista-Piccolo (Orgs.), *Educação física e esporte no século XXI.* (pp. 153-171). Papirus.

Tani, G. (2016b). Aprendizagem motora: uma visão geral. In G. Tani & U.C. Corrêa (Orgs.), *Aprendizagem motora e o ensino do esporte* (pp. 19-41). Blucher.

Tani, G. (2017). Preparação profissional em educação física: reflexões sobre a "festa" no convés do Titanic. In W. C. Correia (Org.), *Formação profissional em educação física: ensaios e proposições* (pp. 17-35). Fontoura.

Tani, G., Basso, L., & Corrêa, U. C. (2012). O ensino do esporte para crianças e jovens: considerações sobre uma fase do processo de desenvolvimento motor esquecida. *Revista Brasileira de Educação Física e Esporte, 26*(2), 339-350.

Tani, G., & Corrêa, U. C. (2004). Da aprendizagem motora a pedagogia do movimento: novos insights acerca da prática de habilidades motoras. In E. Lebre & J. O. Bento (Eds.), *Professor de educação física: ofícios da profissão* (pp. 76-92). Universidade do Porto.

Tani, G., Corrêa, U. C., Basso, L., Benda, R. N., Ugrinowitsch, H., & Choshi, K. (2014). An adaptive process model of motor learning: insights for the teaching of motor skills. *Nonlinear Dynamics, Psychology, and Life Sciences, 18*, 47-65.

Tani, G., Dantas, L. E. P. B. T., & Manoel, E. J. (2005). Ensino-aprendizagem de habilidades motoras: um campo de pesquisa de síntese e integração de conhecimentos. In G. Tani (Ed.), *Comportamento motor: aprendizagem e desenvolvimento* (pp. 106-116) Guanabara Koogan.

Tani, G., & Manoel, E. J. (2004). Esporte, educação física e educação física escolar. In A. C. A. Gaya, A. T. Marques & G. Tani (Orgs.), *Desporto para crianças e jovens: razões e finalidades* (pp. 113-141). Universidade Federal do Rio Grande do Sul.

Tani, G., Manoel, E. J., Kokubun, E., & Proença, J. E. (1988). *Educação física escolar: fundamentos de uma abordagem desenvolvimentista.* EPU/EDUSP.

Ugrinowitsch, H., & Manoel, E. J. (2005). Aprendizagem motora e a estrutura da prática: o papel da interferência contextual. In G. Tani (Ed.), *Comportamento motor: aprendizagem e desenvolvimento* (pp. 208-222). Guanabara Koogan.

Waldrop, M. M. (1992). *Complexity: the emerging science at the edge of order and chaos.* Penguin Books.

Weiss, P. A. (1969). Living systems: determinism stratified. In A. Koestler & J. R. Smythies (Eds.), *Beyond reductionism*. Hutchinson.

Whitehead, M. (2001). The concept of physical literacy. *European Journal of Physical Education, 6*, 127-138.

Wick, K., Leeger-Aschmann, C., Monn, N. D., Radtke, T., Ott, L. V., Rebholz, C. E., Cruz, S., Gerber, N., Schmutz, E. A., Puder, J. J., Munsch, S., Kakebeeke, T. H., Jenni, O. G., Granacher, U., & Kriemler, S. (2017). Interventions to promote fundamental movement skills in childcare and kindergarten: a systematic review and meta-analysis. *Sports Medicine, 47*(10), 2045-2068.

Winstein, C. J., & Schmidt, R. A. (1990). Reduced frequency of knowledge of results enhances motor skill learning. *Journal of Experimental Psychology: Learning, Memory and Cognition, 16*(4), 677-691.

Wulf, G., & Shea, C. H. (2004). Understanding the role of augmented feedback: the good, the bad, and the ugly. In A. M. Williams & N. J. Hodges (Eds.), *Skill acquisition in sport: research, theory and practice* (pp. 121-144). Routledge.

CAPÍTULO 16

O projeto "educação física na pré-escola e nas quatro primeiras séries do ensino de primeiro grau" da SEED-MEC/1982: uma iniciativa futurística desperdiçada

16.1 CONSIDERAÇÕES INICIAIS

Em julho de 1982, a Secretaria de Educação Física e Desportos do Ministério da Educação e Cultura (SEED-MEC), órgão já extinto, convidou um grupo de pesquisadores para elaborar um projeto de educação física (EF) a ser desenvolvido nas então pré-escola e quatro primeiras séries do ensino de primeiro grau. Um projeto visionário, futurístico e ousado, posto que a EF ainda não se fazia presente de forma efetiva como uma atividade ou disciplina curricular nessa fase de escolarização.

Tive o privilégio de ser um dos membros desse grupo. Recém-regressado do Japão (abril de 1982), onde realizei os estudos de pós-graduação, ter sido convidado para desse projeto participar foi, de fato, uma surpresa muito grande. Foi a minha primeira viagem de trabalho, pois ainda estava desempregado à época (o meu ingresso na Escola de Educação Física e Esporte da Universidade de São Paulo ocorreu em agosto do mesmo ano). Não sabia o que era a SEED-MEC e não conhecia ninguém do seu corpo diretivo ou técnico. Aceitei o convite um tanto assustado, pois não fazia ideia do desafio que me esperava e das pessoas com quem iria trabalhar.

A intenção da SEED-MEC era implantar a EF nessa fase de escolarização exatamente porque considerava que estava faltando às nossas crianças uma EF desenvolvida por professores de EF, e não pelos professores conhecidos como "polivalentes", num momento crucial para o seu crescimento e desenvolvimento. O grupo abraçou a ideia e permaneceu um tempo em Brasília, discutindo o tema e delineando os passos para a elaboração do projeto. Cada membro voltou para a instituição de origem com muita "lição de casa". Após alguns encontros realizados em Brasília, o projeto foi finalmente concluído com o lançamento do documento "Diretrizes de implantação e implementação da Educação Física na educação pré-escolar e no ensino de primeira à quarta séries do primeiro grau" (Brasil, 1982). Alguns pesquisadores que tive o prazer de conhecer nesse projeto tornaram-se grandes amigos e companheiros de jornada ao longo da carreira que mal se iniciava.

O objetivo do presente texto é descrever sucintamente a natureza desse projeto futurístico – para muitos, um projeto fantasma do qual ouviram falar, mas nunca viram – e, tendo-o como pano de fundo, refletir sobre o cenário atual da EF, em que a necessidade de projetos de intervenção junto à população infantil é enorme e premente em face das características da vida no chamado mundo digital – uma vida que, se já era insuficientemente ativa, está se tornando perigosamente sedentária. Uma verdadeira ameaça ao futuro da humanidade, em virtude da possibilidade de as crianças virem a perder a capacidade de realizar movimentos corporais necessários para a vida cotidiana.

16.2 O PROJETO

O grupo responsável pela elaboração do projeto foi constituído dos seguintes membros (em ordem alfabética): Ana Maria Pellegrini, Conceição Bonfim, Go Tani, Jefferson Thadeu Canfield, Johann Melcherts Hurtado, Laura Elvira Sales Joviano, Marcelo Savasi, Maurício Roberto da Silva, Mauro Antônio Guiselini, Paulo Roberto da Silva e Ruy Jornada Krebs.

O projeto seguiu as orientações do III Plano Setorial de Educação, Cultura e Desporto (Brasil, 1980b) estruturado de acordo com a política vigente do Ministério da Educação e Cultura de priorizar o ensino básico, a começar pela pré-escola (Brasil, 1980a). A EF, nesse contexto, tinha como base as Diretrizes Gerais para a Educação Física e Desportos estabelecidas para o período de 1980/85 (Brasil, 1981) e era entendida como o conjunto de atividades educativas que visavam a criar o gosto e o hábito do exercício físico regular. Esse conjunto de atividades assumiria característica específica de acordo com a população a que se destinava. Para a pré-escola e as quatro primeiras séries do ensino de primeiro grau, ele deveria atender às necessidades próprias da faixa etária correspondente em termos de crescimento e desenvolvimento.

Importante destacar que a meta da EF era criar o gosto e o hábito do exercício físico regular, ou seja, tinha uma perspectiva futurística de vida ativa. Não tinha como meta, portanto, a melhoria da aptidão física ou esportiva a ser lograda durante o período escolar. Também não tinha a intenção de instrumentar a prática do exercício físico para combater o sedentarismo e a obesidade, mesmo porque esses fenômenos ainda não tinham sido identificados como problemas de saúde na população infantil.

Entendeu o grupo que seria necessário para estabelecer as diretrizes conduzir-se inicialmente um estudo dos processos de crescimento e desenvolvimento da criança, para que os conhecimentos assim obtidos pudessem embasar as ações que possibilitassem o desenvolvimento global da criança – dos seus domínios cognitivo, motor e afetivo-social, de maneira integrada. Como a maioria dos membros do grupo era especialista no tema, essa tarefa foi a menos trabalhosa para ser concluída. Por curiosidade, lembro-me de que uma das discussões que tomaram corpo foi de natureza conceitual em torno do termo psicomotor, visto que havia pesquisadores formados na perspectiva teórica da Psicomotricidade e de Comportamento Motor. Ainda assim, um consenso foi logrado, assumindo-se que o termo significava basicamente a indissociabilidade dos componentes cognitivo e motor na maioria das tarefas motoras executadas pelas crianças.

Em seguida, entendeu-se fundamental realizar uma análise da situação para identificar os problemas que pudessem dificultar a implantação e implementação da EF nessa fase de escolarização. Assim, os seguintes problemas foram detectados: (a) a ausência de dados informativos sobre a realidade do ensino da EF nessa faixa etária; (b) a ausência de amplo conhecimento das Diretrizes Gerais para a EF e Desportos da SEED-MEC para o período de 1980/85 por parte dos professores envolvidos na área e a ausência de diretrizes específicas fundamentadas nos princípios de crescimento e desenvolvimento da criança na faixa etária correspondente à pré-escola e aos quatro primeiros anos do primeiro grau; (c) a inexistência de um conceito claro de EF para essa faixa etária, dificultando a sensibilização e a conscientização daqueles que atuam no plano decisório da área, assim como a implantação e implementação da EF capazes de atender às necessidades da criança nos domínios cognitivo, motor e afetivo-social; (d) inadequação dos currículos de formação profissional quanto à preparação de professores para atuarem nessa fase de escolarização; (e) em virtude da inadequação dos currículos de formação profissional, a existência de uma tendência de iniciação desportiva precoce que contraria os princípios de crescimento e desenvolvimento; (f) por desconhecimento da importância, características e necessidades das atividades físicas para a faixa etária, a existência de desinteresse ou discriminação, por parte de administradores e orientadores na área da Educação, para com a preparação de condições favoráveis à sua prática, ou seja, locais, equipamentos e materiais adequados.

Com base nesses dados, o grupo de pesquisadores definiu para o projeto os seguintes objetivos: (a) oferecer subsídios para a implementação da EF para a faixa etária em questão; (b) oferecer subsídios sobre o conceito de educação psicomotora no desenvolvimento normal da criança no contexto geral da EF; (c) enfatizar a necessidade de se conhecer a criança em relação ao contexto sociocultural em que está inserida para que as atividades físicas propostas e a metodologia a ser utilizada estejam de acordo com as características individuais; (d) conscientizar a comunidade em geral da necessidade da EF nesta faixa etária como um relevante componente curricular, tendo em vista a integração dos domínios cognitivo, afetivo e motor no desenvolvimento da criança; (e) orientar os administradores em geral – diretores, especialistas em educação, professores – quanto à necessidade da EF, sua duração e frequência para a faixa etária em questão; (f) orientar os administradores quanto às características de local e material adequadas ao desenvolvimento de programas de EF; (g) estimular a aquisição e confecção de equipamento e material adequados ao desenvolvimento dos programas de EF na própria unidade escolar, com recursos financeiros e apoio técnico dos órgãos centrais administrativos.

O projeto, assim elaborado, deu origem ao documento "Diretrizes gerais para a implantação e implementação da EF na educação pré-escolar e no ensino de primeiro grau de primeira à quarta série" (Brasil, 1982), com a seguinte estrutura:

> 1. Quanto aos objetivos: (a) proporcionar às crianças condições favoráveis ao seu desenvolvimento motor; (b) estimular o desenvolvimento da habilidade perceptiva para melhoria do controle motor; (c) estimular a aquisição e o aprimoramento de padrões motores fundamentais; (d) estimular a aquisição de habilidades motoras básicas e específicas; (e) proporcionar à criança condições que favoreçam o desenvolvimento das habilidades de solução de problemas motores.
>
> 2. Quanto à orientação pedagógica: (a) valorizar a experiência do movimento em si e não enfatizar a performance ou resultado; (b) permitir liberdade de movimento que possibilite a criação de novos conhecimentos; (c) propiciar atividades com carga de trabalho proporcional ao nível de desenvolvimento; (d) preparar tarefas motoras com nível de complexidade adequado às capacidades e habilidades de cada criança; (e) incentivar o aproveitamento dos espaços e recursos naturais para a prática de atividade física; (f) estimular a utilização de equipamentos e materiais disponíveis na comunidade, adaptando-os para a prática das atividades físicas; (g) incentivar a comunidade na preparação e construção de equipamentos e materiais para a prática de atividades físicas nas escolas; (h) orientar a realização das atividades físicas por meio da prática diária e com a duração de 30 minutos, aproximadamente.
>
> 3. Quanto à capacitação de recursos humanos: (a) estabelecer instrumentos e mecanismos de conscientização que visem a sensibilizar os sistemas de ensino formais e não formais, bem como à comunidade, sobre a importância da educação psicomotora no período pré-escolar e de primeira à quarta série do primeiro grau; (b) atualizar, adequar e aprimorar os programas de cursos de formação de docentes, de forma a atender os objetivos da educação psicomotora na faixa etária de quatro a dez anos de idade; (c) treinar e capacitar profissionais atuantes nesta área, a fim de assegurar uma política educacional apropriada ao nível pré-escolar e de primeira à quarta série do primeiro grau; (d) incentivar a formação de recursos humanos voltados para a pesquisa no campo da educação psicomotora correspondente a essas áreas de ensino.
>
> 4. Quanto às estratégias: (a) divulgação do documento sobre as diretrizes em todos os níveis de ensino formal e não formal, de maneira que propicie a implementação de futuras atividades didático-pedagógicas no ensino de EF para crianças dessa fase de escolarização; (b) estabelecer mecanismos técnico-administrativos, pertinentes à área pré-escolar e de primeira à quarta série do ensino de primeiro grau, que permitam planejamento, controle, supervisão e avaliação dos programas de EF próprios deste nível; (c) estabelecer mecanismos técnico-administrativos para treinamento, alocação de recursos humanos, materiais e

físicos para a viabilização dos objetivos propostos; (d) gerar infraestrutura apropriada para o desenvolvimento da pesquisa na área pré-escolar e de primeira à quarta série do ensino de primeiro grau.

16.3 O CENÁRIO ATUAL

A importância do movimento ou da atividade física para o crescimento e desenvolvimento saudável de crianças é amplamente reconhecida (Janssen & Leblanc, 2010; Unesco, 2021). No entanto, estudos têm evidenciado que crianças são menos ativas fisicamente do que o esperado (Hallal et al., 2012) e, mais ainda, que o nível de atividade física diminui com o aumento da idade (Pate et al., 2008). Como consequência, o nível de aptidão física tem também declinado (Tomkinson et al., 2003). Essa tendência tem sido fonte de fortes preocupações por parte dos responsáveis pela saúde de crianças e jovens em escala mundial. Sabe-se que crianças sedentárias são potenciais adultos sedentários, e as consequências negativas do sedentarismo à saúde são bem conhecidas (Kohl et al., 2012).

Além disso, essas preocupações se ampliam ainda mais quando se considera que a atividade física é de crucial importância na vida das crianças não apenas por promover a saúde, mas também porque influencia simultaneamente diferentes domínios do seu desenvolvimento (Logan et al., 2011; Stodden et al., 2008). De fato, vários fatores estão positivamente associados com o envolvimento de crianças com a atividade física, entre eles a autoeficácia na habilidade para superar barreiras à atividade física, a percepção de competência física e esportiva, a atitude positiva em relação à educação física e o gosto pela atividade física (Wrotniak et al., 2006).

Estudos têm mostrado que níveis apropriados de aptidão física, de habilidades motoras fundamentais e de coordenação motora contribuem para um desenvolvimento infantil saudável (Barnett et al., 2016a; Cattuzzo et al., 2016; Logan et al, 2015; Robinson, 2018; Robinson et al., 2015). Em geral, crianças com coordenação motora mais bem desenvolvida são mais ativas e aptas fisicamente (Chaves et al., 2016; Fransen et al., 2012; Graf et al., 2004; Lopes et al., 2011). Williams et al. (2008) reportaram que crianças pré-escolares com habilidades motoras bem desenvolvidas (terço superior) gastam mais tempo em atividades físicas tanto de moderadas a vigorosas como vigorosas, e menos tempo em comportamentos sedentários do que crianças com habilidades motoras menos desenvolvidas.

Ao contrário, crianças com baixo nível de desempenho nas habilidades motoras fundamentais são mais propensas a adquirir sobrepeso e obesidade (Barnett et al., 2016b; Lubans et al., 2010; Robinson et al., 2015). Da mesma maneira, crianças com baixos níveis de coordenação motora demonstram dificuldades nas atividades motoras diárias e escolares (Hands et al., 2008; Vandorpe et al., 2012). Tem sido reportado que níveis de aptidão física de crianças estão associados à execução de tarefas cognitivas (Galvan et al., 2014; Haapala, 2013; Hernandez & Caçola, 2015; Sibley & Etnier, 2013) e ao desempenho escolar (Eveland et al., 2009; London & Castrechini, 2011; Tomporowski et al., 2008; Wittberg et al., 2012). Além disso, tem sido mostrada uma relação negativa entre o desenvolvimento motor e o comportamento sedentário, ou seja, quanto maior o tempo que a criança fica sentada assistindo à televisão, menor o desenvolvimento (Lin et al., 2015).

O quadro é, de fato, muito preocupante. Como se não bastasse, mais recentemente um outro fator tem sido acrescentado a esse panorama. Se até pouco tempo atrás o maior problema de saúde das crianças se referia a essa tendência crescente de sedentarismo e de obesidade (LeBlanc et al., 2012), nas últimas décadas tem-se associado a ele mais um elemento, que tem sido foco de intensas preocupações no cenário internacional: a (i)literacia motora ou física (Cairney et al., 2019; Edwards et al., 2017; Giblin et al., 2014; Pot et al., 2018; Whitehead, 2001), também denominada metaforicamente de alfabetização motora (Tani et al., 2012). Trata-se de um fenômeno cuja consequência é a perda gradual da capacidade das crianças de movimentar-se, em virtude da vida sedentária provocada e estimulada pela tecnologia digital. Como foi visto, cada vez mais têm aumentado as horas diárias em que as crianças permanecem sentadas diante de aparelhos eletrônicos, celulares e smartphones (Jones et al., 2013), deixando de desenvolver as habilidades motoras que envolvem o movimento do corpo como um todo. Por exemplo, estudos têm apontado que crianças dispensam menos do que 5% do dia em atividades físicas de moderada a vigorosa intensidade (Reilly et al., 2004; Finn et al., 2002; Pate et al., 2004).

Em outras palavras, a vida no mundo digital tem produzido um fenômeno que diz respeito ao empobrecimento do processo de desenvolvimento motor de nossas crianças. Com exceção da destreza digital, elas estão perdendo gradativamente a capacidade de executar movimentos básicos, o que, ao fim e ao cabo, significa perder a capacidade de interagir com o mundo físico, social e cultural e, em última instância, a capacidade de viver. Como bem conhecido, sem movimento não se pode empreender a vida – comer, beber, banhar-se, vestir-se, deitar-se, levantar-se, falar, comunicar, estudar, brincar, interagir socialmente e assim por diante. Do ponto de vista biológico, o movimento é um aspecto crítico da vida – é fonte de ordem nos sistemas abertos na sua luta contra a segunda lei da termodinâmica. A interação com o meio ambiente para importar entropia negativa se faz mediante movimentos, de maneira que algo necessita ser feito para reverter esse processo crescentemente entrópico do não se movimentar. Importa reiterar: vida humana é impossível sem movimento.

Para completar esse cenário dramático, acrescentaria outro problema que não tem recebido a devida atenção. Entendendo o comportamento humano, simplificadamente, como constituído de input (sensação), operação (processamento) e output (movimento), os problemas anteriormente referidos dizem respeito ao crescente empobrecimento do output. Entretanto, a vida moderna, muito antes da revolução digital, já estava provocando o empobrecimento de outra dimensão fundamental do desenvolvimento infantil que diz respeito ao input, ou seja, a sensorial. Muitas causas têm sido atribuídas para a ocorrência desse fenômeno igualmente preocupante, porém, a principal refere-se à migração urbana que se iniciou na revolução industrial e não parou mais, resultando na perda gradual de contato com a natureza. A vida urbana transformou o ambiente natural em ambiente artificial pobre em estimulação sensorial. Uma mudança que, sob o ponto de vista sensorial, foi marcante para o desenvolvimento das crianças, visto que foi caracterizada por uma forte homogeneização dos estímulos. Por exemplo, viver em ambientes com a mesma luminosidade (eletricidade), com a mesma temperatura (ar-condicionado) e sem alteração no fluxo de ar (janelas fechadas); locomover-se em superfícies planas e uniformes, sem irregularidades ou obstáculos a serem enfrentados; locomover-se sem contato físico tátil com o solo por causa do uso de calçados; deslocar-se no espaço sem se movimentar, ou seja, transportadas por veículos motorizados (carro, ônibus, metrô); manter-se sentadas na cadeira a maior parte do tempo na escola; permanecer em espaços cobertos sem tomar sol, chuva ou vento; ouvir o mesmo ruído urbano que vem da rua ou músicas de mesmo tipo; alimentar-se de *fast-foods* de gosto uniformizado etc. Em suma, uma vida que não possibilita o desenvolvimento dos sentidos (visão, audição, gustação, olfato, tato e cinestesia) pela pouca ou mesmo ausência de variação nos inputs sensoriais. É preciso resgatar a vida em contato com a natureza ou buscar alternativas para se estimular o bom desenvolvimento sensorial de nossas crianças.

Destarte, está em curso um duplo empobrecimento: do input sensorial e do output motor. Com isso, torna-se inevitável que o componente operação seja também afetado, prejudicando o desenvolvimento cognitivo e dificultando uma boa aprendizagem. Tanto a vida urbana como a educação têm limitado esse desenvolvimento, mediante ambientes, instruções e orientações que condicionam, estimulam e reforçam o não tocar, o não ver, o não cheirar, o não ouvir, o não degustar e o não se movimentar. É necessário promover uma mudança no estilo de vida das crianças para ampliar as suas experiências sensoriais e motoras. Isso implica a retomada do contato sensorial com a natureza e a exploração do meio ambiente por meio de movimentos.

No entanto, para reverter esse processo, existe um importante pré-requisito a ser trabalhado: a capacidade de movimentar-se com desenvoltura. A educação escolar tem insistido, infelizmente, numa abordagem tendenciosamente centrada numa das facetas de um dos componentes (operação), ou seja, o desenvolvimento intelectual. A visão sistêmica do comportamento humano em que os componentes input, operação e output são vistos como interdependentes e, portanto, necessitam ser trabalhados de maneira integrada, tem feito muita falta.

16.4 OS DESDOBRAMENTOS DO PROJETO

A implantação de um projeto educacional em nível nacional requer uma boa articulação entre o Estado e o governo. O projeto em pauta fazia parte de uma política de Estado a ser colocado em prática pelo governo. Infelizmente, muitos projetos não são implementados ou são até mesmo abandonados antes da implantação por causa da ausência dessa articulação ou interesse devido a questões de política governamental. Penso que o Estado está abarrotado de excelentes projetos elaborados ao longo do tempo nas suas diferentes áreas de atuação, por exemplo, na educação, na saúde e na segurança, porém, engavetados pelos sucessivos governos em virtude de contingências e interesses políticos. Projetos engavetados são logo esquecidos e acabam se constituindo um enorme desperdício para a sociedade, especialmente quando fatos futuros comprovam o quão relevante teria sido a sua efetiva implementação. Foi o que aconteceu com o projeto em pauta.

No Brasil, o Estado é fraco, de modo que ele fica muito à mercê do governo. Entra governo, sai governo, e as políticas de Estado que deveriam ser mais estáveis e perenes, a serem desenvolvidas por qualquer que seja o governo no poder, são viradas de cabeça para baixo, desfiguradas ou abandonadas. Assim, tudo começa do zero a cada governo que assume. Como o governo tem tempo de exercício definido pela Constituição, ao agir dessa maneira, torna-se incapaz de executar projetos de longo prazo como são e devem ser os de Estado. Na educação, isso é muito evidente. Como os resultados de projetos educacionais necessitam de tempo para aparecer, isto é, os frutos são colhidos apenas a médio e logo prazos, os governos – federal, estadual e municipal –, por terem apenas quatro anos de mandato, não têm interesse em implementar projetos cujos resultados e ganhos poderão ser contabilizados não por eles, mas pelos futuros governos.

A meu ver, o Estado deveria contemplar uma estrutura forte, eficiente e competente (não obesa) para elaborar projetos inerentes às suas funções específicas a serem colocados em prática pelos governos, para o bem da população. Assim sendo, penso que os melhores quadros de recursos humanos especializados na área da Educação deveriam estar no Ministério da Educação e nas Secretarias Estaduais e Municipais de Educação, como servidores públicos devidamente concursados. Como muitas vezes isso não acontece, na construção de projetos convidam-se quadros fora da administração pública, por exemplo, docentes e pesquisadores universitários. Ou seja, em vez de o Estado elaborar projetos por meio de seus especialistas, convidando acadêmicos apenas como consultores, e não executores, os projetos acabam sendo delineados de acordo com a visão desses acadêmicos, muitas vezes não isenta de marcantes vieses. Os acadêmicos são normalmente pessoas com linhas de pesquisa muito delimitadas que não contemplam toda a abrangência de conteúdos necessários para a elaboração de projetos de Estado. Além disso, são normalmente muito vaidosos, de modo que colocam como condição para a aceitação do convite a possibilidade de estruturar o projeto de acordo com suas produções acadêmico-científicas.

Ao longo da carreira, presenciei e testemunhei que projetos na área educacional ou na área específica da EF dificilmente são implantados e implementados com aceitação consensual acerca do seu mérito educacional, social e cultural. Envolvem, invariavelmente, muitas disputas políticas entre grupos de pesquisadores e educadores. Obviamente, a aceitação consensual implica muitas discussões e debates prévios, com confrontos de ideias e de posicionamentos; todavia, quando tudo isso é permeado por vieses ideológicos sociopolíticos, motivações político-partidárias e vaidades acadêmicas, ela não se estabelece. Penso que, quando for elaborado por recursos humanos do Estado, com a sua necessária neutralidade concernente a essas disputas, projetos de médio e longo prazos podem ser implantados e implementados de maneira eficaz e consequente. Lamento muito que o projeto em pauta, elaborado por um grupo de pesquisadores que o entendeu como de Estado, ou seja, com foco essencialmente nos seus méritos acadêmicos, científicos, educacionais e pedagógicos, que tinha tudo para ser bem-sucedido, não foi efetivamente implementado.

Em suma, tudo indica que o projeto "Diretrizes gerais para a implantação e implementação da EF na educação pré-escolar e no ensino de primeiro grau de primeira à quarta série" foi também vítima dessa dinâmica intrínseca tão presente na nossa política governamental, que mantém projetos promissores de Estado engavetados, ou mesmo abandonados, quando muito iniciados, mas não concluídos.

16.5 CONSIDERAÇÕES FINAIS

A natureza visionária, futurística e ousada do projeto escancara o enorme desperdício de ele não ter sido devidamente implementado. Penso que, se isso tivesse acontecido, a EF escolar brasileira poderia estar sendo vista como um modelo a ser seguido, capaz não apenas de sensibilizar a sociedade para a importância do estilo de vida ativo, mas, também, com vistas à sua efetiva adoção para o bem-estar e a qualidade de vida. Teriam sido praticamente 40 anos de experiência pedagógica inovadora, conduzidos com as necessárias correções e complementações de conteúdo, método e estratégias ao longo do percurso. Seguramente, teria ao menos contribuído para reduzir os efeitos negativos do sedentarismo ao desenvolvimento saudável e melhor preparar a criança para a vida no mundo digital, esse mundo que se sabe ser irreversível, provocando muitas incertezas no que se refere a futuro da humanidade.

Resta à EF zelar, contribuir e lutar para que esse tipo de desperdício não se repita. O contexto atual é bem diferente daquele presente quando o projeto foi elaborado, de modo que não cabe nem o saudosismo nem a tentativa de simplesmente resgatá-lo. Os conhecimentos científicos atualmente disponíveis possibilitam a elaboração, a implantação e a implementação de projetos condizentes com as necessidades atuais e especialmente futuras. Para finalizar, uma mensagem de otimismo: penso que, pelo andar da carruagem, todas as profissões que lidam com a capacidade do ser humano de se movimentar, seja na perspectiva da sua manutenção, promoção, recuperação ou desempenho, têm um futuro promissor. A EF deve se preparar para assumir o protagonismo nesses novos tempos em que a tecnologia digital estará cada vez mais presente e influente na vida das pessoas. Uma boa amostra é a inteligência artificial, que aí está, para o bem e para o mal.

REFERÊNCIAS

Barnett, L. M., Lai, S. K., Veldman, S. L. C., Hardy, L. L., Cliff, D. P., Morgan, P. J., Zask, A., Lubans, D. R., Schultz, S. P., Ridgers, N. D., Rush, E., Brown, H. L., & Okely, A. D. (2016a). Correlates of gross motor competence in children and adolescents: a systematic review and meta-analysis. *Sports Medicine*, *46*(11), 1663-1688.

Barnett, L. M., Stodden, D., Cohen, K. E., Smith, J. J., Lubans, D. R., Lenoir, M., Iivonen, S., Miller, A. D., Laukkanen, A., Dudley, D., Lander, N. J., Brown, H., & Morgan, P. J. (2016b). Fundamental movement skills: an important focus. *Journal of Teaching in Physical Education, 35*(3), 219-225.

Brasil. (1980a). Ministério da Educação e Cultura. *Leis 4024/61 e 5692/72*. Secretaria de Ensino de 1º e 2º Grau.

Brasil. (1980b). Ministério da Educação e Cultura. *III Plano Setorial de Educação, Cultura e Desportos* – 1980/1981. MEC/DDD.

Brasil. (1981). Ministério da Educação e Cultura. *Diretrizes Gerais para a Educação Física e Desportos* – 1980/1985. MEC/DDD.

Brasil. (1982). Ministério da Educação e Cultura. *Diretrizes de implantação e implementação da educação física na educação pré-escolar e no ensino de primeira à quarta séries do primeiro grau*. MEC/SEED.

Cairney, J., Dudley, D., Kwan, M., Bulten, R., & Kriellaars, D. (2019). Physical literacy, physical activity and health: toward an evidence-informed conceptual model. *Sports Medicine, 49*(3), 371-383.

Cattuzzo, M. T., Dos Santos, H. R., Ré, A. H. N., De Oliveira, I. S., Melo, B. M., De Sousa Moura, M., Araújo, R. C. & Stodden, D. (2016). Motor competence and health related physical fitness in youth: a systematic review. *Journal of Science and Medicine in Sport, 19*(2), 123-129.

Chaves, R. N., Valdívia, A. B., Nevill, A., Freitas, D., Tani, G., Katzmarzyk, P. T., & Maia, J. A. R. (2016). Developmental and physical-fitness associations with gross motor coordination problems in Peruvian children. *Research in Developmental Disabilities, 53*, 107-114.

Edwards, L. C., Bryant, A. S., Keegan, R. J., Morgan, K., & Jones, A. M. (2017). Definitions, foundations and associations of physical literacy: a systematic review. *Sports Medicine, 47*(1), 113-126.

Fransen, J., Pion, J., Vandendriessche, J., Vandorpe, B., Vaeyens, R., Lenoir, M., & Philippaerts, R. M. (2012). Differences in physical fitness and gross motor coordination in boys aged 6-12 years specializing in one *versus* sampling more than one sport. *Journal of Sports Sciences, 30*(4), 379-386.

Galván, M., Uauy, R., López-Rodríguez, G., & Kain, J. (2014). Association between childhood obesity, cognitive development, physical fitness and social-emotional well-being in a transitional economy. *Annals of Human Biology, 41*, 101-106.

Haapala E. (2013). Cardiorespiratory fitness and motor skills in relation to cognition and academic performance in children – a review. *Journal of Human Kinetics, 36*(1), 55-68.

Eveland-Sayers, B. M., Farley, R. S., Fuller, D. K., Morgan, D. W., & Caputo, J. L. (2009). Physical fitness and academic achievement in elementary school children. *Journal of Physical Activity and Health, 6*, 99-104.

Finn, K., Johannsen, N., & Specker, B. (2002). Factors associated with physical activity in preschool children. *Journal of Pediatrics, 140*(1), 81-85.

Giblin, S., Collins, D., & Button, C. (2014). Physical literacy: importance, assessment and future directions. *Sports Medicine, 44*(9), 177-1184.

Graf, C., Koch, B., Kretschmann-Kandel, E., Falkowski, G., Christ, H., & Coburger, S. (2004). Correlation between BMI, leisure habits and motor abilities in childhood (CHILT-Project). *International Journal of Obesity, 28*, 22-26.

Hallal, P. C., Andersen, L. B., Bull, F. C., Guthold, R., Haskell, W., & Ekelund, U. (2012). Global physical activity levels: surveillance progress, pitfalls, and prospects. *The Lancet, 380*(9838), 247-257.

Hands, B. (2008). Changes in motor skill and fitness measures among children with high and low motor competence: a five-year longitudinal study. *Journal of Science and Medicine in Sport, 11*(2), 155-162.

Hernandez, A. M., & Caçola, P. (2015). Motor proficiency predicts cognitive ability in four-year-olds. *European Early Childhood Education Research Journal, 23*(4), 573-584.

Janssen, I., & LeBlanc, A. (2010). Systematic review of the health benefits of physical activity and fitness in school-aged children and youth. *International Journal of Behavioral Nutrition and Physical Activity, 7*, 40.

Jones, R. A., Hinkley, T., Okely, A. D., & Salmon, J. (2013). Tracking physical activity and sedentary behavior in childhood: a systematic review. *American Journal of Preventive Medicine, 44*(6), 651-658.

Kohl, H. W., Craig, C. L., Lambert, E. V., Inoue, S., Alkandari, J. R., Leetongin, G., & Kahlmeier, S. (2012). The pandemic of physical inactivity: global action for public health. *Lancet, 380*(9838), 294-305.

LeBlanc, A.G., Spence, J. C., Carson, V., Gorber, S. C., Dillman, C., Janssen, I., Kho, M. E., Stearns, J. A., Timmons, B. W., & Tremblay, M. S. (2012). Systematic review of sedentary behaviour and health indicators in the early years (Aged 0-4 Years). *Applied Physiology, Nutrition, and Metabolism, 37*, 753-772.

Lin, L. Y., Cherng, R. J., Chen, Y. J., Chen, Y. J., & Yang, H. M. (2015). Effects of television exposure on developmental skills among young children. *Infant Behavior and Development, 38*, 20-26.

Logan, S. W., Robinson, L. E., Wilson, A. E., & Lucas, W. A. (2011). Getting the fundamentals of movement: a meta-analysis of the effectiveness of motor skill interventions in children. *Child Care, Health and Development, 38*, 305-315.

Logan, S. W., Webster, E. K., Getchell, N., Pfeiffer, K. A., & Robinson, L. E. (2015). Relationship between fundamental motor skill competence and physical activity during childhood and adolescence: a systematic review. *Kinesiology Review, 4*(4), 416-426.

London, R. A., & Castrechini, S. (2011). A longitudinal examination of the link between youth physical fitness and academic achievement. *Journal of School Health, 81*(7), 400-408.

Lopes, V. P., Rodrigues, L. P., Maia, J. A., & Malina, R. M. (2011). Motor coordination as predictor of physical activity in childhood. *Scandinavian Journal of Medicine & Science in Sports, 21*(5), 663-669.

Lubans, D. R., Morgan, P. J., Cliff, D. P., Barnett, L. M., & Okely, A. D. (2010). Fundamental movement skills in children and adolescents: review of associated health benefits. *Sports Medicine, 40*, 1019-1035.

Pate, R. R., Mciver, K., Dowda, M., Brown, W. H., & Addy, C. (2008). Directly observed physical activity levels in preschool children. *Journal of School Health, 78*, 438-444.

Pate, R. R., Pfeiffer, K. A., Trost, S. G., Ziegler, P., & Dowda, M. (2004). Physical activity among children attending preschools. *Pediatrics, 114*(5), 1258-1263.

Reilly, J. J., Jackson, D. M., Montgomery, C., Kelly, L. A., Slater, C., Grant, S., & Paton, J. Y. (2004). Total energy expenditure and physical activity in young Scottish children: mixed longitudinal study. *Lancet, 363*(9404), 211-212.

Pot, N., Whitehead, M., & Durden-Myers, E. (2018). Physical literacy from philosophy to practice. *Journal of Teaching in Physical Education, 37*(3), 246-251.

Robinson, L. E. (2018). Motor development, a field with a bright future. *Kinesiological Review, 7*(2), 115-122.

Robinson, L. E., Stodden, D. F., Barnett, L. M., Lopes, V. P., Logan, S. W., Rodrigues, L. P., & D'hondt, E. (2015). Motor competence and its effect on positive developmental trajectories of health. *Sports Medicine, 45*(9), 1273-1284.

Sibley, B. A., & Etnier, J. L. (2003). The relationship between physical activity and cognition in children: a meta-analysis. *Pediatric Exercise Science, 15*, 243-256.

Stodden, D. F., Goodway, J. D., Langendorfer, S. J., Roberton, M. A., Rudisill, M. E., Garcia, C., & Garcia, L. E. (2008). A Developmental perspective on the role of motor skill competence in physical activity: an emergent relationship. *Quest, 60*(2), 290-306.

Tani, G., Basso, L., & Corrêa, U. C. (2012). O ensino do esporte para crianças e jovens: considerações sobre uma fase do processo de desenvolvimento motor esquecida. *Revista Brasileira de Educação Física e Esporte, 26*(2), 339-350.

Tomkinson, G. R., Léger, L. A., Olds, T. S., & Cazorla, G. (2003). Secular trends in the performance of children and adolescents (1980-2000). *Sports Medicine, 33*(4), 285-300.

Tomporowski, P. D., Davis, C. L., Miller, P. H., & Naglieri, J. A. (2008). Exercise and children's intelligence, cognition, and academic achievement. *Educational Psychology Review, 20*, 111-131.

Unesco (2021). *How to influence the development of quality physical education policy: a policy advocacy toolkit for youth*. United Nations Educational, Scientific and Cultural Organization.

Vandorpe, B., Vandendriessche, J., Vaeyens, R., Pion, J., Matthys, S., Lefevre, J., Philippaerts, R., & Lenoiret, M. (2012). Relationship between sports participation and the level of motor coordination in childhood: a longitudinal approach. *Journal of Science and Medicine in Sport, 15*(3), 220-225.

Whitehead, M. (2001). The concept of physical literacy. *European Journal of Physical Education, 6*, 127-138.

Williams, H. G., Pfeiffer, K. A., O'neill, J. R., Dowda, M., Mciver, K. L., Brown, W. H., & Pate, R. R. (2008). Motor skill performance and physical activity in preschool children. *Obesity, 16*, 1-6.

Wittberg, R. A., Northrup, K. L., & Cottrell, L. A. (2012). Children's aerobic fitness and academic achievement: a longitudinal examination of students during their fifth and seventh grade years. *American Journal of Public Health, 102*(12), 2303-2307.

Wrotniak, B. H., Epstein, L. H., Dorn, J. M., Jones, K. E., & Kondilis, V. A. (2006). The relationship between motor proficiency and physical activity in children. *Pediatrics, 118*, 1758-1765.

CAPÍTULO 17

Fundamentos de uma proposta de abordagem conceitual para a Educação Física no ensino médio

17.1 CONSIDERAÇÕES INICIAIS

Não seria um exagero afirmar que a educação física no sistema de ensino formal esteve sempre na corda bamba no nosso país. Ao longo da história, não faltaram tentativas de, se não suprimir, pelo menos reduzir em tempo e frequência de aulas a sua participação na educação escolarizada. Paira a suspeita, ainda não superada, de que a continuidade da sua presença como uma disciplina curricular nos ensinos fundamental e médio se deve muito mais às questões legais garantidas pela LDB (Lei de Diretrizes e Bases da Educação Nacional - MEC) do que aos seus méritos educacionais e pedagógicos efetivamente demonstrados na prática concreta nas escolas.

É amplamente conhecida a dificuldade histórica de a educação física ser reconhecida como uma disciplina curricular legitimamente integrada no projeto pedagógico da escola. Tudo indica que se trata de um fenômeno comum à escala mundial. Tem sido apontado que essa dificuldade se faz presente em diferentes países (Hardman & Marshall, 2000). Diante desse cenário, não faltam educadores e pesquisadores a prognosticarem que a educação física tende a desaparecer do currículo escolar, a começar pelo ensino médio, em que os problemas são mais acentuados (Doolittle, 2007). O que fazer? Por onde começar para reverter essa situação? Correia e Moura (2018), por exemplo, tiveram a iniciativa de apresentar argumentos em defesa da educação física no ensino médio. Todavia, isso pode ser interpretado como uma evidência de que ela está, de fato, ameaçada. Basta indagar: necessitaria ela de defesa se não estivesse sendo atacada?

Apesar de existirem relatos de que, em geral, os alunos gostam de educação física (Darido, 2004; Lovisolo, 1995), tem sido recorrente a afirmação de que, no ensino médio, especificamente, têm-se encontrado muitas dificuldades para se fazer com que os alunos se interessem por ela (Brandolin et al., 2015; Pereira & Moreira, 2005; Silva & Souza e Silva, 2021) e sintam-se motivados para dela participar (Chicati, 2000). Estudos mostram que a prevalência de alunos que não participam é maior no sexo feminino e que ela aumenta com o avançar da escolarização em ambos os sexos (Brandolin et al., 2015; Silva & Souza e Silva, 2021). Vários fatores têm sido apontados para tentar explicar a formação desse quadro preocupante, e sabe-se que o problema é altamente desafiante do ponto de vista pedagógico. A falta de pedagogias adequadas às características dos alunos (Silva Filho et al., 2012) e a ausência de sistematização do conteúdo de ensino (Darido et al., 2001; Soares et al., 2010) têm sido mencionadas como alguns dos principais problemas da educação física, não apenas no ensino médio, mas em todo o ensino básico.

O estudo de Silva e Souza e Silva (2021) mostrou que 46,8% dos 2050 alunos do ensino médio investigados eram insuficientemente ativos no que se refere à atividade física no seu cotidiano. Por sua vez, os já ativos fisicamente tendiam a participar mais das aulas de educação física. Esses resultados podem estar mostrando que os alunos ativos já compreenderam a importância da atividade física e incorporaram um estilo de vida ativo, buscando fora da escola locais para realizar as suas atividades. Contudo, fica a dúvida se as aulas de educação física no ensino fundamental tiveram influência nesses resultados. Conforme aponta Darido (2004), acredita-se que muitos alunos do ensino médio já possuam uma opinião formada sobre a disciplina com base em experiências pessoais anteriores. Isso conduz à evidente conclusão de que é importante desenvolver-se a educação física, de maneira integrada, em todos os níveis de ensino da educação básica. As dificuldades enfrentadas no ensino médio não podem ser dissociadas da qualidade de ensino no ensino fundamental.

Curiosamente, o estudo de Silva e Souza e Silva (2021) mostra que, apesar da alta prevalência de alunos que não participam das aulas de educação física, a imensa maioria (92%) não concorda com a retirada da disciplina do ensino médio. Uma possível explicação para esse resultado, aparentemente contraditório, é que, como a elevada percentagem refere-se à totalidade dos alunos estudados – participantes e não participantes –, provavelmente os não participantes foram desfavoráveis à retirada não porque consideram a educação física uma disciplina importante, mas por entenderem que ela proporciona um momento para se livrarem do rigor, da seriedade e do esforço exigidos em outras disciplinas, ou seja, um tempo para "respirar". Ou, como sugerem Soares et al. (2010), uma disciplina que possibilita um relaxamento das normas escolares em virtude da ausência de obrigatoriedade de participação e de sistematização de conteúdo. Corroborando, assim, para a visão de ela ser uma disciplina de pouca exigência, como destacou Ennis (2006), em que o professor atua como um supervisor de recreio dirigido (Soares et al., 2010).

Naturalmente, existem fatores intrínsecos e extrínsecos que influenciam a não participação e a pouca motivação dos alunos em referência à educação física no ensino médio. A falta de habilidade, as turmas mistas e a repetição de conteúdos são outros fatores intrínsecos adicionalmente apontados (Chicati, 2000; Darido et al., 1999). Dentre os fatores extrínsecos, existe um que não pode ser desconsiderado: a própria dificuldade do ensino médio em melhor definir a sua finalidade. Destarte, tem prevalecido uma grande dúvida a esse respeito: seria a conclusão da formação educacional básica do aluno ou a sua preparação para o vestibular? Caso seja a segunda alternativa, como muitas vezes parece ser, certamente a educação física seria uma das primeiras a ser descartada como uma disciplina irrelevante, por razões óbvias: ela não faz parte do exame vestibular e tem presença muito pequena no Exame Nacional do Ensino Médio (ENEM).

Não se pretende, no presente texto, aprofundar a análise dos complexos e multifacetados problemas da educação física no ensino médio. Encontram-se na literatura vários artigos que fizeram essa análise de diferentes perspectivas. Por exemplo, Antunes et al. (2005), Betti, Ferraz e Dantas (2011), Dias e Correia (2013), Pereira (2000) e Rufino et al. (2014), além dos anteriormente citados. Pode-se considerar que os principais problemas já estão devidamente diagnosticados e identificados. O que falta são propostas para solucioná-los. Assim sendo, o objetivo deste texto é, seguindo uma das proposições da abordagem desenvolvimentista (Tani, 1987; 1991; Tani et al., 1988) de que a prioridade da educação física no ensino médio é promover a aprendizagem sobre o movimento, avançar para a proposição de uma abordagem conceitual para a disciplina nesse nível de ensino, discutindo os seus fundamentos e suas justificativas, e com a expectativa de que ela possa contribuir para que a educação física no ensino médio saia da difícil situação em que se encontra.

17.2 PESQUISAS SOBRE EDUCAÇÃO FÍSICA ESCOLAR

A análise da produção científica referente a um determinado assunto num tempo delimitado tem sido um importante procedimento para se conhecer o estado da arte e orientar ações e estratégias necessárias para pavimentar o futuro. Em relação à educação física escolar em geral e no ensino médio em particular, estudos têm mostrado que elas não têm sido priorizadas como objeto de estudo na área de Educação Física (Antunes et al., 2005; Bracht et al., 2011; Betti et al., 2011; Dias & Correia, 2013; Rufino et al., 2014).

Além disso, dentre os estudos realizados, existe a predominância de pesquisas que fazem levantamento e análise da situação, também denominadas de caracterização (Antunes et al., 2005; Betti et al., 2011). São pesquisas de natureza observacional e descritiva que fazem uma análise das aulas, dos comportamentos dos professores e dos contextos em que elas se desenvolvem. Não são pesquisas propositivas relacionadas com o objetivo, o conteúdo, o método e a avaliação do ensino, isto é, pesquisas didáticas (Betti et al., 2011) ou de ensino-aprendizagem (Antunes et al., 2005). Ademais, relacionando-se os resultados dos estudos de Antunes et al. (2005) e Dias e

Correia (2013), observa-se que entre 1999 e 2010 não houve mudanças significativas de foco nas pesquisas realizadas. Tenho, sem negar a sua importância, reiteradamente sinalizado as limitações desse tipo de pesquisa para o avanço da educação física escolar (Tani, 1991; 1996; 1998).

Antunes et al. (2005) identificam três fatores que podem ter contribuído para essa proporcionalmente escassa publicação de artigos no que concerne à educação física escolar. O primeiro refere-se ao distanciamento das instituições de ensino superior do sistema básico de ensino, em que carece um maior conhecimento mútuo acerca do que cada um faz nos seus respectivos domínios. O segundo diz respeito à influência do movimento disciplinar, a ser discutido mais adiante, na Educação Física brasileira, que implicou um afastamento das pesquisas concernentes a temas profissionalizantes que surgem na prática concreta da intervenção profissional. O terceiro está relacionado ao quase abandono de pesquisas no que se refere ao processo ensino-aprendizagem ou didática nas últimas décadas, em virtude de um ambiente acadêmico peculiar criado como consequência da politização e ideologização das discussões relativas à educação física escolar. Nele, esse tipo de pesquisa foi rotulado de reducionista, simplista, neutra e positivista, entre outras adjetivações feitas com intenções depreciativas e, portanto, considerado incapaz de contribuir para dar respostas às grandes questões macroscópicas da sociedade brasileira como a desigualdade e a injustiça sociais.

Como é amplamente conhecido, essa crítica foi feita pelos proponentes e defensores da genericamente conhecida abordagem crítica da educação física (Bracht, 1992; Castellani Filho, 1993; Kunz, 1991; Soares et al., 1992) que, no bojo do clima de abertura política reinante nos país após a Ditadura Militar, tinha a intenção de tornar-se a hegemônica dentre as várias abordagens propostas para o seu desenvolvimento (Tani, 1996; 2008). Todas essas abordagens (por exemplo, Betti, 1991; Daólio, 1995; Freire, 1989; Negrine, 1983; Oliveira, 1980; Moreira, 1991; Tani et al., 1988) tinham como intenção subjacente e comum a proposição de uma educação física escolar alternativa relativamente à abordagem até então hegemônica centrada na aptidão física e no esporte. Um dos pilares da abordagem crítica era uma posição radicalmente contrária ao esporte por causa da sua natureza competitiva, identificada com um dos fundamentos do capitalismo, que é a competição (Bracht, 1986). Interessantemente, os acadêmicos proponentes da teoria crítica, em tese visceralmente contrários à competição no esporte, mostraram-se extremamente competitivos quando o objetivo era tentar fazer prevalecer a sua ideologia sociopolítica na educação física escolar. Os que pensavam diferente precisavam ser implacavelmente combatidos (Tani, 2008), indicando que a competição, quando convém, é muito bem-vinda e plenamente justificada.

Mais recentemente, alguns proponentes da abordagem crítica ou seus aderentes e simpatizantes têm assinalado a necessidade de se retomarem as pesquisas didáticas da educação física escolar (por exemplo, Bracht et al., 2011; Caparróz & Bracht, 2007), o que, a meu ver, "cheira" a arrependimento ou mea-culpa, muito mais do que uma proposição. De toda forma, trata-se de um importante reconhecimento. Tenho apontado a necessidade e a relevância dessas pesquisas reiteradamente (Tani, 1998; 1999; 2001;

2012; 2015). Na visão de Betti, Ferraz e Dantas (2011), essa retomada é estratégica para o avanço da educação física escolar. Antunes et al. (2005) vão além, afirmando que elas deveriam ser o alvo principal de suas investigações.

No entanto, essa retomada estará sob influência do contexto acadêmico-científico da Educação Física no que tange às tendências de pesquisa, fortemente influenciadas pelas prioridades estabelecidas pelos programas de pós-graduação. Já não é mais nenhuma novidade um embate que ocorre no seu interior a respeito das pesquisas nas chamadas áreas de investigação biológica e comportamental e nas denominadas sociocultural e pedagógica. Em virtude da diferença quanto à natureza das pesquisas realizadas em cada uma dessas áreas, a produção científica dos pesquisadores das áreas biológica e comportamental, especialmente em forma de artigos, tem sido quantitativamente diferenciada em relação à dos pesquisadores das áreas sociocultural e pedagógica. Isso tem levado os primeiros a entenderem que essa baixa produção está prejudicando a avaliação de conceito dos programas de pós-graduação a que conjuntamente pertencem. Ainda não de forma explícita, sabe-se da existência de ideias, discussões e movimentos em muitos programas para se promover a separação por áreas de investigação (Tani et al., 2020). Se isso eventualmente acontecer, será muito prejudicial às áreas sociocultural e pedagógica, pois não existe nenhuma garantia de que, por si, elas consigam constituir um programa capaz de atingir o critério mínimo para ser recomendado de acordo com as exigências atualmente estipuladas pela Coordenadoria de Aperfeiçoamento de Pessoal de Nível Superior (CAPES). Evidentemente, sem a pós-graduação, é possível fazer pesquisa, mas isso se torna muito mais difícil por razões que todos conhecem.

Um segundo ponto a se considerar, ainda no que diz respeito à pós-graduação, é que como a produtividade científica está cada vez mais estimulada e cobrada internamente (Tani, 2016), além de ser valorizada externamente na obtenção de várias recompensas, como bolsas e financiamentos junto a órgãos de fomento à pesquisa, existe uma tendência de os ingressantes optarem por áreas de investigação que favoreçam a produtividade por terem linhas de pesquisa já delineadas, metodologias de pesquisa consolidadas e maiores possibilidades e alternativas de publicação. Sabidamente, esses quesitos estão mais bem contemplados nas áreas biológica e comportamental, comparativamente às áreas sociocultural e pedagógica da Educação Física.

Diante desse cenário nada favorável, como as pesquisas didáticas vão ser retomadas efetivamente, deixando de ser um mero discurso ou promessa, é ainda uma grande interrogação. De todo modo, está-se pagando caro por décadas de apagão, estimuladas por discursos críticos e emancipatórios que relegaram esse tipo de pesquisa a um plano secundário, na busca da tão sonhada hegemonia na educação física escolar. Independentemente dos futuros desdobramentos sobre pesquisas didáticas, o que não pode ser esquecido é que a educação física continua sendo um componente curricular do ensino formal à espera de estudos que possam melhorar a sua contribuição na formação educacional dos escolares.

17.3 ABORDAGEM CONCEITUAL NA EDUCAÇÃO FÍSICA ESCOLAR

Na realidade, a proposição de uma abordagem conceitual para a educação física escolar não é nova. Nos Estados Unidos, por exemplo, as primeiras propostas remontam à década de 1960, mais especificamente a de Brown e Cassidy (1963) e a de Jewett (1968), que foram seguidas na década seguinte pelas de Ulrich e Nixon (1972) e de Jewett e Mullan (1977). No entanto, desde então, não se tem conhecimento de nenhuma outra proposta dentro dessa abordagem na literatura internacional. As razões desse abandono não são bem conhecidas. Especulo que, particularmente no caso dos Estados Unidos, o abandono ou a diluição de seu conteúdo em outras propostas tenha sido influenciado, provavelmente, pela disputa em torno da definição da identidade da Educação Física como área de conhecimento, que resultou do desdobramento do movimento conhecido como "disciplinar", ocorrido a partir da década de 1960 (Henry, 1964). Esse movimento se iniciou como uma resposta da Educação Física à crítica de que ela não merecia estar inserida no contexto da universidade porque não cumpria uma de suas funções básicas que é realizar pesquisa para construir o próprio corpo de conhecimentos. A aceitação passiva dessa crítica significava o encerramento de atividades de vários departamentos em funcionamento nas diferentes universidades americanas (Rikli, 2006; Tani, 1996; Tani & Corrêa, 2019).

Na construção desse corpo de conhecimentos, houve uma cisão na área entre aqueles que concebiam a Educação Física como uma área profissionalizante, ou seja, que deveria produzir conhecimentos que dessem sustentação à intervenção profissional (por exemplo, Bressan, 1979; 1982; Broekhoff, 1979; 1982) e aqueles que a concebiam como uma área de conhecimento de natureza acadêmica que deveria produzir conhecimentos a respeito de um objeto de estudo específico (por exemplo, Newell, 1990a; 1990b; 1990c; Wade, 1990; 1991). Como o grande desafio naquele momento referia-se a oferecer uma resposta para que a Educação Física fosse reconhecida como uma área de conhecimento legitimamente inserida na universidade, o que implicava a busca do status acadêmico-científico, a concepção de Educação Física como área acadêmica teve maior adesão e, portanto, um maior número de pessoas envolvidas na realização de pesquisas.

Como uma estratégia para demarcar claramente essa distinção, criou-se a denominação de Cinesiologia para identificar essa área com característica acadêmica (Newell, 1989; 1990c). A denominação de Educação Física continuou a ser utilizada para representar a área com característica profissionalizante. Essa divisão não foi nada pacífica (Harris, 1981; Park, 1998), tendo resultado de uma acirrada disputa em torno da identidade da área – disciplina ou profissão – que dominou a pauta das discussões, particularmente nas décadas de 1980 e 1990. O crescimento da Cinesiologia fez com que a produção do conhecimento na Educação Física fosse prejudicada tanto pela redução do número de pesquisadores como pelo fechamento de muitos departamentos de Educação Física. Conjeturo que esses acontecimentos afetaram as atividades de pesquisa e, consequentemente, a produção de conhecimentos a serem ensinados na escola (para mais detalhes, Tani, 1996; 1998; 2011; Tani & Corrêa, 2019). Ademais, essa disputa e essa cisão contribuíram para a educação física se tornar uma disciplina curricular não compulsória no sistema educacional formal (conhecido como K-12) em muitos estados americanos (Rink, 2007; Rikli, 2006; 2012).

É oportuno ressaltar que embora o conteúdo da discussão esteja sendo focado nos fatos ocorridos nos Estados Unidos, a situação da Educação Física como uma área de conhecimento no contexto das universidades não era nada diferente mundo afora. No Brasil, por exemplo, a efetiva inserção da Educação Física no universo acadêmico, legitimada pela implantação de um sistema de produção, sistematização e disseminação de conhecimentos, deu-se com o início da pós-graduação *stricto sensu*, basicamente na década de 1980 (Tani, 1996). Lamentavelmente, tudo indica que a Educação Física no Brasil está repetindo, passo a passo, todas as disputas e embates que ocorreram nos Estados Unidos, fazendo com que o país perca a oportunidade de realizar um grande salto qualitativo, evitando desgastes desnecessários.

Diante desses acontecimentos, uma inevitável dúvida que surge é se a proposição de uma abordagem conceitual para a educação física no ensino médio a esta altura do campeonato não estaria, na realidade, desenterrando um "defunto" há muito tempo enterrado. O presente texto pretende demonstrar que o contexto atual e as projeções para o futuro, decorrentes das grandes transformações no estilo de vida causadas pelo desenvolvimento tecnológico, justificam plenamente a retomada da abordagem conceitual, com base em argumentos ancorados nas recentes mudanças na sociedade e nas evidências científicas disponíveis.

Importa destacar que o que se pretende é propor uma abordagem conceitual para a educação física no ensino médio, e não discutir sobre a relevância ou não do ensino de conceitos nessa disciplina. De uma maneira mais enfática ou não, vários estudos vêm historicamente discutindo a relevância e o lugar que o ensino de conceitos deveria nela ocupar. Verenger (1995), por exemplo, destacou que valorizar o domínio cognitivo dos alunos do ensino médio para que eles dominem os conhecimentos acerca do movimento humano para ampliar o seu repertório cultural é uma condição indispensável para justificar a presença da disciplina de educação física no ensino médio. Não com tanta veemência, outros estudos têm sugerido que o conteúdo conceitual e teórico deve ser privilegiado nesta disciplina, no ensino médio (Darido et al., 2001; 2004; Darido et al., 1999; Menezes & Verenger, 2006).

Nos estudos que propõem o ensino de conceitos na educação física do ensino médio, existe o reconhecimento de que esses conhecimentos são indispensáveis para promover a reflexão dos alunos com base em saber elaborado, tornando-os capazes de analisar criticamente as diferentes manifestações da cultura de movimento (esporte, jogo, exercício, ginástica, dança, lutas) no contexto da sociedade em que vivem, para ponderarem quanto a seus valores e decidirem participar, construir e usufruir dessa cultura na busca do bem-estar e da qualidade de vida. De acordo com Correia e Moura (2013), o potencial educativo da educação física escolar incide na possibilidade de socializar didaticamente os conhecimentos relacionados às dimensões biológicas, históricas, biomecânicas, filosóficas, políticas, estéticas, sociológicas, religiosas, psicológicas, técnicas e lúdicas do corpo e do movimento humano (p. 712). No entanto, existem dados que mostram o insucesso da educação física no ensino médio relativamente ao ensino desses conceitos

(Pereira, 2000). Justifica-se, portanto, esforços para colocar o ensino de conceitos numa nova perspectiva. É o que pretende a presente proposta.

17.4 ABORDAGEM DESENVOLVIMENTISTA E O ENSINO MÉDIO

A abordagem desenvolvimentista (Tani, 1987; 1991; Tani et al., 1988) foi originalmente elaborada visando à antiga pré-escola e ao ensino de 1º. grau (escolares de 4 a 14 anos de idade), hoje educação infantil e ensino fundamental, respectivamente. Por esse motivo, a promoção de dois tipos de aprendizagem mereceu maior atenção: a aprendizagem do movimento e a aprendizagem através do movimento. Num texto posterior (Tani, 1991), um terceiro tipo de aprendizagem foi incluído visando também ao ensino médio: a aprendizagem sobre o movimento.

Expressando de maneira sintética, a aprendizagem do movimento significa o processo contínuo de melhoria na capacidade de realização de movimentos, de forma consistente e flexível e em situações esperadas e inesperadas (Halverson, 1971). Isso resulta no desenvolvimento de um rico repertório de movimentos que possibilita melhor interação com o meio físico, social e cultural em que vive. Como a fase de desenvolvimento motor dos escolares no ensino fundamental, particularmente nos anos iniciais (1º ao 4º ano) corresponde à segunda infância, a abordagem desenvolvimentista propôs que o conteúdo a ser ensinado consistisse basicamente em habilidades motoras fundamentais e as suas combinações em estruturas crescentemente complexas. Ao avançar-se no processo de escolarização para os anos finais do ensino fundamental (5º ao 9º ano), as habilidades a serem trabalhadas mudariam para as específicas, por exemplo, as esportivas.

A aprendizagem através do movimento, por sua vez, refere-se ao processo de aprendizagem em que os movimentos são utilizados como meios para a aprendizagem de outros conteúdos, como atitudinais e sociais. Nesse caso, o movimento constitui um meio para se alcançar um fim, e o fim não é necessariamente o de melhorar a capacidade de se mover efetivamente (Halverson, 1971). O movimento, nesse caso, é um recurso para o aluno aprender a respeito de si mesmo, do meio ambiente e do mundo. Assim concebida, fica claro que a aprendizagem através do movimento não é privilégio exclusivo da educação física, podendo ser utilizada para o ensino de conteúdos em outras disciplinas curriculares.

Por fim, a aprendizagem sobre o movimento relaciona-se à aquisição de conhecimentos acadêmicos (saberes elaborados) acerca do movimento, isto é, as suas dimensões e implicações biológicas, psicológicas, sociológicas, culturais, éticas e estéticas. São conhecimentos relevantes pelo seu valor cultural e informacional, bem como pelo que contém de utilitário e instrumental para serem aplicados às situações práticas (Tani, 1991; 2007). Mais especificamente, as dimensões referem-se aos conhecimentos dos mecanismos, processos, mudanças e significados do movimento humano nos domínios biológico, psicológico, sociológico, cultural, ético e estético. Consistem-se de conhecimentos de natureza básica que ampliam o repertório cultural do aluno. Por sua vez, as implicações dizem respeito aos conhecimentos dos efeitos ou consequências biológicas, psicológicas, sociológicas, culturais, éticas e estéticas da realização de movimentos. São conhecimentos de natureza aplicada que fornecem ao aluno os critérios para uma tomada de decisão no que se refere ao seu envolvimento de forma crítica e consciente, ou seja, conhecedor do porquê se envolver, para que se envolver e como se envolver com a cultura de movimento.

Desse modo, propõe-se uma abordagem conceitual da educação física no ensino médio centrada na promoção da aprendizagem sobre o movimento. Essa aprendizagem se desenvolveria em torno dos conhecimentos produzidos pelas diferentes subáreas de investigação da Educação Física, conhecimentos esses que possibilitam aos alunos analisar criticamente e compreender as diferentes manifestações da cultura de movimento no seu contexto histórico, social e cultural, para refletir no tocante a seus valores e decidir participar, construir e usufruir dessa cultura na busca do bem-estar e da qualidade de vida. Em outras palavras, envolver-se ciente da importância, dos benefícios, da melhor forma de participação, assim como dos riscos e dos cuidados que devem ser tomados. Ademais, esse envolvimento não seria apenas na perspectiva do praticante, senão também do apreciador, do telespectador, do torcedor, do estudioso, entre outras possibilidades de participação (Tani, 2007).

Cabe à educação física no ensino médio, portanto, a elaboração de uma estrutura de conhecimentos a ser ensinada. Isso envolve a utilização de critérios e valores educacionalmente orientados para selecionar, dentre o acervo de conhecimentos historicamente produzidos e sistematizados pela Educação Física, aqueles apropriados para serem ensinados no ensino médio, considerando as capacidades, os interesses, as necessidades e as expectativas dos alunos. Exatamente o mesmo que as outras disciplinas curriculares fazem.

É oportuno esclarecer que a palavra Educação Física, para denominar uma área de conhecimento, está sendo utilizada no presente texto no sentido genérico, abarcando todas as outras denominações a ela relacionadas. Por exemplo, sem fazer distinção com a Cinesiologia e o Esporte (Tani, 1996). Ao se abordarem as pesquisas em educação física escolar, foi mencionada a sua pouca produção, mas vale destacar que a produção científica global da Educação Física, apesar das ambiguidades existentes quanto a sua base epistemológica, teve um aumento significativo nos últimos tempos (Tani, 1996; Tani & Corrêa, 2019; Kokubun, 2006).

17.5 JUSTIFICATIVAS DA PROPOSIÇÃO DE UMA ABORDAGEM CONCEITUAL PARA O ENSINO MÉDIO

Existem diferentes argumentos que justificam a proposição de uma abordagem conceitual para a educação física no ensino médio. O principal diz respeito à necessidade de uma redefinição de sua finalidade. Estudos têm mostrado que, numa aula de 50 minutos, o tempo que os alunos efetivamente dela participam realizando a prática física é cerca de um terço desse tempo. Considerando-se que a frequência de aulas é em média de duas vezes por semana, o tempo de prática aproximado seria de 30 minutos semanais. Não é necessário explicar que esse tempo é absolutamente insuficiente para se obter qualquer benefício efetivo, seja em relação a aptidão física, saúde, habilidade motora, sociabilidade, entre tantos outros ganhos que os defensores das atividades práticas nas aulas de educação física com tanto ardor defendem. O ensino de conceitos, ao contrário, é plenamente viável nesse enquadramento temporal, como acontece em outras disciplinas do currículo escolar.

A educação física construiu, ao longo da história, uma imagem de uma disciplina eminentemente prática, diferente das demais, desenvolvida em locais também diferentes. Isso contribuiu para a marginalização institucional da disciplina e dos seus professores, privando-os ou livrando-os de uma participação efetiva no projeto pedagógico da escola. Na presente proposta, assume-se que a educação física não é nada diferente de outras disciplinas, de modo que as suas prerrogativas e seus direitos, assim como as suas responsabilidades, obrigações e compromissos, são absolutamente os mesmos (Tani, 2007; 2015; Tani & Manoel, 2004). Destarte, a única coisa que diferencia claramente as disciplinas no currículo escolar é o conteúdo que cada uma ensina, preservando-se, obviamente, amplo espaço para interação e complementaridade entre as mesmas. Nesse particular, reconhece-se que a educação física tem um *handicap* negativo, comparativamente às outras disciplinas, exatamente por ainda não possuir um currículo devidamente estruturado que apresente o conteúdo a ser ensinado em cada um dos anos escolares e os critérios de progressão no processo de escolarização.

Pensa-se que a abordagem conceitual se constitui uma oportunidade ímpar para a educação física elaborar um currículo de roteiro completo (Tani, 2012) e inserir-se no projeto pedagógico da escola, o que não conseguiu lograr até o presente. Para além dessa realização, outros problemas e dificuldades operacionais historicamente diagnosticados como o oferecimento da disciplina no mesmo período das demais disciplinas, a dispensa dos alunos, a falta de espaço e material específicos, entre outros mencionados com frequência, poderiam ser solucionados. Enfim, um currículo conceitual devidamente estruturado certamente se constituirá um marco para a legitimação da educação física como uma disciplina curricular, essencial para justificar o seu lugar no ensino formal.

A importância de uma abordagem conceitual para o ensino médio para assegurar a sua continuidade de oferecimento no ensino formal, com legitimidade, torna-se mais evidente quando se pensa no futuro, nas grandes transformações tecnológicas com previsíveis impactos na qualidade de vida de crianças e adolescentes. Estudos epidemiológicos apontam o sedentarismo como um dos fatores de maior impacto no surgimento de doenças crônico-degenerativas, como hipertensão, diabetes, osteoporose, cardiopatia, arteriosclerose e câncer, constituindo-se um dos problemas de maior preocupação no mundo contemporâneo (Kohl et al., 2012). Trata-se de um problema que extrapola o domínio da saúde, com complexas implicações na economia, na previdência, na educação, na cultura, no planejamento urbano, na infraestrutura, entre outros.

Claro está que ser sedentário ou ativo não é simplesmente uma questão pessoal de preferência ou escolha. Ela é resultado de uma complexa interação de fatores sociais, educacionais, culturais, econômicos e políticos. Trabalho, renda, tempo livre, oportunidades, família, moradia, clima, religião, entre outros, influenciam e, muitas vezes, condicionam a escolha. Todavia, um fator que tem chamado a atenção são as transformações no estilo de vida decorrentes da revolução tecnológica e digital da qual ninguém está livre, para o bem e para o mal. Como é bem conhecido, essa revolução democratizou o acesso à informação, aumentou a praticidade na vida cotidiana promovendo a agilidade na circulação de mercadorias, nas transações financeiras e no comércio. Ela diversificou as possibilidades de ampliação da cultura, de uma forma geral, e de entretenimento, em particular.

No entanto, esse avanço tecnológico tem contribuído para que as pessoas venham se tornando cada vez mais isoladas, trancadas no seu mundo na companhia de computadores, smartphones, tablets etc., muitas vezes viciando-se nessas tecnologias e afastando-se do mundo real. Tudo isso tem sido um convite para fortalecer ainda mais o sedentarismo, e não há sinal algum no horizonte indicando que o quadro vai ser revertido, muito pelo contrário. O pior é que esse mundo digital tem influenciado crianças desde a tenra idade aumentando a preocupação de pais, educadores e pesquisadores quanto à perda da sua capacidade de movimentar-se, um fenômeno conhecido na literatura como literacia física (Cairney et al., 2019; Edwards et al., 2017; Giblin et al., 2014; Whitehead, 2001). Isso aumenta o sedentarismo infantil, e a ciência já demonstrou que crianças sedentárias são adultos sedentários em potencial. É relevante salientar que o mais drástico no que concerne a essa questão é que, sem a capacidade de movimentar-se, ser sedentário ou não deixa de ser uma questão de escolha, tornando-se uma inevitabilidade.

Apesar da existência de um robusto corpo de conhecimentos sobre a relação entre atividade física e saúde, especialmente no domínio biológico, apontando para a importância de um estilo de vida ativo para o bem-estar e qualidade de vida, a população mundial continua sedentária e isto se aplica não apenas para a população adulta, mas também para a de crianças e adolescentes (Hallal et al., 2012; Jackson et al., 2003; Kelly et al., 2004; Pate et al., 2008).

Pesquisadores têm buscado uma possível explicação para esse fenômeno social de o conhecimento não resultar em mudança de comportamento das pessoas, apesar de várias iniciativas no plano das políticas públicas de promoção da atividade física. O problema tem se revelado multicausal, como não poderia deixar de ser. Entretanto, tem sido identificado que a motivação para envolver-se com a atividade física regular e nela permanecer constitui-se um fator crucial da inatividade física (Tani, 2021). E a busca das possíveis causas dessa falta de motivação tem levado ao entendimento de que a monotonia das atividades propostas nos programas e projetos de promoção da atividade física se revela um importante fator a ser considerado. Ao se questionar que atividades são motivantes para as pessoas, tem sido identificado que são as que têm significado social e cultural para elas e, nesse domínio, o esporte aparece como um candidato de peso. Todavia, para as pessoas se envolverem com o esporte e fazer dele uma prática sistemática ao longo da vida, é preciso ter tido ao longo da infância e da adolescência uma formação motora de base que se inicia com o desenvolvimento das habilidades motoras fundamentais. Não é preciso maiores reflexões para se perceber a importância da educação física escolar nesse processo, como destacou a abordagem desenvolvimentista há mais de 30 anos (Tani et al., 1988).

Em suma, acredita-se que, com os argumentos e justificativas apresentados, fica claro que o conhecimento das dimensões e implicações do movimento humano se torna cada vez mais relevante em tempos de sedentarismo e iliteracia motora crescentes, constituindo o conteúdo básico de um currículo para a educação física no ensino médio. Considerando-se que as políticas públicas e os programas de promoção da atividade física não têm sido capazes de fazer com que os adolescentes adotem um estilo de vida ativo, aumenta a responsabilidade da escola de se firmar como uma instituição privilegiada para conscientizá-los da sua importância, por uma razão muito clara: todos passam por ela.

A educação física no ensino médio, ao promover a aprendizagem sobre o movimento, disseminaria, em forma de aulas teóricas, conhecimentos para caracterizar o movimento como um elemento fundamental na vida das pessoas nos seus aspectos biológico, psicológico, sociológico, antropológico, cultural, ético e estético. Evidentemente, a aprendizagem sobre o movimento pressupõe um aluno num estágio de desenvolvimento cognitivo que o habilite a compreender esse tipo de conhecimento, que é de natureza abstrata. Essa condição não está atendida nos alunos nos anos iniciais do ensino fundamental; no ensino médio, pensa-se que ela está de forma geral contemplada.

Foi mencionado anteriormente que o conhecimento não tem sido capaz de mudar comportamento, fazendo com que políticas públicas e programas de promoção da atividade física não consigam alcançar seus objetivos. Como a presente proposta centra-se no ensino de conceitos, a dúvida que naturalmente emerge é se não está havendo uma contradição nos fundamentos e justificativas apresentados. Por que na escola daria certo?

A resposta é simples: na escola existe o professor para ensinar os conceitos, diferentemente das políticas públicas e dos programas de promoção da atividade física, em que os conhecimentos são disseminados pela mídia ou por meio de eventos. Além disso, existe todo um patrimônio pedagógico que possibilita diferentes maneiras de ensinar conceitos, respeitando as características, as capacidades, as necessidades e as expectativas dos alunos.

Nesse enquadramento, três aspectos merecem destaque na presente proposta. O primeiro refere-se à necessidade de os conteúdos relacionados à aprendizagem sobre o movimento serem pedagógica e didaticamente organizados para que os conceitos sejam assimilados de maneira ativa, reflexiva, crítica e significativa pelos alunos, a fim de desenvolver neles a capacidade de interrogar-se, promover um processo de aprendizagem que envolva o problematizar, o interpretar e o relacionar, que leve à compreensão dos sentidos e significados da cultura de movimento. Desse modo, ao mesmo tempo que os conhecimentos são assimilados, estratégias e habilidades para resolver problemas, selecionar informações e procurar novos conhecimentos seriam concomitantemente adquiridas, contribuindo para que os alunos busquem autonomia no processo de aprendizagem. Dito de outra maneira, aprender a aprender.

Uma forma de promover esse tipo de aprendizagem é tematizar conteúdos relevantes da cultura de movimento, não apenas na perspectiva da ciência como também da filosofia, da ética e da estética. Como o objetivo do presente texto é apresentar os fundamentos da proposta, e não uma estrutura de conceitos a serem ensinados, pode-se citar alguns prováveis temas de interesse dos adolescentes apenas como exemplos: nutrição, gasto energético e controle de peso; atividade física, aptidão física, saúde e qualidade de vida; valores educacionais do esporte; megaeventos esportivos e a mídia; dimensões econômicas e políticas do esporte de alto rendimento; experiência estética cinestésica na cultura de movimento; sensação, percepção e atitude estética na cultura de movimento; intenção, motivo e desejo no envolvimento com a prática de atividade física; competição e cooperação no esporte.

O segundo relaciona-se ao aprender os conceitos por meio da verificação experimental. Uma das maiores críticas que se faz ao ensino de conceitos é fazer com que o aluno os assimile como um produto abstrato pronto e acabado. Os conhecimentos tornam-se livrescos, aprendidos apenas pelo processo de memorização e, portanto, de fácil esquecimento. A aquisição de conceitos pelo processo de verificação experimental remete à necessidade de uma redefinição do conceito de aulas práticas na educação física escolar. Sempre que se toca no ensino de conceitos nessa disciplina, muitos professores e pesquisadores pensam imediata e apressadamente que as aulas práticas serão varridas do mapa, sendo substituídas por aulas eminentemente teóricas. Aqui reside mais um aspecto inovador da presente proposta. Não existe dúvida de que as aulas serão teóricas, porém, sempre que necessário e pertinente, a prática terá o seu lugar, com uma outra função importante a desempenhar. Ela corresponderá ao que é feito nas aulas de laboratório nas outras disciplinas (Tani, 2007). Um caso prático pode ilustrar melhor a essência da proposição. Nas aulas de física e química, por exemplo, quando conceitos são ensinados em sala de aula e o ensino se resume a isso, provavelmente os alunos vão entendê-los e memorizá-los, e quem sabe serão capazes de guardá-los até o dia da prova. Entretanto, muito frequentemente, logo em seguida esquecerão. Agora, se os conceitos ensinados em sala de aula forem devidamente testados na prática, passando por um processo de verificação experimental num laboratório, eles serão aprendidos para sempre, isto é, não mais serão esquecidos.

Sabe-se que conhecimento não testado é inconsistente, pois carece de verificação (Tani, 1991). A prática ou a verificação experimental torna os conhecimentos abstratos mais concretos, garantindo, dessa maneira, uma aprendizagem mais eficaz e significativa. Portanto, o que se intenciona nessa proposta conceitual para a educação física no ensino médio é a aprendizagem de conceitos mediados pela prática, em que ela desempenha um importante papel de "verificação experimental" do conhecimento no processo de sua aquisição (Tani, 1995; 2007). A meta é a aprendizagem do conceito, de modo que a prática não significa prática pela prática, mas uma prática com um objetivo claramente definido.

Imaginemos uma aula em que o tema a ser desenvolvido é a capacidade aeróbia, ou seja, uma das dimensões e implicações biológicas do movimento. Portanto, o que será discutido são basicamente os conhecimentos que as áreas de Fisiologia do Exercício e

Treinamento Físico produziram a respeito. Poder-se-ia iniciar o ensino com uma definição do que é a capacidade aeróbia, contextualizando-a como um componente fundamental da aptidão física, e esta, por sua vez, um elemento imprescindível para a manutenção e a promoção da saúde. Em seguida, entrar numa discussão acerca das formas de melhorar a capacidade aeróbia usando, como exemplo, o correr longas distâncias a uma velocidade moderada. Esse é também um momento propício para introduzir discussões de cunho filosófico, como a relação causa-efeito. Esclarecer que no exemplo em pauta, a causa é o correr e o efeito a melhoria da capacidade aeróbia. No entanto, deixar bem claro que, na perspectiva do praticante de atividades físicas, essa relação causa-efeito necessita ser invertida no eixo do tempo, para transformar o efeito (melhorar a capacidade aeróbia) em objetivo e a causa (correr) em meio para se alcançar esse objetivo. Em outras palavras, que as pessoas não correm porque isso melhora a capacidade aeróbia; é para melhorar a capacidade aeróbia que elas correm (Tani & Manoel, 2004). Essa inversão na relação causa-efeito é importante para o aluno compreender que ela permite explorar uma capacidade humana fundamental, que é a de alcançar um mesmo objetivo por meio de diferentes meios - oportunidade para discutir o conceito de equivalência motora (Hebb, 1949) –, tal como melhorar a capacidade aeróbia andando de bicicleta, nadando, dançando, pulando corda, e assim por diante. E que isso possibilita à pessoa a escolha do meio mais adequado às suas condições, expectativas, necessidades, possibilidades e seus interesses, preservando, assim, a individualidade.

Após essas considerações, o ensino poderia avançar na discussão das implicações do correr para melhorar a capacidade aeróbia. Explicar que o correr causa diferentes reações no organismo, ou seja, modificações em alguns parâmetros fisiológicos (como o aumento das frequências cardíaca e respiratória), os quais, com a continuidade da prática, alcançam uma estabilização, o que significa um equilíbrio entre o oxigênio que é consumido e o que é gasto. Explicar que um outro efeito é o aumento da temperatura corporal, mas que o organismo tem um mecanismo de controle para manter a temperatura corporal dentro de um padrão que é fundamental para o seu funcionamento e, em determinados casos, para a sua sobrevivência, que é a sudorese; isto é, o suor serve para esfriar o corpo e manter a temperatura interna (homeostase). Que, com a continuidade da prática haverá uma adaptação do organismo, refletindo num ganho de aptidão física.

Para que os alunos adquiram esses conhecimentos referentes à capacidade aeróbia - o seu mecanismo e função, a forma de sua aquisição e a relevância do seu desenvolvimento –, que foram produzidos, sistematizados e acumulados historicamente pela Educação Física, o que se propõe é que os mesmos façam a verificação "experimental" desses conhecimentos, vivenciando na prática as modificações nos parâmetros fisiológicos a ela associadas. Certamente, essa aula seria bem diferente daquela tradicional, em que o professor, depois de um leve aquecimento, coloca a turma para correr.

O terceiro diz respeito ao ensino do conceito de forma integrada e contextualizada. Conforme já discutido, é significativa a proporção de alunos do ensino médio que não participam das aulas de educação física, e essa tendência é mais acentuada no sexo feminino. Uma justificativa por elas frequentemente apresentada é que o conteúdo de ensino não coaduna com seus interesses, necessidades e expectativas, que se situam, basicamente, no domínio da aparência física ou estética corporal. Colocando-me na situação dessas alunas, caso o conteúdo proposto pelo professor fosse simplesmente o de executar exercícios abdominais para melhorar a aptidão física, sem uma contextualização da sua importância nas suas vidas, provavelmente também recusaria a participar. Todavia, a minha atitude seria bem diferente se o conteúdo fosse apresentado numa outra configuração, como no exemplo que segue.

Estudos antropológicos mostram que na evolução do homem, a passagem da locomoção em quadrupedia para bipedia - *Homo erectus* - trouxe inúmeros ganhos, mas também problemas de difícil solução. No tocante a ganhos, a liberação dos membros dianteiros do ato de locomover-se possibilitou a exploração do meio ambiente, a partir de então, manualmente (Napier, 1983), constituindo-se no ponto de partida para a construção de ferramentas, instrumentos, abrigos e, posteriormente, o desenvolvimento da agricultura, das manufaturas, até chegar à sofisticada tecnologia de nossos dias. Destarte, o movimento foi fundamental na evolução do homem, comprovando-se o seu significado antropológico (Leakey, 1982).

Um dos problemas gerados por essa mudança na locomoção para bipedia relaciona-se às suas consequências físicas e fisiológicas, particularmente à sobrecarga lombar. Como se sabe, a locomoção em bipedia se caracteriza pela projeção do centro de massa corporal para fora da base de sustentação - perda de equilíbrio - e o seu subsequente retorno a essa base - retomada do equilíbrio. Considerando-se que a base de sustentação se reduz drasticamente quando se passa da quadrupedia para a bipedia, essa mudança na locomoção gerou dificuldades no que se refere ao controle postural, que envolve uma complexa solicitação de cadeias musculares lombares e abdominais funcionando em harmonia para manter o equilíbrio dinâmico.

Não é por menos que a dor lombar, especialmente depois de uma certa idade, constitui-se um problema largamente experimentado por uma grande parcela da humanidade. Diferentes áreas de conhecimento têm se ocupado em descobrir meios para atenuar esse sofrimento. A Ortopedia especializada em coluna lombar continua a ter inúmeros desafios de investigação e intervenção. Da mesma forma a Fisioterapia, para criar métodos de intervenção terapêutica, e a Educação Física, a fim de elaborar programas de intervenção para fins de prevenção do problema.

O funcionamento harmônico de uma complexa cadeia muscular é fundamental para a locomoção, mas o é igualmente para a manutenção de uma boa postura. E, para o seu desenvolvimento, é preciso o fortalecimento dos músculos lombares e abdominais mediante exercícios físicos específicos, com frequência, intensidade e duração apropriadas. Uma boa postura contribui para a formação de uma boa imagem corporal. Uma boa imagem corporal, por sua vez, colabora para a elevação da autoestima e a construção de um autoconceito positivo. É o universo do corpo e estética, tudo que interessa às adolescentes nos dias de hoje (Damasceno et al., 2006; Gomes da Silva & Silva; Lüdorf, 2015; Matias et al., 2010; Palma et al., 2013).

Relacionando-se, desta maneira, os exercícios abdominais não apenas à saúde como também à estética, integrando-se, para tanto, os conhecimentos da Antropologia (desenvolvimento da locomoção bípede), da Sociologia (valorização da estética), da Psicologia (autoimagem, autoconceito, autoestima), do Comportamento Motor (controle postural), da Biomecânica (cadeias musculares), da Fisiologia do Exercício (exercícios físicos) e do Treinamento Físico (intensidade, frequência, duração), fica mais fácil sensibilizar as alunas do ensino médio no que diz respeito aos benefícios dos exercícios abdominais e motivá-las a praticar. Se eu fosse uma aluna, certamente os praticaria com prazer e dedicação, sem reclamar!

17.6 CONSIDERAÇÕES FINAIS

Tem sido ressaltado que, para se aumentar o interesse e a motivação dos alunos do ensino médio, o planejamento participativo em que a autonomia e a liberdade de escolha do conteúdo sejam asseguradas, é fundamental (Brandolin et al., 2015; Correia, 1996; Menezes & Verenger, 2006; Silva Filho et al., 2012; Verenger, 1995). Na perspectiva da presente proposta, corrobora-se essa proposição, porém, com uma importante condição: que a escolha recaia sobre um conteúdo que envolva aprendizagem, ou seja, um desafio ao mundo não conhecido, e não a prática repetitiva de conteúdos já conhecidos. Afinal, o aluno vai à escola para aprender coisas novas, e não para praticar algo que já sabe, o que é normalmente mais confortável e divertido.

Assim como Soares et al. (2010) apontam, tornou-se uma prática comum ouvir e aceitar o gosto do aluno como critério para participação ou para justificar a não participação nas aulas. Não obstante, devemos colocar em questão se as aulas de educação física oferecem reais oportunidades de aprendizagem ou apenas se transformam em espaço de expressão de conhecimentos e habilidades já adquiridos pela experiência anterior. Crum (1993) enfatiza que um dos problemas centrais da educação física escolar é a ausência da aceitação unânime e da atribuição de prioridade de que a função primária do professor é ajudar o aluno a aprender. Fala-se do ensino sem evidência alguma de uma intenção clara para produzir aprendizagem. Acrescentaria a essas importantes observações a lembrança de que o desafio ao mundo desconhecido envolve sempre muito esforço, dedicação, disciplina, tensão, perseverança, suor e superação, atitudes definitivamente distintas daquelas manifestadas numa disciplina de pouca exigência.

Para finalizar, acredito que não se caracteriza uma heresia pensar que, num futuro não muito distante, a educação física, pela sua crescente importância na vida das pessoas, em virtude dos reflexos do estilo de vida no mundo digital, seja uma disciplina incluída no vestibular. Certamente, quando esse dia chegar, o interesse e a motivação para dela participar deixará de ser uma questão relevante. Brandolin, Koslinski e Soares (2015) apresentam um resultado interessante que faz pensar a respeito. Mediante um questionário aplicado a 1084 alunos do ensino médio acerca da avaliação que fazem da disciplina educação física, eles mostraram que disciplinas mais valorizadas por fazerem parte do Enem apareceram atrás dela quanto à importância atribuída. Isso pode estar indicando uma desatualização do sistema de avaliação para dar acesso ao ensino superior no que concerne ao conhecimento a ser testado. Entretanto, pode também estar sugerindo que existe uma janela de oportunidade para a educação física escolar mostrar definitivamente a sua relevância educacional, social e cultural. É preciso abraçar essa oportunidade. Isso implica buscar convergências e definir o núcleo comum de um currículo para a disciplina. Espero que os fundamentos e as justificativas apresentados e discutidos neste texto possam servir como ponto de partida para tanto. O desafio é enorme, porém, animador. Como Siedentop (1972) se expressou, num outro momento e contexto da história da Educação Física, mas com a mesma intenção, não se pode ficar "*on tilting at windmills while Rome burns*" ("lutar contra moinhos de vento enquanto Roma pega fogo").

REFERÊNCIAS

Antunes, F. H. C., Dantas, L. E. P. B. T., Bigotti, S., Tokuyochi, J. H., Tani, G., Brasil, F. K., & André, M. (2005). Um retrato da pesquisa brasileira em educação física escolar: 1999-2003. *Revista Motriz, 11*, 179-184.

Betti, M. (1991). *Educação física e sociedade*. Movimento.

Betti, M., Ferraz, O. L., Dantas, L. E. P. B. T. (2011). Educação física escolar: estado da arte e direções futuras. *Revista Brasileira de Educação Física e Esporte, 25*(Número especial), 105-115.

Bracht, V. (1986). A criança que pratica esporte respeita as regras do jogo...capitalista. *Revista Brasileira de Ciências do Esporte, 7*(2), 62-68.

Bracht, V. (1992). *Educação física e aprendizagem social*. Magister.

Bracht, V., Faria, B. M., Almeida, F. Q., Ghidetti, F. F., Gomes, I. M., Rocha, M. C., Machado, T. S., Almeida, U. R., & Moraes, C. E. A. (2011). Educação física escolar como tema da produção de conhecimento nos periódicos da área no Brasil (1980-2010): parte I. *Movimento, 17*(2), 11-34.

Brandolin, F., Koslinski, M., & Soares, A. J. G. (2015). A percepção dos alunos sobre a educação física no ensino médio. *Revista da Educação Física/UEM, 26(4)*, 601-610.

Bressan, E. S. (1979). 2001: the profession is dead - was it murder or suicide? *Quest, 31*, 77-82.

Bressan, E. S. (1982). An academic discipline for physical education: what a fine mess! In L. L. Gedvilas (Ed.), *Proceedings of the National Association for Physical Education in Higher Education* (Vol. III, pp. 22-27). Human Kinetics.

Broekhoff, J. (1979). Physical education as a profession. *Quest, 31*, 244-254.

Broekhoff, J. (1982). A discipline – who needs it? In L. L. Gedvilas (Ed.), *Proceedings of the National Association for Physical Education in Higher Education* (Vol. III, pp. 28-35). Human Kinetics.

Brown, C., & Cassidy, R. (1963). *Theory in physical education: a guide to program change*. Lea & Febiger.

Cairney, J., Dudley, D., Kwan, M., Bulten, R., & Kriellaars, D. (2019). Physical literacy, physical activity and health: toward an evidence-informed conceptual model. *Sports Medicine, 49*(3), 371-383.

Caparróz, F. E., & Bracht, V. (2007). O tempo e o lugar de uma didática da educação física. *Revista Brasileira de Ciências do Esporte, 28*, 21-37.

Castellani Filho, L. (1993). Educação física/ciências do esporte no Brasil hoje: pelos meandros da educação física. *Revista Brasileira de Ciências do Esporte, 14*(3), 119-125.

Chicati, K.C. (2000). Motivação nas aulas de educação física no ensino médio. *Revista da Educação Física/UEM, 11*(1), 97-105.

Correia, W. R. (1996). Planejamento participativo e o ensino de educação física no 2° grau. *Revista Paulista de Educação Física, Supl. 2*, 43-48.

Correia, W. R., & Moura, D. L. (2018). Educação física no ensino médio: demanda social legítima. *Revista Brasileira de Educação Física e Esporte, 32*(4), 709-714.

Crum, B. J. (1993). Conventional though and practice in physical education: problems of teaching and implications for change. *Quest, 45*, 339-356.

Damasceno, V. O., Vianna, V. R. A., Vianna, J. M., Lacio, M., Lima, J. R. P., & Novaes, J. S. (2006). Imagem corporal e corpo ideal. *Revista Brasileira de Ciências e Movimento, 14*(1), 87-96.

Daólio, J. (1995). *Da cultura do corpo*. Papirus.

Darido, S. C. (2004). A educação física na escola e o processo de formação dos não praticantes de atividade física. *Revista Brasileira de Educação Física e Esporte. 18*(1), 61-80.

Darido, S. C., Galvão, Z., Ferreira, L. A., & Fiorin, G. (1999). Educação física no ensino médio: reflexões e ações. *Motriz, 5*(2), 138-145.

Darido, S. C., Rangel-Betti, I. C., Ramos, G. N. S., Galvão, Z., Ferreira, L. A., Silva, E. V. M., Rodrigues, L. H., Sanches, L., Pontes, G., & Cunha, F. (2001). A educação física, a formação do cidadão e os parâmetros curriculares nacionais. *Revista Paulista de Educação Física, 15*(1), 17-32.

Dias, D. I., & Correia, W. R. (2013). A educação física no ensino médio como objeto de estudo da produção acadêmico-científica nos periódicos nacionais. *Revista Brasileira de Educação Física e Esporte, 27*(2), 277-287.

Doolittle, S. (2007). Is the extinction of high school physical education inevitable? *Journal of Physical Education, Recreation and Dance, 78*(4), 51-58.

Edwards, L. C., Bryant, A. S., Keegan, R. J., Morgan, K., & Jones, A. M. (2017). Definitions, foundations and associations of physical literacy: a systematic review. *Sports Medicine, 47*(1), 113-126.

Ennis, C. (2006). Curriculum: forming and reshaping the vision of physical education in a high need, low demand world of schools. *Quest, 58*(1), 41-59.

Freire, J. B. (1989). *Educação do corpo inteiro: teoria e prática da educação física.* Scipione.

Giblin, S., Collins, D., & Button, C. (2014). Physical literacy: importance, assessment and future directions. *Sports Medicine, 44*(9), 1177-1184.

Gomes da Silva, F. A., Silva, L. A. I., Lüdorf, S. M. A. (2015). A educação física no ensino médio: um olhar sobre o corpo. *Movimento, 21*(3), 673-685.

Hallal, P. C., Andersen, L. B., Bull, F. C., Guthold, R., Haskell, W., & Ekelund, U. (2012). Global physical activity levels: surveillance progress, pitfalls, and prospects. *The Lancet, 380*(9838), 247-257.

Halverson, L. E. (1971). The young child...The significance of motor development. In G. Engstrom (Ed.), *The significance of the young child's motor development.* National Association for the Education of Young Children.

Hardman, K., & Marshall, J. (2000). The state and status of physical education in schools in international context. *European Physical Education Review, 6*(3), 203-229.

Harris, D. V. (1981). Physical education: a house divided. In The American Academy of Physical Education (Ed.), *The Academy Papers, 15.* Human Kinetics.

Hebb, D. O. (1949). *The organization of behavior.* Wiley.

Henry, F. M. (1964). Physical education – an academic discipline. *JOHPER, 35,* 32-38; 69.

Jackson, D. M., Reilly, J. J., Kelly, L. A., Montgomery, C., Grant, S., & Paton, J. Y. (2003). Objectively measured physical activity in a representative sample of 3 to 4-year-old children. *Obesity Research, 11*(3), 420-425.

Jewett, A. E. (1968). Implications from curriculum theory for physical education. *The Academy Papers, 2,* 10-18.

Jewett, A. E., & Mullan, M. M. (1977). *Curriculum design: purposes and processes in physical education teaching-learning.* AAHPER.

Kelly, L. A., Reilly, J. J., Fairweather, S. C., Barrie, S., Grant, S., & Paton, J. Y. (2004). Comparison of two accelerometers for assessment of physical activity in preschool children. *Pediatric Exercise Science, 16,* 324-333.

Kohl, H. W., Craig, C. L., Lambert, E. V., Inoue, S., Alkandari, J. R., Leetongin, G., & Kahlmeier, S. (2012). The pandemic of physical inactivity: global action for public health. *Lancet, 380*(9838), 294-305.

Kokubun, E. (2006). Pós-graduação em educação física. *Revista Brasileira de Educação Física e Esporte, 20*(5), 31-33.

Kunz, E. (1991). *Educação física: ensino & mudanças.* Unijuí.

Leakey, R. E. (1982). *A evolução da humanidade.* Melhoramentos.

Lovisolo, H. (1995). *Educação física: a arte da mediação.* Sprint.

Matias, T. S., Rolim, M. K. S. B., Kretzer, F. L., Schmoelz, C. P., & Andade, A. (2010). Satisfação corporal associada a prática de atividade física na adolescência. *Motriz, 16*(2), 370-378.

Menezes, R., & Verenger, R. C. G. (2006). Educação física no ensino médio: o sucesso de uma proposta segundo os alunos. *Revista Mackenzie de Educação Física e Esporte, 5* (Número especial), 99-107.

Moreira, W. W. (1991). *Educação física escolar: uma abordagem fenomenológica*. Unicamp.

Napier, J. (1983). *A mão do homem: anatomia, função, evolução*. Jorge Zahar.

Negrine, A. (1983). *O ensino da educação física*. Globo.

Newell, K. M. (1989). Kinesiology. *JOPERD, 60*, 69-70.

Newell, K. M. (1990a). Kinesiology: the label for the study of physical activity in higher education. *Quest, 42*, 269-278.

Newell, K. M. (1990b). Physical activity, knowledge types, and degree programs. *Quest, 42*, 243-268.

Newell, K. M. (1990c). Physical education in higher education: chaos out of order. *Quest, 42*, 227-242.

Oliveira, V.M. (1980). *Educação física humanista*. Ao Livro Técnico.

Palma, A., Resende, F., Marques, R. S., Assis, M., Teves, N., & Moreira, J. P. L. (2013). Insatisfação com o peso e a massa corporal em estudantes do ensino fundamental e médio do sexo feminino no município do rio de janeiro. *Revista Brasileira de Ciências do Esporte, 35*(1), 51-64.

Park, R. J. (1998). A house divided. *Quest, 50*, 213-224.

Pate, R. R., Mciver, K., Dowda, M., Brown, W. H., & Addy, C. (2008). Directly observed physical activity levels in preschool children. *Journal of School Health, 78*, 438-444.

Pereira, F. (2000). Ensino médio, educação física e conhecimento. *Revista Paulista de Educação Física, 14*(1), 32-54.

Pereira, R. S., & Moreira, E. C. (2005). A participação dos alunos do ensino médio em aulas de educação física: algumas considerações. *Revista da Educação Física/UEM, 16* (2), 121-127.

Rikli, R. (2006). Kinesiology – A "homeless" field: addressing organization and leadership needs. *Quest, 58*, 288-309.

Rikli, R. (2012). Kinesiology research: its impact on society. *Kinesiology Review, 1*, 1-2.

Rink, J. (2007). What knowledge is of most worth? Perspectives on kinesiology from pedagogy. *Quest, 59*, 100-110.

Rufino, L. G. B., Ferreira, A. F., Carvalho, A. O., Ricci, C. S., & Darido, S. C. (2014).

Educação física escolar no ensino médio: analisando o estado da arte. *Revista Brasileira de Ciências do Esporte, 36*, 2 (Suplemento), 353-369.

Siedentop, D. (1972). On tilting at windmills while Rome burns. *Quest, 18*, 94-97.

Silva, R. R. V., & Souza E Silva, N. S. (2021). Educação física no ensino médio: participação, interesse e opinião dos alunos quanto à obrigatoriedade no currículo escolar. *Revista Brasileira de Educação Física e Esporte, 35*(1), 109-118.

Silva Filho, A. S., Tani, G., Correia, W. R., & Corrêa, U. C. (2012). The choices made by adolescents in high school physical education classes: effects of grade, age, and gender on the type of activity. *Advances in Physical Education, 2*(4), 163-168.

Soares, A. J. G., Ferreira, A. C., Moura, D. L., Bartholo, T. B., & Carneiro Da Silva, M. (2010). Tempo e espaço para educação corporal no cotidiano de uma escola pública. *Movimento, 16*(1), 71-96.

Soares, C. L., Taffarel, C. N. Z., Varjal, E., Castellani Filho, L., Escobar, M. O., & Bracht, V. (1992). *Metodologia do ensino de educação física*. Cortez.

Tani, G. (1987). Educação física na pré-escola e nas quatro primeiras séries do ensino de primeiro grau: uma abordagem de desenvolvimento I. *Revista Kinesis, 3*, 19-41.

Tani, G. (1991). Perspectivas para a educação física escolar. *Revista Paulista de Educação Física, 5*, 61-69.

Tani, G. (1996). Cinesiologia, educação física e esporte: ordem emanente do caos na estrutura acadêmica. *Motus Corporis, 3*(2), 9-49.

Tani, G. (1998). Educação física escolar no Brasil: seu desenvolvimento, problemas e propostas. In *Anais do Seminário Brasileiro em Pedagogia do Esporte* (pp. 120-127). Universidade Federal de Santa Maria,

Tani, G. (2001). Educação física na educação infantil: pesquisa e produção do conhecimento. *Revista Paulista de Educação Física, Supl. 4*, 110-115.

Tani, G. (2007). Desporto e escola: que diálogo ainda é possível? In J. O. Bento & J. M. Constantino (Coords.). *Em defesa do desporto: mutações e valores em conflito* (pp. 269-287). Almedina.

Tani, G. (2008). Abordagem desenvolvimentista: 20 anos depois. *Revista da Educação Física/UEM, 19*, 313-331.

Tani, G. (2011). *Leituras em educação física: retratos de uma jornada*. Phorte.

Tani, G. (2012). Corrida contra o tempo: propostas curriculares de "roteiro completo" para a educação física escolar. In G. Tani, J. O. Bento, A. C. A. Gaya, C. Boschi & R. P. Garcia (Eds.), *Celebrar a lusofonia: ensaios e estudos em desporto e educação física* (pp. 207-231). Casa da Educação Física.

Tani, G. (2015). Educação física escolar: do núcleo comum. In W. R. Correia & B.M. Rodrigues (Orgs.), *Educação física no ensino fundamental: da inspiração à ação* (pp. 75-92). Fontoura.

Tani, G. (2016). Pós-graduação em educação física: crescimento e correção da rota. In W. W. Moreira & V. L. Nista-Piccolo (Orgs.), *Educação física e esporte no século XXI* (pp. 153-171). Papirus.

Tani, G. (2021). Habilidades motoras fundamentais na abordagem desenvolvimentista e nos programas de atividade física visando à saúde. *Revista Brasileira de Educação Física e Esporte, 35*(4), 239-250.

Tani, G., & Corrêa, U. C. (2019). Ciência e comunicação científica na educação física/ciências do esporte. In F. F. B. Carneiro, A. Ferreira Neto & W. Santos (Orgs.), *Comunicação científica em periódicos* (pp. 237-259). Appris.

Tani, G., Drews, R., & Corrêa, U. C. (2020). Tendências da produção científica dos bolsistas de produtividade em pesquisa do CNPq da educação física. *Revista Movimento, 26*, e26088. https://doi.org/10.22456/1982-8918.105434.

Tani, G., & Manoel, E. De J. (2004). Esporte, educação física e educação física escolar. In A. C. A Gaya, A. T. Marques & G. Tani (Orgs.), *Desporto para crianças e jovens: razões e finalidades* (pp. 113-141). Universidade Federal do Rio Grande do Sul.

Tani, G., Manoel, E. J., Kokubun, E., & Proença, J. E. (1988). *Educação física escolar: fundamentos de uma abordagem desenvolvimentista*. EPU/EDUSP.

Ulrich, C., & Nixon, J. E. (1972). *Tones of theory: a theoretical structure for physical education – a tentative perspective*. AAHPER.

Verenguer, R. C. G. (1995). Educação física escolar: considerações sobre a formação profissional do professor e o conteúdo do componente curricular no 2º. grau. *Revista Paulista de Educação Física, 9*(1), 69-74.

Wade, M. G. (1990). Recent developments concerning the term kinesiology in the American Academy of Physical Education (Ed.), *The Academy Papers*, (23). Human Kinetics.

Wade, M. G. (1991). Further reactions to Newell: unravelling the Larry and Darryl magical mystery tour. *Quest, 43*, 207-213.

Whitehead, M. (2001). The concept of physical literacy. *European Journal of Physical Education, 6*, 127-138.

CAPÍTULO 18

Processo ensino-aprendizagem de habilidades motoras na abordagem desenvolvimentista da Educação Física Escolar

18.1 CONSIDERAÇÕES INICIAIS: O PROCESSO ENSINO-APRENDIZAGEM COMO UM SISTEMA

Um sistema pode ser definido de várias maneiras. Numa simples, como um complexo de componentes em interação (Bertalanffy, 1968). E não importa a natureza ou o conteúdo dos componentes – do que eles são feitos ou formados. O que conta é a interação entre eles. O ensino formal pode ser visto como um sistema; da mesma forma, a escola, o projeto pedagógico ou o componente curricular. O mesmo cabe para o corpo humano, o robô, a família, a habitação, o trânsito, a produção de bens, e assim por diante. Os componentes podem ser órgãos, chips, pessoas, casas, carros ou computadores. Não faz diferença: todos eles podem ser vistos como sistemas.

O processo ensino-aprendizagem pode ser considerado um sistema constituído de três componentes – o professor, o aluno e a matéria – em interação. O objetivo desse sistema é promover mudanças de comportamento no aluno, ou seja, aquisição de novos conhecimentos, habilidades, atitudes e valores. Para alcançá-lo, cada componente desempenha uma função específica. Interessante observar que, num sistema de três componentes, toda vez que se fixa o olhar num deles para se identificar a sua função, percebe-se que ela consiste, essencialmente, em estabelecer relação entre os outros dois componentes do sistema (Tani et al., 2012).

Assim, no processo ensino-aprendizagem, o professor, para desempenhar a sua função, necessita estabelecer relação entre o aluno e a matéria. Isto é, selecionar e propor um conteúdo de aprendizagem adequado às características, necessidades e aos interesses do aluno, tendo como pano de fundo o objetivo do sistema. De nada adianta escolher um conteúdo à revelia do aluno. Por mais que o professor o considere relevante e interessante, se ele não estiver relacionado com o aluno, a aprendizagem será ineficiente, ou poderá até mesmo não acontecer. Será um ensino que trata o aluno e a matéria separadamente, e não em interação. O processo ensino-aprendizagem, assim, não funciona. Neste momento, cabe lembrar o velho ditado que diz que, por mais que o professor ensine, se o aluno não aprendeu, o ensino não aconteceu.

A adequação do conteúdo se configura, portanto, na interação entre o aluno e a matéria. Nesse enquadramento, é importante o conteúdo ter significado social e cultural para o aluno (Tani, 2001), e deve estar, em termos de exigência, um pouco além das suas capacidades e competências já adquiridas para ser suficientemente desafiador, despertando interesse e motivação para adquiri-lo. Afinal, a aprendizagem é sempre um desafio ao mundo desconhecido. No entanto, se o conteúdo estiver muito além das capacidades, a aprendizagem certamente não ocorrerá, resultando numa sucessão de fracassos que levará à queda de interesse e motivação. A chave de sucesso do ensino, no processo ensino-aprendizagem, está na capacidade didático-pedagógica de o professor relacionar esses dois componentes (Tani et al., 2012).

As habilidades motoras se constituem em um dos principais conteúdos de ensino da educação física escolar (Crum, 1993; Tani, 1992; 2008a; 2015; Tani et al., 1988). Elas são, basicamente, de dois tipos e estão relacionadas com o processo de desenvolvimento motor: habilidades motoras fundamentais, também denominadas de habilidades motoras básicas ou padrões fundamentais de movimento (por exemplo, o correr, o saltar, o arremessar), que, depois de combinadas (por exemplo, o driblar, o saltar e arremessar, o driblar, saltar e arremessar), resultam nas habilidades motoras específicas culturalmente configuradas, por exemplo, do esporte (a bandeja do basquetebol, a cortada do voleibol, o saque do tênis, o arremesso ao gol do handebol etc.).

Desse modo, promover a aprendizagem dessas habilidades e os conhecimentos, atitudes e valores a ela relacionados constitui um dos principais objetivos da educação física escolar. De acordo com a abordagem desenvolvimentista, esse objetivo pode ser logrado mediante a promoção de três tipos de aprendizagem: do movimento, através do movimento e sobre o movimento (Tani, 1991; 2008a; Tani et al., 1988). A primeira consiste na aquisição de habilidades motoras; a segunda diz respeito ao uso de habilidades motoras como instrumento para aprendizagem de outros conteúdos, como conceitos, atitudes e valores. Por fim, a última refere-se à aquisição de conhecimentos acerca das dimensões (biológicas, comportamentais e socioculturais) e implicações (efeitos para saúde, educação, cultura, lazer, em suma, para o bem-estar e a qualidade de vida) das habilidades motoras.

O objetivo do presente texto é abordar o processo ensino-aprendizagem de habilidades motoras, trazendo à discussão alguns princípios, sem a intenção de esgotá-los, a serem observados no ensino dessas habilidades, com base nos conhecimentos que o campo de investigação da Aprendizagem Motora disponibiliza. Sabidamente, os conhecimentos produzidos pela Aprendizagem Motora não dizem respeito a como as habilidades motoras devem ser ensinadas, isto é, não são conhecimentos referentes a métodos de ensino, tampouco a prescrições de intervenção. Contudo, acredita-se que o ensino com o conhecimento de como ocorre a aprendizagem é seguramente muito diferente de quando o mesmo acontece sem esse conhecimento (Christina, 1989; Magill, 1990; Newell & Rovegno, 1990; Tani, 1992; Tani et al., 2004; Tani & Corrêa, 2016). Mesmo porque os conhecimentos dos processos e mecanismos subjacentes à aquisição de habilidades motoras e dos fatores que a afetam podem ser úteis ao professor de educação física em vários aspectos – por exemplo, para interpretar o comportamento motor dos alunos (avaliação do desempenho, diagnóstico das dificuldades e de erros de execução etc.), assim como para projetar novas ideias e formular hipóteses operacionais de experimentação no ensino de habilidades motoras (Tani, 2008b; 2016).

É oportuno registrar que existem, em linhas gerais, duas perspectivas metodológicas de operacionalizar – pensar, planejar e executar – o processo ensino-aprendizagem. A primeira é do ensino para a aprendizagem, ou seja, parte dos conhecimentos a respeito dos métodos de ensino derivados das teorias pedagógicas como a construtivista, a crítica, a reflexiva, entre outras, ou mesmo dos estilos de ensino propostos, por exemplo, por Mosston (1972) e Mosston e Ashworth (1986), até chegar à aprendizagem. Nesse caso, os métodos de ensino estão definidos a priori. A outra, adotada no presente texto, é da aprendizagem para o ensino, isto é, extrai princípios de ensino a partir dos conhecimentos sobre a aprendizagem, de maneira que os procedimentos metodológicos de ensino são definidos a posteriori. A vantagem da segunda perspectiva é que ela coloca o professor numa situação de solução de problemas para testar hipóteses operacionais de experimentação. Ao contrário da primeira, que deixa os professores numa situação de simplesmente aplicar prescrições de ensino (métodos preestabelecidos).

18.2 ALGUNS PRINCÍPIOS A SEREM OBSERVADOS NO PROCESSO ENSINO-APRENDIZAGEM DE HABILIDADES MOTORAS

Cabe esclarecer, inicialmente, que os princípios são aqui entendidos não como regras, normas ou preceitos, e, sim, como proposições colocadas no início de uma inferência, provisoriamente admitida como verdadeira. Tal provisoriedade emana do fato de o empreendimento científico se colocar na fronteira do conhecimento, no limiar entre o mundo conhecido e o desconhecido. Evidentemente, a inferência diz respeito aos conhecimentos acumulados relativamente aos processos e mecanismos subjacentes à aquisição de habilidades motoras e os fatores que a afetam, que ainda continuam e continuarão a ser investigados na Aprendizagem Motora. A abordagem desenvolvimentista, pelo fato de estar alicerçada nos conhecimentos produzidos pela área de Comportamento Motor (Aprendizagem Motora, Desenvolvimento Motor e Controle Motor), tem como uma importante característica a possibilidade de ser atualizada metodologicamente diante dos novos conhecimentos que vão sendo produzidos, mantendo os seus fundamentos inalterados (Tani, 2008a; Tani et al., 1988).

Princípio 1: a aprendizagem de habilidades motoras envolve desafio ao mundo desconhecido. Isso implica uma série de desdobramentos. O mais importante é que o erro faz parte do processo. Por conseguinte, no processo ensino-aprendizagem, ele necessita ser visto não como uma incompetência de quem está aprendendo, mas como algo inerente ao processo e que precisa ser interpretado sempre em relação ao objetivo que está sendo perseguido (Choshi, 1978). Como o objetivo é algo que está no futuro, significa que com a competência do presente não é possível alcançá-lo, resultando no inevitável erro (Tani, 1989). Essa inevitabilidade possibilita inferir que o problema não está no erro em si, e, sim, em não interpretá-lo positivamente e utilizá-lo para desenvolver a capacidade de superá-lo. Na realidade, o erro nunca desaparece, visto que a aprendizagem é contínua, sempre em perseguição a novos desafios. Toda vez que se alcança um objetivo, um novo é estabelecido, e o processo continua. Essa é uma característica dos chamados sistemas abertos (Bertalanffy, 1968), que trocam matéria, energia e informação com o meio ambiente externo, de maneira que a entropia poderá aumentar, permanecer em *steady state*, como também diminuir. Conhecidamente, nos sistemas fechados, a tendência é a entropia aumentar até chegar a um estado de equilíbrio termodinâmico, ou seja, de máxima desordem, e esse processo é irreversível, definindo uma flecha do tempo (Prigogine & Stengers, 1984). Os sistemas abertos, ao contrário, interagindo com o meio ambiente, importam entropia negativa (Schrödinger, 1945) e garantem um estado de não equilíbrio, que possibilita o desenvolvimento em direção a estados mais complexos de organização, estabelecendo uma outra flecha do tempo, em direção oposta (para mais detalhes, veja, por exemplo, Tani, 1998).

Existem dois procedimentos de ensino muito comuns na educação física quando o erro do aluno não é assim interpretado. O primeiro se refere a simplificar a tarefa motora, por exemplo, transformando uma habilidade motora aberta em fechada, para reduzir a demanda de processamento acerca das mudanças ambientais e, assim, procurar evitar que o erro aconteça. O problema é que, procedendo-se dessa maneira, a tarefa motora perde em validade ecológica, transformando-se em algo que pouca correspondência tem com a realidade. O segundo, com o mesmo objetivo de evitar o erro reduzindo a dificuldade, refere-se a fracionar a tarefa motora, por exemplo, transformando uma habilidade motora de natureza seriada em discreta. O problema, nesse caso, é que esse procedimento se fundamenta na ideia de que o todo é a soma das partes, o que evidentemente não procede, pois desconsidera-se a interação. Como é amplamente conhecido, não é possível reconstruir o todo pela soma das partes (Weiss, 1967). As habilidades motoras têm também característica sistêmica.

É possível se ensinar a habilidade motora aberta como tal, preservando-se a sua característica de ser executada em ambiente mutável, simplesmente dosando a sua dimensão (quão aberta ela é), mantendo-se, assim, a sua essência – por exemplo, ensinar o passe não arremessando a bola a um companheiro parado, mas em movimento com o seu deslocamento escalonado em termos de direção e velocidade. Ou seja, movimentos executados no sentido lateral e/ou anteroposterior, primeiro de forma lenta, aumentando-se a velocidade gradualmente. A característica aberta da habilidade motora pode ser ainda mais aumentada com o próprio executante do passe também em movimento, com o seu deslocamento escalonado igualmente no que se refere à direção e à velocidade, isto é, com ambos trocando o passe em movimento. Quanto mais se aumenta a combinação desses deslocamentos variando-se os escalonamentos, mais se aproxima de uma situação real de execução da habilidade, por exemplo, o jogo. Da mesma maneira, uma habilidade motora seriada pode ser ensinada sem se desconsiderar a sua característica, preservando-se a interação. Por exemplo, dosando-se o número de componentes a serem executados em interação, aumentando-os progressivamente num regime de novas interações.

Princípio 2: a função mais importante do professor no processo ensino-aprendizagem de habilidades motoras não é dizer ao aluno o que tem de ser feito – prescrição do movimento correto –, e, sim, ajudá-lo a descobrir as causas do erro para que ele possa desenvolver a sua capacidade de detectar e corrigir erros de execução (Tani, 1989). No entanto, esse entendimento não tem recebido a atenção que merece na educação física. O mais comum são dois procedimentos de ensino relacionados ao erro do aluno: apontar a sua ocorrência, e, em seguida, repetir a instrução sobre o movimento correto. A rigor, nenhum dos dois ajuda a aprendizagem. O primeiro só reforça o que o aluno já percebeu por si. O segundo simplesmente realça a meta a ser alcançada, quando o que o aluno está necessitando é descobrir a causa do erro para que, na próxima tentativa, consiga reduzir ou eliminar a diferença entre a meta e o desempenho.

Nesse contexto, é importante ressaltar que cabe ao professor ter, de antemão, conhecimentos acerca das causas prováveis dos erros mais comuns das habilidades motoras que ensina. Isso constitui um enorme desafio, porque, em geral, o que se aprende majoritariamente num curso de preparação profissional em Educação Física são prescrições de tarefas motoras. A capacidade diagnóstica de observar, analisar e avaliar o comportamento motor do aluno é pouco trabalhada (Tani, 1995). Prescrever sem um diagnóstico cuidadoso e apropriado é como receitar remédio sem bula para um paciente. De todas as maneiras, pela sua importância, trata-se de uma competência pedagógica que necessita ser constantemente aperfeiçoada, mesmo porque o desenvolvimento da capacidade de detectar e corrigir erros contribui para aumentar a autonomia do aluno no processo de aprendizagem, o que representa inegavelmente uma meta educacional importante.

Princípio 3: na comunicação no processo ensino-aprendizagem, a informação que o professor transmite ao aluno, seja em forma de instrução ou feedback, tem como objetivo auxiliá-lo a compreender o problema e a buscar soluções para o mesmo. Essa transmissão deve levar em consideração a capacidade de processamento de informações do ser humano, para evitar a sobrecarga informacional do sistema. Todavia, é muito comum nas aulas de educação física o professor achar que, pelo fato de o aluno estar errando, ele está necessitando de mais informações para poder acertar. Assim, apesar de ser na melhor das intenções, acaba fornecendo ao aluno informações em demasia, muito além da capacidade humana de processar informações.

É perfeitamente compreensível a intenção do professor de tentar ajudar o aluno, fornecendo mais informações, mas, como foi demonstrado por Miller (1956), a capacidade do ser humano de processar informações é limitada, em virtude de a sua memória de curto prazo conseguir armazenar apenas 7 mais ou menos 2 itens de informação. Isso quer dizer que, quando o professor transmite muitas informações de uma só vez, elas necessitam ser armazenadas na memória de curto prazo e ficar aguardando a sua vez de serem processadas; porém, o tempo de armazenamento é também limitado, de modo que elas acabam sendo esquecidas. Um exemplo típico, por sinal muito comum no processo ensino-aprendizagem em educação física, que expressa bem esse fenômeno é, ao final de uma prolongada instrução do professor, quando vai começar a praticar a habilidade motora, o aluno perguntar: "Professor, o que é mesmo para fazer?".

O procedimento que se espera do professor no processo ensino-aprendizagem de habilidades motoras, no que tange a comunicação, é exatamente o oposto: a instrução necessita ser curta, sintética e estar relacionada aos aspectos essenciais da tarefa. Por exemplo, nas habilidades motoras abertas, o aspecto crítico costuma ser a percepção das informações mais relevantes do meio ambiente. Nas habilidades fechadas, por sua vez, são usualmente as informações relativas à organização espacial e temporal do movimento. Nas habilidades motoras que não demandam velocidade na sua execução, é importante direcionar a atenção para as informações cinestésicas produzidas pelo próprio movimento. Contudo, nas habilidades motoras balísticas, essas informações são irrelevantes, mesmo porque é impossível processá-las em virtude de o seu tempo de movimento ser mais curto do que o tempo de reação para estímulos cinestésicos, sendo importante a preparação do movimento de forma antecipada. Como apontou Lawson (1984), um dos aspectos que diferencia uma profissão de uma ocupação é que, na profissão, o trabalho oferecido está baseado não apenas no conhecimento relacionado à pessoa a quem se destina, como também à essência do serviço que oferece.

Princípio 4: o movimento implica um deslocamento do corpo ou membros num determinado padrão espacial e temporal, sendo, portanto, algo observável e mensurável. Entretanto, é importante a compreensão de que o movimento observável nada mais é do que o produto final de todo um processo que acontece internamente no sistema nervoso central (Tani, 1987). Esse processo envolve, basicamente, a identificação do estímulo, a seleção e a programação da resposta motora (Schmidt, 1982). Em outras palavras, com base nas informações processadas do meio ambiente, escolher um plano de ação que, então, será detalhado e transformado em comandos motores, os quais serão transmitidos ao sistema muscular, onde acontece o movimento observável. A relevância da compreensão de todos esses mecanismos envolvidos na produção do movimento se evidencia na medida em que a observação do resultado final de uma ação motora – o movimento – é insuficiente para determinar as razões de uma execução bem-sucedida ou não, dificultando ao professor o desempenho da sua função mais importante, que é ajudar o aluno a descobrir as causas do erro.

No processo ensino-aprendizagem em educação física, é especialmente importante o reconhecimento de que a causa do erro de execução de uma habilidade motora pode estar em qualquer um desses mecanismos internos, apesar de ele se manifestar de forma concreta apenas no comportamento observável (Tani, 1989). Daí a importância de o professor ter conhecimento dos possíveis mecanismos em que se encontram as causas mais comuns dos erros manifestados pelos alunos. Isso porque, exemplificando, quando a causa do erro está na percepção, não adianta chamar a atenção para a execução do movimento. Da mesma forma, é inútil apontar a falta de velocidade no movimento quando o que está em jogo é o *timing* – a execução do movimento no momento certo, nem antes nem depois.

Princípio 5: no ensino de habilidades motoras, é preciso deixar claro o objetivo da tarefa para que o problema a ser solucionado esteja muito claro para o aluno. Aliás, uma das principais preocupações na fase inicial ou cognitiva da aprendizagem motora é exatamente esclarecer ao aluno o que está para fazer, isto é, o objetivo da habilidade motora ou o problema a ser solucionado (Fitts, 1964; Gentile, 1972). Contudo, é muito frequente no processo ensino-aprendizagem em educação física o professor fazer apenas uma rápida explanação do objetivo e passar imediatamente para a descrição do meio de se alcançá-lo, prescrevendo aquilo que deve ser executado. Parece que existe pressa em passar logo para a prática. Todavia, como é amplamente conhecido, buscar solução para um problema mal definido traduz-se invariavelmente numa experiência malsucedida, de maneira que é preciso que o professor tenha mais cuidado em esclarecer o objetivo da habilidade motora e certifique-se de que o aluno o entendeu bem, antes de começar a prática propriamente dita.

Algumas explicações podem ser pensadas para essa pressa em passar logo para a prática em educação física. Uma delas parece estar relacionada com a própria história da área. Continua ainda muito presente na Educação Física a ênfase no fazer em detrimento do pensar, um problema há muito tempo apontado por Morford (1972). Parece não existir a compreensão de que não faz sentido aprender, aperfeiçoar ou treinar o meio (movimento) sem se conhecer para que fim ele se destina (objetivo). Por exemplo, se o objetivo da habilidade motora é rebater ou arremessar uma bola a um alvo, não tem sentido praticar o movimento com o foco na força e na velocidade, repetidas vezes, visto que o que importa é a precisão. Não se pode confundir o objetivo da habilidade – nesse caso, a precisão – com força e velocidade. Precisão de movimento é um problema de controle motor em que o valor-alvo se faz presente. Uma coisa é executar um movimento com o máximo de força; outra é executar com 60% dessa força máxima. Essa diferença de objetivo implica envolvimento cognitivo muito distinto, relacionado ao controle de movimento, na execução e aquisição de habilidades motoras.

Esse problema parece também estar relacionado, apesar de indiretamente, ao fato de, na educação física, ainda persistir a confusão entre a habilidade motora e o gesto motor, com ênfase ao segundo no processo ensino-aprendizagem. Para muitos, a aprendizagem motora implica automatizar, com muita repetição, o gesto motor, e não adquirir a habilidade motora. Escapa o entendimento de que a habilidade motora envolve, por definição, uma ação complexa e intencional envolvendo toda uma cadeia de mecanismos sensório, central e motor, a qual, mediante o processo de aprendizagem, torna-se organizada e coordenada para se alcançarem objetivos predeterminados com máxima certeza (Whiting, 1975) e também com o mínimo dispêndio de tempo e energia (Guthrie, 1952). Toda habilidade motora é, nesse sentido, perceptivo-motora, sensório-motora ou ideomotora, envolvendo aspectos cognitivos que passam pela compreensão do objetivo da tarefa motora, a elaboração de um plano de ação e a sua programação, tudo isso precedido pelo processamento de informações referentes ao meio ambiente interno (do próprio corpo) e externo (meio ambiente) em que ela está sendo executada. Tudo que a ideia de gesto motor não contempla.

Independentemente das explicações acerca da pressa em passar para a prática ou a ênfase que a ela se atribui, o fato é que o aluno vai incorporando essa visão a respeito da educação física. Por exemplo, quando perguntado quais matérias vai ter no dia, o aluno responde: vou ter matemática, ter história, ter física, ter língua portuguesa e vou fazer educação física. Assim como ele não diz que vai fazer matemática ou história, não diz que vai ter educação física. Parece uma diferença sutil, mas que esconde nas suas profundezas uma visão arraigada e persistente sobre a educação física como uma disciplina curricular eminentemente prática.

Princípio 6: no processo ensino-aprendizagem de habilidades motoras, é importante o conhecimento de que, para que ocorra o movimento, dois elementos são essenciais: energia e informação. Entretanto, mais importante ainda é a compreensão da relação entre esses dois elementos – a energia só se torna eficaz, capaz, portanto, de produzir trabalho efetivo quando ela é controlada e quem a controla é a informação (Tani, 1998). A produção de energia, como bem se conhece, envolve um processo em que o organismo capta matéria do meio ambiente via nutrição e, mediante o metabolismo, transforma-a em energia química; essa energia química é, por sua vez, transformada em energia mecânica no sistema muscular, resultando em movimento. Choshi (1975), ao fazer uma crítica à demasiada ênfase atribuída ao aspecto energético na compreensão do movimento humano na Educação Física, cunhou a expressão "problema do cavalo e do cavaleiro" para ilustrar essa relação. O cavalo, que é dirigido pelo cavaleiro, representa a energia, enquanto o cavaleiro representa a informação que orienta e controla o cavalo. No que se refere ao organismo, o cavalo corresponde ao sistema muscular, e o cavaleiro, ao sistema nervoso central. Em termos de ganhos a se lograr por meio da prática, o cavalo diz respeito à melhoria do condicionamento físico, e o cavaleiro, à aquisição de habilidades motoras. Quanto a metas de desempenho, o cavalo relaciona-se a máximo (força, velocidade), e o cavaleiro, a ótimo (precisão, *timing*) (Tani, 1998).

Prevalece, ainda, no processo ensino-aprendizagem de habilidades motoras em educação física a ideia de que é possível melhorar a habilidade motora aumentando-se o condicionamento físico, ou melhor, fortalecendo o "cavalo". Isso implica dar ênfase ao aspecto energético do movimento, o que resulta em maior atenção ao aspecto quantitativo da prática (frequência, intensidade, duração), e não ao seu aspecto qualitativo (instrução, tipo de prática, feedback). Um exemplo prático é ilustrativo para evidenciar o equívoco dessa ideia. No basquetebol, por exemplo, é muito comum fazer o pivô treinar intensamente a força de impulsão vertical, com o objetivo de melhorar o seu desempenho no rebote. Pois bem. Considerando-se a relação entre a energia e a informação antes discutidas, pergunta-se: que sentido teria um pivô ser treinado para ter uma bela impulsão vertical se ele salta no momento errado em relação à bola? Por mais que se tenha uma capacidade singular de salto vertical, se o tempo do salto não for adequado às características espaciais e temporais da bola, o que poderá ocorrer é ele realizá-lo antes ou depois de a bola ter passado pelo ponto adequado para ser agarrada, isto é, com um *timing* inadequado. Da mesma forma, o que adiantaria ter uma impulsão vertical exuberante se ele se posiciona erradamente no espaço no tocante ao arremesso feito pelo adversário? Tudo indica que, nesse particular, o ditado popular está à frente do procedimento pedagógico, quando diz que "o importante é o jeito (cavaleiro), e não a força (cavalo)".

Princípio 7: a compreensão de uma habilidade motora envolve não apenas o reconhecimento do produto do movimento – se o objetivo foi alcançado com precisão e eficiência ou não –, mas, também, o entendimento de como os movimentos foram coordenados e controlados (Tani, 1999). No que concerne ao objetivo a ser alcançado, existem habilidades motoras em que ele está no ambiente externo, de modo que o movimento significa o meio para atingi-lo. É o caso, por exemplo, do lance livre, no basquetebol; do saque, no voleibol; e do chute ao gol, no futebol. Contudo, existem habilidades motoras em que o objetivo é a execução consistente de um determinado padrão de movimento, usualmente em conformidade com especificações técnicas a priori definidas. Como exemplo, podem-se citar os saltos ornamentais, as diferentes habilidades de solo da ginástica artística e as habilidades do salto acrobático.

No processo ensino-aprendizagem em educação física, é muito habitual, no caso das habilidades motoras em que o objetivo está no meio ambiente externo, o professor enfatizar e valorizar apenas o resultado do movimento (por exemplo, a precisão no alvo), esquecendo-se de dar a devida atenção à execução do movimento. Esse comportamento tem importantes implicações no processo ensino-aprendizagem de habilidades motoras. Caso o professor não tenha prestado a devida atenção ao padrão de movimento, nenhuma instrução poderá oferecer ao aluno para ajudá-lo a atingir o objetivo nas tentativas subsequentes. O único feedback possível será acerca do resultado do movimento no meio ambiente, que, para o aluno, é redundante e desnecessário, pois já é do seu conhecimento.

No caso das habilidades motoras em que o objetivo é a própria execução do movimento de maneira consistente, é natural que o professor esteja atento à sua execução para poder fornecer o feedback. Mas essa atenção ao padrão de movimento é também importante para as habilidades motoras cujo objetivo está no meio ambiente externo, visto que existe uma correlação entre o alcance do objetivo e o movimento executado (Tani & Corrêa, 2004). O mais provável é se alcançar o objetivo com o movimento sendo executado de acordo com o planejado, conforme mostra o bem conhecido modelo de avaliação do desempenho proposto por Gentile (1972). Daí a necessidade de se orientarem os alunos para que, ao final de cada tentativa, faça duas perguntas para si e tente a elas responder: a primeira, se o objetivo foi alcançado; e a segunda, se o movimento foi executado conforme planejado. O sucesso acontece quando se obtém resposta "sim" para ambas as perguntas. A prática tem como meta a consolidação dessa relação entre o alcance do objetivo e a execução do movimento em conformidade com o planejado.

Princípio 8: a aquisição de habilidades motoras caracteriza um processo de solução de problemas motores. Assim, a solução é buscada e explorada pelo aluno, e não dada a priori pelo professor, de maneira que a aprendizagem não se caracteriza pela repetição de soluções prontas. Ao contrário, ela envolve uma participação ativa do aluno como agente do processo de aprendizagem, e não como um receptor passivo de soluções acabadas. Entretanto, no processo ensino-aprendizagem em educação física, é muito comum acontecer exatamente o contrário, ou seja, a aprendizagem ser concebida como uma repetição mecânica de um padrão de movimento, em que o aspecto quantitativo da prática acaba prevalecendo (número de repetições). Evidentemente, consiste-se em uma visão inapropriada de movimento que resulta em procedimento inadequado de ensino.

Na realidade, o ser humano é incapaz de executar dois movimentos idênticos. Existem várias explicações para isso (Bernstein, 1967). Primeiramente, o problema de controle dos inúmeros graus de liberdade que estão presentes na execução do movimento, que torna inevitável a variabilidade inerente ao movimento. Os graus de liberdade podem ser encontrados em diferentes níveis de execução do movimento, por exemplo, no número de articulações que dele participam, no número de músculos que sobre elas agem, até mesmo no número de unidades motoras que devem ser ativadas para produzi-lo. Em segundo lugar, existe o problema da imprevisibilidade das variações ambientais, que exigem adaptações do padrão de movimento às circunstâncias particulares do momento. E, por fim, o problema da característica não linear dos próprios músculos, que implica um mesmo comando motor produzindo diferentes efeitos, dependendo de suas condições iniciais.

Esse entendimento remete à necessidade de uma redefinição do conceito de prática na aquisição de habilidades motoras (Tani, 1991). De acordo com Bernstein (1967), prática significa a repetição do processo de solucionar problemas motores, e não a repetição do meio de solucioná-los. Ela envolve, portanto, a repetição (do processo) sem repetição (do meio), visto que, se essa condição não for respeitada, significará uma simples repetição mecânica de movimentos que resultará em movimentos rígidos e estereotipados, contrariando a natureza marcante de habilidades motoras, que é demonstrar, ao mesmo tempo, consistência e variabilidade. Isso derruba qualquer argumento a favor da repetição mecânica de um determinado padrão de movimento para se adquirir a habilidade motora.

Aqueles que criticaram a abordagem desenvolvimentista, sem fundamento, apontando que ela padronizava o movimento dos escolares, deveriam ter conhecimento desses mecanismos e processos subjacentes ao movimento humano e à aprendizagem motora antes de fazer a crítica. No entanto, escolheram se pautar em slogans ideológicos de emancipação humana relativas a um fantasma criado para esse fim, ou seja, a mecanização deliberada e "automatizante" do movimento, com fins de dominação e adestramento, que denominaram de *tecnicismo*. Convém aqui esclarecer que a automatização do movimento, que significa outra coisa, acontece e é extremamente importante para o ser humano. Ela possibilita ao sistema nervoso central ocupar-se com outros aspectos do movimento que não o seu controle, libertando os centros mais elevados de processamento para lidar com outros aspectos relevantes. Ademais, não se perde a capacidade de controlar esses movimentos de maneira consciente, sempre que necessário, de modo que a plasticidade está resguardada.

Para compreender a importância de movimentos automatizados, basta pensar um pouco a respeito de algumas atividades do cotidiano. Por exemplo, o que seria da nossa vida se precisássemos controlar o nosso andar conscientemente? Caminhar pelo parque conversando com outras pessoas ou ouvindo música seriam coisas impossíveis. Da mesma maneira, o que aconteceria se a nossa habilidade de dirigir o carro não estivesse automatizada? Passear com a família de carro, apreciando as belas paisagens, é para esquecer. E o que aconteceria se a habilidade de uma criança de quicar a bola não estivesse automatizada? Durante um jogo, prestar atenção para os deslocamentos dos companheiros e dos adversários na quadra, nem pensar.

O importante é fazer dos movimentos automatizados a base para desafiar e adquirir habilidades crescentemente complexas. A automatização do movimento, ao contrário do que muitas pessoas pensam na educação física, liberta. É preciso usar essa liberdade para explorar a potencialidade que a natureza de sistemas abertos confere.

Princípio 9: a especificação dos detalhes microscópicos do movimento implica perda de flexibilidade. Como foi anteriormente mencionado, uma das características mais marcantes de habilidades motoras é que elas demonstram, ao mesmo tempo, consistência e flexibilidade. Um grande desafio tem sido encontrar uma estrutura de controle motor à retaguarda capaz de abarcar essas duas características aparentemente contraditórias. Temos proposto a ideia de um programa de ação hierarquicamente organizado em dois níveis: macro e micro (mais detalhes em Tani, 1995; 2000; 2005a). A macroestrutura de um programa de ação relaciona-se ao padrão que emerge a partir da interação dos componentes, e a microestrutura corresponde aos próprios componentes. Nessa proposta, a macroestrutura é entendida como orientada à ordem e responsável pela consistência das habilidades motoras. A microestrutura, por sua vez, orientada à desordem e responsável pela sua variabilidade. Sem essa variabilidade, o padrão de movimento tornar-se-ia rígido e perderia a capacidade de adaptação às mudanças ambientais e da tarefa. Portanto, a variabilidade na microestrutura garantiria a flexibilidade das habilidades motoras.

No processo ensino-aprendizagem em educação física, muitas vezes, o professor, imbuído da melhor das intenções, desejando contribuir para que o aluno melhore a consistência das habilidades motoras, fornece instruções que especificam os detalhes microscópicos do movimento, visando reduzir e, se possível, eliminar a variabilidade. Com esse procedimento, ao contrário das intenções, ele acaba comprometendo a própria execução do movimento, exatamente por restringir demasiadamente a variabilidade na microestrutura, que é necessária para a sua execução. É possível deduzir, nesse caso, que para esse professor prevalece uma visão dicotômica de que consistência e variabilidade são características antônimas que não podem coexistir numa mesma estrutura, quando o segredo das habilidades motoras está exatamente na coexistência harmônica dessas duas características. Como se sabe, a visão dicotômica foi substituída pela visão sistêmica, em que características aparentemente contraditórias como ordem e desordem, informação e incerteza, sinal e ruído, precisão e erro, forma e caos, organização e desorganização não são mutuamente excludentes, e, sim, complementares, coexistindo numa mesma estrutura (Miller, 1978). O professor ter conhecimento da habilidade motora nos seus detalhes microscópicos significa uma coisa; outra é direcionar a sua instrução para esses detalhes na esperança de aumentar a consistência, esquecendo-se da variabilidade.

Princípio 10: uma capacidade notável de seres humanos, no que concerne às suas habilidades motoras, é aquela de alcançar um mesmo objetivo ou realizar uma mesma ação por meio de diferentes movimentos, denominada de equivalência motora (Glencross, 1980; Hebb, 1949; Turvey, 1977). Associando-se à essa capacidade o fato de não ser possível executar um mesmo movimento duas vezes por causa da variabilidade inerente ao movimento anteriormente discutida, chega-se à conclusão de que não é possível a existência de uma solução única e eficiente para um problema motor, mas, sim, um conjunto de soluções (Tani, 1998; 2008b). Claramente, essas duas características marcantes de ações habilidosas – equivalência motora e variabilidade – colocam grandes desafios para o ensino de habilidades motoras, nomeadamente em relação à utilização da técnica de movimento (Tani, 1997; Tani, Santos & Meira Jr., 2006). Colocado de outra forma, cabe a seguinte pergunta: se o ser humano é capaz de alcançar uma mesma meta por meio de diferentes movimentos, que sentido teria aprender uma determinada técnica de movimento que, pela própria definição, é o/um meio supostamente mais eficiente para se alcançar um determinado objetivo (Tani, 1991)? Não estaria o ensino da técnica limitando ou inibindo a exploração das várias possibilidades de movimento, resultando, assim, num pobre repertório motor?

É oportuno esclarecer que o conceito de técnica nesse contexto está sendo utilizado no sentido da informação disponível de antemão acerca do meio de se alcançar o objetivo no meio ambiente externo, com eficiência. Ela pode ser vista como o produto final ou a culminância do processo de busca de uma solução eficiente para um problema motor, a começar por tentativa e erro, empreendida historicamente pelo ser humano. Ou seja, como a objetivação da consistência na relação meio-fim que foi descoberta na busca de solução para um dado problema (Tani et al., 2006). A técnica, assim concebida, constitui um patrimônio cultural da humanidade, seja no esporte, nas artes marciais, na dança, na música, na pintura, na escultura, na cerâmica, entre tantas outras expressões motoras. Ela não existia a priori; é resultado de um processo de criação empreendido pelo ser humano.

Agora, existe outro conceito de técnica que tem a ver com a informação disponível de antemão no que diz respeito à execução de um movimento específico (Tani et al., 2006). Nesse caso, ela surge com a própria criação da habilidade; no caso do esporte, por exemplo, em forma de fundamentos. Exemplificando, pode-se citar o saque, a recepção, o levantamento e a cortada como técnicas do voleibol elaboradas na própria invenção da modalidade. Elas são seus elementos constituintes. Nesse caso, não resta dúvida de que elas necessitam ser ensinadas como tal se o objetivo é fazer o aluno aprender o voleibol. Apenas lembrando que, como o ser humano não é capaz de executar dois movimentos idênticos, a aprendizagem da técnica, mesmo nesse contexto, não deixa de caracterizar um processo de solução de problemas motores, de modo que ao final resultará um padrão de movimento que contemple certa variação no que se refere à técnica, incorporando as idiossincrasias de cada pessoa. O resultado é aquilo que se conhece, comumente, como estilos individuais.

Temos proposto como uma possível solução para o aparente impasse no tocante a ensinar ou não a técnica, no caso do primeiro entendimento de técnica antes mencionado, o estabelecimento de critérios para se definir a extensão da variabilidade de prática a ser adotada na busca de solução para o problema motor (Tani, 2008b). Estamos propondo, entre os vários critérios que podem ser pensados, três que parecem fundamentais: o tipo de habilidade (aberta ou fechada), o estágio de desenvolvimento (por exemplo, primeira infância, segunda infância, adolescência, e assim por diante) e a fase de aprendizagem (cognitiva, associativa e autônoma). Combinando-se todas essas variações relativas a cada critério, poder-se-ia definir a extensão da variabilidade. Ela seria máxima se fosse ensinada uma habilidade aberta para crianças da primeira infância e na fase inicial da aprendizagem. Ao contrário, seria mínima quando se tratasse de uma habilidade fechada para adultos na fase final da aprendizagem. Entre esses dois extremos, poderiam ser definidos diferentes níveis de variabilidade de prática, dependendo da combinação das variações em cada critério. Assim, em situações de alta variabilidade, o ensino da técnica seria desencorajado, e o processo de aprendizagem se caracteriza pela exploração de vários meios para se solucionar o problema motor. Inversamente, quando a variabilidade é mínima, o ensino de um padrão correspondente ou semelhante a uma técnica seria pertinente, com o processo de aprendizagem envolvendo o refinamento de um padrão de movimento específico (Tani, 2008b; Tani et al., 2006).

Em suma, a técnica é claramente uma forma de restrição (*constraint*) do movimento, pois constitui uma informação sobre a maneira mais eficiente de alcançar um objetivo. Temos proposto a seguinte ideia a ser explorada no processo ensino-aprendizagem de habilidades motoras na educação física (Tani, 1998): proporcionar liberdade na escolha de alternativas e encorajar os aprendizes a explorarem suas potencialidades de movimento, sendo a técnica entendida como informações relativas à macroestrutura do movimento, e não às suas especificações microscópicas, a serem utilizadas como um referencial orientador dessa exploração. Nesse sentido, a técnica seria mais bem entendida como ponto de partida, e não como ponto de chegada da aquisição de habilidades motoras (Tani et al., 2006).

Princípio 11: os fatores de desordem são fontes de ordem na aquisição de habilidades motoras. De uns tempos para cá, temos presenciado alguns resultados paradoxais nas pesquisas que investigam os fatores que afetam a aquisição de habilidades motoras. Por exemplo, nos estudos concernentes aos efeitos do conhecimento de resultados (CR), tem sido mostrado que o aumento de incerteza ou redução de informação – portanto, aumento de desordem – parece contribuir para uma aprendizagem mais efetiva

(Chiviacowsky, 2005; Chiviacowsky et al., 2016; Chiviacowsky & Tani, 1993; 1997). Como sabemos, por muito tempo reconheceu-se que, quanto mais preciso e mais frequente o CR, melhor seriam os seus efeitos na aquisição de habilidades motoras. Entretanto, estudos publicados após o artigo seminal de Salmoni, Schmidt e Walter (1984) têm mostrado que a frequência relativa de CR constitui uma importante variável de aprendizagem. Até então, apenas a frequência absoluta era considerada relevante, pois tentativas sem CR eram vistas como neutras. De fato, estudos têm mostrado, de forma consistente, que a redução da frequência relativa de CR, embora prejudique o desempenho na fase de aquisição, revela efeitos benéficos no teste de transferência (Swinnen, 1996; Winstein & Schmidt, 1990).

Outro tipo de resultados paradoxais tem sido observado em estudos referentes aos efeitos da interferência contextual. Em situação de prática variada, a prática por blocos tem resultado em desempenho superior na fase de aquisição relativamente à prática aleatória. Entretanto, nos testes de retenção e transferência, um resultado oposto é observado, ou seja, a prática aleatória tem mostrado desempenhos superiores à prática por blocos. Esse paradoxo existente entre a aquisição e a retenção/transferência tem sido denominado de *efeito da interferência contextual* (Magill & Hall, 1990; Hall & Magill, 1995). Para explicar como um fator relacionado à desordem, no caso da aleatoriedade, pode contribuir para a aquisição de habilidades motoras, os principais argumentos têm sido que a prática variada aleatória possibilita uma melhor distinção e elaboração, na memória, de traços e/ou planos de ação relativos às tarefas praticadas (Battig, 1979; Shea & Zimny, 1983), bem como um fortalecimento do plano de ação em virtude de sua constante reconstrução, fazendo com que ele fique resistente ao esquecimento (Lee & Magill, 1983; 1985).

Esses resultados paradoxais, que mostram o papel construtivo dos fatores de desordem na aquisição de habilidades motoras, têm como característica comum o aumento de autonomia do aluno. No caso do CR, quando fornecido com elevada frequência, torna os alunos dependentes dessa informação, o que acaba dificultando o desenvolvimento da capacidade de detecção e correção de erro por conta própria, por meio do processamento de feedback intrínseco. Por sua vez, em relação à interferência contextual, é possível inferir que ela leva o aluno, mediante busca própria, a encontrar ordem na aleatoriedade. Esses achados sugerem mudanças no ensino de habilidades motoras, apontando para a valorização da autonomia do aluno na aprendizagem. Isso implica priorizar o processo de exploração para o desenvolvimento da capacidade de detectar e corrigir erros por si e de extrair informação da aleatoriedade por conta própria, não sendo dependente da informação externa acerca do erro, tampouco da regularidade contextual para solucionar problemas.

Princípio 12: atribuir ao aluno o controle de certos aspectos da prática, denominada de aprendizagem motora autocontrolada, resulta na aquisição mais eficiente de habilidades motoras. Por muito tempo, as condições de prática – aspectos como número de tentativas, tipo de prática, fornecimento de instruções e de feedback, entre outros – nas pesquisas em Aprendizagem Motora eram totalmente controladas pelo experimentador. De meados da década de 1990 para cá, tem havido uma mudança radical nesse método de pesquisa, atribuindo-se aos participantes o controle de alguns aspectos da prática. Essa mudança no domínio metodológico reflete uma mudança no modo de conceber a própria aprendizagem, no sentido de o aprendiz passar de um receptor passivo de informações para um agente do seu próprio processo de aprendizagem (Corrêa & Walter, 2009). Em outras palavras, a aprendizagem motora autocontrolada centra-se na valorização da autonomia do aprendiz.

Uma série de estudos tem confirmado a superioridade da prática autocontrolada no que concerne à prática externamente controlada na aprendizagem de diferentes habilidades, manipulando-se diferentes variáveis (para uma revisão, veja Walter et al., 2016). Várias explicações para a eficácia da prática autocontrolada têm sido apresentadas, entre elas: o envolvimento mais ativo, que resulta num processamento profundo das informações; o sentimento de autoeficácia, que eleva a motivação intrínseca; a percepção de autocontrole, que gera maior comprometimento com o processo de aprendizagem; o esforço e a persistência aumentados, que resultam em maior dedicação; as experiências individualizadas e específicas, que se ajustam às diferenças individuais; e a responsabilidade pela aprendizagem, que gera maior participação.

As pesquisas continuam, mas a robustez dos achados até agora obtidos (Walter et al., 2016; Wulf, 2007) sugere que, na mesma linha de argumentação apresentada nos dois princípios anteriores, a autonomia do aluno possibilitando-lhe uma participação mais ativa no processo de aprendizagem leva a ganhos significativos na aquisição de habilidades motoras. Isso tem importantes implicações no processo ensino-aprendizagem em educação física, na medida em que sugere um ensino menos centrado no professor, proporcionando aos alunos uma maior liberdade na escolha de suas ações para solucionar problemas motores.

Princípio 13: a aquisição de habilidades motoras caracteriza um processo contínuo e hierárquico em direção a estados crescentemente complexos de organização. Entretanto, as teorias de aprendizagem motora até aqui propostas (por exemplo, Fitts & Posner, 1967; Adams, 1971; Schmidt, 1975) explicam apenas uma parte desse processo, qual seja, a estabilização do desempenho que se caracteriza por um processo homeostático (de equilíbrio) alcançado via feedback negativo, resultando na aquisição de programas motores, de traços (perceptivos e de memória) ou esquemas (de reconhecimento e de recordação). No entanto, sabe-se que processos baseados em feedback negativo, que levam à estabilização do desempenho, são capazes de manter a estrutura ou ordem, mas são incapazes de conduzir a uma nova estrutura. A automatização, vista como a fase final do processo de aprendizagem motora por essas teorias, é um exemplo típico de estabilização do desempenho. Assim, as teorias correntes projetam uma visão finita do processo de aprendizagem, que se encerra com a automatização.

Baseados nas proposições do paradigma sistêmico de que a formação de novas estruturas pressupõe instabilidade ou quebra de estabilidade, temos proposto um modelo de não equilíbrio em aprendizagem motora (Choshi, 1982; Choshi & Tani, 1983; Corrêa et al., 2015; Tani, 1982; 2000; 2005b; Tani et al., 2014), em que a aquisição de habilidades motoras melhor caracteriza um processo cíclico e dinâmico de instabilidade-estabilidade, resultando em crescente complexidade. Esse modelo propõe dois processos fundamentais: estabilização e adaptação. O primeiro é aquele em que se busca a estabilidade funcional que resulta na padronização espacial e temporal do movimento (formação de estrutura). Isso envolve um processo em que movimentos inicialmente inconsistentes são gradativamente, refinados até se alcançarem movimentos padronizados e precisos. Nesse processo, o elemento fundamental é o feedback negativo. O segundo é aquele em que se procura adaptação às novas situações ou tarefas motoras (perturbação), por meio da aplicação das habilidades já adquiridas. Nesse processo, exigem-se modificações na estrutura da habilidade já adquirida e uma posterior reorganização dessa estrutura, que resulta em nova estabilidade, num nível superior de complexidade, isto é, adaptação.

No processo ensino-aprendizagem de habilidades motoras em educação física, ainda prevalece a visão de aprendizagem motora como um processo finito, que termina com a automatização. Essa visão não contempla uma característica fundamental de seres humanos, como sistemas abertos em busca de estados crescentemente complexos de organização. Assim, a experiência de aprendizagem se limitada apenas ao alcance da estabilização, que, ao fim e ao cabo, significa a manutenção da estrutura. É importante que essa visão seja repensada, para que o aluno seja visto como um sistema aberto, capaz de ousadia para introduzir entropia no sistema (desmantelar estruturas já adquiridas) e, desse modo, alcançar uma nova ordem. Em outras palavras, espera-se um ensino que não vise apenas ao alcance da estabilidade do desempenho, mas que proporcione liberdade e estimule o aluno a quebrá-la e busque adaptação em níveis superiores de complexidade. A potencialidade do aluno será mais bem explorada quando a aprendizagem motora for assim concebida.

Princípio 14: no contexto escolar, a promoção da aprendizagem do movimento pode enfrentar dificuldades em virtude das condições precárias existentes, por exemplo, a falta de espaço adequado, a carência de material didático, o tempo reduzido de prática e a frequência baixa de aulas semanais. Temos proposto, como uma possível solução para esse problema, direcionar o foco da instrução para outra dimensão dessa mesma aprendizagem do movimento, que é o conhecimento referente a como melhorar a qualidade do movimento (Tani, 2007; 2015). Esse conhecimento relaciona-se com a identificação dos processos e procedimentos essenciais à aquisição de habilidades motoras. A aquisição desse conhecimento, na escola, possibilitaria ao aluno a sua aplicação em todas as oportunidades de prática fora da escola, para adquirir a habilidade motora. Assume-se, portanto, que conhecimentos sobre como melhorar a qualidade do movimento podem se constituir num dos conteúdos prioritários de ensino da educação física na escola.

Entre muitos conhecimentos com elevado potencial nessa perspectiva, as dicas de aprendizagem têm merecido a nossa atenção (Silveira et al., 2013). Dicas verbais são informações concisas, objetivas e diretas a respeito de aspectos cruciais da habilidade transmitidas em forma de instruções, para orientar o aprendiz na execução da habilidade motora (Buchanan & Briggs, 1998; Fronske, 2001; Landin, 1994; Marques-Dahi et al., 2016). Resultados de estudos têm mostrado que o oferecimento de dicas leva a uma significativa melhora na aprendizagem de escolares (Masser, 1993; Roach &

Burwitz, 1986; Silveira et al., 2013), apontando o potencial que esse conhecimento tem de ser transformado em conteúdo de ensino na escola.

Estudos têm mostrado que, numa aula de educação física na escola, o tempo que o aluno pratica atividades motoras efetivamente é de aproximadamente 15 minutos numa aula de 50 minutos. Como foi mencionado, com esse tempo, fica praticamente inviabilizada a aquisição de habilidades motoras durante as aulas. Isso coloca em xeque uma das aprendizagens propostas pela abordagem desenvolvimentista – a aprendizagem do movimento. No entanto, com o ensino dos conhecimentos sobre como melhorar a qualidade do movimento, por exemplo, as dicas de aprendizagem, essa dificuldade pode ser superada, mesmo porque esses conhecimentos podem ser ensinados no tempo que as aulas dispõem, viabilizando a aprendizagem do movimento.

O campo está aberto para a investigação de diferentes dicas, e, nesse cenário, é preciso trazer aquelas dicas que se mostraram bem-sucedidas na prática pedagógica de professores experientes para serem transformadas em objetos de pesquisa conjunta para verificar a sua eficácia. Se comprovadas, elas poderão ser transformadas em importantes conhecimentos a serem incorporados como conteúdos de ensino, para enriquecer o currículo da educação física escolar na perspectiva desenvolvimentista.

Princípio 15: a ideia de desenvolvimento hierárquico de habilidades motoras possibilita melhor escolha do conteúdo a ser ensinado, com vistas ao desenvolvimento ótimo de potencialidades motoras dos alunos. De acordo com Choshi (1983), o desenvolvimento motor envolve basicamente dois processos: o aumento de diversificação, que significa o aumento na quantidade de elementos do comportamento, e o aumento de complexidade, que implica o aumento da interação entre os elementos do comportamento. Por exemplo, a criança desenvolve inicialmente o andar e, a seguir, desenvolve o andar diversificado variando-o quanto aos parâmetros força, velocidade e direção. Com base nesses padrões diversificados de andar, a criança desenvolve o correr e, pelo mesmo processo, o correr diversificado. Outras habilidades motoras fundamentais, como o saltar, o receber e o arremessar são desenvolvidas pelo mesmo processo, aumentando-se o repertório de movimentos. Na sequência, essas habilidades motoras fundamentais são combinadas para formar estruturas cada vez mais complexas, até se chegar às habilidades específicas, como as do esporte. Por exemplo, o correr combinado com o quicar a bola, dá origem a uma estrutura mais complexa chamada driblar, e o driblar combinado com o saltar e o arremessar dá origem à bandeja do basquetebol. Denomina-se esse processo em que se observa o aumento crescente de complexidade do movimento, em que as habilidades anteriormente desenvolvidas se tornam seus componentes, de *desenvolvimento hierárquico de habilidades motoras* (Connolly, 1977).

Os conhecimentos acerca do processo de desenvolvimento hierárquico de habilidades motoras possibilitam interpretar com mais propriedade os significados do movimento nas diferentes fases do ciclo de vida do ser humano (Tani, 1987; 1998). Dessa forma, facilitam o diagnóstico das necessidades e interesses dos alunos que sejam coerentes com as suas características de desenvolvimento, viabilizando tomadas de decisão mais adequadas no que diz respeito aos conteúdos de ensino (Tani et al., 1988).

No processo ensino-aprendizagem em educação física, quando esse processo de desenvolvimento hierárquico não é devidamente considerado, incorre-se, frequentemente, na subestimulação motora dos alunos, ou melhor, no oferecimento de conteúdos que em termos de exigência estão muito aquém das capacidades adquiridas ou, inversamente, na superestimulação, quando os conteúdos estão muito além dessas capacidades. Outro aspecto importante na ideia de organização hierárquica é que o desenvolvimento progride na direção do aumento de complexidade, cujo final está aberto em virtude da natureza dos sistemas abertos anteriormente discutida. Em suma, o conhecimento sobre o processo de desenvolvimento hierárquico de habilidades motoras é fundamental para o professor relacionar o aluno e a matéria para bem desempenhar a sua função no processo ensino-aprendizagem.

Princípio 16: a combinação de habilidades motoras implica o desmantelamento parcial dos componentes, o que requer flexibilidade nas suas estruturas. De acordo com a teoria de organização hierárquica, a interação dos componentes resulta na formação de estruturas mais complexas. Uma das formas básicas de interação é a combinação dos componentes. Baseados nesse entendimento, Tani et al. (1988) propuseram um modelo de desenvolvimento motor que contempla uma fase muito importante, que se denomina combinação de movimentos fundamentais. O que se busca desenvolver nessa fase são combinações cada vez mais complexas e elaboradas de habilidades motoras fundamentais, ainda de caráter genérico, ou seja, não associadas a nenhuma habilidade específica.

A combinação de habilidades, ao contrário do que muitos pensam, constitui um desafio nada trivial, pois não significa uma simples execução sequenciada dos componentes, mantendo-se os seus padrões originais. Trata-se de um processo de reorganização que demanda flexibilidade de cada um dos componentes, visto que implica "perder" um pouco da sua forma original, exatamente para possibilitar a combinação com outros componentes (Tani et al., 2012).

Existem diferentes maneiras de se desenvolver a combinação de habilidades básicas: em forma de sequências estruturadas pelo professor, por meio de brincadeiras e jogos de diferentes tipos, naturezas e níveis de organização, proposição de problemas motores que necessitam de combinações de habilidades motoras básicas para a sua solução, e assim por diante. O importante é que, em todas elas, está implícita a necessidade de desmantelamento ótimo das estruturas adquiridas para viabilizar a combinação. Isso, por sua vez, implica coragem e ousadia, o que faz lembrar o ditado de que crianças que têm medo de errar aprendem mal.

Princípio 17: a motivação é um aspecto fundamental para a ocorrência de uma aprendizagem efetiva. No processo ensino-aprendizagem em educação física, existem várias maneiras de se trabalhar a motivação do aluno, tanto em relação ao conteúdo como método de ensino. No que se refere a conteúdo, os mais utilizados são os jogos de diferentes naturezas em que o lúdico se faz presente. Relativamente ao método, o mais comum é dar liberdade para os alunos explorarem várias formas de movimento. Mais recentemente, fornecer ao aluno liberdade para estabelecer metas de aprendizagem tem também recebido atenção como um método motivacional (para uma revisão, veja, por exemplo, Neiva et al., 2016).

Em todos esses exemplos, a motivação está relacionada com a liberdade. No entanto, é importante considerar que existem dois tipos de liberdade que precisam ser diferenciados e devidamente trabalhados nas aulas de educação física (para mais detalhes, Tani, 1998). O primeiro diz respeito à "liberdade de" alguma coisa. Pode ser liberdade de regras, normas e prescrições, assim como do professor, dos pais, enfim de tudo o que possa estabelecer restrições ao comportamento. Diz o senso comum que o futebol de rua é mais interessante e motivante porque possibilita ampla liberdade na escolha de ações – fazer o que quiser e como quiser. Sim, pode até ser, mas conta apenas a metade da história, porque, de nada adianta ter "liberdade de" se não tiver outro tipo de liberdade, que é a "liberdade para". A "liberdade para" implica competência, capacidade de realização. Se a criança não domina minimamente as habilidades motoras do futebol, ela não conseguirá desfrutar da alegria que a "liberdade de" pode propiciar. E sabe-se que não existe possibilidade de se adquirir "liberdade para" que não envolva restrições. Ademais, é a "liberdade para" que possibilita desfrutar da sensação de realização, definitivamente, um fator decisivo para se elevar a motivação intrínseca (Tani, 2013).

18.3 CONSIDERAÇÕES FINAIS

O envolvimento com a pesquisa em Aprendizagem Motora pode ocorrer com diferentes motivações. Uma delas poderia ser com o objetivo de produzir conhecimentos e contribuir para o avanço do campo de investigação. Nesse caso, o conhecimento a ser obtido seria o ponto de chegada do empreendimento. Outro seria envolver-se com a pesquisa com os olhos voltados não apenas à produção do conhecimento, mas, também, pensando na sua possível aplicação para melhorar a prática profissional. Nesse caso, o conhecimento a ser produzido seria o ponto de partida para um novo empreendimento. Uma possibilidade seria realizar pesquisas aplicadas, a partir desses conhecimentos, com o objetivo de produzir conhecimentos aplicados ou procedimentos de intervenção. A outra seria refletir sobre e sistematizar as possíveis implicações desses conhecimentos na intervenção, projetando ideias e hipóteses operacionais de experimentação.

O presente texto procurou reunir as implicações dos conhecimentos concernentes à aprendizagem motora no processo ensino-aprendizagem de habilidades motoras no contexto da abordagem desenvolvimentista da educação física escolar, pensadas, discutidas e organizadas ao longo da carreira. Daí a inevitabilidade da longa lista de trabalhos próprios que foram citados, pela qual peço desculpas ao leitor. Ele foi escrito com a intenção primeira de contribuir para que o professor possa organizar o ensino de habilidades motoras nessa abordagem e também com a expectativa de que o mesmo, ao reconhecer a potencialidade e utilidade dos conhecimentos de Aprendizagem Motora, possa se colocar numa posição de solucionar problemas, procedendo a sua efetiva experimentação no cotidiano da intervenção. Essa atitude de pesquisador é reconhecidamente um componente imprescindível para o constante aperfeiçoamento do professor de educação física. O processo ensino-aprendizagem visto como um sistema demanda que todos os seus componentes constituintes – o professor, o aluno e a matéria – mudem e evoluam com o tempo, para que o seu objetivo seja devidamente alcançado.

REFERÊNCIAS

Adams, J. A. (1971). A closed-loop theory of motor learning. *Journal of Motor Behavior, 3*, 111-150.

Battig, W. F. (1979). The flexibility of human memory. In L. S. Cermak & F. J. M. Craik (Eds.), *Levels of processing in Human Memory.* Lawrence Erlbaum.

Bernstein, N. (1967). *The co-ordination and regulation of movements.* Pergamon Press.

Bertalanffy, L. von. (1968). *General systems theory.* George Braziller.

Buchanan, A. M., & Briggs, J. (1998). Making cues meaningful: a guide for creating your own. *Teaching Elementary Physical Education, 8*, 16-18.

Chiviacowsky, S. (2005). Frequência de conhecimento de resultados e aprendizagem motora: linhas atuais de pesquisa e perspectivas. In G. Tani (Ed.), *Comportamento motor: aprendizagem e desenvolvimento* (pp. 185-207). Guanabara Koogan,

Chiviacowsky, S., Drews, R., & Nunes, M. E. S. (2016). Efeito do feedback na aquisição de habilidades motoras. In G. Tani (Ed.), *Comportamento motor: conceitos, estudos e aplicações* (pp. 157-162). Guanabara Koogan.

Chiviacowsky, S., & Tani, G. (1993). Efeitos da frequência de conhecimento de resultados na aprendizagem de uma habilidade motora em crianças. *Revista Paulista de Educação Física, 7*, 45-57.

Chiviacowsky, S., & Tani, G. (1997). Efeitos da frequência de conhecimento de resultados na aprendizagem de diferentes programas motores generalizados. *Revista Paulista de Educação Física, 11*, 15-26.

Choshi, K. (1975). The concept of system and the human perceptual-motor behavior. In H. Hagiwara & K. Choshi (Eds.), *Human perceptual-motor behavior.* Fumaido (in Japanese).

Choshi, K. (1978). The beginner and the learning of movement technique. *Taikukakyoiku, 26*, 8-10 (in Japanese).

Choshi, K. (1982). *An analytical study of the adaptive process in motor learning. Memoirs of the Faculty of Integrated Arts and Sciences III* (Vol. 6, pp. 75-82). Hiroshima University (in Japanese).

Choshi, K. (1983). Introduction to the study of pre-school education that leads one to like movement. *Taikukakyoiku, 31*, 25-28 (in Japanese).

Choshi, K., & Tani, G. (1983). Stable system and adaptive system in motor learning. In Japanese Association of Biomechanics (Ed.), *The science of movement V*. Kyorin (in Japanese).

Christina, R. W. (1989). Whatever happened to applied research in motor learning? In J. S. Skinner, C.B. Corbin, D. M. Landers, P. E. Martin & C. L. Wells (Eds.), *Future directions in exercise and Sport Science Research*. Human Kinetics.

Connolly, K. J. (1977). The nature of motor skill development. *Journal of Human Movement Studies, 3*, 128-143.

Corrêa, U. C., Benda, R. N., Oliveira, D. L., Ugrinowitsch, H., Freudenheim, A. M., & Tani, G. (2015). Different faces of variability in the adaptive process of motor skill learning. *Nonlinear Dynamics, Psychology, and Life Sciences, 19*(4), 465-487.

Corrêa U. C., & Walter C. (2009). A auto-aprendizagem motora: um olhar para alguns dos fatores que afetam a aquisição de habilidades motoras. In M. T. Catuzzo & G. Tani (Eds.), *Leituras em biodinâmica e comportamento motor: conceitos e aplicações*. Edupe.

Crum, B. J. (1993). Conventional though and practice in physical education: problems of teaching and implications for change. *Quest, 45*, 339-356.

Fitts, P. M. (1964). Perceptual-motor skill learning. In A.W. Melton (Ed.), *Categories of Human Learning*. Academic Press.

Fitts, P. M., & Posner, M. I. (1967). *Human performance*. Brooks/Cole.

Fronske, H. (2001). What are teaching cues? In H. Fronske (Ed.), *Teaching cues for sport skills* (pp. 1-10). Allyn and Bacon.

Gentile, A. M. (1972). A working model of skill acquisition with application to teaching. *Quest, 17*, 3-23.

Glencross, D. J. (1980). Levels and strategies of response organization. In G. E. Stelmach & J. Requin (Eds.), *Tutorials in Motor Behavior*. North-Holland.

Guthrie, E. R. (1952). *The psychology of learning*. Harper & Row.

Hall, K. G., & Magill, R. A. (1995). Variability of practice and contextual interference in motor skill learning. *Journal of Motor Behavior, 27*, 299-309.

Hebb, D. O. (1949). *The organization of behavior*. Wiley.

Jantsch, E. (1980). *The self-organizing universe: scientific and human implications of an emerging paradigm of evolution*. Pergamon Press.

Landin, D. K. (1994). The role of verbal cues in skill learning. *Quest, 46*, 299-313.

Lawson, H. A. (1984). *Invitation to physical education*. Human Kinetics.

Lee, T. D., & Magill, R. A. (1983). The locus of contextual interference in motor skill acquisition. *Journal of Experimental Psychology: Learning, Memory and Cognition, 9*, 730-746.

Lee, T. D., & Magill, R. A. (1985). Can forgetting facilitate skill acquisition? In D. Goodman, R. B. Wilberg & I. M. Franks (Eds.), *Differing perspectives in motor learning, memory, and control*. North-Holland.

Magill, R. A. (1990). Motor learning is meaningful for physical educators. *Quest, 42*, 126-133.

Magill, R. A., & Hall, K. G. (1990). A review of the contextual interference effect in motor skill acquisition. *Human Movement Science, 9*, 241-289.

Marques-Dahi, M. T. S. P., Pasetto, S. C., Ferreira, T. R. S., & Freudenheim, A. M. (2016). Efeitos das dicas de aprendizagem na aquisição de habilidades motoras. In G. Tani (Ed.), *Comportamento motor: conceitos, estudos e aplicações* (pp. 141-144). Guanabara Koogan.

Masser, L. S. (1993). Critical cues help first-grade students' achievement in handstands and forward rolls. *Journal of Teaching in Physical Education, 12*, 301-312.

Miller, G. A. (1956). The magical number seven, plus or minus two: some limits on our capacity for processing information. *Psychological Review, 63*, 81-97.

Miller, G. A. (1978). *Living systems*. McGraw-Hill.

Morford, W. R. (1972). Toward a profession, not a craft. *Quest, 18*, 88-93.

Mosston, M. (1972). *Teaching: from command to discovery*. Wadsworth Publishing.

Mosston, M., & Ashworth, S. (1986). *Teaching physical education*. Merrill.

Neiva, J. F. O., Araújo, U. O., Ugrinowitsch, H., & Corrêa, U. C. (2016). Efeito do estabelecimento de metas autocontrolado na aprendizagem motora. In G. Tani (Ed.), *Comportamento motor: conceitos, estudos e aplicações* (pp. 85-88). Guanabara Koogan.

Newell, K. M., & Rovegno, I. (1990). Commentary – motor learning: theory and practice. *Quest, 42*, 184-192.

Prigogine, I., & Stengers, I. (1984). *Order out of chaos: man's new dialog with nature*. Bantam Books.

Roach, N. K., & Burwitz, L. (1986). Observational learning in motor skill acquisition: the effect of verbal directing cues. In J. Watkins, T. Riley & L. Burwitz (Eds.), *Sport science: Proceedings of the VIII Commonwealth and International conference on sport, physical education, dance, recreation, and health* (pp. 349-354). Spon.

Salmoni, A. W., Schmidt, R. A., & Walter, C. B. (1984). Knowledge of results and motor learning: a review and critical reappraisal. *Psychological Bulletin, 95*, 355-386.

Schmidt, R. A. (1975). A schema theory of discrete motor skill learning. *Psychological Review, 82*, 225-260.

Schmidt, R. A. (1982). *Motor control and learning: a behavioral emphasis*. Human Kinetics.

Schrödinger, E. (1945). *What is life?* Cambridge University Press.

Shea, J. B., & Morgan, R. L. (1979). Contextual interference effects on the acquisition, retention and transfer of a motor skill. *Journal of Experimental Psychology: Human Learning and Memory, 5,* 179-187.

Shea, J. B., & Zimny, S. T. (1983). Contextual effects in memory and learning movement information. In R. A. Magill (Ed.), *Memory and control of action.* North-Holland.

Silveira, S. R., Correa, U. C., Basso, L., Ferreira, M. G., & Tani, G. (2013). Aquisição de habilidade motora rebater na educação física escolar: um estudo das dicas de aprendizagem como conteúdo de ensino. *Revista Brasileira de Educação Física e Esporte, 27*(1), 149-157.

Swinnen, S. P. (1996). Information feedback for motor skill learning: a review. In H.N. Zelaznik (Ed.), *Advances in motor learning and control* (pp. 37-66). Human Kinetics.

Tani, G. (1982). *Adaptive process in perceptual-motor skill learning.* Unpublished Doctoral Dissertation. Hiroshima University, Faculty of Education (in Japanese).

Tani, G. (1987). Educação física na pré-escola e nas quatro primeiras séries do ensino de primeiro grau: uma abordagem de desenvolvimento I. *Revista Kinesis, 3,* 19-41.

Tani, G. (1989). Significado, detecção e correção do erro de performance no processo ensino-aprendizagem de habilidades motoras. *Revista Brasileira de Ciência e Movimento, 3*(4), 50-58.

Tani, G. (1991). Perspectivas para a educação física escolar. *Revista Paulista de Educação Física, 5*(1/2), 61-69.

Tani, G. (1992). Contribuições da aprendizagem motora à educação física. *Revista Paulista de Educação Física, 6*(2), 65-72.

Tani, G. (1995). Vivências práticas no curso de graduação em educação física: necessidade, luxo ou perda de tempo? In *Anais do VI Simpósio de Pesquisa em Educação Física* (pp. 17-31). Universidade Federal de Santa Catarina.

Tani, G. (1997). Esporte e técnica. In P. L. Tambucci, J. G. Mariz de Oliveira & J. C. Coelho (Orgs.), *Esporte e jornalismo* (pp. 33-38). CEPEUSP.

Tani, G. (1998). Liberdade e restrição do movimento no desenvolvimento motor da criança. In R. J. Krebs, F. Copetti & T. S. Beltrame (Orgs.), *Discutindo o desenvolvimento infantil – Livro do Ano da Sociedade Internacional para Estudos da Criança* (pp. 39-62). Edições SIEC.

Tani, G. (1999). Atividade de pesquisa na Escola de Educação Física e Esporte da Universidade de São Paulo: passado, presente e futuro. *Revista Paulista de Educação Física.* Número especial comemorativo aos 30 anos de incorporação pela Universidade de São Paulo, *13,* 20-35.

Tani, G. (2000). Processo adaptativo em aprendizagem motora: o papel da variabilidade. *Revista Paulista de Educação Física, supl.3,* 55-61.

Tani, G. (2001). Educação física na educação infantil: pesquisa e produção do conhecimento. *Revista Paulista de Educação Física, supl. 4*, 110-115.

Tani, G. (2005a). Programação motora: organização hierárquica, ordem e desordem. In G. Tani (Ed.), *Comportamento motor: aprendizagem e desenvolvimento* (pp. 82-105). Guanabara Koogan.

Tani, G. (2005b). Processo adaptativo: uma concepção de aprendizagem motora além da estabilização. In G. Tani (Ed.), *Comportamento motor: aprendizagem e desenvolvimento* (pp. 60-70). Guanabara Koogan.

Tani, G. (2007). Desporto e escola: que diálogo ainda é possível? In J. O. Bento & J. M. Constantino (Coords.), *Em defesa do desporto: mutações e valores em conflito* (pp. 269-287). Almedina.

Tani, G. (2008a). Abordagem desenvolvimentista: 20 anos depois. *Revista da Educação Física da Universidade Estadual de Maringá, 19*(3), 313-331.

Tani, G. (2008b). Equivalência motora, variabilidade e graus de liberdade: desafios para o ensino de jogos desportivos. In F. Tavares, A. Graça, J. Garganta & I. Mesquita (Eds.), *Olhares e contextos da performance nos jogos desportivos* (pp. 85-92). Universidade do Porto.

Tani, G. (2013). Pedagogia do movimento: reflexões sobre atividade física para crianças e adolescentes. In W. R. Correia & L. Basso (Orgs.), *Pedagogia do movimento do corpo humano* (pp. 19-32). Fontoura.

Tani, G. (2015). Educação física escolar: do núcleo comum. In W. R. Correia & B. M. Rodrigues (Orgs.), *Educação física no ensino fundamental: da inspiração à ação* (pp. 75-92). Fontoura.

Tani, G. (2016). Aprendizagem motora: uma visão geral. In G. Tani & U. C. Corrêa (Orgs.), *Aprendizagem motora e o ensino do esporte* (pp. 19-41). Blucher.

Tani, G., Basso, L., & Corrêa, U. C. (2012). O ensino do esporte para crianças e jovens: considerações sobre uma fase do processo de desenvolvimento motor esquecida. *Revista Brasileira de Educação Física e Esporte, 26*(2), 339-350.

Tani, G., & Corrêa, U. C. (2004). Da aprendizagem motora à pedagogia do movimento: novos insights acerca da prática de habilidades motoras. In E. Lebre & J. O. Bento (Eds.), *Professor de educação física: ofícios da profissão* (pp. 76-92). Universidade do Porto.

Tani, G., & Corrêa, U. C. (Orgs.) (2016). *Aprendizagem motora e o ensino do esporte*. Blucher.

Tani, G., Corrêa, U. C., Basso, L., Benda, R. N., Ugrinowitsch, H., & Choshi, K. (2014). An adaptive process model of motor learning: insights for the teaching of motor skills. *Nonlinear Dynamics, Psychology, and Life Sciences, 18*, 47-65.

Tani, G., Freudenheim, A. M., Meira Jr., C. M., & Corrêa, U. C. (2004). Aprendizagem motora: tendências, perspectivas e aplicações. *Revista Paulista de Educação Física (número especial), 18*, 55-72.

Tani, G., Manoel, E. J., Kokubun, E., & Proença, J. E. (1988). *Educação física escolar: fundamentos de uma abordagem desenvolvimentista*. EPU/EDUSP.

Tani, G., Santos, S., & Meira Jr., C. M. (2006). O ensino da técnica e a aquisição de habilidades motoras no desporto. In G. Tani, J. O. Bento & R. D. S. Petersen (Eds.), *Pedagogia do desporto* (pp. 227-240). Guanabara Koogan.

Turvey, M. T. (1977). Preliminaries to theory of action with reference to vision. In R. Shaw & J. Brandford (Eds.), *Perceiving, acting and knowing: toward an ecological psychology*. Lawrence Erlbaum.

Walter, C., Bastos, F. H., Araujo, U. O., & Tani, G. (2016). Estudo da aprendizagem motora autocontrolada: fundamentos e perspectivas de estudo. In G. Tani (Ed.), *Comportamento motor: conceitos, estudos e aplicações* (pp. 17-23). Guanabara Koogan.

Weiss, P. A. (1967). 1+1 ≠ 2 (One plus one does not equal two). In G. Quarton, T. Melnechuk & F. O. Schimitt (Eds.), *The neurosciences: a study program*. The Rockefeller University Press.

Whiting, H. T. A. (1975). *Concepts in skill learning*. Lepus Books.

Winstein, C. J. & Schmidt, R. A. (1990). Reduced frequency of knowledge of results enhances motor skill learning. *Journal of Experimental Psychology: Learning, Memory and Cognition*, *16*, 677-691.

Wulf, G. (2007). Self-controlled practice enhances motor learning: implications for physiotherapy. *Physiotherapy*, *93*, 96-111.